Basler Stadtbuch 1990

Herausgegeben von der Christoph Merian Stiftung

Redaktion: Dr. Cyrill Häring

Redaktionelle Mitarbeit und Administration: Sonja Müller

Christoph Merian Verlag, Basel

Basler Stadtbuch 1990

Ausgabe 1991   111. Jahr

Die in diesem Buch enthaltenen Beiträge decken sich in ihrer Auffassung nicht immer mit den Ansichten der Herausgeberin und der Redaktion.

Beraterinnen und Berater der Redaktion

Dr. Rolf d'Aujourd'hui	Bodenforschung, Urgeschichte
Thomas Bally	Architektur, Städtebauliches
Richard Beglinger	Schulwesen, Erziehung
Dr. Hans Briner	Regio, Partnerschaft
Prof. Dr. Alfred Bürgin	Industrie
Dorothea Christ	Kunst
Dr. Jürg Ewald	BL, Partnerschaft
Dr. Christoph Eymann	Gewerbe, Handwerk
Prof. Dr. Thierry A. Freyvogel	Wissenschaft
Dr. Fritz Grieder	Allgemeines, Geschichte
Dr. Rudolf Grüninger	Bürgergemeinde, Soziales
Dr. Peter Hagmann	Musik
Hans Hasler	Kirchliches, Ökumene
Dr. Christian Kaufmann	Museen, Sammlungen
Gerhard Kaufmann	Riehen, Bettingen
Heinz Kreis	Gemeinwesen
Dr. Marie-Agnes Massini	Medizin, Spitalwesen
Dr. Hans Meier	Allgemeines
Adolf Neth	Gewerkschaften, Arbeitnehmer
Dr. Hans Georg Oeri	Städtisches
Paul Schorno	Theater
Dr. Mathias Stauffacher	Universität
Dr. Géza Teleki	Wirtschaft, Arbeitgeber
Verena Zimmermann	Film

Gestaltung: Josef Hodel ASG, Basel
Lithos: Sturm Photolitho AG, Muttenz
Bader Repro AG, Münchenstein
Satz und Druck: Werner Druck AG, Basel
Einband: Buchbinderei Flügel, Basel

© 1991 by Christoph Merian Stiftung
ISBN 3 856 16 041 8

Vorwort zum 111. Basler Stadtbuch

Das Basler Stadtbuch 1990 steht am Angelpunkt zweier für die Schweiz besonders bedeutsamer Jahre. 1990 war ein Jahr, in dem unser Land innenpolitisch schwer erschüttert wurde und viel Unbewältigtes aus der Vergangenheit aufbrach. 1991 hingegen soll ein Festjahr werden. An dessen Schwelle haben wir alle Kantone gebeten, aus ihrer Sicht die Stadt Basel darzustellen. Diese Artikel bilden den Auftakt des vorliegenden Stadtbuches, im Sinne einer Ausnahme zwar, jedoch inhaltlich durchaus konsequent: Das Stadtbuch will nicht nur Nabelschau betreiben, sondern die Ausstrahlung dieser Stadt und die zahlreichen ‹Einstrahlungen› vermehrt sichtbar machen. Wir haben, um diesen neuen Akzent zu verdeutlichen, letztes Jahr auch die äussere Form geändert. Dazu das Vorwort zum Basler Jahrbuch 1890:

«... Im Hinblick auf das unter unserer Bevölkerung stets rege gebliebene Interesse für die Geschichte der Vaterstadt fühlte sich der Verleger ermuthigt, das Äussere des Jahrbuches nicht unwesentlich umzugestalten und dessen diesjahrigen Band in allen Beziehungen stattlicher ausgerüstet in die Welt zu schicken. So wurde das Format etwas vergrössert, für welche Änderung wir allerdings vielleicht bei einigen Abnehmern um Verzeihung bitten müssen, da nun die Serie nicht völlig gleichmässig sich der alten anschliesst; doch glauben wir, dass damit auch wesentliche Vortheile verbunden sind. (...) Allein nicht nur in Bezug auf das Äussere hat sich eine kleine Wandelung mit unserem Jahrbuch vollzogen: auch der Inhalt desselben ist in einer Hinsicht ein etwas anderer geworden, indem wir uns nicht auf rein historische Abhandlungen beschränkten, sondern mit Freuden auch die Topographie unseres Landes zu Worte kommen liessen. Wir sind ebenso versichert, dass unsere Freunde mit dieser Erweiterung des Inhaltes vollkommen zufrieden sein werden, als wir hoffen, dass durch diese grössere Abwechslung auch ein entsprechend umfangreicherer Leserkreis gewonnen werde...»

Wir können uns dem weitgehend anschliessen. Wie bereits im letzten Stadtbuch, so finden wir auch in der diesjährigen Ausgabe kontrovers dargestellte Problemkreise, welche die Stadt und die Region heute beschäftigen. Damit möchten wir nicht nur aktuelle Diskussionen dokumentieren, sondern auch zur Meinungsbildung beitragen. Dies scheint uns gerade in einer Zeit, in der immer wieder Enge, Kleinmut und mangelnde Entscheidungsfreudigkeit dominieren statt Offenheit, Mut, Toleranz und Solidarität, besonders wichtig. Allein das Durchblättern des Stadtbuches zeigt die Möglichkeiten und Chancen unserer Stadt, unserer Region. Lassen wir uns durch globale Sicht zu verantwortungsvollem Handeln hier und jetzt inspirieren.

Es ist dies das dritte und letzte Stadtbuch, das ich redaktionell betreuen durfte. Das nächste Stadtbuch wird wieder von einem Historiker, Beat von Wartburg, redigiert. Er hat, zusammen mit Sonja Müller, welche wiederum äusserst zuverlässig das Lektorat besorgte, schon an diesem Stadtbuch mitgearbeitet: die Kontinuität bleibt gewahrt. Ich möchte an dieser Stelle allen danken, die mir bei der Realisierung der Stadtbücher – eine faszinierende Aufgabe – geholfen haben. Ein spezieller Dank geht an Bruno Jaeggi für seine wertvolle Beratertätigkeit im Bereich Film und an Elisabeth Masé, die durch ihren künstlerischen Beitrag die Reihe ‹Kunst der 90er Jahre in Basel› überzeugend fortsetzt.

Ich wünsche dem Basler Stadtbuch, dass es in den kommenden Jahren über viele positive Impulse aus der Stadt berichten kann.

Cyrill Häring

Inhalt

	Basel und die Schweiz Zum Jubiläum ‹700 Jahre Schweizerische Eidgenossenschaft›	10
Sigmund Widmer	Zürich bewundert Basel	12
Ulrich Im Hof	Die Stadt Basel und ihre Stellung im Rahmen der Eidgenossenschaft, vom Kanton Bern aus gesehen	12
Emil Steinberger	«Herr Rasser, hier ist Steinberger aus Luzern...»	13
Rolf Gisler	Transitland und Grenzstadt	14
Gerhard Oswald	Basel – Terra incognita für die Schwyzer	15
Julian Dillier	Eine Liebeserklärung	15
Peter Steiner	Basel – Nidwalden: Ein schönes Stück Verbundenheit	16
Peter Hefti	Basel aus der Distanz von Glarus gesehen	17
Andreas Iten	Wie halten es die Basler mit Bürgerstolz?	18
Alex Erik Pfingsttag	Kleine Schwarzweissmalerei, die trotz allem der Farben nicht ganz entbehren sollte...	19
Othmar Noser	Ein Spiegel aus der Ursenstadt	20
Jean-Pierre Salzmann	Baselball – ein altes Basler Ballspiel?	21
Jürg Ewald	Y gang in d Stadt	21
Hermann Wanner	Der Basler ist aus anderem Holz	22
Peter Witschi	Basel und Appenzell A.Rh.: Ausser Reichweite?	23
Armin Rempfler	Was dem einen fehlt, hat der andere...	23
Hermann Bauer	Doo simmer emool uf Basel abe choo...	24
Hannes Vogel	Stadträume	25
Walter Fricker	Ein Aargauer blickt vom Fricktal nach Basel	26
Michel Guisolan	Vom Thurgau nach Basel mit dem Güterschiff	26
Giovanni Bonalumi	Una reciproca simpatia	27
Gilbert Kaenel	Du Münsterhügel à la Cité, à Lausanne	28
Michel Veuthey	Un regard valaisan	28
Jean-Marc Barrelet	La plus romande des villes suisses-alémaniques	29
François Picot	Un Genevois à Bâle	30
François Noirjean	Bâle et le Canton du Jura	31

Barbara Wyss	Der Calatrava-Brückentraum ist ausgeträumt	32
	Manifest für einen Kanton Basel	33
Markus Kutter	Sechs Randglossen zum Manifest	34
Georg Kreis	Zum historischen Moment eines historischen Vorschlags	38
Kurt Jenny	Vor hundert Jahren hiess das Basler Stimmvolk die noch heute geltende Kantonsverfassung gut	43
	Strassen in Basel	
Peter Bachmann	Strassen als Lebensraum	48
Christian Greif	Verkehr verbindet	52
Hansruedi Bühler	Bäume in Stadt und Land	57
André Schrade	Schweizerhalle: Mehr als «nur e Bitzli»! Risiko in Basel	60
Kurt Wyss	Unbefugtes Gestalten Ein Photoessay über Mitteilungen im öffentlichen Raum	63
Carl Fingerhuth	Acht Jahre ‹Masterplan Bahnhof SBB Basel›	70
Christian J. Haefliger	Die Regio-S-Bahn Ein europäisches Pilotprojekt am Rheinknie	75
	Basel und die Grenzgänger – die Grenzgänger und Basel	
Stefan Abrecht	Die wirtschaftliche Bedeutung der Grenzgänger	80
Pierre Escalin	Basel aus der Sicht eines französischen Grenzgängers	81
Georg von Schönau	Basel aus der Sicht eines badischen Grenzgängers	82
Richard Peter	Wirtschaftsförderung – Das Basler Modell	84
Fritz Friedmann	Coop Schweiz verabschiedet sich von Gutenberg	88
Christoph Eymann	Umweltbewusstes Basler Bau- und Holzgewerbe Entsorgungskonzept für Bauschutt/Konzept für die Vermeidung umweltgefährdender Baumaterialien	90
Beat von Wartburg	Mässmogge, Nougat, Määfeli Die Confiseriefabrik Fritz Albicker 1918–1990	92
César Keiser	In memoriam Ruedi Walter	94
Paul Schorno	Wieviel Theater braucht Basel?	97
Peter Jung	Dinosaurier aus China	101
Barbara und Kurt Wyss	‹Edition› – eine Tochter der ‹Art›	106
Johanna M. Schwarz	Internationale Austausch Ateliers Region Basel – ein neuartiges Kulturförderungsmodell	107
Christian Geelhaar	Grosse Ausstellungen im Kunstmuseum Basel – ein Rückblick	110
Anna Rapp Buri/ Monica Stucky-Schürer	zahm und wild Eine Ausstellung von Basler und Strassburger Bildteppichen des 15. Jahrhunderts	116

Barbara Wyss	Classic Open Air: Sommerliches Musikereignis	121
Peter Hagmann	«Die kleine gab schencke ich Doctor Bonifatio Ammerbach» Musikhandschriften des 16. Jahrhunderts in der Universitätsbibliothek Basel	124
Barbara und Kurt Wyss	Wiedersehen mit Lionel Hampton	128
Ulf Bankmann/ Gerhard Baer	Lukas Vischer (1780–1840) und seine Sammlungen: Americana in Basel	129
Gerhard Baer/ Susanne Hammacher	Menschen in Bewegung Zur Sonderausstellung im Museum für Völkerkunde und Schweizerischen Museum für Volkskunde Basel	134
Urs Ramseyer	Siddha Mahan – Die Basler Schule von Sidemen, Bali	137
Brigitte Degler-Spengler	Die religiösen Frauen in Basel: Nonnen und Beginen	141
Cornelia Eggmann/ Claudia Studer	Die erste Ärztin in Basel: Emilie Louise Frey	145
Claudia Spinelli	100 Jahre Frauen an der Universität Basel	148
Brigitta Gerber/ Katharina Huber	Der Frauenstadtrundgang – Zur Geschichte von Frauen in Basel	152
Lukas Schmutz	Pietismus in Basel – Wellenbewegung einer geistigen Strömung	155
Martin Leuenberger	‹Ce coin de terre, qui se nomme pays› Zur Arbeit an der neuen Baselbieter Kantonsgeschichte	160
Felix Hafner	Zum Gedenken an Johannes Georg Fuchs, Lehrer des römischen Rechts und des Kirchenrechts	164
Werner A. Gallusser	Basel – geographisch neu betrachtet	167
Eduard Kellenberger	Die Herausforderungen des biologischen Zeitalters	170
Barbara Wyss	Turnen und Sport als neues Maturitätsfach	175
Verena Zimmermann	Film und Video an der Schule für Gestaltung Basel	176
René Teuteberg	500 Jahre Familie Burckhardt	181
Annemarie Bilgeri	125 Jahre Coop Basel ACV	184
Hans-Peter Ryhiner	100 Jahre Verkehrsverein Basel Vom Wandel der Zeiten	187
Werner Buess	100 Jahre Turnverein St. Johann	191
Felix Rudolf von Rohr	Fasnacht 1990	193
Hansueli Etter	Der äussere St. Johann-Gottesacker in Basel: ein Spitalfriedhof des 19. Jahrhunderts	200
Barbara Wyss	Der umgebaute Engelhof: Seminargebäude nach Mass	209
Alfred Wyss	Denkmalpflege	211
Hans Peter Muster	Chronik 1990	221

Premieren am Theater Basel	258
Ausstellungen in Basler Museen	260
Besucherzahlen der Basler Museen	263
Meteorologische Elemente	264
Überblick Wohnbevölkerung	266
EuroAirport Basel-Mulhouse-Freiburg	266
Rheinhafen-Umschlag	267
Basler Börse	267
Index der Konsumentenpreise	268
Abbildungsnachweis	268
Autoren in diesem Buch	269
Zur Gestaltung der Vorsatzblätter	279

**Basel und die Schweiz
Zum Jubiläum
‹700 Jahre Schweizerische
Eidgenossenschaft›**

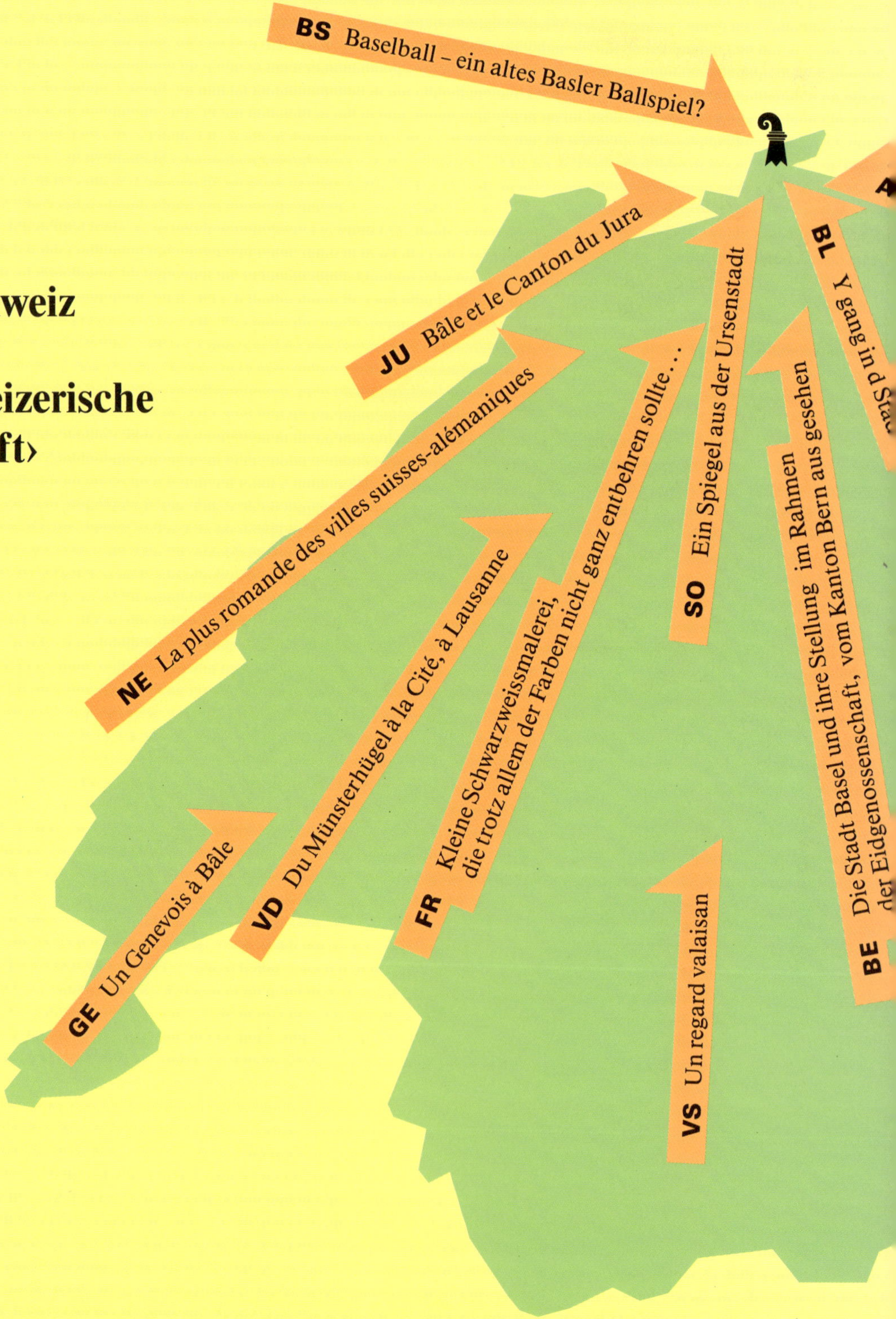

BS Baselball – ein altes Basler Ballspiel?

JU Bâle et le Canton du Jura

NE La plus romande des villes suisses-alémaniques

VD Du Münsterhügel à la Cité, à Lausanne

FR Kleine Schwarzweissmalerei, die trotz allem der Farben nicht ganz entbehren sollte...

SO Ein Spiegel aus der Ursenstadt

BE Die Stadt Basel und ihre Stellung im Rahmen der Eidgenossenschaft, vom Kanton Bern aus gesehen

GE Un Genevois à Bâle

VS Un regard valaisan

- **SH** Der Basler ist aus anderem Holz
- **TG** Vom Thurgau nach Basel mit dem Güterschiff
- **ZH** Zürich bewundert Basel
- **AR** Basel und Appenzell A. Rh.: Ausser Reichweite?
- **AG** Aargauer blickt vom Fricktal nach Basel
- **AI** Was dem einen fehlt, hat der andere…
- **SG** Doo simmer emool uf Basel abe choo…
- **LU** «Herr Rasser, hier ist Steinberger aus Luzern…»
- **ZG** Wie halten es die Basler mit Bürgerstolz?
- **SZ** Basel – Terra incognita für die Schwyzer
- **GL** Basel aus der Distanz von Glarus gesehen
- **NW** Basel – Nidwalden: Ein schönes Stück Verbundenheit
- **OW** Eine Liebeserklärung
- **UR** Transitland und Grenzstadt
- **GR** Stadtträume
- **TI** Una reciproca simpatia

Wenn das Stadtbuch 1990 erscheint, ist das erste Quartal des Jubiläumsjahres ‹700 Jahre Schweizerische Eidgenossenschaft› bereits Vergangenheit. Uns interessierte, wie die Stadt Basel in der übrigen Schweiz wahrgenommen wird. Wir baten die 25 Mit-Kantone um je einen kurzen Artikel, wobei ihnen die Wahl der Autoren freistand. Um das Bild abzurunden, haben wir auch einen Ausland-Basler gebeten, aus der Ferne über seine Stadt zu schreiben.

(Red.)

Sigmund Widmer

Zürich bewundert Basel

Nicht der geringste Zweifel kann an der Tatsache bestehen, dass der Zürcher nur mit respektvoller Ehrfurcht Limmat und Rhein abwärts nach Basel blickt. Warum? Während man in Zürich zwar fleissig, aber dennoch erfolglos keltische Spuren suchte, um den Beginn städtischer Besiedlung in noch dunkleres Altertum zurückzuversetzen, strotzt Basel geradezu von Zeugen so früher Besiedlung. Mit Hochachtung sei weiter vermerkt, dass Basel bereits eine Universitätsstadt war, als man in Zürich noch höflich an die Tür des Chorherrenstiftes klopfen musste, um jemanden zu finden, der schreiben und lesen konnte. Neidlos gesteht der Zürcher dem Basler ferner zu, dass die Zürcher Fasnacht im Vergleich zur Basler nicht mehr als ein gutgemeinter, aber erfolgloser Versuch zur Lustigkeit ist. Überhaupt, es gibt wohl keinen Zürcher, der nicht spontan bereit wäre, dem Basler eine ungleich grössere Gabe an Humor zuzugestehen.

Das alles lässt sich in das Gefühl einer massvollen Bewunderung der Zürcher für das Phänomen Basel zusammenfassen. Wir Zürcher finden es denn auch durchaus in Ordnung, dass die Basler Regierungsräte die höchstbezahlten in der ganzen Eidgenossenschaft sind. Mit ähnlich sentimentalen Gefühlen lernten die Zürcher schon in der Schule, dass Basel mit seinem Rheinhafen des Schweizers Tor zur Welt sei. Freilich, inzwischen ist die Rheinschiffahrt zu einer ebenso nostalgischen wie kostspieligen Sache geworden, und das Tor der Schweiz zur Welt hat sich nach Kloten verlagert.

Damit sei etwas näher an die harten Realitäten der Gegenwart herangerückt: In Zürich tun die städtischen Behörden alles, um die Wirtschaft zu bremsen, aber es nützt nichts – in Basel tun die Behörden alles, um die Wirtschaft zu fördern, aber es nützt ebenfalls nichts. Immerhin, der Zürcher Flughafen platzt aus allen luftigen Nähten. So könnte es durchaus geschehen, dass die Basler den so dringend gewünschten Mehrverkehr vors Haus geliefert bekommen – trotz des Widerstandes gegen einen Ausbau des Flughafens Basel-Mülhausen. Doch muss jeder, der offenen Auges die Karte Westeuropas betrachtet, die ‹Regio› als ein Prunkstück für wirtschaftliche Entwicklung in einem Vereinigten Europa bewerten. Unter uns gesagt: es sollte mich nicht wundern, wenn die weitsichtigeren Zürcher jetzt Land in Blotzheim kaufen, damit sie auch dort wieder rechtzeitig dabei sind.

Kurz und gut: Es gibt in der Schweiz nichts Anregenderes als die freundschaftliche Beziehung zwischen Basel und Zürich, weil beide Partner gute Gründe haben, den andern zu bewundern.

Ulrich Im Hof

Die Stadt Basel und ihre Stellung im Rahmen der Eidgenossenschaft, vom Kanton Bern aus gesehen

Basel ist für Bern jene Stadtrepublik, mit der man seit den Burgunderkriegen politisch verbunden ist. Bern war in jenen Zeiten in die Basler Einflusszone vorgestossen, einerseits ins obere Birstal, anderseits ins obere Fricktal, rund um den Kanton Solothurn. Basel merkte bald, dass die eidgenössischen Stadt- und

Landrepubliken – und unter ihnen vornehmlich das starke Bern – einen zuverlässigeren Rückhalt bieten konnten als die elsässische Dekapolis oder der Rheinische Städtebund.

Besonders eng wurden die Beziehungen mit der Reformation. Basel war isoliert worden, denn es stiess fast überall auf andersgläubige Nachbarschaft. Es waren fortan die Theologen von Basel und Bern, vereint mit jenen aus Zürich und Schaffhausen, die alle wichtigen Fragen miteinander besprechen konnten. Ausserdem wahrten diese vier Städte an der eidgenössischen Tagsatzung zusammen ihre besonderen Interessen. Da pflegten die Basler Ehrengesandten in der Regel gute Kontakte mit den Bernern – auch wenn diese Patrizier ab und zu ein wenig von oben herab auf die Basler Kaufleute und Handwerksmeister blicken mochten. Aber sie wussten, dass Basel ein Tor zur Eidgenossenschaft darstellte, das man ebenso zu verteidigen hatte wie die bernischen Positionen am untern Genfersee.

Im 19. Jahrhundert erlebten beide Stände ihre territoriale Demütigung, als Bern die Waadt und den Aargau, Basel seine Landschaft verlor. Fortan mussten sich beide in die eidgenössische Bundesnormalität einfügen. Bern blieb allerdings Hauptstadt eines ländlichen Kantons, während Basel endgültig, sowohl im Grossen wie im Kleinen, verstädterte.

Basel hatte stets den Vorteil, dass es für Bern nicht ein so starker Konkurrent wie Zürich war. Den Basler Dialekt empfindet man in Bern zwar als ziemlich andersartig, aber man fühlt sich vielleicht immer noch wie Basel ein wenig ‹burgundisch›, denn beide Kantone sind nach Westen offen: Bern ins Waadtland, Basel ins Elsass. Man spürt, dass man in Basel mit dem äusserst ‹haimeligen› Berner Dialekt gut ankommt. Man schätzt diese traditionsreiche Schweizer Stadt, die sich industriell und wissenschaftlich sehen lassen kann. Basels alte Universität hatte auch immer wieder Berner Studenten angezogen, und manche Basler lehren heute noch an der so viel jüngeren Berner Hochschule.

Basel bietet aber auch seine Mustermesse und seine faszinierende Fasnacht an. Basel ist ein Kulturzentrum, in das man gerne reist. Zwar scheint Basel-Stadt mit seinen nur sechs Nationalräten – Bern hat fünfmal mehr – und seinem einzigen Halbkanton-Ständerat von geringerem eidgenössischem Gewicht zu sein – aber man weiss in Bern, dass hinter dem Jurakamm eine besonders interessante Variante des eidgenössischen Wesens liegt, dort wo die Schweiz aufhört und offene Grenzpositionen beginnen.

Emil Steinberger

«Herr Rasser, hier ist Steinberger aus Luzern...»

In Basel gab's einen Alfred Rasser. Dank Alfred Rasser und seiner Frau gab's einen Roland Rasser. Dank Roland Rasser gibt's das Theater Fauteuil, dank dem Theater Fauteuil gibt's in Luzern ein Kleintheater. Dank dem Luzerner Kleintheater, dem Theater am Zytglogge in Bern, dem Burgbachkeller in Zug und – eben dem Theater Fauteuil in Basel gibt es die Kleintheatervereinigung der Schweiz mit jetzt über 130 Kleintheatern und Hunderten von Künstlern und Theatergruppen. Daraus entstand die ‹Kleintheaterbörse›, jährlich zweimal, wo sich die Künstler den Theater-‹Bossen› mit Müsterchen aus ihren Produktionen vorstellen können.

1962 war ich noch ein Luzerner Lokalkabarettist, als ich den Mut hatte, Roland Rasser zu telefonieren, um ihn ein bisschen über die Erfahrungen als ‹Fauteuil›-Besitzer auszufragen. Denn es schmerzte mich so sehr, dass der Kelch mit der ‹Kleinkunst› an den Luzernern vorbeiging. Das Theater Fauteuil, das ich öfters besuchte, war für mich ein Vorbild. 1967 wurde das Kleintheater in Luzern eröffnet. Sofort gab es Kontakt mit Basel, Zug und Bern. Die Zusammenarbeit entstand, die Kleintheatervereinigung wurde gegründet, und 130 Kleintheater schossen wie Pilze aus dem Boden. Dank allen diesen Theatern gibt es heute für Menschen so viele Möglichkeiten sich auszudrücken, zu experimentieren, Freude zu bereiten – und auch Kultur zu konsumieren.

Nun bekam das Theater Fauteuil in der Stadt Basel selber Konkurrenz. Verschiedene Spielstätten entstanden, aber lange nicht alle sind erfolgreich. Natürlich hängt es oft auch mit der Programmgestaltung, die vielleicht zu experimentell ist, zusammen. Da hat Roland Rasser eine Mischung gefunden, die publikumswirksam ist. Er ist nicht ein Theaterleiter mit missionarischen Ambitionen, er will nicht durchs Theater die Welt verändern. Aber er will den Leuten die Gelegenheit geben, sich zu unterhalten. Unermüdlich findet er neue Formen (es ist ja oft nicht zu glauben, was sich alles auf dieser kleinen Bühne inszenieren lässt). Das verrückte für mich ist, dass Roland Rasser auch nach vielen Jahren Theaterleiter-Tätigkeit immer noch weiter ausbaut. Was da am Spalenberg die letzten Jahre entstanden ist, darf man als aussergewöhnlich bezeichnen. Wenn ich dort als ‹Emil› auftrat, spürte ich, dass es eines der ganz wenigen professionell geführten Kleintheater ist.

Hoffentlich bleibt ihm die Ausstrahlungskraft, die es hatte zur Zeit, als ich Roland Rasser ganz scheu am Telefon fragte: «Herr Rasser, hier ist Steinberger aus Luzern. Ich möchte in Luzern auch gerne ein Kleintheater eröffnen. Wie läuft das, was gibt es da für Probleme?» Roland Rasser antwortete mir damals, 1962: «Kommen Sie mal nach Basel, ich kann Ihnen schon ein wenig darüber erzählen. Aber ich kann Ihnen jetzt schon sagen, es gibt nur Probleme – ich würde es niemals mehr tun.» So sprach damals der Mund von Roland. Sein Herz wollte es anders. Danke Roland.

Rolf Gisler

Transitland und Grenzstadt

Die Geschichte hat Uri in die Mitte, Basel an den Rand der Eidgenossenschaft plaziert. Die Geografie prägte die beiden Kantone mit dem Gotthard und dem Rheinknie und bestimmte dadurch ihr Schicksal. Die Urner Sicht trifft somit aus einem vielfach rauhen, durch Bergketten eingeengten Raum auf eine Stadt am Dreiländereck mit Rheinhafen und internationalem Flugplatz: Da öffnet sich die Welt. In dieser Sicht treffen Stadt und Land aufeinander; doch Luzern und Zürich liegen Uri näher, dadurch ist auch der klassische Inbegriff eines Städters beim Urner eher blau-weiss und alphabetisch weiter hinten angeordnet. Stadt und Land – Gegensätze, aber auch Gemeinsamkeiten. ‹Z Basel an mym Rhi...›. Ein Lied aus der Zeit, wo das Wasser noch klarer floss, drinnen noch die Forelle schoss. In Basel wird – oder zumindest wurde – das Wasser besungen. Im Land am Gotthard ist es hingegen wild und unberechenbar: es wird hier gebannt; bildet nicht so sehr Gegenstand von Volksliedern. Ob wild, gebannt oder längere Zeit in Seen gestaut, alles Urner Wasser fliesst einmal in Basel vorbei. Egal ob als Reuss getauft, dann in Aare umbenannt und schlussendlich bis zum Meer Rhein geheissen, die Natur diktiert Uri eine natürliche Verbindung zur Stadt am Rheinknie mit dem Resultat einer Schicksalsgemeinschaft, nämlich der gemeinsamen Pflicht, zum Wasser Sorge zu tragen: Uri an den Quellen, Basel an der nationalen Grenze mit der zusätzlichen Bürde, den Rhein dem Ausland zu übergeben – nicht unbedingt chemisch gereinigt.

Der Blick auf Basels Stadtkarte bringt dem Urner Überraschungen: Nicht nur Tell, sondern Erstfeld, Göschenen, Bristen und Realp sind mit Strassennamen beehrt worden. Auch die Wege über die Urner Pässe scheinen gemäss den Basler Strassennamen – mit Ausnahme des Klausens – in der Grenzstadt zu beginnen: Furka-, Oberalp-, Susten- und natürlich Gotthardstrasse. Das schwere Strassenkreuz, das sich heute symbolisch auf das Urnerland legt, reicht bis nach Basel. Erneute Schicksalsgemeinschaft, geprägt von der Sorge, vom modernen Strassenverkehr nicht überrollt zu werden: Basel als Grenzstadt, Uri als Transitland – beide am Weg zum Gotthard, Basel als schweizerischer Beginn, Uri unmittelbar vor dem Berg. Da sehen Bischofsstab und Uristier nicht nur heraldisch schwarz.

Doch die Urner Sicht auf die Stadt Basel ist nicht überall so düster, Aufhellung zeigt sich da und dort – spätestens an der Basler Fasnacht.

Gerhard Oswald

Basel – Terra incognita für die Schwyzer

«Bürgermeister und Rath des Kantons Baselstadt erlassen an die Kantone, deren Mannschaften sich s.Z. an der Schlacht bei St. Jakob betheiligt hatten, die Einladung sich bei der am 26. August nächsthin stattfindenden Einweihung des neuen Denkmals auf dem Schlachtfeld und der dabei veranstalteten vaterländischen Feier durch eine Abordnung von zwei Bevollmächtigten vertreten zu lassen. Es wird dem Gesuch entsprochen und als Delegirte bezeichnet die HH. Kantonslandammann Stähelin und Landesstatthalter Suter.» So ist im Protokoll der Juli-Sitzung 1872 des Schwyzer Regierungsrates nachzulesen. Schwyz sandte seine beiden höchsten Repräsentanten zur Einweihung des Schlachtdenkmals. Diese Wertschätzung mag nicht nur der Erinnerung an eine heldenmütige Schlacht gegolten haben, sondern auch einem Ereignis, das elf Jahre zuvor – 1433 – in Basel Weichen für die Zukunft des Landes Schwyz gestellt hatte. Durch ein von Kaiser Sigismund einberufenes Schiedsgericht erhielt Schwyz die Kastvogtei über das Kloster Einsiedeln anstelle des Hauses Habsburg zugesprochen. Basel stand so an der Wiege jener Schwyzer Expansionspolitik, die im Zürichkrieg an Zürichsee und Linth zum heutigen Kantonsgebiet führte.

Daraus mag man zu Recht ableiten, dass Schwyz nie nach Norden orientiert war. Die einzige Expansionsmöglichkeit bestand jenseits der Mythen und, zusammen mit Uri, auf der Südseite des Gotthards. Dies mag erklären, weshalb die Beziehungen zwischen der Stadt Basel und dem wenig bedeutenden Agrarkanton nie besonders intensiv waren. Der alte Weg von Basel in den Süden führte über den Vierländersee an Schwyz vorbei. Heute gilt dies für die Autobahn N2, auf der man in Sichtweite des Kantons Schwyz am gegenüberliegenden Ufer des Vierwaldstättersees nach Süden rast. Zwar machen die IC-Gotthardzüge von und nach Basel Station im schwyzerischen Arth-Goldau. Die Fahrt von Goldau nach Basel dauert den Katzensprung von 98 Minuten. Dennoch ist Basel nicht *das* Reiseziel der Schwyzer. Mustermesse, Möbelmesse, Zoo, Zwischenhalt auf der Fahrt nach Norden oder Nordwesten.

Basel also Terra incognita für die Schwyzer? Es wäre die Höflichkeit auf die Spitze getrieben, wollte man die Frage verneinen. Was wissen wir von Basel? Dass es die Kantonsteilung zur selben Zeit vornahm. Mit dem Unterschied, dass Schwyz sie wieder einzurenken vermochte. Dann: Stadt an der Dreiländerecke, Chemische Industrie, Rheinhafen, Fasnacht natürlich, womöglich noch H. U. Christen im Nebi – und was uns die Medien alles vermitteln.

Wie manche Schwyzerin, wie mancher Schwyzer hat schon das Pflaster des Münsterbergs erklommen? Und ist vor der unvermittelten Weite des Münsters staunend stehen geblieben. Und hat sich der heimischen Parallele im Finstern Wald zu Einsiedeln erinnert. Wir Schwyzer sollten Basel besser kennen- und schätzenlernen. Basel und die Basler.

Julian Dillier

Eine Liebeserklärung

Eine erste Begegnung eines Obwaldners mit Basel, eine Erinnerung:

Unser unvergesslicher Landschreiber und Staatsarchivar im Nebenamt Anton von Ah zeigte uns Buben im Rathaus die Bündnisurkunden der alten Eidgenossenschaft und so auch den Bündnisbrief mit der Rheinstadt Basel. Und er fragte uns, was uns bei diesen Bündnisbriefen auffalle. Und da ich bereits wusste, wo seine Frage hinzielte, prahlte ich mit meiner Kenntnis: Das Bündnis mit Basel beginnt im Unterschied zu allen andern Urkunden nicht mit der Präambel «IM NAMEN GOTTES DES ALLMÄCHTIGEN», sondern stolz mit den Worten: «WIR DER BURGERMEISTER...». Und dieses Wissen hat meine erste Begegnung mit Basel geprägt. Ein hochoffizielles Dokument, das so beginnt, zeugt doch von einem stolzen Selbstbewusstsein, das zumindest imponieren muss. Und tatsächlich, für Basel hegte ich, schon lange bevor ich es als Einwohner hautnah erlebte, eine Bewunderung, die vielleicht auch der Grund war, dass ich mich für Basel und nicht für Bern entschied, als es mir offenstand, im Berner oder im Basler Radiostudio eine Redaktorenstelle zu übernehmen.

Nach mehr als zwanzigjährigem Wohnsitz in Basel muss ich gestehen, dass mir wohl kein Entscheid bekömmlicher war als gerade dieser. Denn Basel wurde mir, bei aller Anhänglichkeit an meinen Heimatkanton Obwalden, im besten Sinne des Wortes vertraut. Und so kam es, dass mich schon öfters beim Gang durch die Stadt so etwas wie ein Verliebtsein überkam, etwa wenn ich durch eines der unvergleichlich schönen Gässchen von Basel flanierte. Strassen und Gassen in Basel sind einfach anders als in Zürich, Genf oder Lausanne. Sie sprechen einen an, mit ihren Namen, ihren Geschichten oder auch mit liebenswürdigen Einzelheiten. Denke ich nur an den Blumenrain. Wo gibt es einen Stadtplatz, den man seiner schmiedeisernen Blumen wegen zum ‹Blumenrain› tauft? Wo gibt es die Drei Könige, aufgestellt über einem imposanten Hotelportal, die an der Fasnacht zu drei Waggis umfunktioniert werden? Die Gassen weisen geradezu poetische Namen auf: das Reverenzgässlein, das Imbergässli, der Totentanz und wie sie alle heissen mögen, und auch die Häusernamen muten einen oft wie Titel eines Gedichtes an, etwa ‹zum roten Schneck›, oder ‹zum kleinen Sündenfall›. Welche beglückende Sünde muss in diesem Haus wohl geschehen sein! Welche Schicksale birgt etwa ‹Hanns Duttelbach des Thurnblesers Hus›, oder welcher ‹weisse Himmel› war in jenem Haus in der St. Johanns-Vorstadt zu Haus? Überhaupt, mich dünkt, Basel weise einfach Häuser im Überfluss auf, die Geschichte gemacht haben und die an grosse Persönlichkeiten erinnern, etwa jene an der Rittergasse, die stolz Namen tragen wie Ramsteinerhof, Ritterhof, Olspergerhof, Hohenfirstenhof. Sie erinnern alle an glanzvolle Tage.

Und dann die unzähligen Brunnen von Basel. Robert Christ hat einmal richtig geschrieben, das Verhältnis der Basler zum Brunnen tauche tief hinab ins Mystische, es sei das Urwissen von der Dankbarkeit, dass uns das so Lebensnotwendige aus der Tiefe der Erde aufsprudle, und die Ehrfurcht vor diesem Ort rege sich in uns. Es kommt daher gewiss nicht von ungefähr, dass so viele Brunnen Heiligen und wichtigen Gestalten gewidmet sind, wie etwa der Fischmarktbrunnen mit der Jungfrau Maria, Petrus mit dem Schlüssel, Johannes mit Kelch und Buch... Oder denken wir an den Jakobsbrunnen, an den Urbanbrunnen, an die verschiedenen Zunftbrunnen, aber auch an jene, die erheitern und so etwas sind wie Zeugnisse für den Basler Humor: wie der Affenbrunnen, der Faule-Magd-Brunnen oder auch der Wasserschmeckerbrunnen.

Ich komme ins Schwärmen. Da kann Gottfried Keller lange mahnen: «Des andern Vaterland magst du achten, das deinige aber liebe.» Auch wenn Basel nicht meine Heimatstadt ist, ich habe sie dennoch lieb gewonnen. Und wenn ich nachdenke, wieso denn eigentlich, dann sehe ich den wichtigsten Grund in der Tatsache, dass der Basler offenherzig ist, nicht verklemmt und bloss in sich versponnen. Der Basler ist ja schon geographisch gesehen offenherzig. Zwei seiner Tramlinien führen wie einladend bis an die Grenze, nach St. Louis und bis zur Nachbargemeinde Lörrach. Das habe ich immer spannend gefunden. Samt dem deutschen Bahnhof auf ‹Basler› Boden. Die grosse Welt beginnt also am Rande dieser Stadt. Und dies hat das Basler Wesen geprägt. Ich möchte sagen, es gibt keinen Schweizer Bürger, der sich so weltmännisch gibt wie gerade der Basler.

Ob ich denn gar nichts Nachteiliges in Basel erlebt habe, wollte mal einer wissen, der mich ein Loblied auf Basel singen hörte. Gewiss. Und das traf mich oft schmerzlich: Etwa als man die Stadtgärtnerei nicht der eigenwilligen Jugend überlassen wollte, oder als damals Schweizerhalle so etwas wurde wie ein Synonym für die Gefährdung unserer Umwelt. Oder wenn ich erfahren muss, dass sich ab und zu auch in Basel Fremdenfeindlichkeit einnistet. Bei solchen Vorkommnissen erlebe ich es sehr tief, wir mir diese Stadt ans Herz gewachsen ist, mitsamt ihren liebenswerten Menschen.

Peter Steiner

Basel – Nidwalden: Ein schönes Stück Verbundenheit

Wer als Nidwaldner oder Nidwaldnerin nach Basel kommt, hat zunächst einmal den kleinen Vorteil, nicht unbedingt schon beim ersten Wort als Exot identifiziert zu werden, retten ihn doch davor *gewisse Sprachverwandtschaften,* wie etwa die betonten ‹i› in ‹niid› (nichts) oder ‹e› in ‹schen› (schön). Als ‹einer von Tecknau›

war der Schreibende zu seiner Studienzeit in Basel immerhin noch jemand von diesseits – selbstverständlich vom Zentrum der Welt aus betrachtet – des Juras und so halbwegs dem alten, ganzen Basel zugehörig..., was natürlich ein Irrtum war. Im besagten letzten Ort vor der grossen Dunkelheit, gelegen im abtrünnigen Teil Basels, muss eine Sprache gesprochen werden, die in der Stadt gerade halbwegs noch verstanden wird.

Die Existenz eines ‹anderen Teils› – das wäre eine zweite Gemeinsamkeit zwischen Basel und Nidwalden: Beide gelten *im Bund* der Eidgenossen *bloss als halbe Portionen,* was in bezug auf Nidwalden insofern ungerecht ist, als es von seinem andern Teil nicht im Streite wich, sondern ihm eher unfreiwillig zugeordnet wurde (was dann aber prompt die frühere Eintracht vor die Hunde gehen liess). Von daher ist auch zu verstehen, dass ein ‹Drang zur Vereinigung› hier in der Urschweiz von keiner Seite verspürt wird, dies nun ganz im Gegensatz zu den beiden Basel, die sich ja immer wieder mal verbinden wollen, um endlich wieder als voller Stand zu gelten.

Und von diesem Basler *Streben nach Voll-Ständigkeit* und Wiedervereinigung zu profitieren, sind wir in Nidwalden nicht abgeneigt. Da waren einige von uns – möglicherweise war's sogar die Regierung – vor Jahren zum Beispiel sofort Feuer und Flamme für die Aufwertung der Halbkantone, hätte das doch ein *zweites Ständeratspösteli* abgegeben und die Stimmstärke als Stand sogleich verdoppelt. Da ging die Sache dann aber irgendwie wieder vergessen.

Von Dauer ist aber ein anderes Erbe, jenes nämlich aus der Hinterlassenschaft des letzten (oder vorletzten? – da zählt man hinter dem Jura nicht mit) Basler Wiedervereinigungsversuchs. Da lag seinerzeit – zu Beginn der 60er Jahre – der *Entwurf für eine Verfassung ‹beider Basel›* schon bereit, als auch diese Übung wieder abgebrochen wurde. Diesmal war sie aber insofern nicht vergeblich, als dieser Entwurf seinen Weg nach Nidwalden fand und hier, nicht ‹tel quel›, aber doch in seinen Grundzügen, 1965 zur heute noch gültigen (und noch immer recht zeitgemässen) Verfassung wurde. Das, meine ich, ist doch ein schönes Stück Verbundenheit.

Peter Hefti

Basel aus der Distanz von Glarus gesehen

Mannigfach sind die Beziehungen zwischen Basel und Glarus. Bei St. Jakob überlebte vom Glarner Kontingent ein einziger. Neben Erasmus lehrte an der jungen Universität der Humanist und Musiktheoretiker Glarean aus Mollis. Vor gut 150 Jahren wurden Glarner Baumwolldruckereien von Basel aus finanziert. Später bezogen sie dort ihre Farbstoffe. Etliche Glarner gelangten in Basels Wirtschaft zu verantwortungsvollen Stellungen. Manche Basler Theologen und Gymnasiallehrer fanden ihr Wirkungsfeld in unserem Tal. Einer davon, Eduard Vischer-Jenny, hat in seinen Schriften den Charakter der Glarner und deren Landsgemeinde mit verständnisvoller Treffsicherheit geschildert.

Doch nicht daran, sondern an anderes wird auch bei uns zuerst gedacht, wenn der Name Basel fällt. Es ist die einzigartige geistige und kulturelle Ausstrahlung, welche von dieser Stadt seit dem Konzil und der Zeit des Humanismus ausging, und es sind die Künstler, welche seit Konrad Witz und Hans Holbein daselbst Förderung genossen, sowie die Tatsache, dass diese Stadt nach weniger fruchtbaren oder gar gegenläufigen Perioden stets neue Höhepunkte erlebte. Nennen wir nur die bahnbrechenden Mathematiker aus der Familie Bernoulli und Leonhard Euler, Jacob Burckhardt, Arnold Böcklin und Karl Barth. Auch war es die Universität Basel, welche Eugen Huber den Einstieg in die wissenschaftliche und später gesetzgeberische Laufbahn ermöglichte.

Dazu kommt das grosse wirtschaftliche Gewicht dank Chemie und Pharmaindustrie und deren Forschung. Sie verschafft Basel eine weltweite Bedeutung, wie sie sonst in der Schweiz in andern Sektoren nur noch Zürich und Genf haben. Der gesamten Bevölkerung erwächst daraus ein beneidenswerter Wohlstand. Es ermöglicht eine vielfältige Kunstpflege und ein hochstehendes Mäzenatentum. Gelegentlich findet sich Basels industrielles und ideelles Element in ein und derselben Persönlichkeit vereinigt, wie besonders Paul Sacher zeigt.

Manches hat zu dieser Entfaltung beigetragen, darunter wohl auch die Bewahrung einer gewissen Eigenstaatlichkeit aufgrund des eidgenössischen Föderalismus, obschon man sich in Basel dessen nicht immer eingedenk bleibt. Dieselbe erscheint auch wichtig für Basels Stellung in der Regio Basiliensis, von deren Bedeutung die Zusammenkunft der Staatsoberhäupter Frankreichs und der Schweiz sowie des deutschen Bundeskanzlers auf Einladung des Regierungsrates im Dezember 1989 im Basler Kongresszentrum Zeugnis gab. Zeichnet sich aber heute nicht die Gefahr ab, dass auch weitere für Basels Gedeihen entscheidende Voraussetzungen missachtet, ja oft kaum noch erkannt werden? Es ist zu hoffen, die Einsicht, dass die Forderung nach Lebensqualität auch die Inkaufnahme gewisser Risiken bedingt, verbreite sich in allen Kreisen wieder mehr. Die Medien vermöchten da einiges zu helfen. Eine Schwächung von Basels Potential und dessen verantwortungsbewusster Entwicklung würde die ganze Schweiz treffen.

Andreas Iten

Wie halten es die Basler mit Bürgerstolz?

Wie eine Region oder eine Stadt im Bewusstsein des Menschen entsteht, hängt davon ab, was man von ihr erfährt und wie bedeutsam das Erfahrene erscheint. Darum gibt es die Stadt Basel aus Zuger Sicht nicht. Jeder hat ein anderes Bild. Das Bild ist nicht abgeschlossen. Ereignisse können es verändern. Ruedi Walter ist ein Basler. Basel muss charmant und liebenswürdig sein. Er ist gestorben. Ist Basels Charme nun dahin? Da war doch auch der Soldat Läppli, und da ist Ständerat Carl Miville, Regierungsrat Kurt Jenny...

Basel trat mir mit sechs Jahren entgegen. In Unterägeri waren Basler Feriengäste. Sie verstanden sich gut mit meinem Vater. Man kam überein, den Knaben das erste Mal Fremde schnuppern zu lassen. Er wurde von Heimweh geplagt. Man musste ihn nach drei Tagen zurückschaffen. Basel war für mich lange Zeit ein Vorstadteinfamilienhaus mit einem quadratischen Gärtchen und einer Spieldampflokomotive. Etwas für Stadtbuben. Dann erzählte der Lehrer von der Schlacht bei St. Jakob an der Birs so spannend, dass hier ein Ort hängen blieb, den man sich merken musste. Die Genesis der Faszination begann. Als der Student auf Basler mit nachhallenden Namen stiess: Friedrich Nietzsche, Jacob Burckhardt, Karl Jaspers, die Bernoulli, Leonhard Euler, Adolf Portmann, war Basel ein Anziehungspunkt. Die Galerie berühmter Männer, die in Basel gewirkt haben, vergrösserte sich: Erasmus von Rotterdam, die beiden Holbein... Das Konzil von Basel... die Buchdruckerkunst... Das magische Bild der Stadt begann sich im Kopf unwiderstehlich zu fixieren. Ich musste nach Basel. Ich wollte dort sein. Das Glück meinte es gut. Ich durfte vier Jahre in Basel studieren. Hans Kunz war ein wunderbarer Lehrer.

Nun wurde Basel noch lebendiger: die Universität, der Münsterplatz, wo das philosophische Seminar war, der Barfüsserplatz, das Theater, das Kunstmuseum, das Antikenmuseum, die Bibliothek... Meine Frau sang am Stadttheater. Da waren aber noch der FC Basel, die Mustermesse, die Basler Fasnacht, die grünen Trams, Grossbasel. Kleinbasel zog uns mehr an. Um den Claraplatz herum war etwas los. Man spürte den historischen Auftrag dieser Stadt, auch wenn man mehr mit sich selbst und seinen Eindrücken beschäftigt war.

Wiederum aus der Distanz, aus der Optik der Innerschweiz bleibt Basel für mich eine faszinierende Stadt mit Brückenfunktion, eine Stadt, in der drei Länder zusammenfinden, eine Stadt mit Jahrringen. Das Leben pulsiert. Zu uns kommen Schlagzeilen. Die Ereignisse verändern das Bild. Es wird noch bunter, die Ausstrahlung noch grösser. Man beneidet die urbanen Qualitäten und ist froh, dass man auf dem Land leben darf, in der ruhigeren Innerschweiz, in einer Gegend, die weniger Zerreissproben bestehen muss, in der Gentechnologie kein grosses Thema ist... Und vielleicht ist dies das Problem der Stadt Basel. Sie wird bewundert und benützt, auch von denen und immer mehr von denen, die gerne auf dem Land wohnen. Man fragt sich aus der Distanz: wie halten

Alex Erik Pfingsttag

Kleine Schwarzweissmalerei, die trotz allem der Farben nicht ganz entbehren sollte...

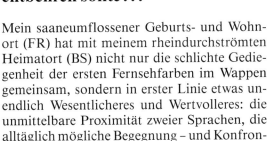

Mein saaneumflossener Geburts- und Wohnort (FR) hat mit meinem rheindurchströmten Heimatort (BS) nicht nur die schlichte Gediegenheit der ersten Fernsehfarben im Wappen gemeinsam, sondern in erster Linie etwas unendlich Wesentlicheres und Wertvolleres: die unmittelbare Proximität zweier Sprachen, die alltäglich mögliche Begegnung – und Konfrontation – mit den Kulturen Goethes *und* Molières, dank Röstigraben und Dreiländereck.

Dass ich sonst, meinen Wurzeln zufolge, als Freiburger eher atypisch reagiere, beweist schon allein die Tatsache, dass ich nicht beim Anhören des ‹Ranz des vaches› in patriotische Tränen ausbreche, dafür aber regelmässig an der *Basler Fasnacht;* zugegeben, nie im selben Moment: einmal ist es, wenn ich einem ahnungslosen Reisenden die Blagette von der Brust wegkaufe, ein andermal am Sonntagnachmittag, wenn sich bei der Anfahrt das Pfeifen des Windes mit dem Wind der Pfeifen vermischt, oder wenn am Montagmorgen um vier das Herz vor lauter Böpperle zu zerbersten und der Atem mit der Strassenbeleuchtung zu erlöschen droht, oder wenn mir ein maulzündender Waggis das Mimösli in die Hand drückt, dessen kopfjägerlich geschrumpfte Bölleli noch am folgenden ersten August von niemandem ins Feuer geworfen werden dürfen; oder wenn beim Gässle eine Überhundertschaft Tambouren eine quadriphone und sensurrounde Gänsehaut vom Scheitel bis zur Sohle zaubern, und retour; oder wenn, sonntäglich später, eine Clique in Zivil durch die Freiburger Altstadt bummelt und weissweinelt und mich wie ein Magnet in ihren einzig seligmachenden Sog nimmt.

A propos: Schon als kleiner Höseler fieberte ich nördlicher Päcklipost entgegen: zum einen für die bunten Zeedel, noch räpplidurchsät, auf einem ‹lit de Läckerli›; zum andern für die ebenso bunten, gefüllten Messmocken.

Mit den Golfhosen kam dann die obligate Schulreise: Zutiefst und damit definitiv geprägt worden bin ich von den Affen im Zolli (irgendwie verwandt), vom Fährimaa (wem soll ich das erzählen?), vom roten Stein des Münsters (unsere Kathedrale ist von einem blutleeren Beige), vom Gerumpel und Gequietsche der grünen Trämli (bei uns rumpelten sie blau), und was mich wunderte, war, dass der Lällekönig in einer Kirche (der Barfüsser) hemmungslos die Zunge herausstrecken durfte.

In die Bluejeanszeit (die lange währte und endlich gut wurde) gehört die treue Gefolgschaft von ‹Spalebärg 77 A› und das Teelädeli in der gleichen Strasse; die Begeisterung und der Stolz für die Erfolgsaktion Picasso; das Jazzy-Cola im Atlantis, die Burschenherrlichkeit im Löwenzorn und die Mehlsuppe im Château-Lapin; die George Gruntz-Platten bei Musik-Hug, die ‹Frau ohne Schatten› unter Noch-nicht-Amfortas Jordan (der seine ersten Sporen an der Spitze des Freiburger Uni-Orchesters abverdiente) im Stadttheater, und ebendort die Spoerli-Ballette.

Und dann die Flanellhosen, verbunden mit der ART (alle Jahre wieder), mit ‹Tanz im Wenken› (wenn's wieder soweit ist), mit Stucky im Bruderholz (wenn's reicht)... Die Zeit, wo man die Fäden bewusst wahrzunehmen oder mitzuziehen beginnt, die Freiburg und Basel kulturell verbinden: der Platsch-tzzz-tzzz-toc-padam-Tinguelybrunnen, die Dirigentenmähne (aber nicht nur sie) von Armin Jordan (vorübergehend), die musealen Provokationen und Denkanstösse eines Jean Christophe Ammann – um nur diese paar Beispiele zu nennen – haben zweifellos die Basler Szene befruchtet, wie umgekehrt in Freiburg die fördernde Hand eines Sachers auf den Komponisten Norbert Moret, der Auftritt einer Yolanda Meier und Christine Brodbeck am Festival du Belluard oder der Basler Madrigalisten am Festival de Musique sacrée oder die brillant mondäne Baudelaire-Interpretation eines Robert Kopp für die Alliance Française ihre stimulierende Wirkung nicht verfehlt haben.

Doch gerade in dieser letzten und aktuellsten Phase wundere ich mich immer mehr über alltäglichste Dinge: Dass ein Konzern seine gesamte Photochemieabteilung mit Kind und Kegel (doch ohne Villa und ohne Freunde) einfach so verpflanzen kann, zur Befruchtung und Bereicherung unserer Gemeinde Marly. Oder dass es in Basel unter den schützenden Flügeln des ‹Kulturdepartements› keine offizielle Stelle gibt, die das audiovisuelle Kulturgut des Kantons vor der Zerstörung rettet, systematisch und möglichst komplett unter einem Dach sammelt, registriert, aufbewahrt und zur Geltung bringt! Und... und... und!

Wieso möchte ich eigentlich, dass Basel immer vorbildlich ist?

Othmar Noser

Ein Spiegel aus der Ursenstadt

Sie kennen Emil Souvestres Geschichte von den Basler Spiegeln? Dem unscharf sich Erinnernden sei sie – erzählt vor 150 Jahren – zitatweise ins Gedächtnis zurückgerufen: «Das erste, was einem beim Eintritt in Basel auffällt, ist der Ausdruck von Traurigkeit und Öde... Beim Lärm Eures Wagens schliesst man die Läden und Thüren, die Frauen verbergen sich. Alles ist todt und öde; man sollte glauben, die Stadt wäre zu vermiethen. Man darf jedoch nicht glauben, dass die freiwillige Gefangenschaft der Baslerinnen etwa ein Beweis sei von einem gänzlichen Mangel an Neugierde; aber sie haben Mittel gefunden, diese mit ihrer Sprödigkeit zu vereinigen. Spiegel, mit Geschick an den Fenstern angebracht, gestatten ihnen zu sehen, was draussen vorgeht, ohne selbst gesehen zu werden.» Das war einmal. Eines ist geblieben: die Neugier (nicht nur der Baslerinnen). Deshalb wohl heute auch die fünfundzwanzig Spiegel für Basel, darunter ein, wenn auch lädierter, aus der Ursenstadt.

In Solothurns alten Pergamenten und Rödeln über Basel spiegelt sich das Bild eines bundesgenössischen Nachbars. Dies besagte früher, dass die Gefahr, einander ernsthaft auf die Zehen zu treten, recht häufig gegeben war. So wenn vor rund einem halben Jahrtausend die Stadt am Rheinknie und die Ursenstadt um Länderfetzen rangen. Liebe Mühe hatte man später wegen Religion und Kirche: Man ödete sich an, etwa im Ton jener ‹Bosheit›, die ein altes Flugblatt tradiert: «Basel verbrent die todten Kätzer und die Lebendigen nit.»

Wenden wir uns Freundlicherem zu, gegenseitigem Geben und Nehmen etwa: Da wäre allerhand zu vermelden: finanzieller Sukkurs aus der ‹Gründungsstadt› des Lucius Munatius Plancus an die neben Trier älteste Schweizerstadt. Sukkurs zum Kauf des Gösgerlandes, Landstrich am Aarestrom. Dies anno 1458; das Geld vom Rhein floss wunschgemäss stromaufwärts, doch nicht nur als ‹gutes Werk›, sondern als kräftige Anlage. Man war betucht in Basel (und ist es ohne Zweifel heute noch). Und da musste es (wieder einmal?) ‹hinaus›: «Meine Herren von Basel haben so viel Geld als die von Solothurn Rossdräck», soll einer aus Basel erklärt haben. Geld schoss man auch vor für Strassenbau: am Hauenstein etwa, im letzten Säkulum. Die Rückzahlung bestritt die Ursenstadt in Raten – aus Strassenzolleinnahmen!

Dies alles sind Impressionen aus dem Spiegel in der Aktenkammer: Dem ihr Entsteigenden weitet sich der Blick auf die in ihr drittes Jahrtausend geschrittene Basilea. In dieses hinüberbegleitet hat sie nicht zuletzt ein Solothurner: ein Ballonfahrer – aus Gösgen! –, ‹baslischer› und eidgenössischer Parlamentarier und Gazettenmann in einem. Und vor 50 Jahren war er gar der Basler Höchster: Eugen Dietschi. Und dann der ‹Schwarzbube› aus der Exklave Kleinlützel: als ‹Roter› am Rheinknie – coop-erativ dienend, hat er, gelehriger Solothurner, Basels entscheidende Lektionen nicht verschlafen: kurz vor dem Ziel im Aufwärtsstreben scheinbar ausgestochen, stach er mit dem rechten Trumpf zur rechten Zeit. Der Nation zum Wohle. Seit er in eidgenössisch Bern den Rotstift braucht, notiert man dort nur schwarze Zahlen. Ein Stich, fürwahr, der etwas brachte.

Basel – historisch in Solothurns Spiegel: Bischofsstadt, Rivalin, gesuchte Geldgeberin, gemiedene Häretikerin, Wissensvermittlerin, Kaderschmiede.

Und Basel, allen Klagen über die ‹marginalisierte Aussenseiterin›, die ‹Fremde›, die ‹Unschweizerischste› zum Trotz: Stadt mit Zukunft, wie Solothurn ‹auf dem Weg nach Europa›; vielleicht ‹Europastadt› der Schweiz.

Jean-Pierre Salzmann

Baselball – ein altes Basler Ballspiel?

Wenn man anderswo lebt als in seiner Heimatstadt, dann wird man aufmerksam auf Nachrichten, die über diese Stadt berichten: Sie geben ein Gefühl für ihre Bedeutung aus anderer Sicht. Mir geht es in San Francisco so mit Basel. Zum Beispiel Berichte des San Francisco Chronicle:
Im Wirtschaftsteil: Die Zentralbank-Gouverneure treffen sich am Sitz der BIZ; ein Basler Pharmazie-Unternehmen kauft die Aktienmehrheit der heissesten ‹Gen-Schmiede› der San Francisco Bay Area. Im Kulturteil: ein Gastspiel von Heinz Holliger; eine Ausstellung mit Stücken aus dem Basler Völkerkundemuseum; in einer Galerie downtown eine Vernissage des Basler Malers Stephan Spicher.
Ein überraschender Hinweis auf Basel in einem Artikel über die amerikanischste aller Sportarten, Baseball: Kurt Schwitters, von einem Amerikaner darauf angesprochen, dass er für einen ‹Immigranten› überraschend gut spiele, soll erklärt haben, dass er Baseball seinerzeit in Basel spielte, dort heisse es *Base*lball ...
Auch der Vergleich ist wichtiger Bestandteil meines Basel-Bewusstseins.
Da gibt's Gemeinsames. Zum Beispiel San Franciscos Verachtung für Los Angeles – als Substitut für Zürich. Die Lage der Stadt, zwar am Meer, aber vor allem auch auf der anderen Seite der Berge, nicht nur eine geographische Barriere zum Rest des Landes. Die Tendenz zu bewusstem und gesundem Leben.
Da gibt's Gegensätze. Basel erscheint leise, als würden alle flüstern. Alles ist fast klinisch sauber. Überall wird heftig geraucht. Bestellt man einen Kaffee, gibt es kein gratis Nachfüllen. Eine bescheidene Taxifahrt kostet ein kleines Vermögen. Hoch leben die Trämmli, die so aussehen, als wären sie unmittelbar vor der Fahrt zum ersten Mal in Betrieb genommen worden.
Über jeden Vergleich erhaben: das 1.-August-Feuerwerk. Grosse Klasse – nicht nur verglichen mit früher, nein, absolut! Basel scheint engagierte Pyrotechniker zu haben. Es hat ja schliesslich auch eine gute Feuerwehr. Und ein Feuerwehrmuseum.
Überhaupt die Museen, sie machen einen guten Teil meines Stolzes auf Basel aus, und sie sind so viel besser und bedeutender, als viele Basler überhaupt ahnen ...
Damit bin ich an einem heiklen Punkt angekommen: der seltsamen Einstellung der Basler zu ihrer Stadt. Eine Mischung aus Skepsis, Zweifel an der Zukunft, Unterschätzung der eigenen Möglichkeiten und – in Widerspruch dazu – einer selbstzentrierten Haltung, die alles nicht Baslerische als inferior bewertet. Aber das ist wahrscheinlich das gleiche Oxymoron wie der intolerante Fasnachtsgeist. Auf meine Art verstanden, macht das den Charme Basels aus.

Jürg Ewald

Y gang in d Stadt

Als Bürger von Basel bin ich in Liestal, dem Landschäftler Hauptstädtchen, aufgewachsen. Mein Urgrossvater, Sattler aus der Gegend um Frankfurt, hatte sich da eingebürgert, wo seine Braut bereits als deutsche Dienstmagd tätig war.
Von 1954 bis 57 fuhr ich nach Basel zur Schule, weil es im Landkanton noch keine Gymnasien gab. Danach war ich bis 1968 an der Uni Basel immatrikuliert. Seit 24 Jahren wohne ich aber im 400-Seelen-Dorf Arboldswil, wohin der allerletzte Bus abends um 18.48 Uhr in Basel startet.
Basel – das war der Ort, von dem meine Mutter sagte «Y gang in d Stadt», wenn besondere Einkäufe nötig wurden; etwa ein Anzug für Vater. Obwohl in Zürich und Schaffhausen als Sohn einer ‹echten› Baslerin aufgewachsen, bediente er sich in der Stadt der bodenständigsten Basel-

bieter Ausdrucksweise und Aussprache, so dass wir als Kinder uns oft ein wenig genierten.

Basel – das war eine richtig grosse Stadt. Das bedeutete auch Eisenbahnfahrt, Zolli, Fasnacht, weihnächtlichen Glanz unerreichbarer Träume. Später hiess es Krawatte und Kittel für den Schulbesuch, geschwänzte Stunden im Café Münsterberg, Musik, Theater, sogar Ballett, und das Hasten auf den letzten Zug, den ‹Lumpensammler› nach Liestal. Dann stehen für ein Jahrzehnt im Vordergrund die Vorlesungen und Seminarien zwischen Petersplatz und Münsterhügel, die Unibibliothek, stille Gassen um den Heuberg, scheue Rendez-vous im dämmrigen Münster-Kreuzgang – und Kino schon am Nachmittag. Endlich dann der akademische Eid im Fakultätenzimmer.

Und heute: Musik, Theater, Museen (zugegeben, das ist auch Déformation professionelle). Eine Kulturmetropole. Man fährt ohne Billett in die Stadt, weil man ohnehin das ‹Ubo› hat. Lieber nicht mit dem Auto! Dafür bildet das Parkhaus die direkteste Fussgängerverbindung vom Bahnhof zur Stadt. Und dann wieder das schlechte Gewissen über den zu billigen Opernsitzplatz. Manche der alten Matur- und Clubkollegen sind in der ‹Basler Chemie› tätig, arbeiten aber auf Baselbieter Boden – z. B. in der Schweizerhalle.

Nicht selten das Staunen über die da und dort noch durchschimmernde väterlich-landesherrliche Obertanenhaltung, gepaart mit einem Schuss Neid auf die 1833 halb verstossene, halb ausgezogene ‹kleine Schwester›, die sich doch als ‹grösserer Bruder› entpuppt? Und die Wut darüber, sich tatsächlich bei untertänigen Gedanken zu ertappen.

Hermann Wanner

Der Basler ist aus anderem Holz

Es sei freimütig gestanden: der erste Blick der Schaffhauser geht nicht nach Basel, sondern – der Schweiz zugewandt – zur grossen Stadt an der Limmat. Dies aus alter Bindung und aus der engen Verflechtung, der Sogkraft, die von dort ausgeht.

Und doch! Hat nicht, wer in der Geschichte bewandert ist, gern die beiden Städte zusammen erwähnt? Sie haben so viel Gemeinsames: Beide Städte liegen am Rhein, sie waren Zunftstädte, den Zwist mit dem Deutschen Reich im Schwabenkrieg erlebten beide hautnah, und die Parteinahme für die Eidgenossen wurde 1501 mit der Aufnahme in den Ewigen Bund belohnt. Allerdings fehlt der Kitt durch gemeinsame Kriegsdienste; im Gegensatz zu den Hallauern und den Thayngern haben die Basler hinter ihren festen Mauern so wenig geblutet wie anno 1444 gegen die Armagnaken bei St. Jakob an der Birs. Beide auch lösten sich aus den Bindungen an die Kirche, dort des Bischofs, hier des Klosters, und beide waren exponierte evangelische Vorposten im katholischen Umfeld.

Auch die spätere Entwicklung weist gewisse Parallelen auf. Am Tor zum Ausland entwickelten sich Industrie und Handel, dort die Chemie, hier die Maschinenindustrie. Aber Basel wuchs zur Grossstadt heran. Schaffhausen blieb Kleinstadt, bedingt durch die Enge der Landschaft, wohl auch den gelegentlichen Kleinmut.

Man weiss hier auch von der grossen geistigen Vergangenheit Basels, vom Konzil, von der Alma mater Basiliensis, vom bis heute nachwirkenden Humanismus. Das wurde uns von den vielen Pfarrherren beigebracht, die jahrzehntelang Basels Sendboten waren.

Die Schaffhauser liefern den Baslern nicht nur den Rhein; einige der Unsrigen haben das dortige kulturelle, wirtschaftliche und militärische Leben nachhaltig beeinflusst. Im Pharmamulti Hoffmann-La Roche erreichten als Leiter und Forscher die Schaffhauser Emil Barell, Otto Isler und Alfred Pletscher, einst Präsident des Forschungsrates des Nationalfonds, hohe Ehren. Gustaf Adolf Wanner hinterliess einen grossen Fundus an historischer Literatur, sein Bruder Heinrich wirkte als Reeder und Förderer der Rheinschiffahrt. Das Andenken an Oscar Frey, einst Kommandant des Schaffhauser Bataillons 61, bevor er das Stadtbasler Regiment 22 übernahm und es erfolgreich, selbstbewusst und hochgeschätzt in den Kriegsjahren führte, bleibt im Namen einer Strasse auf dem Bruderholz gegenwärtig.

Früh schon war für die Schaffhauser der Zoologische Garten ein Anziehungspunkt, stets auch die Mustermesse. Die Fasnacht ist bei uns aufgepfropft; in Basel geben ihr Geist und Witz, Ironie und Selbsterkenntnis das unverwechselbare Gepräge.

Alles in allem aber sind sich die Menschen hier und dort eher fern. Zwar hat die Grenzlage wohl bei beiden eine kritische und eher misstrauische Bevölkerung entstehen lassen, doch mentalitätsmässig besteht ein starker Unterschied. Wohl auch eine Folge der Kleinheit: wir sind weniger standfest und passen uns bereitwilliger an, auch in der Mundart. Wir anerkennen neidlos: Der Basler ist aus anderm Holz, selbstbewusster, selbstkritischer, weltoffener und geschliffener – Eigenschaften, die man sich gelegentlich vermehrt auch bei uns wünschen möchte.

Peter Witschi

Basel und Appenzell A. Rh.: Ausser Reichweite?

Die Stadt Basel liegt ausser Sichtweite des Appenzellerlandes – sogar vom Säntisgipfel und bei bestem Wetter reicht das Auge nicht bis ans andere Ende der Schweiz. Basel liegt nun einmal ausserhalb unseres geografischen Horizonts, doch durchaus in Reichweite – und das war auch in älterer Zeit so. Seit dem Spätmittelalter war Basel für Ausserrhoder als Bildungsort von Bedeutung. An der dortigen Universität, wo gegenwärtig 18 unserer Kantonseinwohner immatrikuliert sind, studierten 1514/15 auch die Herisauer Johannes Ramsauer und Jakob Tanner. Umgekehrt besetzten Stadtbasler in nachreformatorischer Zeit Pfarrstellen in Ausserrhoden.

Eher selten bestand hingegen Anlass zu bilateralen Kontakten auf politischer Ebene. Kriegerische Bedrohungen führten im 17. und 18. Jahrhundert wiederholt zur Entsendung militärischer Hilfskontingente. 1792 zogen unter Hauptmann Johannes Merz 38 Soldaten zur Grenzwacht nach Basel. Verabschiedet wurden sie mit einem extra komponierten Aufmunterungslied, dessen letzte Zeilen da lauteten:

«Auf, auf! Wir müssen fort,
Hört Brüder! wie's in Thälern hallt,
Ja, Basel sey der Ort,
Wo Schweizer brüderlich gesinnt,
Recht fröhlich jetzt beysammen sind.»

Umgekehrt konnte man in Notlagen auf Basler Unterstützung zählen: so auch nach der grossen Gaiser Feuerkatastrophe (1780), als in den Stadtbasler Pfarrkirchen ein Spendenbetrag von 4400 Gulden für die brandgeschädigte Gemeinde zusammenkam. Persönliche und länger dauernde Kontakte auf höchster Stufe zwischen Basel und Appenzell A. Rh. ergaben sich im Gefolge des Ersten Villmergerkrieges (1656). Mit Erfolg suchten damals der Basler Bürgermeister Johann Rudolf Wettstein und Landammann Johannes Rechsteiner auftrags der evangelischen Orte zwischen den verfeindeten Konfessionsparteien zu vermitteln.

Im 19. und 20. Jahrhundert fand dann manch Ausserrhoder in der Stadt Basel einen Arbeitsplatz, während umgekehrt Basler Prominenz im Ausserrhodischen Erholung suchte. Per Saldo waren stets mehr Ausserrhoder in Basel als umgekehrt. So hielten sich gemäss Volkszählung von 1900 immerhin 349 Ausserrhoder Kantonsbürger dort auf, während lediglich 60 Baselstädter ihren Wohnsitz in unserem Ländchen hatten. Im Sommer des Jahres 1882, da «Frau Vischer-Handmann mit Bedienung, Basel» im Kurort Heiden weilte, zog Emma Lindenmann aus Urnäsch als Dienstmagd nach Basel.

Armin Rempfler

Was dem einen fehlt, hat der andere...

Die Stadt Basel aus der Sicht Innerrhodens zu beschreiben heisst: etwas beschreiben, das man nicht kennt. Wenn in Innerrhoden von der Stadt die Rede ist, dann meint man St. Gallen. Aber Basel? Das kennt der durchschnittliche Appenzeller so wenig, wie der Basler das Appenzellerland kennt. Als ich vor sieben Jahren zu Ausbildungszwecken in diese Stadt zog, konnte ich mir nur wenig darunter vorstellen:

23

abgelegen irgendwo hinter dem Jura, dominiert von der Chemie, mit buntem Fasnachtstreiben und alljährlicher Mustermesse.

Überrascht das geringe gegenseitige Kennen? Eine Eigenschaft haben die zwei Halbkantone zumindest miteinander gemein: Sie sind beide klein. Sonst aber unterscheiden sie sich in allen Belangen: der eine fast nur Stadt, dichteste Konzentration von Bauten und Menschen inmitten natur- und kulturräumlicher Vielfalt, hochindustrialisiert, international, seine Bevölkerung liberal und weltoffen, pulsierendes Leben am Rheinknie; der andere fast nur Landschaft, zerstreut über bewegtes Relief im Grenzbereich zwischen Alpen und Mittelland, mit kultureller Homogenität sondergleichen, in wirtschaftlicher Randlage, von starker Abwanderung betroffen.

Wenn man als Wochenaufenthalter in Basel lebt und über das Wochenende regelmässig nach Appenzell zurückkehrt, ist es nicht leicht, den einen Ort losgelöst vom andern zu betrachten. Vielmehr drängt sich ein Vergleichen und Abwägen auf.

Da zeigt sich auf der einen Seite die Anonymität der Stadt, obwohl Basel so anonym auch wieder nicht ist. Die relative Kleinheit bietet Hand zum Kennenlernen. Da locken die zahlreichen Möglichkeiten zur Aus- und Weiterbildung, die Vielfalt der beruflichen Betätigung, das kulturelle Angebot. Die Konfrontation mit Fremdem, Andersartigem fordert einen heraus. Es fasziniert der Gedanke der Regio, das Bestreben, grenzüberschreitende Möglichkeiten der Verständigung und Zusammenarbeit zu finden. Aus dieser Sicht könnten die Innerrhoder die Basler beneiden.

Auf der anderen Seite stellt sich die Frage, ob sich die jungen Basler mit der städtischen Umgebung, in der sie aufwachsen, so identifizieren können, wie es die Innerrhoder mit ihrer Heimat tun. Wo finden sie die Zufriedenheit, welche die Appenzeller Landschaft in ihrer Überschaubarkeit mit Berggipfeln, Seen und Hügelkämmen, Wäldern und Schluchten den Bewohnern einflösst? Wo spürt man in Basel die feste Einheit, die den Menschen das Gefühl von Geborgenheit vermittelt? In Innerrhoden, wo fast jeder jeden kennt, fällt es leichter, den Wandel der Werte zu bremsen, die Orientierung am Althergebrachten immer wieder neu zu sichern. Wenn es darum geht, Vergangenheit und Tradition zu erhalten, kann der Innerrhoder sehr weit gehen. Vielleicht zu weit.

Was ich beiden Kantonen wünsche, wäre manchmal etwas gegenseitigen Neid.

Hermann Bauer

Doo simmer emool uf Basel abe choo...

Von wo aus St. Galler ihren Bächen und Flüssen nachblicken: immer fliessen sie via Rhein Basel zu! Und weil der Kanton St. Gallen auf langer Strecke am Grenzfluss Rhein teilhat, besteht zum mindesten hydrologisch eine Verbindung nach Basel. Als Schulkinder haben wir oft ein Lied gesungen, worin es hiess: «Doo simmer emool uf Basel abe choo und hend e loschtigi Musig mittis gnoo!» Ich habe mir das immer per Schiff vorgestellt und angenommen, Baselfahrer sollten ‹e loschtigi Musig› mitnehmen, weil Trommeln und Pfeifen keine solche sind. Für uns Ostschweizer mindestens.

Hochgerühmt von grossen Geistern wird Basels Lage «an einem Kreuzungspunkt der drei grossen Kulturen». Einem Goethe-Brief von der dritten Schweizerreise ist zu entnehmen, er hätte gern in Basel leben mögen. Ja, Goethe meinetwegen, aber gewiss nicht mancher St. Galler! Ein solcher lebt bei aller Hochschätzung der kulturell so reichen Rheinstadt doch viel lieber in der hellen, heiteren Landschaft zwischen Bodensee und Alpstein als auf nur 245 Metern ü. M. Wo man für Rheinknie Ryygnei sagt und besonders spitze Zungen und scharfer Witz zuhause sind, gegen die man als St. Galler kaum aufkommt. Haben wir diesbezüglich doch schon mit den Appenzellern unsere liebe Mühe! «Ebbis Bsunders» finden die Basler laut Glopfgaischt (wer isch jetz daa scho wider?) ihren Dialekt. Von ihm abgesehen, seien sie Schweizer wie alle andern. Halten zu Gnaden, aber vielleicht manchmal etwas hochnäsiger, extravaganter oder gar arroganter. Finden wir.

Zuweilen beunruhigen uns die Basler auch. Beispielsweise mit einer Schweizerhalle-Katastrophe. Oder mit der Tatsache, dass 1989 knappe zwei Drittel der über eine Million zählenden Versuchstiere in der Schweiz in ihrer Stadt eingesetzt wurden. Andererseits tut sich dort in vielen Bereichen viel Erfreuliches, dass wir über Negatives hinwegsehen: Ist es nicht einfach grossartig, dass Basel 27 Museen hat (und was für welche!) oder was sich dort in Sachen Picasso-Bilder Unerhörtes begab? Und wer fände Basler wie den Fährimaa nicht charmant, Basler Leckerli nicht viel leckerer als Willisauer Ringli und den Teig, aus dem Leckerli gemacht werden, nicht viel sympathischer als jenen ‹Daig›, zu dem die fürnehmen Basler geworden sind? Auch Zolli und Rheinhafen sind für St. Galler Begriffe; viele haben sich in letzterem erstmals den Duft der grossen, weiten Welt um die Nase wehen lassen. Intensiver als in Kloten!

Im Herbst 1944 hat die Basler Bevölkerung uns St. Galler Truppen als willkommene militärische Präsenz mit einer Herzlichkeit begrüsst, bei der es uns, wie man in der Ostschweiz sagt, ‹ääge waarm onderem Broschttuech› wurde. Seither hat Basel in Sachen getreue, liebe Mitlandsleute für uns, die wir dabei waren, einen besonderen Klang. Halt eben doch ‹ebbis Bsunders›!

Hannes Vogel

Stadträume

An einem Ende der Schweiz ist Graubünden, an einem anderen Basel, dazwischen, verbindend, der Rhein, für Bündner so ewig wie die Berge – nicht so für die Basler.

Der Fluss: Rein da Tuma, Rein da Maighels, Rein da Nalps, Rein da Cristallina, Rein da Fuorns, Rein da Plattas, Rein da Medel, Rein da Vigliuts, Rein da Sumvitg, Rein Anteriur, Vorderrhein, Jufer Rhein, Averserrhein, Madriserrhein, Reno di Lei, Ragn da Ferrera, Rein Posteriur, der Hinterrhein zwischen den Ostalpen und Westalpen, der Rhein zwischen Kleinbasel und Grossbasel, das Rheinknie. Ich bin 1959 auf Grund eines Missverständnisses hier gestrandet: Ich glaubte, Walter Bodmer unterrichte auch Tierzeichnen.

Die Stadt: Die Basler sagen gerne: «Die Stadt ist gewachsen.» Ob geplant oder nicht, die Stadt ist gebaut, sie ist künstlich. An Basel wurde über 2000 Jahre gebastelt, und so gesehen ist die Stadt recht übersichtlich geblieben. Der städtische Raum ist in Basel nicht einfach urban und damit basta. Der Stadtraum im Grossbasel, zum Beispiel der Marktplatz, hat seine eigene Qualität, und eine ganz andere hat der Stadtraum im Kleinbasel, so etwa die Rheinpromenade. Man kann sich den Marktplatz kaum am Claraplatz vorstellen, oder gar die sonnige Rheinpromenade im Schatten des Hotels Drei Könige. Orte sind in Basel die Pfalz genau so wie der Rheinhafen, ein Hochkamin so gut wie der Bahnhof oder der Theaterplatz. Viele Orte in Basel haben einen Zusammenhang, und diese Zusammenhänge sind es, die, solange sie lesbar sind oder werden, die Qualität des Basler Stadtraumes ausmachen oder ausmachen werden. Die Sandoz steht zum Beispiel da, wo die Rauriker im Jahre 58 v. Chr. ihre Siedlung niederbrannten, um nach Westen zu ziehen. Der Hochkamin in unmittelbarer Nähe trägt Wegmarkierungen. Die Rauriker wurden von Julius Cäsar bei Bibracte geschlagen und nach Hause geschickt, wo sie den Hügel befestigten, auf dem heute das Basler Münster steht. ‹BASEL› steht auf dem Kamin der Kehrichtverbrennungsanlage. Das B ist so ausgerichtet, dass es auf die ehemalige Raurikersiedlung weist. Das Wort ‹läuft› nach Westen, um den Kamin herum, so dass der letzte Buchstabe, das L, zum Münsterhügel weist. Die Zahl 58 ist im Rosshof-Hof deponiert. 58 Pferdenamen retten die Ortsbezeichnung ins nächste Jahrhundert. Das Kasernenareal im Kleinbasel ist der Ort, wo über das Rheinknie, das nur dreimal so alt ist wie die Stadt, ausgesagt werden kann. Formulierung des Stadtraumes ist in Basel spannend und nicht allein Sache der Verkehrsplaner.

Walter Fricker

Ein Aargauer blickt vom Fricktal nach Basel

Einem Fricktaler ist Basel keine Unbekannte, auch wenn er weit droben am Nordfuss des Juras seine Kindheit verbracht hat. Viele Fricktaler tätigten früher Einkäufe in der Stadt am Rheinknie. Wenn etwa gar eine Base oder ein Vetter in Basel wohnte, verband man den Einkauf mit einem Verwandtenbesuch, am liebsten jeweils zur Zeit der Herbstmesse.

Intensive Beziehungen mit den Bewohnern des Fricktals pflegten die Basler vorab während des Zweiten Weltkrieges. Dort droben konnte man sich bei Verwandten und Bekannten die karg bemessenen Lebensmittelrationen aufbessern. Da fanden doch jeweils am Sonntagabend Eier, Butter, Speck und anderes mehr den Weg vom Land in die Stadt.

Wenn der vorliegende Artikel einen Beitrag zum Jubiläum ‹700 Jahre Eidgenossenschaft› darstellen soll, darf sicherlich ein Vertreter des jungen Kantons Aargau etwas in der Geschichte des ‹Chriesilandes› blättern, um aufzuzeigen, dass die oben genannten Verbindungen keineswegs künstlicher Natur waren. Alle Bäche des Fricktals fliessen gemächlich hinunter zum Rhein, und so wäre es eigentlich verständlich gewesen, wenn man die bis zum Zusammenbruch der alten Eidgenossenschaft vorderösterreichischen Gebiete nördlich des Aargauer Juras in den Basler Raum einbezogen hätte.

General Bonaparte verband das Schicksal der Fricktaler eng mit der Walliserfrage. Er verbot kurzweg die Aufnahme des Fricktals in irgend eine helvetische Verfassung. Dazu kamen noch andere Schwierigkeiten. Basel wollte das ‹Geschenk› des untern Fricktals nicht annehmen, obwohl der General am 24. November 1797 in den ‹Drei Königen› erklärt hatte: «Das Fricktal ist unser, was gibt uns Basel dafür?» und Oberstzunftmeister Ochs 1797 in Paris eifrig bemüht war, den ‹feilen Landzwickel› als Entgelt für die im Elsass verlorengegangenen Grundrechte herauszubekommen. Unter dem Einfluss konservativer Ratsherren lehnten jedoch die Basler den Anschluss des Fricktals ab. Man befürchtete eine Gefährdung der städtischen Interessen. Anderseits zeigte das obere Fricktal eine deutliche Abneigung gegen eine Verkoppelung mit Aarau. Sie manifestierte sich vorab in Laufenburg, wo man seit jeher enge Beziehungen zum sozial eingestellten österreichischen Régime pflegte. Es kommt nicht von ungefähr, dass im Gerichtsgebäude Laufenburg heute noch die Bilder der Kaiserin Maria Theresia und ihres Sohnes hoch in Ehren gehalten werden.

Die Unsicherheiten um die Zukunft des von fremden Besatzungstruppen arg gebeutelten Fricktals waren die Ursache für aktive Unabhängigkeitsbestrebungen. Am 9. Februar 1802 wurde in Rheinfelden ein Vollziehungskomitee ernannt und ein neuer Kanton Fricktal ausgerufen. Das politische Schicksal der Fricktaler aber entschied sich am 19. Februar 1803 mit der Mediationsakte: Nach einem Jahr und 10 Tagen wurde der Kanton Fricktal aufgelöst und zusammen mit den drei anderen historischen Regionen (alter Berner Aargau, Freiamt und Grafschaft Baden) endgültig dem Aargau zugeschlagen.

Nach dem Zweiten Weltkrieg erst begann ein langsamer wirtschaftlicher Aufstieg der beiden Bezirke Laufenburg und Rheinfelden. Die damals noch eher arme Bevölkerung fand vor allem in den chemischen Werken zunehmend gut bezahlte Arbeit. Seit der Beendigung des jahrelangen Feilschens um ein Kernkraftwerk in der Region haben sich die gegenseitigen Beziehungen positiv entwickelt; so ist z. B. das Fricktal zum bevorzugten Wohngebiet vieler Basler geworden. Ein Grossteil der Fricktaler Mittelschüler besucht die Gymnasien in Basel und trägt dazu bei, dass die früher einmal so hochgespielten Grenzen zwischen Aargau und Basler Metropole verschwinden.

Michel Guisolan

Vom Thurgau nach Basel mit dem Güterschiff

Die Flüsse und Seen sind seit jeher verkehrsbestimmend gewesen, so auch der Bodensee und der Rhein, die man sich seit der Antike als

Wasserstrasse zunutze machte. Im Mittelalter war sie eine der Routen, deren sich der Süd-Nord-Handel bediente. Auch der bedingt durch seine politische Stellung als Untertanengebiet an Wegen und Strassen sehr arme Thurgau nutzte seine Lage an See und Fluss, um Waren zu transportieren. Bis 1780 liessen zum Beispiel Weinfelder Kaufleute ihre für die Zurzacher Messen bestimmten Waren die Thur und dann den Rhein hinunter, sofern der Wasserstand genügte. Gegen Ende des 18. Jahrhunderts gelang es dem Frauenfelder Textilfabrikanten Ratsherr J. C. Fehr sogar, Warenladungen via Murg, Thur und Rhein nach Basel zu bringen. Prompt stellte er dem Rat den Antrag, ein Lagerhaus mit Flusslandeplatz zu errichten. Dieser abenteuerliche Plan fand jedoch keine Gnade.

Zu Beginn des 20. Jahrhunderts begannen mit dem Bau des Rheinhafens in Basel das Zeitalter der modernen Rheinschiffahrt und die Bemühungen um die Schiffahrt zwischen Basel und dem Bodensee. Der Thurgau war damals wirtschaftlich und verkehrstechnisch stark benachteiligt und erwartete von der neuen Wasserstrasse günstigere Handelswege, bessere Standorte für die Industrie, und damit einen ökonomischen Aufschwung, sowie die Realisierung der als Vorbedingung erachteten Bodenseeregulierung. Sein lebhaftes Interesse schlug sich in einem starken ideellen Engagement und einer grossen finanziellen Beteiligung an allen Projekten, wie z. B. dem Bau von Schleusen und Wehren, nieder.

Die Weltkriege, die Wirtschaftskrise und Meinungsverschiedenheiten brachten das Vorhaben arg ins Stocken. Erst Ende der vierziger Jahre geriet der Stein wieder ins Rollen. Besonders ungeduldig zeigte sich dabei der Thurgau. Die Beantwortung eines parlamentarischen Vorstosses 1954, dem der Aspekt des Naturschutzes zugrunde lag, zeigt, dass die Regierung an der Hochrheinschiffahrt festhielt, zumal die Realisierung der vom Bund versprochenen Ostalpenbahn immer mehr in die Ferne rückte. Die nächste offizielle Stellungnahme erfolgte 1963 anlässlich einer Interpellation im Grossen Rat, die Bedenken am volkswirtschaftlichen Nutzen und bezüglich des Gewässer- und Naturschutzes äusserte. Die Antwort, ein Meisterstück sachlicher Argumentation, liess keine Zweifel an der Absicht des Kantons offen. Mehr denn je wurde die Verwirklichung angestrebt und sogar der Bundesrat gebeten, die Sache voranzutreiben. Eine Vernehmlassung des Bundes 1970 offenbart einen in der Zwischenzeit ins Wanken geratenen Standpunkt: Die Mehrheit der Bürger sei kaum dafür zu gewinnen, die wirtschaftliche Entwicklung ungewiss, die Realisierung verfrüht, die Seeregulierung vordringlich, das grundsätzliche Interesse aber weiterhin bestehend, hiess es in der Antwort. – Nur drei Jahre danach nahm der thurgauische Souverän eine Initiative zur Erhaltung von See und Flusslandschaft an Bodensee und Rhein mit dem Passus «...wendet sich gegen jede künstliche Regulierung des Wasserstandes, gegen die Hochrheinschiffahrt...» mit sehr starkem Mehr an, was das Ende dieses Projektes auf thurgauischem Staatsgebiet bedeutete.

Giovanni Bonalumi

Una reciproca simpatia

Tra ticinesi e basilesi, si dice, da sempre è esistita una reciproca simpatia. L'affermazione è di quelle perentorie, che non sembrano richiedere un particolare commento, una verifica. Richiesti d'una comprova, eccoci subito pronti a evocare, a suffragio della giustezza della citata asserzione, una similarità geopolitica tra i due Cantoni, a parlare di porte specularmente aperte, d'una stessa dimora, una verso sud, l'altra verso nord.

Virtù prima del basilese – virtù che trae alimento dal luogo stesso di punto d'incontro in cui si è insediata la città –, si dice anche, è la tolleranza, una forte disposizione a capire gli usi e i costumi degli altri. Nessuna meraviglia, quindi, se in concorde atteggiamento l'indole intraprendente e immaginosa dei ticinesi abbia fatto breccia nell'animo perspicace ed aperto della gente basilese. Nella mia mente, come in quella di non pochi miei conterranei, Basilea, più di ogni altra città della Confederazione, appare, oggi come oggi, predestinata a rompere i vincoli, gli ostacoli connessi con la presenza d'una frontiera, e a crescere dentro il grande contesto della nuova Europa.

Certo, i compiti che l'attendono sono enormi. Perchè li possa assolvere compiutamente occorrerà al Cantone un concorde apporto di fattiva solidarietà da parte sia della Confederazione, sia delle nazioni limitrofe; ciò che in parte già avviene, sia pure in forma ancora larvale, nell'ambito delle attività promosse dalla ‹Regio basiliensis›. Un ruolo di fulcro di questa cooperazione tra nord e sud spetterà senz'altro all'Università, ricca com'è d'un pluricentenario prestigio e dell'apporto d'insigni studiosi di innumerevoli contrade.

Gilbert Kaenel

Du Münsterhügel à la Cité, à Lausanne

Lorsqu'un vaudois, un archéologue de surcroît, emprunte la Rittergasse et pénètre sur la place de la Cathédrale à Bâle, il ne peut s'empêcher d'établir un parallèle avec la Cité de sa capitale, Lausanne: il sera touché par le rythme et la beauté des maisons médiévales, illustration d'une longue histoire, par la cathédrale, et sans doute impressionné par la générosité de la place.

Mais il se surprendra, en baissant les yeux, à tenter de s'enfoncer sous le revêtement moderne, dans le sous-sol de la colline, entrevu au cours de fouilles récentes qui ont fait réapparaître, entre autres, les traces d'occupations de la fin de l'âge du fer. L'imagination de l'archéologue le ramène ensuite dans son chef-lieu: et si l'on arrivait à identifier à Lausanne également les traces d'une fortification des Helvètes, à l'instar du célèbre Murus gallicus de Bâle! Le mur gaulois (décrit par Jules César), avec une porte monumentale, bordé d'un profond fossé, marquait les limites de l'oppidum des Rauraques, entre Rhin et Birsig à la fin du Ier siècle av. J.-C.

La Cité à Lausanne, entre Louve et Flon (aujourd'hui canalisés) ne représente-t-elle pas un site favorable à l'installation d'une de ces premières ‹villes› du pays? C'est possible, quelques rares trouvailles archéologiques le suggèrent, mais aucun vestige de construction ne permet d'étayer cette hypothèse.

L'espoir subsiste et Bâle est, à cet égard, exemplaire: n'a-t-on pas dû attendre jusqu'en 1971 pour que les fouilles démontrent l'existence d'un oppidum et de sa fortification? Dès lors, avec l'ancien site ouvert de la Gasfabrik (et bien avant les premiers balbutiements de la future Confédération suisse) le modèle bâlois représente une image de marque à l'échelon du monde celtique.

Michel Veuthey

Un regard valaisan

Comment Bâle est-elle perçue par un œil valaisan? On songe aussitôt à Guy Curdy, qui, dans un livre récent*, a si bien su rendre les charmes de la cité rhénane. Mais son regard est-il encore celui d'un Valaisan? A-t-il encore le recul nécessaire pour évoquer une distance, cet écrivain que Bâle a adopté et qui s'est si bien laissé séduire?

Au contraire, quand on vit entre les hautes barrières des Alpes, on est sensible à l'extraordinaire différence qui sépare cette avancée nordique de la Suisse et le Valais méridional. Ici, tout est verticalité, tension, resserrement; là-bas, règnent l'horizontalité, l'espace, l'ouverture vers des horizons brumeux. Ici, un vaste territoire souvent inhumain, là-bas, une surface conquise et exploitée jusqu'en ses plus petits recoins: 45 habitants au km^2 contre 5200!

Et surtout, l'impression d'être dos à dos, avec le Rhône tourné vers l'Ouest et la Méditerranée, et le Rhin, résolument tendu vers le Nord.

Pourtant, Bâle ne nous paraît pas étrangère. De toutes les cités de la Suisse alémanique, c'est même celle qui exerce la plus grande fascination sur nous, et cela depuis la Renaissance. La ville où les attirait Erasme, n'est-elle pas pour les Valaisans symbole d'ouverture et d'européanité? Si fermé soit-il, le Valais n'a-t-il pas aussi de longues frontières avec l'étranger, 290 km sur un pourtour de 518 km? Et s'il doit

* Curdy, Guy: Bâle que voilà. Basel 1985, Editions du Gabou.

grimper jusqu'à 3200 m, au Mont Dolent, pour trouver le point de rencontre de trois pays, le Valaisan sent aussi battre le cœur de l'Europe quand il voit se croiser, en gare de Bâle, les locomotives françaises, allemandes et suisses. Il regrette même que la frigidité neutraliste de la Suisse n'ait pas permis un meilleur développement de la vocation internationale de Bâle, mieux située géographiquement que Strasbourg, Luxembourg ou Bruxelles, pour vivre un destin européen.

Si la première syllabe de Bâle se retrouve à Monthey dans les vastes espaces des usines Ciba-Geigy, nous voyons briller à Bâle le nom de l'une de nos rivières, la Lonza. Rappels de liens économiques importants!

Mais Bâle nous fascine surtout par sa beauté, par le soin avec lequel ses autorités assurent sa conservation et son rajeunissement, par sa vie culturelle, ses musées et ses ensembles musicaux. Peut-être aussi par sa richesse légendaire, car l'or séduit les pays pauvres…

Bâle, enfin, c'est un beau nom, ample et ferme à la fois. Et si le récent projet de réforme de l'orthographe française devait condamner l'accent circonflexe, cette amputation devrait épargner certains mots, car l's de Basel et de Basilea serait trahi: Bâle sans accent perdrait de sa généreuse ampleur, et le Rhône privé de son circonflexe verrait s'évanouir la profondeur de son mystère.

Jean-Marc Barrelet

La plus romande des villes suisses-alémaniques

Au regard de l'histoire, rien ne prédestinait une entente plus que cordiale entre Bâle et Neuchâtel; même si l'un de ses évêques, Henri de Neuchâtel, guerroya pour le prestige de l'Etat épiscopal entre 1264 et 1274, les sujets de litige opposant les comtes de Neuchâtel et Valangin aux évêques étaient nombreux. La frontière demeura indécise pendant longtemps. On se fit même la guerre, du côté du Landeron, et l'évêque Gérard de Vuippens édifia La Neuveville en 1312 pour consolider les limites de son territoire du côté de Neuchâtel.

Heureusement, les conflits s'estompèrent, les Neuchâtelois ayant tout à apprendre des Bâlois: l'horlogerie – naturellement – dont on sait qu'elle fleurit sur les bords du Rhin dès la fin du moyen âge, mais aussi l'humanisme dispensé à l'Université et auquel nombre d'étudiants neuchâtelois s'abreuvèrent. «J'ai passé à Bâle deux années, qui ont été les plus agréables de ma vie», note le pasteur et homme de lettres Henri-David de Chaillet (1751–1823) qui avait eu la joie de côtoyer les Bernoulli et surtout l'illustre professeur de grec Johann-Jakob Spreng, avec lequel il se lia d'amitié.

Il ne faut pas se leurrer, Bâle ne représente pas seulement un attrait culturel ou spirituel, les Neuchâtelois y trouvent aussi de quoi satisfaire leurs appétits économiques. Bâle devient alors synonyme de ville portuaire et marchande, de cité ouverte sur le monde, passage obligé des marchandises neuchâteloises. Indiennes et dentelles, vins et produits horlogers empruntèrent très tôt la route et le fleuve de Bâle pour se rendre sur les grandes foires allemandes de Francfort et Leipzig.

Aujourd'hui encore, depuis l'ouverture de la foire de Bâle en 1917, les horlogers neuchâtelois ne manquent pas ce rendez-vous essentiel pour la principale industrie de leur canton. Bâle contribue à la richesse de Neuchâtel en favorisant l'exposition de ses produits.

Plus que tout autre, l'industrie horlogère doit soigner son image et Bâle, ville artistique s'il en est, fournit le cadre idéal à sa présentation. Ce n'est donc pas un hasard si une importante maison de La Chaux-de-Fonds a choisi le Hardhof pour y installer un centre de relations publiques. Cette ancienne demeure de Karl Geigy, située au cœur de la ville, accueille aussi des expositions de jeunes peintres et sculpteurs.

Très pacifiquement, à la suite de l'industriel d'origine neuchâteloise Edouard Sandoz, d'autres Neuchâtelois se sont établis à Bâle. Ils se sentent à l'aise dans la plus romande des villes suisses-alémaniques.

François Picot

Un Genevois à Bâle

A chaque automne, au moment où les feuillages changent de couleurs, lorsque les brumes fraîches entourent les arbres au matin, lorsque la nuit tombe plus vite, je suis repris par le souvenir de mes années bâloises. Je revis ces moments où, jeune étudiant ayant achevé à Genève mes études de théologie, j'arrivais à Bâle pour poursuivre mes études de droit. Me rendant à l'Université pour m'immatriculer, je traversais le Petersplatz tout bruissant de l'atmosphère joyeuse de la ‹Herbstmesse›, je longeais les petites échoppes provisoires chargées de ‹Biberli›, je respirais l'odeur des saucisses grillées et j'étais bercé par les ritournelles mélancoliques des carrousels.

Chaque année, au début du semestre d'hiver, que ce soit par un beau temps frais ou sous les premières pluies d'octobre, l'atmosphère de la ‹Herbstmesse› marquait le début de la nouvelle année universitaire. Mais une fois les formalités d'inscription accomplies, les décisions prises sur les cours à suivre, la découverte des auditoires, c'est un autre décor qui devait marquer mes années bâloises. La bibliothèque de droit se trouvait alors dans un bâtiment ancien sur le Münsterplatz, à côté de la Lesegesellschaft. Je puis encore en pensée cheminer sur cette place, longer la cathédrale et m'arrêter un moment devant la Galluspforte et méditer sur les vierges sages et les vierges folles, puis m'attendrir devant les images toutes simples des vertus chrétiennes: soigner les malades, visiter les prisonniers, nourrir et vêtir les affamés et les pauvres. Avant de pénétrer dans la bibliothèque, je ne puis résister à l'envie de faire quelques pas sur la Pfalz. Soudain c'est l'ouverture immense, le Rhin qui dans une courbe magnifique baigne la ville, au loin la colline de Tüllingen, St. Chrischona et les montagnes du Schwarzwald, et si le temps est clair, à l'ouest la ligne si légère des Vosges. Derrière moi le chevet de la cathédrale et ses frises romanes représentent la vie des paysans et des chasseurs du Moyen-Age. Continuant la promenade, on peut errer dans le cloître de la cathédrale et déchiffrer les pierres funéraires des représentants des grandes familles bâloises. Tout Bâle est en quelque sorte compris dans ces lieux. Me promenant sur la Pfalz, je vois le Rhin qui vient des Grisons, qui coule vers Rotterdam et sur lequel on voit des chalands aux couleurs françaises, allemandes, néerlandaises, dont on entend parfois les sirènes dans les rues de la ville. Plus loin, au-delà des hautes silhouettes des usines chimiques, le regard embrasse le vaste horizon sur l'Europe. Mais derrière soi, il y a la présence de la cathédrale, du cloître où sont les traces de ceux qui ont marqué ces lieux. D'une part on a l'ouverture vers l'Europe, vers le monde, mais cette ouverture demeure ancrée dans une tradition qui remonte haut dans l'histoire et qui s'est confirmée et enrichie de siècle en siècle.

De là, suivant le jour, suivant l'heure et suivant l'humeur, j'entre à la bibliothèque de droit pour préparer un séminaire ou avancer ma thèse, ou je pénètre dans la Lesegesellschaft pour me plonger dans les œuvres les plus diverses de la littérature contemporaine. A Bâle, en ce temps-là, les seuls examens étaient ceux de doctorat accompagnant la présentation de la thèse. Cette liberté extraordinaire permettait de laisser ses pensées creuser des pistes dans plusieurs directions et ainsi de se découvrir un peu mieux soi-même. Cet esprit de liberté qui depuis 1459 souffle de l'Université sur la ville de Bâle est une autre constante de la cité.

Pour moi cet esprit de liberté sera toujours illustré par ces journées de juillet 1947 où sous la présidence du Recteur Adolf Portmann, Karl Jaspers a prononcé les cinq conférences qui ont été depuis publiées sous le titre: ‹Der philosophische Glaube.› Malgré la proximité des vacances l'aula était comble, il fallait être là bien avant l'heure et si l'on avait un cours juste avant, on envoyait des amis réserver une place. Depuis le moment où Karl Jaspers a commencé sa première conférence: «Fragen wir, worus und wohin wir leben sollen…», on a senti passer cet esprit de liberté, de sérieux devant l'existence qui seul peut servir de fondement à une réflexion profonde. Pour beaucoup de ceux qui ont vécu ces moments, ce furent des heures bâloises qui ont marqué leur existence. En invitant à la fin de la guerre Karl Jaspers à continuer à Bâle ses travaux et son enseignement, l'université a manifesté sa fidélité aux grandes traditions de la cité.

François Noirjean

Bâle et le Canton du Jura

Longtemps, le Jura a été intimement lié à Bâle, et son histoire se confond partiellement avec celle de la cité rhénane. L'historiographie s'accorde à reconnaître que l'origine du pouvoir temporel des évêques de Bâle sur les territoires du Jura historique remonte à la donation de 999, par laquelle le roi de Bourgogne, Rodolphe III, céda à l'église de Bâle l'abbaye de Moutier-Grandval avec ses dépendances. L'effort patient des prélats bâlois pour augmenter leur domaine jurassien aboutit à la fin du XIIIe siècle à la formation d'une Principauté, divisée en seigneuries, et qui, depuis 1032, faisait partie du Saint-Empire.

L'établissement du Prince-Evêque de Bâle à Porrentruy, en 1528, constitue une sorte de repli sur la partie jurassienne de l'Evêché, et traduit l'abandon quasi définitif de Bâle, si l'on excepte les revendications formulées par Jacques-Christophe Blarer de Wartensee pour recouvrer les droits exercés par ses prédécesseurs. Cependant, les relations entre l'ancien Evêché et la ville de Bâle gardèrent une grande importance durant toute l'époque moderne. Le Prince avait conservé à Bâle son hôtel particulier, le ‹Bischofshof›, pour y loger son receveur. Il continua de porter le titre de chancelier de l'Université. Un grand nombre d'œuvres d'art conservées dans le Jura proviennent d'ateliers bâlois. L'itinéraire de Bâle à Bienne, ouvert au XVIIIe siècle, connut un bel essor, qui augmenta encore après la construction du chemin de fer Delémont–Bâle, en 1875. Dès lors, l'influence économique de Bâle se fait sentir plus directement par l'intermédiaire de familles industrielles et des établissements bancaires.

Au Congrès de Vienne, qui fixe le sort de l'ancien Evêché de Bâle, les Puissances décident le rattachement des seigneuries du Birseck et de Pfeffingen au canton de Bâle; aujourd'hui, cette région fait partie de Bâle-Campagne.

Depuis la construction par l'évêque Henri de Thoune du seul pont sur le Rhin en aval de Constance, Bâle était devenu un haut lieu des échanges; au XXe siècle, Bâle contribue directement à la promotion de l'industrie horlogère, en particulier par la foire d'échantillons, organisée dès 1917, et, depuis 1973, la foire européenne de l'horlogerie et de la bijouterie. Dans l'Europe en profonde mutation, Bâle continue à jouer son rôle de ville d'échanges. La Regio Basiliensis, dans laquelle la République et Canton du Jura jouit du statut d'observateur, a largement contribué à la promotion des relations entre Etats voisins.

Le canton du Jura peut s'enorgueillir de cultiver des relations particulières avec la Fondation Christoph Merian, qui acquit en 1956, le vaste domaine du Löwenbourg, ancien prieuré des Cisterciens de Lucelle situé sur la commune de Pleigne. La famille Merian est issue de Thiébaud Mérillat, fils du maire du Courroux, qui s'établit à Bâle et fut reçu dans la bourgeoisie en 1498.

Le souvenir des liens entre le Jura et Bâle se traduit visiblement de nos jours par les armoiries de la République et Canton du Jura, qui conservent la crosse épiscopale.

Barbara Wyss

Der Calatrava-Brückentraum ist ausgeträumt

lassen, legte sie im März 1988 ihren zweiten Ratschlag für die Erneuerung der Wettsteinbrücke vor und beantragte die Realisierung des Projektes Bischoff + Rüegg.

Zu diesem Zeitpunkt bot der spanische Ingenieur Santiago Calatrava, in Basel dank seiner eleganten Tragkonstruktion im umgebauten Spalenhof bekannt und von vielen bewundert, Baudirektor Eugen Keller an, eine neue Wettsteinbrücke zu entwerfen. Keller lehnte ab, wor-

Die lange Kontroverse um die Wettsteinbrücke ist zu Ende: bei der Abstimmung vom 20. Mai 1990 entschieden sich die Basler Stimmberechtigten bei einer Stimmbeteiligung von 36 Prozent mit 24 659 Ja gegen 22 028 Nein für das Wettsteinbrücke-Projekt von Bischoff + Rüegg.

Pläne für einen Neubau der 1879 gebauten, 1939 verbreiterten Wettsteinbrücke gab es bereits Anfang der siebziger Jahre. 1980 wurde ein Wettbewerb durchgeführt, doch das ausgewählte Projekt erfuhr 1984 in einer Volksabstimmung eine Absage. 1987 wurde eine erste Fassung des Projektes Bischoff + Rüegg präsentiert, das nach dem Tod des Architekten Nico Bischoff von seinem Partner Hans Rüegg zusammen mit dem Zürcher Ingenieurbüro ACSS weitergeführt wurde. Nachdem die Regierung im Auftrag des Grossen Rats den Entwurf zu einem Bauprojekt hatte ausarbeiten

auf das Calatrava-Projekt von privater Seite lanciert und portiert wurde.

Der Grosse Rat nahm daraufhin den Ratschlag der Regierung nicht an, und fast zwei Jahre später durfte das Volk entscheiden, ob es das von der Regierung gutgeheissene, nochmals überarbeitete Projekt Bischoff + Rüegg für 44,35 Millionen Franken wollte. Das Volk wollte, vielleicht weil es das ganze Hin und Her satt hatte (denn ein Nein zu Bischoff + Rüegg wäre ja noch kein Entscheid für Calatrava gewesen), vielleicht weil Calatravas Brücke wesentlich teurer (63,7 Millionen Franken) gewesen wäre oder vielen zu kühn schien. Was bleibt, ist sein Modell, das im Vitra-Architekturmuseum in Weil am Rhein zu sehen ist, die Erinnerung an einen engagiert und hitzig wie selten geführten Abstimmungskampf und bei vielen das Bedauern über eine verpasste Chance.

Manifest für einen Kanton Basel

Der Halbkanton Basel-Stadt wird, trotz seinen zwei Landgemeinden, für alle sichtbar mehr und mehr zu einem Kanton ohne Land. Der Halbkanton Basel-Landschaft ist noch immer ein Kanton ohne Stadt, aber er droht zu einem Kanton der Vorstädte zu werden.

Der Vorsatz zur Partnerschaft bringt in beiden Halbkantonen, auch dort, wo er ehrlich gemeint ist, wachsende Schwierigkeiten. Wir vergeuden Geld, Zeit und Arbeitskraft, um partnerschaftlich Probleme zu lösen, die in anderen Kantonen von einer ihrer Sache sicheren Regierung gemeistert werden. Die Zukunft unserer Universität, der wissenschaftlichen Medizin, des Schulwesens, der kulturellen Institutionen, der Versorgung und Entsorgung, der Verkehrssysteme ist kaum mehr prognostizierbar, weil die Partner auf beiden Seiten hinter den gemeinsamen Interessen auch immer die eigenen suchen. Es ist unbegreiflich, dass auf dem im Vergleich zu Graubünden, Bern oder Zürich kleinen Gebiet der beiden Basel verschiedene Steuersysteme zur Anwendung kommen, und wären sie ein Kanton, hätte niemand etwas einzuwenden, wenn Leute im Dienst der Stadt auch auf der Landschaft wohnten.

Basel-Stadt und Basel-Landschaft wären zusammen nach Bevölkerung und Wirtschaftskraft der viertwichtigste Kanton der Schweiz. Einzeln zählen sie zu den mittleren bis kleinen; ihre Randlage in der Eidgenossenschaft mindert ihr politisches Gewicht noch weiter.

Das Vorhaben einer Wiedervereinigung, auch wenn der Begriff weltpolitisch heute eine neue Bedeutung gewinnt, muss im Fall dieser beiden Halbkantone als vorerst gescheitert betrachtet werden. So notwendig eine Wiedervereinigung der beiden Basel wäre, so wenig Chancen hätte die Wiederholung des jetzt mehr als 20 Jahre zurückliegenden Versuchs. Die Volksabstimmung von 1969 hat da die Akten geschlossen.

Seither haben sich die Dinge gewandelt. Mehr und mehr Leute wohnen auf der Landschaft und arbeiten in der Stadt, viele halten es umgekehrt. Die Stadt als das Zentrum der Region ist trotz schwindender Bevölkerung wichtiger und gewichtiger geworden.

Wenn sich die beiden Basel politisch nicht wieder vereinigen können, was bleibt ihnen dann? Es bleibt als die ganz andere Lösung der Beitritt des Halbkantons Basel-Stadt zum Halbkanton Basel-Landschaft. Seit der Gründung des Kantons Jura haben sich auch in der Schweiz alte Vorstellungen gelockert; der mögliche Beitritt des Laufentals zum Kanton Basel-Landschaft beweist eine neue Beweglichkeit im Rahmen des binnenstaatlichen Denkens unseres Landes.

Geschichtlich gesehen, ist es Basel-Landschaft, das sich von der Stadt gelöst hat. Für die meisten heutigen Bewohner der Region Basel verblasst diese Geschichte. Wo sie aber lebendig geblieben ist, heisst ihre Lektion, dass nicht der Partner, der weggegangen ist, zurückkehren kann, sondern dass es an der Stadt liegt, die Einheit mit diesem Partner wiederherzustellen. Somit besteht die einzige Chance darin, dass sich der bisherige Halbkanton Basel-Stadt dem Halbkanton Basel-Landschaft anschliesst. Dieser wird dadurch zum neuen Vollkanton Basel.

Das ist nur möglich, wenn die stimmberechtigten Einwohner in der Stadt auch damit einverstanden wären, kantonal von Liestal aus regiert zu werden. Das Bundesland Hessen wird nicht von Frankfurt, sondern von Wiesbaden aus regiert; der Staat New York von Albany, der Staat Kalifornien nicht von San Francisco, sondern von Sacramento aus. Wenn Basel-Stadt nicht mehr Kanton und Gemeinde zusammen sein muss, wenn kantonale Ämter ohne Doppelspurigkeiten zusammengelegt werden können, gewinnt die Stadt als eigene Gemeinde das, was sie am nötigsten braucht: Luft, Räume, neue Handlungsmöglichkeiten. Und das Land erhält Anteil an den wirtschaftlichen, wissenschaftlichen und kulturellen Institutionen der Stadt. Der Beitritt des Halbkantons Basel-Stadt zum Halbkanton Basel-Landschaft geschieht im Vertrauen auf die Einsicht des neuen Vollkantons Basel in die tatsächlichen Bedürfnisse von Landschaft und Stadt. Denn die Leute, die hier wohnen, sehen immer deutlicher, dass sie zusammengehören.

Wir, die stimmberechtigten Einwohner oder Bürgerinnen und Bürger der Stadt Basel, sehen im Beitritt des Kantons Basel-Stadt zum Kanton Basel-Landschaft die Chance, in einem sich neu gruppierenden Europa die immer unzeitgemässere Kleinheit unserer politischen und gesellschaftlichen Verhältnisse zu überwinden. Im Vergleich zu einem Bundesland Baden-Württemberg oder einer Region Elsass ist unser Gewicht immer noch gering. Umso entscheidender ist es, dass wir auch politisch und administrativ die grosse Kraft der Gesamtregion Basel gegenüber den Miteidgenossen und den ausländischen Nachbarn ins Spiel bringen können. Wir sind bereit, in den Parteien und Gruppierungen unsere Kraft für diesen Beitritt von Basel-Stadt zu Basel-Landschaft einzusetzen und die notwendigen politischen Schritte zu wagen. Ein Stadtkanton ohne Land, ein Landkanton ohne Stadt werden dank dem Beitritt der Stadt zum Land zu einem Kanton Basel, der beide – Stadt und Land – umfasst.

Basel, im März 1990

Markus Kutter

Sechs Randglossen zum Manifest

1. Gespräch mit einem amerikanischen Besucher

Im Auto bin ich mit einem Amerikaner auf Besuch in und um Basel herumgefahren. Jetzt sind wir in einem andern Staat, in Allschwil. Jetzt sind wir in einem andern Land, in Hegenheim, France. Jetzt sind wir über die Grenze zwischen zwei Ländern gefahren, from France to Germany. Jetzt sind wir in Basel-Stadt, aber nicht in der Stadt, sondern in Riehen. Jetzt aber sind wir in Deutschland, in Inzlingen. Jetzt sind wir wieder in einem andern Land, in einem andern Staat, in Rheinfelden AG. Jetzt sind wir abermals in einem andern Staat, aber nicht in Basel, sondern in Birsfelden. Jetzt sind wir wieder in Basel. I don't get it, sagte er, ich versteh das nicht, es war doch immer Basel und Umgebung. Ja, sagte ich, nein, sagte ich, wissen Sie, das ist alles etwas kompliziert.

I don't get it, gab er zur Antwort. Ciba-Geigy ist doch Basel, oder nicht? Ja, sagte ich, aber mit Schweizerhalle, Kaisten, Wehr, Grenzach, Huningue. Da fährt doch das Basler Tram, das grüne? Ja, aber auf fremden Geleisen. Warum gibt es in Basel auch gelb-rote Trams? Nun, in der Stadt, in der eigentlichen Stadt, fahren eben die gelb-roten auch auf fremden Geleisen. Ist es wahr, dass die Kinder in den Vorortsgemeinden nicht in Basel in die höheren Schulen dürfen? Ja, sagte ich. Ist es wahr, dass die Leute auf dem Bruderholz je nach Strasse andere Steuern zahlen? Ja, sagte ich. Ist es wahr, dass städtische Institutionen Land in Baselland kaufen oder pachten müssen, weil sie in der Stadt keinen Platz finden? Ja, sagte ich, das kommt vor. Ist es wahr, dass der Kehricht von Vorortgemeinden und verschiedene Abwässer in der Stadt entsorgt werden müssen? Natürlich, sagte ich, ist doch logisch. Ist es wahr, dass in Allschwil und Neuallschwil andere Baugesetze gelten? Nun ja, sagte ich, ist das wichtig? Ist es wahr, dass die Stadt Basel das Theater und das Orchester auch für die Leute aus der Landschaft subventioniert? Ja, wir sind gelegentlich sogar stolz darauf. Stimmt es, dass gewisse Spitäler in der Stadt nicht zur Universität und gewisse Spitäler auf der Landschaft doch zur Universität gehören? Provisorisch ja, wir sind da mit der Neuorganisation noch nicht ganz durch. Warum sind gegen 40000 Basler Stadtbewohner ausgewandert? Die sind dabei, das Grüne, das sie einst gesucht haben, zuzubauen; wir haben eben in der Stadt keinen Platz mehr. Und was tun Sie? Wir überlegen uns, ob wir weitere Parkplätze bauen sollen oder ob wir umgekehrt gerade keine Parkplätze mehr bauen sollen, damit die Leute mehr tramfahren. Grün oder gelb-rot? grinste er. Je nachdem, sagte ich. Kommt's darauf an? Eigentlich nicht, sagte ich, das heisst: eigentlich doch.

I don't get it, sagte er, so was Verrücktes.

2. Der Ur-Urenkel des Bürgermeisters

Er ist Jahrgang 1903, ein Herr in den Achtzigern, Professor für Physik und emeritiert. Nennt sich parteilos, weil Politik in grösseren Dimensionen parteiliche Rücksichten oft nicht gestattet. Ein jugendlich wirkender, zierlich gewachsener Mann, aber von einer drahtigen Beharrlichkeit, der ein frohes Lachen den Stachel nimmt. Wie macht man es denn, dass man erst im achtzigsten Lebensjahr plötzlich politisch aktiv werden will?

Karl Wieland ist der Ur-Urenkel des Bürgermeisters Johann Heinrich Wieland (1758–1838). Dieser vertrat mit einem Zürcher und einem Freiburger Kollegen die Schweiz am Wiener Kongress von 1815. Er sorgte für die Rückgabe des Birsecks an den damaligen Kanton Basel. Sein Sohn Johannes bekam vom Vater den unheilvollen Auftrag, den Unruhen in der Landschaft nach 1830 zu wehren. Sein anderer Sohn August Heinrich wurde von den revoltierenden Baselbietern 1833 erschlagen.

Das Gepäck dieses familiären Herkommens hätte einen anderen Mann zum glühenden Verteidiger des Stadtkantons Basel gemacht. Aber als 1983 die Aufwertung der beiden nordwestschweizerischen Halbkantone zu Vollkantonen auf die Traktandenliste zu geraten drohte, empfand das Karl Wieland, gerade weil er seine Familiengeschichte nicht vergessen hatte, als eine Aufforderung, politisch tätig zu werden und gegen die Verewigung eines geschichtlichen Widersinns anzutreten.

Ohne ihn wären die Gespräche und Versammlungen, die Textvorschläge und die Schlussredaktion des Manifestes unterblieben. Er trommelte unermüdlich Alte und Junge, Männer und Frauen, Prominente und politisch nachdenkliche Leute zusammen, um ihnen klarzumachen, dass unsere demokratische und föderalistische Struktur nur dann lobenswert ist, wenn wir auch die in ihr liegenden Möglichkeiten der politischen Umgestaltung aufgreifen. Dass die Jahreswende 1989/90 zur historisch einmaligen Lektion wurde, inwiefern die Völker Europas nicht auf den Grenzsteinen von 1949, 1937, 1918, 1914 oder 1871 sitzen bleiben wollen, hat ihn mit Befriedigung erfüllt. Er lachte, wenn er daran dachte, dass in einem veränderten Europa mit EG und EFTA, KSZE und EWR ausgerechnet die Basler die Grenzen von 1833 als ewig betrachten sollten.

Ein alter Basler, der seine Stadt verrät? Sein Ur-Urgrossvater war der Zeitgenosse des Peter Ochs, der den Landschäftlern Sitz und Stimme im Grossen Rat verschaffte, und seine Familie ist seit 1587 in Basel eingebürgert. Wer hat einen besseren Ausweis?

3. Wie funktioniert Politik?

Das Jahr 1990 hat in Europa politische Bewegungen gebracht, die wir diesem alten Kontinent nicht mehr zugetraut hätten. Europa beginnt anders auszusehen, weil das, was die Menschen und die Regierenden, die Vertragspartner und die Diplomaten noch 1988 geplant, berechnet und eingerichtet hatten, über Nacht nicht mehr galt; die Leute begriffen sich erst scheu und dann lauthals als das Volk, nannten sich so und sagten: Jetzt machen wir es anders, und wenn es das Leben kosten sollte.

Artikel 23 des Deutschen Grundgesetzes sagt, dass zur Bundesrepublik Deutschland auch weitere Länder (gemeint waren die ehemaligen auf dem Gebiet der DDR) beitreten könnten. Artikel 146 sagt, dass das Grundgesetz so lange in Kraft ist, bis (für ein wieder vereinigtes Deutschland) eine neue Verfassung eingeführt ist. Also gab es zwei Wege zu einem vereinigten Deutschland: Zuerst den Beitritt und dann eine neue Verfassung. Oder zuerst die Ausarbeitung einer neuen Verfassung und dann deren Annahme für ganz Deutschland. Man wählte den ersten Weg. Aber wer ist ‹man›? Es waren die Leute, das Volk, die Parteien, die Medien, die Parlamentarier, Kabinette und Kanzler. Bundeskanzler Kohl wollte zuerst das politische Faktum, eben die Währungs- und Wirtschaftsunion, schaffen; die Ausarbeitung einer neuen Verfassung stand an zweiter Stelle. Unschwer lässt sich ausmalen, in welche Verästelungen und Querelen der andere Weg hätte führen müssen: mit jedem einzelnen Verfassungsparagraphen werden immer Minderheiten unzufrieden sein; die Addition dieser unzufriedenen Minderheiten kann schnell zu einer insgesamten Mehrheit führen, die dann die Annahme einer solchen Verfassung zu Fall bringt.

Haben die beiden Basel 1969 nicht genau diese Situation erlebt? Man kann auch von Deutschland lernen: Es ist zuerst der politische Wille, der die neuen Verhältnisse schafft; ihre verfassungs- und staatsrechtliche Ordnung folgt hintennach. So funktioniert Politik.

4. Basels Norden rüstet auf

Das Elsass zählt in Frankreich die niedrigste Arbeitslosenquote. Im südbadischen Grenzland herrscht Wohnungsnot. Der binationale Flughafen Basel-Mulhouse will trinational werden. Der grösste europäische Bauunternehmer, Herr Bouygues, soll sich Land in der Flughafenzone für eine Euro-Messe gesichert haben. Herr Drömer aus München hat in Weil am Rhein einen Detaillisten- und Bürokomplex hochgezogen. Eine internationale Mustermesse lässt sich auch über den Geleisen des Güterbahnhofs denken – auf Basler Boden, auf Weiler Boden oder eben im Flughafengelände. Kommt der TGV Est, führt die Linie von Paris über Metz–Strasbourg nach Basel und Zürich; kommt der TGV Rhin-Rhône, führt sie über Dijon–Belfort–Altkirch nach Basel und Zürich. Mulhouse kann die Drehscheibe werden oder Basel; die Deutsche Bundesbahn baut rechtsrheinisch aus. Gemeinden wie St. Louis-Huningue und Weil am Rhein müssen Industrie-, Gewerbe-, Transport- und Wohnzonen neu verteilen. Die Basler Autobahn-Nordtangente verbindet in absehbarer Zeit das französische und das deutsche Autobahnnetz, in Südbaden spricht man von einer neuen Hochrhein-Autobahn Richtung Bodensee. Eine Basler S-Bahn ist nur sinnvoll, wenn sie süddeutsche und elsässische Vorortgemeinden einbezieht – wie soll man es dann mit Zollvorschriften halten? Die Basler Tramlinien könnten schon in absehbarer Zeit wieder nach Frankreich und Deutschland führen wie früher; entsprechende Busse fahren schon. Und für Roche, Sandoz, Ciba-Geigy heisst der Standort Basel auch Huningue, Grenzach, Wehr.

Das alles geschieht schon, ist im Tun – noch ohne EG, ohne konkrete Pläne für einen Europäischen Wirtschaftsraum. (Ob es nur erfreulich sein wird, ist eine andere Frage.) Die vorrangige Frage aber lautet: Wer hat denn bei all diesen Dingen auf schweizerischer Seite mitzureden? Nur die Stadtbasler, aber nicht die Basler, die zwar in den Industrie- und Dienstleistungsfirmen der Stadt arbeiten, aber in den Vororten wohnen? Als ob diese nicht von der aus Norden kommenden Erneuerung Basels ebenso betroffen wären. Da stimmt, gerade in unseren föderalistischen Strukturen, etwas überhaupt nicht mehr; das sollten wir ändern.

5. Was die Eidgenossen an Basel nicht ganz verstehen

Die Haushalthilfe kommt aus der Bundesrepublik, der Maler, der die Fensterläden neu streicht, aus Frankreich. Aber es sind doch keine Gastarbeiter, sondern Wiesentaler und Sundgauer mit dem gleichen Dialekt. Redaktionell behandelt die Basellandschaftliche Zeitung den Fussballclub Basel wie ihren eigenen. Wenn Sandoz eine der neu gegründeten Divisionen von Basel nach Muttenz verlegt, ist sie doch deswegen nicht von Basel weggezogen. Ich kenne mindestens drei eingebürgerte Ehepaare, die in basellandschaftlichen Gemeinden wohnen, aber im Gespräch sagen: Wir kommen aus Basel. Autos mit BL, LÖ und 68 auf dem Nummernschild werden von der Polizei wie solche mit dem Kennzeichen BS behandelt. Die Wetterprognose auf SWF 3 ist zuverlässiger als diejenige von DRS. Die Universität des Kantons Basel-Landschaft steht im Kanton Basel-Stadt. Die Stadt Zürich hat ein eigenes Telefonbuch, der Kanton Zürich auch eines; das Telefonbuch von Basel aber geht bis nach Gelterkinden, Waldenburg, Laufen, Kleinlützel, Rodersdorf und Riehen, Vorwahlzahl durchgehend 061. Es ist sehr sinnvoll, aus einem Schlachtfeld eine Sportanlage mit Stadion und Schwimmbad zu machen, aber man sollte nicht fragen, in welchem Kanton genau welche Anlage steht, die Leute geraten sonst in Verlegenheit. Die Tafeln in Basel, die den Autofahrer im Baselbiet willkommen heissen, haben keine Rückseite, die den Autofahrer in der Stadt begrüsst. Auf Geschäftsadressen stört sich niemand an den Bezeichnungen Basel-Birsfelden, Basel-Münchenstein, Basel-Allschwil. Nur die

Postleitzahlen müssen für die PTT stimmen. Wenn ein Oberbaselbieter sein Schwimmbad leert, fliesst das Wasser mitten durch Basel. Den Baslern geht es wie den Tessinern: wer in die Schweiz fahren will, muss durch einen Tunnel; nur haben wir da mehrere anzubieten. Wenn der Radiosprecher im Winter Nebel im Mittelland verkündet, herrscht in der Regel Sonnenschein nördlich vom Bözberg, Hauenstein und Belchen. Wer die täglichen Luftschadstoff-Meldungen in der Neuen Zürcher Zeitung aus Zürich, Genf und Basel verfolgt, hat den Eindruck, dass Basel noch am besten wegkommt. Die höchsten in der Stadt Basel gezahlten Einkommen werden nicht in Basel versteuert. Das alles macht, dass freundeidgenössische Schweizer mit den Baslern gelegentlich Schwierigkeiten haben.

6. Das Wunder

Die Idee, die beiden Basel nicht zu einer Wiedervereinigung zu bringen, sondern durch einen Beitritt des Halbkantons Basel-Stadt zum Halbkanton Basel-Landschaft in einen neuen Kanton Basel zusammenzuführen, ist ohne Copyright, hat viele Väter. Die Idee, Liestal in einem solchen Fall als Kantonshauptort zu akzeptieren, entstand im Umfeld des unermüdlichen Karl Wieland. Damit sollte unmissverständlich klar gemacht werden, dass es nicht darum geht, der Stadt das Übergewicht zuzuhalten. Die Bereitschaft des Kantons Basel-Landschaft, das bernische Laufental aufzunehmen, schuf eine zusätzliche Ermunterung. Eine Vereinigung für eine starke Region Basel war schon seit Jahren am Werk. Baselstädtische und basellandschaftliche Politiker erleben täglich die Nachteile der im Flächenverhältnis 1:11,5 unsinnig aufgeteilten Halbkantone. Beamte auf beiden Seiten der Birs erfahren es jede Woche, dass sogar der gutgemeinte Vorsatz zur Partnerschaft einfachste Geschäfte unleidlich kompliziert.

Das Wunder bestand darin, dass die Gespräche zwischen den für eine neue Lösung bereiten Leuten seit 1988, auf jeden Fall seit dem 19. Januar 1989, vertraulich blieben. Vertraulich blieben die Textentwürfe und Texte, die Varianten und Modifikationen. Vertraulich blieb es, dass 46 Personen, darunter Parteipräsidenten und ein Alt-Bundesrat, Grossräte und eine Parlamentspräsidentin, Professoren und Staatsbeamte, unterschrieben hatten. Ein Wunder war es, dass diese Leute sich über ihre parteipolitischen Gegensätze hinweg fanden. Ein Wunder war es, dass ins Vertrauen gezogene Journalisten schwiegen. Und eine schöne Bestätigung ist es, dass im staatsrechtlichen Gutachten von Professor Kurt Eichenberger zu lesen steht:

«Das vorgestellte Modell des Beitritts und der Aufnahme geht doch offensichtlich von der Vorstellung aus, dass da ein aufrechtstehender Kanton daherkommt und die Einfügung oder eben besser: Zusammenfügung anbietet, zu Nutz und Frommen beider Staatswesen. Es wird keine Unterwerfung proklamiert, es wird keine Auslieferung angeboten, es wird kein Diktat gewärtigt. In Gang zu setzen ist die Begegnung zweier Gliedstaaten, von denen der eine freilich den ersten Schritt tut, sich als der offerierende Partner zeigt, die starke Position des Kontrahenten anerkennt.»

Der Beitritt des Halbkantons Basel-Stadt zum Halbkanton Basel-Landschaft wird Zeit und Mühe kosten. Aber in einem Europa, das für den Kleinstaat Schweiz politisch vielleicht etwas zu grossräumig denkt, ist die Korrektur einer von den heutigen Bewohnern längst überwachsenen Kleinsträumigkeit kein blosser Modetrend, sondern der ehrliche Versuch, die föderalistische Handlungsfähigkeit in der Nordwestschweiz auf der Basis jahrhundertealter Strukturen wiederherzustellen.

Der in diesem Artikel genannte Karl Wieland ist am 12. Januar 1991 gestorben. (Anm. d. Red.)

Georg Kreis

Zum historischen Moment eines historischen Vorschlags

Das Basler Manifest möchte ein altes Problem auf neue Art lösen. Dieser Befund ist nicht abwertend gemeint, hängen doch Lösungsmöglichkeiten in hohem Masse von Vorgehens- und Verfahrensweisen ab. Die Feststellung soll uns vielmehr zu den Fragen führen, warum denn augerechnet im Jahr 1990 das alte Problem mit einer besonderen Aktion neu angegangen wird und wie der neue Vorschlag in die Reihe der älteren Lösungsversuche einzuordnen ist.

Auf die Frage, warum das Basler Halbkantonsproblem gerade jetzt zu einem erstrangigen Traktandum gemacht werden soll, gibt es zwei verschiedene, zumeist aber kombinierte Antworten. Die eine besagt, dass die Lösung des Problems *besonders dringend,* die andere besagt, dass sie jetzt *am ehesten realisierbar* sei. Mit den Hinweisen auf angebliche Dringlichkeit und Realisierbarkeit können wir uns freilich nicht zufriedengeben. Objektive Lagebeurteilungen sind oft nur sekundäre Legitimationen eines primären Handlungswillens. Wir können uns sehr wohl fragen, ob das aufgeworfene Problem zur Zeit besonders dringlich, seine Lösung zur Zeit denn besonders chancenreich sei. In einem übernächsten Schritt müssen wir uns aber auch fragen, warum ausgerechnet jetzt dieser Handlungswille freigesetzt worden ist.

Der im Manifest aufgeführte Problemkatalog (Bildung, Verkehr, Gesundheit, Entsorgung etc.) ist im Prinzip der gleiche wie vor zwanzig Jahren. Inzwischen könnte es zwar zu einer weiteren Verdeutlichung der Problematik gekommen sein, insbesondere im Bereich der Staatsfinanzen. Aber gerade die vom Manifest beklagte Funktionsausscheidung ‹Zentrum als Arbeitsort und Umfeld als Wohnort› ist mit der Abwanderung nicht nur von Personen, sondern auch von Unternehmen und mit der Entstehung vieler neuer Arbeitsplätze in der Agglomeration in letzter Zeit eher abgeschwächt worden[1]. Und die neuen Dringlichkeiten? Sie sind am ehesten in der Notwendigkeit zu sehen, zu dem inzwischen nun auch im französischen und deutschen Grenzraum dichter gewordenen Agglomerationsgürtel auf schweizerischer Seite ein gewichtigeres Pendant zu schaffen.

Mehr Erklärungskraft liegt in der speziellen Aktualität weniger der Problematik als der Lösungschancen für die sattsam bekannten älteren Dringlichkeiten. Neue Chancen werden vielleicht im Umstand gesehen, dass eine neue Generation gegenüber der alten Frage eine neue Haltung einnehmen könnte. Die Erklärung ist aber nicht hier zu suchen, sind doch die führenden Kräfte der Manifest-Bewegung alles andere als ‹newcomers›. Neu ist vielmehr das Erlebnis der Veränderbarkeit territorialer Grenzen im Falle des Berner Jura im allgemeinen, des Laufentals im speziellen sowie im Falle der innerdeutschen Grenze. Von einiger Wirkung dürfte auch das reale wie irreale Miterleben der grenzabbauenden Vorhaben der westeuropäischen Union sein. Neu sind im weiteren: das Erlebnis, dass Vereinigungen per Anschluss geschehen können, und die Vorstellung, dass das Laufental-Prozedere auch ein Basler Prozedere sein könnte. In den dreissiger Jahren war – zeittypisch – auch schon von ‹Anschluss› die Rede gewesen; damals wäre allerdings die Landschaft der anschliessende Teil gewesen.

Die Grenzveränderungen unserer Tage haben sich, wenn der Ausdruck gestattet ist, in Grenzen gehalten. Folglich kann auch ihr konkretes Erleben nur von beschränkter Wirkung sein. Wichtiger ist die allgemeine Änderung in der Einstellung den Grenzfragen gegenüber. Im April 1990 erklärte der Inlandchef der Neuen Zürcher Zeitung, ein zur Südjurafrage durchgeführtes Umfrageergebnis erinnere daran, «dass auch Kantonsgrenzen nicht sakrosankt zu sein brauchen». Ein Kommentar dieser Art wäre vor zwei Jahren noch undenkbar gewesen[2]. Der Wandel der Einstellungen zu Grenzfragen lässt sich zum Teil damit erklären, dass sowohl kantonale als auch nationale Grenzen durch die Entscheidungskompetenzen der übergeordneten Grössen einem fortlaufenden Bedeutungsschwund ausgesetzt sind.

Die Veränderung in der Einstellung zu Grenzen ist indessen nur Teil eines breiteren Wandels, der sich in manchen Fragen abzeichnet. Beispielsweise in der Frage der militärischen Landesverteidigung, der Neutralität, der Atomenergie, des Doppelbürgertums, der EG-Mitgliedschaft etc. Das Basler Manifest will etwas in Bewegung setzen – im Grunde aber gibt es vor allem Bewegung weiter, die es selbst empfangen hat. Es ist das Produkt einer Aufbruchzeit. Diese führt aber keineswegs zu einer einheitlichen Strömung, denn sie setzt im Gegenteil latente Veränderungsbereitschaft aller Art frei.

In der Geschichte der beiden Halbkantone sind zwei grössere Wiedervereinigungsbestrebungen aus ähnlichen Voraussetzungen hervorgegangen. Wenn man von Vorläuferbewegungen und der Zufälligkeit absieht, dass hundert Jahre nach der Trennung von 1833 eine Wiedervereinigung als besonders sinnvoll erschien, kann man die erste als Produkt der gesellschaftlichen Umbruchzeit der dreissiger Jahre und die zweite als Produkt der Ende der fünfziger Jahre anziehenden Hochkonjunktur verstehen. Nicht zufällig wurden in beiden Phasen gesamtschweizerisch Totalrevisionen auch der Bundesverfassung angestrebt[3].

Der gegen Ende der fünfziger Jahre einsetzende gesamtgesellschaftliche Modernisierungsschub begünstigte die Wiedervereinigungsbestrebungen. Wie in den Kommentaren zum Manifest ist schon damals viel von rationaler und rationeller Organisation, von Planung und Effizienz und vom nötigen Gewicht in den auf Bundesebene geführten Verteilungskämpfen die Rede gewesen. Der Aufbruch wirkte in Baselland aber in doppelter Weise: Bei den Wiedervereinigungsbefürwortern förderte er den Fusionswillen, bei den Wiedervereinigungsgegnern bewirkte er eine erhöhte Bereitschaft, ‹Rückständigkeiten› abzubauen, mit einer forcierten Modernisierung eine eigene leistungsfähige Infrastruktur speziell im Schul- und Spitalbereich entstehen zu lassen. Nicht zuletzt deswegen löste der Aufbruch auch eine Gegenbewegung aus. Leicht retardiert entstand als doppelte Reaktion auf den beschleunigten Wandel wie auf die entsprechende Anpassungsbereitschaft eine konservative Gegenbewegung. Diese orientierte sich an traditionellen Heimatvorstellungen und glaubte mit dem Widerstand gegen die Wiedervereinigung auch die negativen Seiten des Fortschritts abwenden zu können. Es mag paradox erscheinen: Sowohl die Modernität mit ihren infrastrukturellen Leistungen als auch die Antimodernität mit ihrer fundamentalistischen Tendenz haben letztlich die Wiedervereinigung scheitern lassen.

Der nach dem Scheitern des Wiedervereinigungsversuchs von 1969 in den Verfassungen beider Halbkantone eingeführte Partnerschaftsartikel von 1974 ist ein Produkt der auf die Aufbruchphase folgenden Konsolidierungs- und Stagnationsphase[4]. Der Partnerschaftsartikel hatte von Anfang an eine Doppelfunktion: Einerseits sollte er einen Riegel gegen weitere Wiedervereinigungsvorhaben und andererseits sollte er die Grundlage für die Intensivierung der Zusammenarbeit bilden. Die erstere Funktion hat er insofern erfüllt, als in Baselland mit seiner Annahme zugleich die Wiedervereinigungsartikel gestrichen worden sind. Was die andere Funktion betrifft, kann hier nicht im einzelnen erörtert werden, inwiefern das Zustandegekommene gemessen an den Schwierigkeiten viel und gemessen an den Notwendigkeiten wenig sei. Immerhin ist die Zusammenarbeit nach 1974 sukzessive ausgebaut worden. Mit der Realisierung konkreter Einzelprojekte (z.B. der Pro Rheno Abwasserreinigungsanlage, des Umweltschutzabonnements oder des gemeinsam getragenen Zentrums für Erwachsenenbildung) und über die wachsende basellandschaftliche Beteiligung an den baselstädtischen Zentrumskosten (gegenwärtiger Stand ca. 70 Mio. Franken) ist eine auf kooperative Problembewältigung bedachte Partnerschaftskultur entstanden[5].

Die regionale Schicksalsgemeinschaft führte allerdings nicht zu Realteilungen, wie sie in der baselstädtischen Standortbestimmung ‹Basel 86› empfohlen worden waren. Von basellandschaftlicher Seite wurde das Prinzip, dass ein Halbkanton bestimmte öffentliche Aufgaben für beide Basel übernehme, als Leitidee der Partnerschaft abgelehnt[6]. Realteilung hätte wegen der Konzentration der Institutionen im städtischen Zentrum vor allem Abtretung gemeinsamer Aufgaben an Baselland bedeutet. Die Idee, die Primarlehrer- und Kindergärtnerinnenausbildung in Liestal zu konzentrieren, liess sich nicht verwirklichen. Dem analogen Versuch mit dem Kinderspital könnte es, wenn baselstädtische Widerstände nicht aufgegeben werden, gleich ergehen. Die von Gerhard Schmid für 1985 festgestellten mentalen Defizite sind inzwischen nur wenig abgebaut worden: auf baselstädtischer Seite der zu langsame Übergang von einer autonomen zu einer koordinierenden Haltung und in Baselland, aber auch bei den übrigen Partnern der Region, die zu langsame Entwicklung eines Verantwortungsbewusstseins für die Funktionstüchtigkeit der zentralörtlichen Leistungen[7].

Der Ausbau der Partnerschaft, der von allen – verbal wenigstens – unterstützt wird, kann bezogen auf die Wiedervereinigungsproblematik verschieden verstanden werden: entweder als Prozess, der mit seinen Erfolgen immer weiter von der Wiedervereinigung wegführe, oder als Prozess, der gerade wegen seiner Erfolge im Gegenteil zum Wegbereiter für die Wiedervereinigung werde. Damit letzteres nicht doch noch eintrete, wurde in Baselland eine Initiative lanciert, welche die Regierung mit einem Verfassungsartikel verpflichten sollte, die Aufwertung zum Vollkanton anzustreben[8]. Die im Sommer 1984 gestartete Initiative wurde am 12. Juni 1988 mit 60,5% Ja-Stimmen bei einer Beteiligung von 45,3% angenommen.

Baselland dürfte mindestens so stark wie Basel-Stadt dem Klima der Aufbruchphase ausgesetzt sein – bemerkenswerterweise ist aber jenseits der Birs kein ‹Manifest› entstanden. Wie sehr sich doch die Verhältnisse verändert haben, zeigt die Tatsache, dass die Initiative, die 1969 beinahe zur Wiedervereinigung geführt hätte, in den dreissiger Jahren von Baselland ausgegangen war. Und heute? In Baselland machte sich in den letzten Jahren keine Fusionsbewegung bemerkbar. Im Gegenteil: Am 4. November 1984 nahm der Kanton Basel-Landschaft eine neue, moderne Verfassung an, wenn auch nur mit 50,4% Ja-Stimmen und einer Stimmbeteiligung von bloss 21,9%.

Man kann das Basler Manifest, wie gesagt, als Produkt einer Aufbruchphase verstehen. Zugleich handelt es sich aber nachweisbar um eine Reaktion auf ein Produkt der vorangegangenen Stabilisierungsphase: Reaktion auf eben den basellandschaftlichen Versuch, das Resultat von 1969 mit der Aufwertung zum Vollkanton definitiv zu sichern. Bei der Asymetrie der Verhältnisse erstaunt es nicht weiter, dass in der Stadt ein analoges Vorhaben scheiterte, das ebenfalls zur Streichung des Wiedervereinigungsartikels (Art. 58) hätte führen und die Vollkantonsprogrammatik festschreiben sollen. Ironie des Schicksals oder normaler Lauf der Dinge: der Versuch, den diffusen Wiedervereinigungsgelüsten ein Begräbnis erster Klasse zu bescheren, provozierte im Gegenteil deren Belebung und Bündelung in der Aktion des Basler Manifests[9].

Das Manifest hat Reaktionen verschiedenster Art ausgelöst[10]. Hier seien nur zwei gegensätzliche Beurteilungen festgehalten: Die eine sieht in ihm und in der daran geknüpften Initiative ein willkommenes Mittel, den stockenden Ausbau der Partnerschaft voranzutreiben[11]. Die andere sieht in der Aktion im Gegenteil eine Erschwerung der partnerschaftlichen Zusammenarbeit, ja sogar eine Gefährdung einzelner Vorhaben, vor allem der Bemühungen, die Universität zu einer paritätischen Angelegenheit beider Basler zu machen. Es wäre freilich zu wünschen, dass im partnerschaftlichen Zusammenstehen unabhängig von zusätzlichen Impulsen und Gegenimpulsen das sachlich Nötige getan wird.

Wenn im Zusammenhang mit dem neuesten Vorschlag, wie es geschehen ist, auf die Vorbildlichkeit des westeuropäischen Zusammenschlusses hingewiesen wird, sei daran erinnert, dass der heutige Integrationsgrad nicht durch die Lancierung eines einzigen grossen Wurfes, sondern durch schrittweisen Ausbau der Kooperation und durch punktuelles oder sektorielles Herstellen von Überstaatlichkeit entstanden ist. Dass die Aufbruchphase, in der wir zur Zeit leben, zu einer Verwirklichung des ‹grand design› des Anschluss- und Beitrittsszenarios führen wird, ist höchst unwahrscheinlich. Dies aus verschiedenen Gründen: Insbesondere muss damit gerechnet werden, dass auf der Stadtseite selbst bei mehrheitlicher Befürwortung die ablehnende Minderheit so gross sein wird, dass sie in den weiteren Phasen die Ablehnung zunächst in Baselland, dann in der Schweiz u. a. aus Rücksicht auf eben die städtische Minderheit verstärken wird. Kommt

△
Grenze oder Brücke?

hinzu, dass das Anschlussverfahren im Prinzip nicht die Schaffung einer neuen Ordnung vorsieht, sondern davon ausgeht, dass der baselstädtische Souverän pauschal Verfassung und Gesetze übernimmt, über die er nicht hat abstimmen können. Eine positive Wirkung des Manifests könnte dagegen darin bestehen, dass es die Baselbieter nachhaltig auf zweierlei aufmerksam macht: dass Basel-Stadt die strukturellen Probleme wirklich nicht alleine bewältigen kann und der den Städtern noch immer gerne nachgesagte Hochmut wirklich der Vergangenheit angehört.

Bei geringen Erfolgschancen könnte die Aktion allerdings auch mehr schaden als nützen, wenn sie zu einer Wiederholung der Situation von 1960 führen sollte: dass nämlich der Ausbau der Partnerschaft sistiert würde, bis an der Fusionsfront die Entscheide gefallen wären. Diese würden kaum mehr in diesem Jahrtausend spruchreif werden und könnten in eine Zeit fallen, die bereits wieder von restaurativen Mentalitäten geprägt ist.

Die aktuelle Reformphase ist eine Chance für vieles. Durch sie oder in ihr kommt aber nichts von alleine zustande. Alles Neue bedarf des kreativen Engagements. Die Anhänger der Anschlussidee werden versuchen, die Chancen der Zeit zur Chance ihrer Vision zu machen. Die Reformphase sollte aber auch genutzt werden, um die dringendsten Teilprojekte zu verwirklichen, natürlich unter dem für die regionalen Zentrumsfunktionen und den baselstädtischen Staatshaushalt lebenswichtigen Aspekt des Lastenausgleichs, aber auch unter dem Aspekt der gemeinsam zu gestaltenden Verantwortung, beispielsweise beim fälligen Ausbau des Flugplatzes, des Messeplatzes, des ‹Kulturplatzes›, und in jedem Fall bei der Schaffung einer paritätischen Trägerschaft für die Universität. Dies entweder mit der Hilfe – oder dann eben trotz des ‹Basler Manifests›.

Anmerkungen

1 Vgl.: Die Entwicklung der Pendlerbewegungen in der Region Basel 1960–1980, hrsg. v. Amt für Kantons- und Stadtplanung Basel-Stadt, Basel 1985. – Stadt und Land in Partnerschaft? Zur aktuellen Situation der Bevölkerung beider Basel, hsrg. v. Werner Gallusser, Basel 1989 (Basler Feldbuch Bd. 7).

2 Müller, Kurt: Meinungsumfrage Kanton Bern und Jura. Abnehmende Bindungen?, in: Neue Zürcher Zeitung vom 19. April 1990.

3 Eine umfassende Darstellung der Wiedervereinigungsbestrebungen gibt es nicht. Im Zusammenhang mit der letzten Wiedervereinigungsabstimmung sind immerhin einige kleinere Arbeiten veröffentlicht worden von Andreas Staehelin (1963), Ernst Fischli (1968), Fritz Grieder (1968) und zuletzt von Roger Blum: Epilog zum negativen Entscheid über die Wiedervereinigung beider Basel. Das Ringen um die Basler Wiedervereinigung. Eine Idee und ihr Schicksal von 1833 bis heute, in: Reformatio, Februar 1970, Bern 1970, S. 113–120. Im Sommer 1990 sind an der Universität Basel zwei Lizentiatsarbeiten zur Wiedervereinigungsgeschichte angenommen worden: Otmar Wigger: Die schweizerischen Reaktionen auf die Basler Wiedervereinigungsbestrebungen 1933–1960. – Beat Haberthür: Die Wiedervereinigungsdebatte im Verfassungsrat beider Basel 1960–1969.

4 Jenny, Kurt: Partnerschaft der beiden Basel als Alternative zur Wiedervereinigung, in: Basler Stadtbuch 1974, Basel 1975, S. 229–236. – Blum, Roger: Der mühevolle Weg zum Partnerschaftsartikel 1969–1974, in: Baselland bleibt selbständig. Von der Wiedervereinigungsidee zur Partnerschaft, Liestal 1985, S. 345–369.

5 Ursula Singenberger hat am Geographischen Institut der Universität Basel eine sogenannte Positiv-Liste der Partnerschaft erarbeitet (Manuskript 1990). – Ein erneutes ‹Bekenntnis zur Partnerschaft› findet man im Grundsatzreferat von Kurt Jenny: Zur Zukunft des Basler Stadtstaates, in: Informationsschrift Nr. 28, Juli 1990, hrsg. v. Suter + Suter AG.

6 Nyffeler, Paul u. a.: Partnerschaft zwischen Basel-Stadt und Basel-Landschaft. Grundlagen, Hintergrund, Stossrichtungen, Liestal 1986. Vgl. auch Kurt Jennys Entgegnung in der Budgetsitzung des Grossen Rates vom 28. Januar 1987.

7 Schmid, Gerhard: Stadtkanton und Dreiländeragglomeration: Der Fall Basel, in: Schweizerisches Jahrbuch für Politische Wissenschaft 1985, Bern 1985, S. 231–244.

8 Bereits im Herbst 1983 hatte der baselstädtische Ständerat Carl Miville auf Bundesebene mit einer Einzelinitiative die Aufwertung zum Vollkanton angeregt. Der Vorschlag ist am 30. November 1987 abgelehnt worden. – Die Anhänger der Vollkantonsidee argumentieren in der Regel mit der Notwendigkeit, das Gewicht der Region müsse in Bern verstärkt werden. In Baselland geht es aber in erster Linie um die ‹definitive› Beseitigung der Wiedervereinigungsperspektive. In beiden Kantonen können ferner Überlegungen der parteipolitischen Vertretung eine Rolle spielen. Obwohl die Aufwertung zu Vollkantonen mindestens so aussichtslos wie das Zustandekommen der Wiedervereinigung ist, hat der Kanton Basel-Landschaft nach der Annahme der Initiative die Schaffung einer ständigen Spezialkommission vorgesehen, die «langfristige Aufklärungsarbeit» für einen Vollkanton leisten soll.

9 Die Basellandschaftliche Vollkanton-Initiative löste auf städtischer Seite zwei Prozesse aus: einen gleichläufigen und einen gegenläufigen. In die gleiche Richtung zog der von Gian Reto Plattner und 99 Mitunterzeichnern eingereichte und am 21. März 1985 überwiesene Anzug, der die Regierung aufforderte, sich ebenfalls für die Anerkennung Basel-Stadts als Vollkanton einzusetzen. Dieser Anzug wurde auf Antrag der Regierung vom Grossen Rat am 21. Mai 1987 abgeschrieben. In der gleichen Sitzung wurde aber ein neuer Anzug Plattner überwiesen, der wenigstens die Streichung des Wiedervereinigungsartikels der baselstädtischen Verfassung verlangte. Am 20. September 1989 wurde aber auch dieser Anzug mit grossem Mehr gegen neun Stimmen mit dem Hauptargument gestrichen, dass man in dieser Frage keine Volksabstimmung bzw. keine Ablehnung der Streichung durch den baselstädtischen Souverän riskieren wolle. In die entgegengesetzte Richtung zog die ‹Vereinigung für eine starke Region Basel›, die zuvor auf basellandschaftlicher Seite die Vollkanton-Initiative bekämpft hatte, nun zu einer städtischen Gruppe wurde und gegen den zweiten Anzug Plattner gezielt Propaganda machte. Die treibende Kraft dieser Bewegung, die sich im Dezember 1988 konstituiert hat, ist Karl Wieland (vgl. Basler Zeitung vom 7. Dezember 1988).

10 Abgesehen von den redaktionell eingeholten Reaktionen und den Leserzuschriften der verschiedenen Zeitungen der Regionalpresse vgl. die zwei grösseren Umfragen über die Meinungen in Basel-Stadt (Basler Zeitung vom 3. Mai 1990) und in Baselland (Basler Zeitung vom 19. Mai 1990).

11 Aus ähnlichen Überlegungen, aber auch mit ähnlich kontraproduktiver Wirkung ist die Wohnsitzpflicht für baselstädtische Beamte propagiert und in der Volksabstimmung vom 25. September 1988 mit einer Ja-Mehrheit von 61,8 % Eintreten auf die unformulierte Initiative beschlossen worden.

Kurt Jenny

Vor hundert Jahren hiess das Basler Stimmvolk die noch heute geltende Kantonsverfassung gut

Ohne Verfassung kein Kanton – kein Kanton ohne Verfassung

Im schweizerischen Bundesstaat bestimmt sich ein Kanton nach seinem Volk, seinem Gebiet *und seiner Verfassung,* die der eidgenössischen Gewährleistung bedarf. Von Bundes wegen hat das *Volk,* die Gesamtheit der Stimmberechtigten, im Bund und in den Kantonen die verfassungsgebende Gewalt. In der Demokratie «beruht die Souveränität auf der Gesamtheit der Stimmberechtigten», wie sich die Basler Verfassung in §2, unmittelbar nach dem Bekenntnis zur Schweizerischen Eidgenossenschaft ausdrückt.

Im Unterschied zur Gesetzgebung, die sich dem Verfassungsrecht unterzuordnen hat und rascheren Wechsel erlaubt, enthalten die Kantonsverfassungen in aller Kürze die *statischen* konstitutionellen Elemente, die organisatorischen Grundentscheidungen. Staatsziele und Staatsaufgaben werden programmatisch, nicht normativ aufgeführt, deren Konkretisierung der Gesetzgebung überlassen. «Der Staat soll nach Kräften für die Wohlfahrt des Volkes wirken und dessen Erwerbsfähigkeit heben», steht an der Spitze des Abschnitts ‹Aufgaben des Staates› in unserer hundertjährigen kantonalen Verfassung. Damit wäre auch das Hauptthema genannt, das die politischen Diskussionen rund um die Totalrevision der Vorgängerfassung von 1875 beherrschte: Soll der Staat aktiv Sozialpolitik betreiben und die Verpflichtung zu dieser Tätigkeit im neuen Grundgesetz verankern, wie dies die rasante Entwicklung Basels zu einer Industriemetropole eigentlich gebot? Die übrigen Revisionsziele – Volkswahl der Regierung, Förderung des Erziehungswesens – wiesen in dieselbe Richtung.

Innert 15 Jahren zwei Totalrevisionen

Im Gefolge der im Jahr 1874 im zweiten Anlauf zustande gekommenen totalrevidierten Bundesverfassung verlangten die Freisinnigen im Kanton Basel-Stadt gebieterisch ein neues kantonales Grundgesetz. Im Zentrum stand die Forderung nach Einführung von Initiative und Referendum sowie nach einer leistungsfähigen, vollamtlichen Regierung und einer modernen, auf dem Departementalsystem beruhenden Verwaltung. Es galt, vom antiquierten Ratsherrenregiment Abschied zu nehmen und gleichzeitig den seit 1803 bestehenden, nie funktionierenden Dualismus Kanton/Stadtgemeinde zum Verschwinden zu bringen. Die von Bundes wegen einzurichtende Einwohnergemeinde, in der allen Schweizerbürgern, nicht nur den Ortsbürgern, volle politische Rechte zustehen, förderte dieses Bestreben. Es wäre undenkbar gewesen, in Basel eine Kantons-, eine Einwohnergemeinde- und eine Bürgergemeindeverwaltung zu schaffen. Die Verwaltung der Einwohnergemeinde der Stadt Basel auf den Kanton zu übertragen, war daher unbestritten. Die neue Kantonsverfassung kam bereits 1875 zustande.

Den Anstoss zu einer weiteren Verfassungstotalrevision nach schon relativ kurzer Zeit gab in der zweiten Hälfte der achtziger Jahre des letzten Jahrhunderts die Arbeiterpartei Basel unter ihrem Führer Eugen Wullschleger. Der Kaufmann und Redaktor des ‹Arbeiterfreund›, später in ‹Vorwärts› umbenannt, war 1886, 24jährig, im Bläsiquartier als erster Arbeiter-Vertreter in den Grossen Rat gewählt worden und stand am Anfang einer erfolgreichen politischen Karriere, die ihn 1902 als ersten Sozialdemokraten in den Basler Regierungsrat sowie in den Nationalrat, schliesslich in den Ständerat führte. Gestärkt durch die Gründung des Zweiten Arbeiterbunds Basel wies Wullschleger darauf hin, dass der grösste Teil der in den freisinnigen Wahlprogrammen von 1881 und 1884 enthaltenen sozialpolitischen und demokratischen Forderungen nicht verwirklicht seien, obwohl die Freisinnigen fünf von sieben Regierungsräten stellten. Es kam zu einem Schulterschluss zwischen den Sozialdemokraten und dem von Albert Bürgin präsidierten freisinnigen Arbeiterverein.

**Zentrales Revisionspostulat:
Volkswahl der Regierung**

Nur eine Ausdehnung der Volksrechte konnte nach Überzeugung der Arbeitervertreter den Weg zu einer fortschrittlichen Sozialpolitik freimachen. Nachdem der konservative Paul Speiser als Nachfolger des freisinnigen Niklaus Halter anstelle Rudolf Philippis im Jahre 1886 vom Grossen Rat in die Regierung gewählt worden war, wurde der Ruf nach Volkswahl der Regierungsräte immer lauter. Die Freisinnige Partei lancierte eine Initiative auf Volkswahl des Regierungsrates. Aber auch die Volkswahl des Ständerates und der Richter wurde verlangt. Vor allem die einer fortschrittlichen Sozialpolitik verpflichteten ‹Grütlivereine› diskutierten heftig über die Verfassungsrevision. Wullschleger forderte zusätzlich die Reduktion der Mitgliederzahl des Grossen Rates von 130 auf 100 sowie eine Rechtsgrundlage für *partielle* Verfassungsänderungen, damit der beschwerliche Weg der Totalrevision nicht mehr der einzig mögliche für Verfassungsrevisionen sei.

Harziger Revisionsstart und Arbeiter-Eingabe

Es war der ‹Verein liberaler Grossräte›, der den Revisionspostulaten kritisch gegenüberstand und die Revisionsbewegung im Grossen Rat zunächst stoppte. Im Sommer 1887 setzte dann der Freisinn die Revisionsbestrebungen in Gang. Erbittert reagierte die Arbeiterschaft, als bei der Wahl der elfgliedrigen Verfassungskommission durch den Grossen Rat ihre Vertrauensleute ausgeschlossen wurden. So beauftragte eine Arbeiterversammlung vom 12. Februar 1888 das ‹Landespolitische Komitée des Arbeiterbunds› mit der Ausarbeitung einer Eingabe an die grossrätliche Verfassungskommission.

In sechs Abschnitte gliederte sich die umfangreiche und die Verfassungsrevision nachhaltig beeinflussende Eingabe des Arbeiterbunds. Wilfried Haeberli fasst die zum Teil heute noch höchst aktuellen Anliegen in seiner ‹Geschichte der Basler Arbeiterbewegung von den Anfängen bis 1914› im 164. Neujahrsblatt wie folgt zusammen:

«Der erste Teil der Eingabe umschreibt die politischen Rechte und Pflichten des Staatsbürgers. Neben den bereits bekannten demokratischen Postulaten fordert er die Möglichkeit der Abberufung des Grossen Rats und des Regierungsrates durch Volksabstimmung, wenn dies von 1000 Stimmberechtigten unterschriftlich gewünscht werde, ferner die Einführung des obligatorischen Referendums für sämtliche Gesetze sowie für alle Grossratsbeschlüsse von einiger Tragweite. Auf die Arbeiterschaft zugeschnitten war das Verlangen, die Niedergelassenen im Stimmrecht den Bürgern völlig gleichzustellen, das heisst die Wartefrist von drei Monaten nach der Niederlassung aufzuheben, ferner die Verleihung des Stimmrechts an Aufenthalter schon nach drei Monaten statt nach eineinviertel Jahren. Der Stimmzwang bei kantonalen und eidgenössischen Abstimmungen, zwei Jahre zuvor vom Grossen Rat auf Eingabe der Grütlivereine abgelehnt, sollte nun verfassungsmässig niedergelegt werden.

Der dem Grossen Rat gewidmete zweite Abschnitt enthielt als Pièce de résistance die Einführung der Proportionalwahl. Die Arbeiterschaft durfte hoffen, mit dieser Forderung auf die Unterstützung der Konservativen rechnen zu dürfen. Die Reduktion der Zahl der Grossräte, Massnahmen zu verstärkter Disziplin und angemessenes Taggeld waren weitere Forderungen, die im Interesse der Arbeiterschaft lagen.

Der dritte Abschnitt führte die dem Staat zu übertragenden wirtschaftlichen und sozialen Aufgaben an. Dabei waren sich allerdings die Verfasser bewusst, dass sich der Staat auch ohne verfassungsmässige Grundlage auf diesem Gebiet gesetzgeberisch betätigen konnte und dass die entscheidenden Massnahmen auf eidgenössischer Ebene zu erfolgen hatten. Neben einer umfassenden obligatorischen Krankenversicherung durch den Staat und der Umgestaltung des Bürgerspitals in ein Kantonsspital zugunsten der Niedergelassenen und Aufenthalter forderte die Eingabe die Verstaatlichung des Apothekerwesens, vor allem aber des Armenwesens. Sie anerkannte wohl das von privater Seite Geleistete, zeigte aber die Unzweckmässigkeit und Unvollständigkeit der bisherigen Armenpflege auf. Mit dem Postulat einer staatlichen Alters- und Invalidenversicherung und der Fürsorge für verwahrloste Kinder wurde auf neue Aufgaben der staatlichen Sozialpolitik hingewiesen. Unter den wirtschaftlichen Forderungen verdienen jene nach einer staatlichen Arbeitsvermittlung und nach staatlicher Unterstützung von Produktionsgenossenschaften vom Arbeiterstandpunkt aus besondere Erwähnung.

In dem das Erziehungswesen betreffenden vierten Abschnitt wurde die alte Forderung nach Unentgeltlichkeit des Schulbesuchs und der Lehrmittel an allen öffentlichen Schulen an den Anfang gestellt; sogar die Abschaffung der Kollegiengelder für einheimische Studenten wurde in Betracht gezogen. Zur Weckung des Solidaritätsbewusstseins über alle gesellschaftlichen und konfessionellen Schranken hinweg sollte den Eltern der Zwang auferlegt werden, ihre schulpflichtigen Kinder in die öffentliche Schule zu schicken, eine Konzeption, die im wesentlichen auf das Jakobinertum zurückging. Zur Entlastung der vielen berufstätigen Mütter aus Arbeiterkreisen wurde die Errichtung staatlicher Kleinkinderschulen gefordert, konnten doch die bestehenden privaten, meistens kirchlichen Kindergärten mit ihren ungünstigen Raumverhältnissen und dem obligatorischen Schulgeld kaum mehr genügen.

Abschnitt 5 der Eingaben sah eine weitgehende Justizreform vor. Hauptpostulat war die unentgeltliche Rechtspflege, mindestens für die untersten Bevölkerungsklassen.

Ein Schlussabschnitt enthielt allgemeine Bestimmungen von zweitrangiger Bedeutung.»

Konfrontation mit extremen Forderungen

Zwei Grundkonzeptionen lagen dieser Eingabe zu Grunde: eine bisher noch nirgends verwirklichte Demokratisierung des politischen Lebens und ein alles Bisherige übertreffender Wohlfahrtsstaat.

Es war den Autoren der Eingabe wohl bewusst, dass sie nicht mit allen, für die damalige Zeit extremen Forderungen durchdringen würden. Kein geringerer als der hochangesehene Rechtshistoriker und politisch sehr aktive Grossrat Andreas Heusler-Sarasin kritisierte die Forderung nach Volkswahl des Regierungsrates. Nach seiner Überzeugung muss auch für die Lenkung des republikanischen Staates eine Auslese getroffen werden. Das Verhältnis der Regierenden zu den Regierten sei auch in der Republik ein Problem. Zwischen die beiden habe als Regulativ das Parlament zu treten. Durch Volkswahl würde der Regierung eine Autorität verliehen, die sie der Kontrolle des Parlamentes entziehe, und damit werde die Stellung des Volks nicht verbessert. Im Grossen Rat fielen Voten des Inhalts, das Volk sei nicht imstande, tüchtige Regierungsräte und Gerichtspräsidenten zu wählen; es kenne die Vorgeschlagenen nicht! Auch das Postulat, dem Staat erweiterte sozialpolitische Befugnisse einzuräumen, wurde von Andreas Heusler bekämpft.

Am 11. Februar 1889 legte die Verfassungskommission, die vom freisinnigen Prof. Hermann Kinkelin präsidiert worden war, dem Grossen Rat Bericht und Entwurf zu einer revidierten Verfassung des Kantons Basel-Stadt vor. Dem 29seitigen Bericht lagen der Verfassungsentwurf – 59 Paragraphen – und das Protokoll über die Verhandlungen der Verfassungskommission bei. Die 23 Sitzungen füllten 153 Protokoll-Seiten. Der Bericht zur zweiten Lesung konnte sich mit acht Seiten begnügen.

Die Totalrevision glückt

Am 2. Dezember 1889 akzeptierte der Grosse Rat mit einem Mehr von nur 8 Stimmen den in zwei Lesungen durchberatenen Verfassungsentwurf. Die Stimmberechtigten wurden auf den 1./2. Februar 1890 an die Urne gerufen. Bei einer Stimmbeteiligung von 46% wurde die Verfassung überzeugend – mit Zweidrittelsmehr – vom Souverän gutgeheissen. Arbeiterpartei und Freisinnige hatten die Ja-Parole ausgegeben und führten den Abstimmungskampf Seite an Seite.

Im Vorfeld der Abstimmung übte die ‹Allgemeine›, das Hauptorgan der damaligen Konservativen, Kritik an den Neuerungen und erblickte darin vor allem eine «Abschlagszahlung der Freisinnigen an die sozialdemokratische Fraktion», was umgehend von der freisinnigen National-Zeitung am 26. Januar 1890 als «Kohl» bezeichnet wurde und in der polemischen Bemerkung gipfelte: «Man kann auch nicht gut sich als ‹christlich› aufspielen und soziale Aufgaben wie die Durchführung der Kranken- und Altersversicherung, die Fürsorge für verwahrloste Kinder, die Verbesserung des Armenwesens und dergleichen Bestrebungen offen bekämpfen.» Und am Abstimmungssamstag erschien in der National-Zeitung unter dem Titel ‹Ja und abermals Ja› ein vehementer Pro-neue-Verfassung-Artikel, in welchem die ‹Allgemeine› erneut aufs Korn genommen wird: «Der ‹rothe Lappen› der Sozialdemokratie wird vor den Augen des ruhigen Bürgers in einer Weise geschwungen, dass man sich fragen muss, ob der Verfasser jenes Artikels Nachts in seinem Bette noch schlafen kann, ohne von Dieben zu träumen, welche ihm die ‹sauer› verdienten Batzen stehlen.» Eindrücklich ist der Aufruf der 68 Grossräte (meist Freisinnige sowie Eugen Wullschleger) vom 1. Februar 1890 an die «Werthen Mitbürger»: «Wir legen Euch aus voller Überzeugung die Annahme der Verfassung ans Herz. Das geschaffene Werk ist ein gutes und wird eine Quelle fruchtbarer Arbeit für Basel sein.» Die Geschichte hat den Volksvertretern Recht gegeben; die Verfassung hatte für unsern Stadtstaat durchwegs positive Folgen bis auf den heutigen Tag.

Würdigung des Verfassungswerkes

Kanton und Gemeinden

Die organisatorische Struktur des Kantons blieb prinzipiell unangetastet. Doch wurden die Rechtsgrundlagen für Eingemeindungen geschaffen. Durch ein kantonales Gesetz und mit Zustimmung der betroffenen Einwohner- und Bürgergemeinden können Gemeinden «verschmolzen» werden, wie sich der Verfassungstext ausdrückt. Eine weitere Bestimmung verdient Beachtung: Die Landgemeinden wurden ermächtigt, die Verwaltung ihrer Gemeinde auf den Kanton zu übertragen. Während Riehen von Bettingen davon abgehalten werden konnte, von diesem ersten Schritt zur Aufgabe der Selbständigkeit Gebrauch zu machen, benützte 1898 Kleinhüningen diese – als Befreiung von einer Last empfundene – Möglichkeit. Die 1908 erfolgte Eingemeindung Kleinhüningens in die Stadt Basel bildete die unausweichliche Konsequenz.

Mehr Demokratie

Von den angemeldeten Forderungen war vor allem die Volkswahl des Regierungsrates und des Ständerates im Grossen Rat durchgedrungen. Die noch von der Verfassungskommission vorgesehene Volkswahl der Richter fand indessen keine Gnade und musste bis 1891 warten. Nach heftigen Debatten war die Reduktion der Mitgliederzahl des Grossen Rates, von der Eugen Wullschleger sich eine Straffung und eine bessere Disziplin des Ratsbetriebes versprochen hatte, im Plenum abgelehnt worden, ebenso die Proporzwahl.

Bildungs- und Sozialpolitik

Die vom Freisinn wie vom Arbeiterbund befürworteten schulpolitischen Anliegen bahnten sich den Weg ins Grundgesetz, nicht jedoch das auch geforderte Recht der Eltern, die Kinder in die ihnen passende Schule zu schicken. Die Förderung des Erziehungswesens und der Volksbildung wird zur Staatsaufgabe, der Schulunterricht für alle Kinder innerhalb der gesetzlichen Altersgrenze obligatorisch erklärt. An den öffentlichen Schulen ist der Unterricht unentgeltlich, die Lehrmittel werden in den untern und mittleren Schulen kostenlos zur Verfügung gestellt. Der Gesetzgeber kann die Unentgeltlichkeit auf andere öffentliche Bildungsanstalten ausdehnen.

Die Sozialpolitik wurde neue Staatsaufgabe. Es ist Sache des Staates, für die «Unterbringung und Erziehung verwahrloster und gebrechlicher Kinder zu sorgen.» Die Armenpflege blieb Sache der Bürgergemeinden und der freiwilligen Tätigkeit, allerdings unter Mitwirkung und Unterstützung des Staates. Erst mit einer Verfassungsänderung von 1980 wurde die öffentliche Fürsorge Kantonsaufgabe in Zusammenarbeit mit den Einwohner- und Bürgergemeinden. Der Staat wurde verpflichtet, gesetzliche Bestimmungen über die Krankenpflege zu erlassen und die Altersfürsorge zu unterstützen.

Partialrevision der Verfassung und kein obligatorisches Gesetzesreferendum

Von wesentlicher Bedeutung für die weitere Entwicklung war, dass Partialrevisionen der Verfassung für rechtlich zulässig erklärt wurden. Die Hürde der Totalrevision entfiel, gleichzeitig wurde eine andere Hürde nicht eingeführt: das obligatorische Gesetzesreferendum.

Einführung der Staatshaftung

Zu Recht wiesen die 68 Grossräte in ihrem Appell darauf hin, dass die neue Verfassung dem Volk in einem wichtigen Bereich vermehrte «Garantien vor Übergriffen der Staatsgewalt» bringe: Die öffentlichen Behörden und Beamten wurden für ihre Verrichtungen verantwortlich und für Schaden haftbar erklärt und dem Geschädigten ein Anspruch auf Schadenersatz *durch den Staat* zuerkannt, wobei dem Staat der Rückgriff auf den Fehlbaren zusteht.

Die neue Verfassung hält hundert Jahren stand

Die am 2. Dezember 1889 vom Grossen Rat verabschiedete, am 1./2. Februar 1890 vom Volk angenommene Basler Verfassung bildet einen wichtigen Meilenstein in der Geschichte unseres Stadtstaates. Die Grundlagen eines demokratischen und sozialen Gemeinwesens konnten dank entsprechendem politischem Engagement aller Beteiligten in relativ kurzer Zeit, verglichen mit der heute üblichen mehrjährigen Dauer kantonaler Verfassungstotalrevisionen, geschaffen werden.

Das Verfassungswerk von 1889 hat sich als dauerhaft und auch als veränderten Zeiten gewachsen erwiesen. Die zahlreichen Partialrevisionen haben den demokratischen und sozialen Verfassungskern nie angetastet. Da die Verfassung offen konzipiert ist und der Gesetzgebung einen weiten Spielraum lässt, auch neue Staatsaufgaben zu schaffen, drängte sich eine Totalrevision der nun hundertjährigen baselstädtischen Verfassung nie auf. Die Teilrevisionen bewahren unser Verfassungsrecht vor gefährlicher Verkrustung. Die Frage sei zum Schluss gestellt, ob das Basel unserer Zeit fähig und willens wäre, seine politischen Kräfte auf eine zukunftsweisende Verfassungsschöpfung zu konzentrieren, die innert eines kurzen Zeitraumes den Stimmbürgerinnen und Stimmbürgern mit Aussicht auf Annahme unterbreitet werden könnte. Inwischen sind wir für unsere rüstige Hundertjährige dankbar, mit der es sich noch leben lässt. Die sich abzeichnende Neugestaltung des Verhältnisses der Schweiz zu Europa könnte allerdings auch zu Revisionen der kantonalen Grundgesetze führen.

Strassen in Basel

Vor 20 Jahren wurde die Autobahn N2 in Basel eröffnet. Dies und die Tatsache, dass die Problematik des Strassenverkehrs in Basel oft heiss umstritten ist, hat uns veranlasst, die gegensätzlichen Standpunkte in dieser Diskussion zu dokumentieren.
Wir haben die Basler Sektionen des Touring Clubs der Schweiz und des Verkehrs Clubs der Schweiz gebeten, uns je einen Autor zu diesem Thema zu nennen. So sind die beiden folgenden Beiträge entstanden. (Red.)

Peter Bachmann

Strassen als Lebensraum

Imbergässli, Rheinweg, Aeschengraben, Osttangente, Im Heimatland: alles Basler Strassen. Sie geben zur Zeit wenig zu reden – ganz im Gegensatz zur geplanten Zollfreistrasse Lörrach–Weil oder zur Nordtangente.
Eine Stadt braucht Strassen, klar! – Wofür? Erstens als Verbindung vom einen Ort zum andern, für Fussgänger und die verschiedensten Vehikel. Zweitens, damit Menschen sich begegnen können, miteinander schwatzen oder spielen, für etwas demonstrieren oder gegen etwas Flugblätter verteilen; Strassen als Allmend, wo sich die Fasnacht zur Hauptsache abspielt. Drittens für alle die vielen Werkleitungen, an die man nur denkt, wenn die Strassen aufgegraben werden. Viertens können auf Strassen – soweit der Platz dafür noch reicht – die verschiedensten Dinge aufgestellt werden: Telefonkabinen, Bänkli, Mistkübelsäcke oder Fahrzeuge.
Wieviel Strassen braucht es? Wie sollen sie gestaltet werden und wie betrieben? Welches Gewicht kommt den vier Aufgaben zu bei Autobahnen, welches bei Quartierstrassen oder bei Fusswegen?

Gesamtplan Basel

1968 wurden die Vorstellungen, wie die Basler Strassen angelegt und betrieben werden sollten, in einem Gesamtplan festgehalten. In der an alle Haushaltungen verteilten Broschüre des Regierungsrates ‹Gesamtplan Basel› steht: «... in dieser Motorisierung drohen die Städte zu ersticken – auch unsere liebe Stadt Basel ... Nur grosszügige, auf weite Sicht berechnete Massnahmen vermögen für die Gegenwart und die Zukunft eine gesunde Weiterentwicklung unserer Stadt und Region sicherzustellen. ... Weil aber alle Einzelmassnahmen am Schluss wie ein Mosaik zusammenpassen müssen, braucht es eine umfassende Leitidee – braucht es den Gesamtplan Basel.»
Unter ‹gesunder Weiterentwicklung unserer Stadt und Region› versteht man gemeinhin eine gesunde Entwicklung der Gesellschaft, der Wirtschaft und der natürlichen Umgebung. Der Gesamtplan Basel schlägt aber ausschliesslich Verkehrsbauten vor: für Fussgänger, Automobilisten, Trams und Busse.
Der Verkehr von Personen und Gütern ist zweifellos eine wichtige Sache in unserer Gesellschaft, das Bereitstellen von geeigneten Wegen und Fahrbahnen ebenso. Doch was ‹geeignet› heisst, darüber gehen die Meinungen auseinander, sie haben im Lauf der Jahre auch geändert. Der Gesamtplan Basel war kein ‹Achtundsechziger›, sondern – mit seinen Hauptelementen: Autobahnring, vierspurigem Cityring, Tiefbahn und vielen Grossparkings – ein Produkt jener Denkweise, gegen welche die Jugend damals auf der Strasse demonstrierte und die sie beim Bernoullianum ‹auf die Bäume brachte›. Aber noch heute betrachten verschiedene verkehrspolitisch aktive Gruppen das stete Wachstum des Verkehrs als ‹gottgegeben› und mei-

nen, dass unserer Stadt nur durch den Bau von Strassen und Parkings geholfen werden könne. Nicht so der Verkehrsclub der Schweiz (VCS).

Wertewandel

Basel ist nicht der Nabel der Welt. Globale und nationale Ereignisse haben auch nach 1968 auf den Gang der hiesigen Dinge Einfluss genommen. Anno 1973 machte die Energiekrise die ‹Grenzen des Wachstums› spürbar. 1969 bzw. 1971 wurden Artikel über das Bodenrecht bzw. den Umweltschutz in die Bundesverfassung aufgenommen; die entsprechenden Bundesgesetze über die Raumplanung und den Umweltschutz stammen von 1979 bzw. 1983. Seither sind diese, früher ‹en passant› wahrgenommenen, Aufgaben als ‹vollwertig› anerkannt. Im Bundesgesetz über die Nationalstrassen von 1960 wurden sie erst nach der militärischen Landesverteidigung und der wirtschaftlichen Nutzung der Grundstücke unter den «anderen schutzwürdigen Interessen» genannt, die gegen verkehrstechnische Anforderungen abzuwägen sind.

In Basel markieren drei offizielle Dokumente den Wertewandel: ‹Basel 75› strebt höhere Ziele an, denen sich der Verkehr unterzuordnen hat; explizit werden der Schutz der Wohnqualität durch einschränkende Verkehrsmassnahmen und die Förderung des einige Zeit totgeglaubten Fahrradverkehrs genannt. Die ‹Grundsatzbeschlüsse des Grossen Rates zur Verkehrspolitik› von 1984 gehen von der Lebensfähigkeit der Stadt aus, die als Gesamtsystem begriffen wird, in welchem der Verkehr eine dienende Funktion hat. Bemerkenswerterweise hat der Grosse Rat damals manches übernommen, was Anfang der 70er Jahre von der ausserparlamentarischen Opposition gefordert worden war. Aber erst 1990, beim ‹Luftreinhalteplan beider Basel›, kommt der Umweltschutz zu vollen regierungsrätlichen Ehren: Massgebend ist, wieviel Gift Menschen, Tiere und Pflanzen höchstens ertragen, ohne krank zu werden – Verkehr, Industrie und Haushalte haben sich danach zu richten.

Anforderungen ans Verkehrssystem

Der einzelne Verkehrsteilnehmer will schnell, sicher, bequem und billig an sein Ziel gelangen. Im Rahmen seiner Möglichkeiten wählt er das Verkehrsmittel und die Route. Dass sein Ver-

Spitzenverkehr auf der St. Albanbrücke anno 1970. ▷

Warum wird ein Verkehrsmittel gewählt?

Steht es zur Verfügung?
| Ja | Nein |

Ist es schnell genug?
| Ja | Nein |

Ist es preiswert?
| Ja | Nein |

Ist es subjektiv ok?
| Ja | Nein |

Verkehrsmittel wird gewählt / Verkehrsmittel wird nicht gewählt

Schematische Darstellung der Gründe, die zur Wahl eines Verkehrsmittels führen.

kehrsmittel vielleicht Lärm erzeugt, giftige Abgase ausstösst oder zuviel Platz beansprucht, kümmert ihn wenig.

Für die Gesellschaft als Ganzes, für die Verkehrspolitik, sieht es anders aus: Das Verkehrssystem soll wie die Energieversorgung oder das Gesundheitswesen zur allgemeinen Lebensqualität beitragen. Nicht nur die Befriedigung der Transportbedürfnisse, auch die Auswirkungen (Lärm, Abgase, Zersiedelung, Unfallopfer usw.) und die Kosten müssen betrachtet werden. Während die Verkehrsbedürfnisse – nämlich schnell, sicher, bequem und billig ans Ziel zu gelangen – im grossen ganzen gut abgedeckt sind, ist es um die Auswirkungen schlecht bestellt. Auch die Kosten sind – volkswirtschaftlich gesehen – viel zu hoch; sie werden zum grossen Teil von der Allgemeinheit, statt vom Verursacher und Nutzniesser getragen.

Die indirekten Kosten des Strassenverkehrs werden in der Schweiz auf 12 bis 14 Milliarden Franken pro Jahr geschätzt. Für den Benützer ist das Fahren mit dem Motorfahrzeug pro Kilometer etwa 35 Rappen zu billig. Mit dem Effekt, dass zuviel gereist und transportiert wird! Das Verkehrssystem wäre menschen- und umweltfreundlicher, wenn die ‹sozialen› Kosten des Waldsterbens, der Atemwegerkrankungen, des mit Blei vergifteten Bodens aus dem Portemonnaie des Verursachers bezahlt werden müssten.

Wer weltweit und langfristig denkt, erkennt Grenzen dafür, wieviel Energie und Rohstoffe wir heutigen Basler verbrauchen, wieviel Schadstoffe wir erzeugen dürfen, wenn wir nicht egoistisch auf Kosten der Mitwelt oder Nachwelt leben wollen. Umwelt- und sozialverträglich verhalten wir uns nur, wenn wir weniger weit reisen und transportieren als bisher und wenn wir dies öfters mit einem (relativ) umweltfreundlichen Verkehrsmittel tun.

Welche Schlüsse sich aus dieser vom VCS vertretenen Haltung für den Bau und den Betrieb von Strassen ergeben, sei an drei Beispielen erläutert.

Nordtangente – *nicht jetzt!*

Es ist widersinnig, in dem Moment, wo der motorisierte Individualverkehr wegen der Luftreinhaltung eingeschränkt werden muss, eine Autobahn zu bauen und damit die Arbeitsplätze in Basel-Nord mit dem Auto noch leichter erreichbar zu machen. Auch ist es falsch, zuerst das Autofahren zu begünstigen und dann hinterher den öffentlichen Verkehr ‹aufzumöbeln›. Wenn Autofahrer umsteigen sollen, dann müssen das optimierte Tramnetz und die Regio-S-Bahn vor der Autobahn bereit sein. So oder so sind zum Schutz der vom Verkehr unzulässig belästigten Bewohner von Basel-Nord mutige Verkehrsbeschränkungen zu erlassen.

Auch später können wir eine ‹abgemagerte› Nordtangente nur gutheissen, wenn ihre Umwelt- und Sozialverträglichkeit nachgewiesen ist, und zwar auch in bezug auf die bisher vernachlässigte CO_2-Problematik (Treibhaus-

Schützengraben: Fussgänger schützen = Unterführungen graben!

‹Trink lieber Eptinger› – statt Mineralwasser, das über Hunderte von Kilometern transportiert worden ist. ▷

effekt), die Zersiedelung der Nordwestschweiz und unter Verrechnung der ‹sozialen› Kosten. Wir wollen keine Stadtautobahn für indirekt subventionierte Lastwagen- und PW-Fahrten! Köpfchen statt Beton: Zuerst sind alle geeigneten organisatorischen, im weiteren Sinn marktwirtschaftlichen Massnahmen zu treffen, um die Lastwagen- und Personenwagen-Fahrten zu vermindern. In der Kompetenz des Kantons läge z. B. das Erheben einer Abgabe auf den Parkplätzen, welche Firmen ihrer Belegschaft zur Verfügung stellen.

Schützengraben – *Verkehrs- und Lebensraum*

Am Beispiel Schützengraben, einem Abschnitt des Cityrings, kann gezeigt werden, wie städtische Hauptstrassen aus heutiger Sicht angelegt und betrieben werden sollten. Für die Funktion eines Cityrings, die Autos ums Stadtzentrum herum zu führen, braucht es keine vier Spuren; das ist auch die Meinung von Regierung und Grossem Rat, wenn wir an die Beschlüsse betreffend Feldbergstrasse, Schanzenstrasse oder Wettsteinbrücke denken. Eine Autospur pro Richtung genügt, plus eine zum Vorsortieren an den wichtigen Kreuzungen. Dazu sollen Radstreifen/-wege angeordnet und die Trottoirs nicht vergessen werden. Im Schützengraben würde ein solcher Strassentyp dem Fussgänger ermöglichen, von der Mostackerstrasse über eine Mittelinsel geschützt zur Kornhausgasse zu gehen, auf direktem Weg zur Innerstadt. Den Platanen würden durch breitere Rabatten bessere Lebenschancen geboten. Aus der Nebenfahrbahn könnte eine über Baumrabatten, Wohnweg und Vorgärten ganzheitlich gestaltete ‹Wohnstrasse› entstehen.

So wäre der Cityring auch wieder Lebensraum, statt nur Verkehrsanlage. Das Tiefbauamt des Kantons Basellandschaft hat für die Gestaltung von Kantonsstrassen in Ortskernen eine Richtlinie herausgegeben. Wir wünschen uns, dass deren Grundidee, die Abstimmung des Strassenausbaus auf die gewachsene Umgebung, bei der Umgestaltung baselstädtischer Hauptstrassen ebenfalls Anwendung findet.

Der Schützengraben könnte Verkehrs- und Lebensraum sein. ▽

Quartierstrassen – *gehören zur Wohnumgebung*

Die Verkehrsaufgabe von Quartierstrassen besteht im Gewährleisten des Zugangs bzw. der Zufahrt zu den anstossenden Liegenschaften. Erwünscht ist auch Platz zum Abstellen von Fahrzeugen. Aber in den Quartierstrassen wäre die Funktion ‹Allmend› mindestens so wichtig wie die Funktion Verkehr. ‹Wäre›, weil sich der motorisierte Verkehr auf Kosten der andern Funktionen ungebührlich ausgebreitet hat. Das Spielen von Kindern auf neutralem Boden, nicht im Spielghetto abgesondert, sondern vermischt mit dem Leben Erwachsener, ist kaum mehr möglich. Das Überqueren der Strasse ist für alte Menschen und Behinderte mühsam und gefährlich. Signaltafeln und abgestellte Fahrzeuge verschandeln städtebaulich schöne Räume.

Tempo-30-Zonen sind ein Schritt in die gute Richtung. Aber sie dürfen nicht mit einem Sammelsurium von Strassenmöblierung erkauft werden. Vielmehr sind alle Signale und Markierungen in den Quartierzellen wegzuräumen und dafür der Gegenverkehr wieder einzuführen: Wenn man nicht überall kreuzen kann, passt man besser auf! Fürs Verweilen oder Spielen geeignete Strassenabschnitte sind von parkierten Autos freizuhalten, denn es ist Sache des Fahrzeughalters, nicht der Allgemeinheit, für einen Parkplatz zu sorgen. Wenigstens am Rand der Quartierzellen soll das Trottoirnetz zusammenhängen; die Autos fahren dann über eine ‹Hemm-Schwelle› ins Wohngebiet hinein.

Signet für den Versuch mit Tempo 30 im Niederholz, Riehen.

Quintessenz

Nur durch eine gewandelte ‹Software›, vor allem in unsern Köpfen, nicht durch ‹Hardware› in Form von Rampen oder Tunneln, kann der Verkehr mehr zur Lebensqualität beitragen. Hoffentlich entdecken viele Menschen, dass sie zu Fuss oder auf dem Velo am mobilsten sind!

Christian Greif

Verkehr verbindet

Verkehrswege verbinden. Verbindungen sind die Grundlage jeder Gemeinschaft. Werden sie unterbrochen, so zerfällt die Gemeinschaft wieder in ihre isolierten Teile.

In unserem Zeitalter ermöglichen die Verkehrswege, dass Menschen erhebliche Distanzen überwinden und von Angesicht zu Angesicht miteinander reden können. Die Einschränkung der Mobilität reduziert diese Kommunikationsmöglichkeit, vermindert also die Lebensqualität. Deshalb sollten die mit dem Wunsch der Menschen nach Erweiterung des persönlichen Horizontes, der Vertiefung ihrer Beziehungen zueinander und der Güterversorgung verbundenen Verkehrsprobleme gelöst werden. Die Verkehrsverhinderung stellt keine Lösung dar.

Standortverpflichtungen

In grauer Vorzeit war es wohl ein Flussübergang, ein Bootssteg, vielleicht eine Fähre oder auch nur eine Furt, die den Wanderer oder Reisenden ans Rheinknie führten. Aber schon die erste keltische Siedlung im zweiten Jahrhundert vor Christus zeigte stadtähnliche Züge, was auf ‹Produktionsanlagen›, Handel und

Verkehr hinweist. Über Jahrtausende hinweg hat sich die Verkehrsverbindung ‹Basel› bewährt und gefestigt. Sie diente den Kelten und den Römern, bestätigte sich im Mittelalter und wird ebenso den Anforderungen der Neuzeit gerecht.

Basel verdankt seine geistige und kulturelle Entwicklung vor allem der Verkehrslage. Der Reisende, der in ihren Mauern Schutz und Unterkunft suchte, liess nicht nur Geld zurück, sondern bereicherte unsere Stadt durch sein Wissen, seine Informationen, seine Gedanken und Ideen. Auf dieser Grundlage konnte sich der Humanismus entwickeln. Ohne leistungsfähige Verkehrsverbindungen hätte in Basel weder das Konzil von 1431 bis 1449 stattfinden können noch letztes Jahr die Europäische Ökumenische Versammlung ‹Frieden in Gerechtigkeit›.

Anschluss an die Zukunft

Basel öffnete der Schweiz den direkten Zugang zum Meer auf dem Wasserwege. Basel besass den ersten Bahnhof der Schweiz und auch den ersten Flugplatz. Von Basel (nämlich von Ständerat Willi Wenk) ging 1925 die Gründung der HAFRABA aus – der Autobahn, die Hamburg mit Basel über fast 1000 Kilometer hinweg verbindet. An der Schwelle zum dritten Jahrtausend, mit Ausblick auf den ‹Europäischen Wirtschaftsraum› und die zu erwartende Vervielfachung der Verkehrsströme, kann Basel seine Verpflichtung als Verkehrsdrehscheibe Europas nicht einfach negieren.

Kampf um Schiene und Strasse

Als im letzten Jahrhundert das europäische Schienennetz erbaut wurde, entbrannte – nach anfänglicher Ablehnung – unter verschiedenen Regionen der Schweiz ein Kampf um die ersten Anschlüsse. Die mit dem Ausbau der Eisenbahn verbundene Verlagerung eines Teils des Verkehrs von der Strasse auf die Schiene brachte den Ortschaften an den beiden Hauenstein-Übergängen empfindliche wirtschaftliche Einbussen ein und löste eigentliche Strukturkrisen aus.

In den 30er Jahren dieses Jahrhunderts kam es in Europa zu einer Renaissance des Strassenbaus: das europäische Autobahnnetz wurde errichtet. Die Schweiz blieb aber 30 Jahre untätig. Erst ab 1960 schritt man auch hierzulande zum Aufbau des Nationalstrassen-Netzes (von dem man – nach Ablehnung der Kleeblatt-Initiativen und der Initiative ‹Stopp dem Beton› – hoffen kann, dass es noch in diesem Jahrhundert vollendet wird). Die Verkehrsleistung ‹der Strasse› betrug 1986 87 Prozent der Personenkilometer und 52,5 Prozent der Tonnenkilometer (Stat. Jahrbuch der Schweiz, 1989). Ohne die laufende Anpassung unserer Schienen- und Strassenverbindungen an den Bedarf wäre die Industrialisierung der Schweiz und ihr einzigartiger Wohlstand nicht möglich geworden.

20 Jahre N2

Am 23. Dezember 1969 wurde die Baselbieter Strecke der N2 eingeweiht: Eine 30 Kilometer lange, mit 12 Brücken und 4 Tunnels ausgerüstete internationale Hochleistungsstrasse – zu diesem Zeitpunkt das grösste Bauwerk in der Geschichte des Kantons Basel-Landschaft. Regierungsrat Theo Meier schrieb dazu in den Baselbieter Heimatblättern: «Die N2 bringt vor allem uns Eidgenossen – nicht nur in der Weihnachtszeit – näher.»

Die Osttangente, der Basler Teil der Nationalstrasse N2/N3, wurde 1980 vollendet (der Anschluss ‹Gellert-Dreieck› 1986). Die knapp 6 Kilometer lange und über 550 Millionen Franken teure Hochleistungsstrasse stellt den Anschluss Basels ans schweizerische Nationalstrassen-Netz dar und verbindet uns gleichzeitig mit Deutschland, Ost- und Südeuropa. 12 Prozent dieser Autobahn führen durch Tunnels, 57 Prozent sind Brücken, und nur 31 Prozent liegen auf ‹gewachsenem› Untergrund. Gegen die Linienführung dieser sogenannten ‹inneren Osttangente› regte sich in Basel-Stadt politischer Widerstand. Im Kanton Basel-Landschaft hingegen kämpften zwei Regionen für ‹ihre› Autobahn-Anschlüsse, nämlich der Bezirk Sissach und das ‹Komitee für die N2 durch das Ergolztal›...

Die Schwarzwaldbrücke kam am 19. Dezember 1973 in Betrieb. Die Brücke, auf der man relevante Verkehrszählungen durchführt, wurde in den ersten zehn Jahren (1974 bis 1983) von über 200 Millionen Motorfahrzeugen und 15 Millionen Velos und Mofas überquert. Inzwischen hat der Verkehr um rund ein Drittel zugenommen. 1988 passierten nicht weniger als 30 Millionen Motorfahrzeuge die Schwarzwaldbrücke, wovon rund 18 Millionen als ‹N2-Anteil› und rund 12 Millionen als ‹Lokalstrassen-Verkehr› ausgezählt wurden.

Im Hirzbrunnen könnte man wohl kaum mehr von ‹Wohnqualität› sprechen, wenn sich der Lokalverkehr von 12 Millionen Motorfahrzeugen pro Jahr durch seine Quartierstrassen zwängen müsste.

Umstrittene Nordtangente

Noch mehr als die Osttangente ist die Nordtangente in Basel politisch umstritten. Vor mehr als zehn Jahren geplant, konnte mit ihrem Bau – infolge von politischen Verzögerungen, Einsprachen und Beschwerden – bis heute noch nicht begonnen werden. Im Jahre 1986 haben sich sowohl der Basler Grosse Rat als auch die Stimmbürger für die Nordtangente entschieden. Aber die Gegner reklamieren eine nicht systemkonforme Umweltverträglichkeits-Prüfung. Die Befürworter wiederum bezeichnen die nicht abreissenden Einsprachen und Rekurse als Missbrauch der rechtsstaatlichen Einrichtungen.

Französische Autobahn

Am 7. Juni 1989 hat Frankreich seine Autobahn A35 im Bereich des Milchsuppen-Areals bis an die Schweizer Grenze geführt. Auf der Schweizer Seite besteht keine adäquate Fortsetzung. Zum Zeitpunkt dieses Berichtes (Oktober 1990) wird der auf der A35 kanalisierte Verkehr von bis zu 10000 Fahrzeugen pro Tag – zum grossen Teil Lastwagen – über das Quartiernetz des Kannenfeld- und Horburg-Quartiers geleitet. Die Verkehrsstörungen sind erheblich und beeinträchtigen die Wohnqualität in den betroffenen Gebieten in unzumutbarer Weise.

Im Schnittpunkt der europäischen Verkehrsströme

Die Erwartungen Europas an Basel sind hoch. Als erste und teilweise einzige Stadt wird sie Verkehrsknotenpunkt der deutschen und fran-

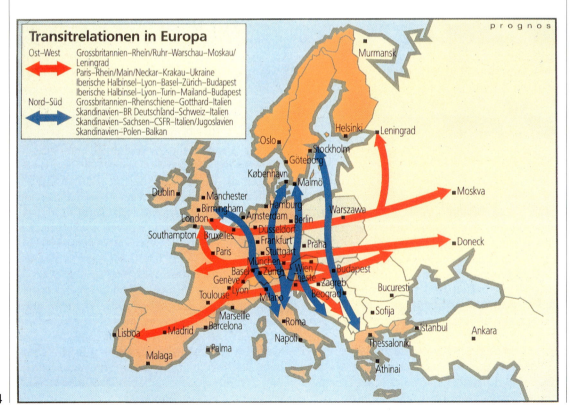

Basels Hauptverkehrsachsen

1 Dreirosenbrücke
2 Schwarzwaldbrücke
3 N2 Gellert Süd
4 N2/A5 Wiesenbrücke
5 N2 Hagnau Ost
6 N2-Zubringer Hagnau
7 N2-Zubringer J18/ Schänzli-Tunnel

zösischen Hochgeschwindigkeitsnetze und Anschlussmoment für die schweizerische ‹Bahn 2000› an diese. Alle europäischen Metropolen werden dann täglich innerhalb eines Zeithorizontes von zwei Stunden erreichbar sein. Dem ‹EuroAirport› wird im Rahmen des Europäischen Wirtschaftsraumes eine zentrale Bedeutung zukommen, insbesondere wegen seiner idealen Lage im Schnittpunkt des europäischen Hochleistungs-Schienennetzes. Ab Basel können schon heute über 40 europäische Städte direkt angeflogen werden. Diese zentrale Verkehrslage sichert Basel einen gewichtigen Standortvorteil für Unternehmen, die im gesamteuropäischen Raum tätig sind.

Im Namen des Umweltschutzes

Die sich von Jahr zu Jahr vergrössernde Verkehrsmenge (Zuwachs in den letzten Jahren rund 4 bis 6 Prozent p. a.) verursacht eine steigende Belastung der Umwelt, vorwiegend durch Lärm und Abgase. Unter dem Druck verschiedener Umweltschutz-Organisationen hat die Basler Regierung eine Strategie entwickelt, mit der vor allem die Automobilisten zum ‹Umsteigen› aufs öffentliche Verkehrsmittel veranlasst werden sollen. Die zum Teil durchgeführten, in Durchführung befindlichen oder geplanten Massnahmen bestehen vorwiegend in der Verkehrslenkung (Geschwindigkeitsbegrenzungen, Fahrverbote, Einbahnstrassen), baulichen Massnahmen (Schwellen, Verengungen), der Verminderung des Parkplatz-Angebots und der Reduktion der für die Motorfahrzeuge zur Verfügung stehenden Verkehrsfläche. Diese von der Wirtschaft, dem Gewerbe und den meisten Verkehrsverbänden (ACS, TCS, FRS usw.) als ‹Verkehrsverhinderungs-Politik› apostrophierten Massnahmen stossen auf zunehmenden Widerstand.

Widersprüchliches Verhalten?

Für die meisten Automobilisten ist das private Motorfahrzeug ein ‹outil de travail›, auf das sie angewiesen sind. Trotz der seit Jahren praktizierten ‹Verkehrsverhinderungs-Politik› steigt der Basler Privatverkehr im Verhältnis zur übrigen Schweiz überproportional an, und die Dichte der immatrikulierten Autos nimmt weiterhin zu. Gleichzeitig steigt auch die Beanspruchung der öffentlichen Verkehrsmittel. Wenn der Ausgang einiger Abstimmungen (an der sich nur rund ein Drittel der Stimmbürger/innen beteiligte) auch in eine andere Richtung zu weisen scheint, so beweist die Basler Bevölkerung doch mit ihrem täglichen Verhalten, dass sie de facto auf ihre private Mobilität nicht zu verzichten bereit ist.

Schlussfolgerungen

Eine Stadt, die sich vom Privatverkehr abkoppelt, wird unattraktiv und kann ihre Zentrumsfunktionen nicht mehr erfüllen. Die Auswirkungen in allen Lebensbereichen, vor allem aber für die Wirtschaft, die Kultur und die Wissenschaft, wären katastrophal. Unvorstellbar wäre ein Szenario, bei dem sich die umliegenden schweizerischen, elsässischen und badischen Nachbargemeinden ebenfalls in Verkehrsverweigerung übten.

Die Herausforderung dieses Jahrzehnts für die Stadt Basel besteht deshalb darin, die Verkehrsprobleme und die damit zusammenhängenden Umweltfragen zu lösen – und nicht darin, zu versuchen, diese durch Verweigerung und Abkapselung auf ihre Nachbarn abzuwälzen.

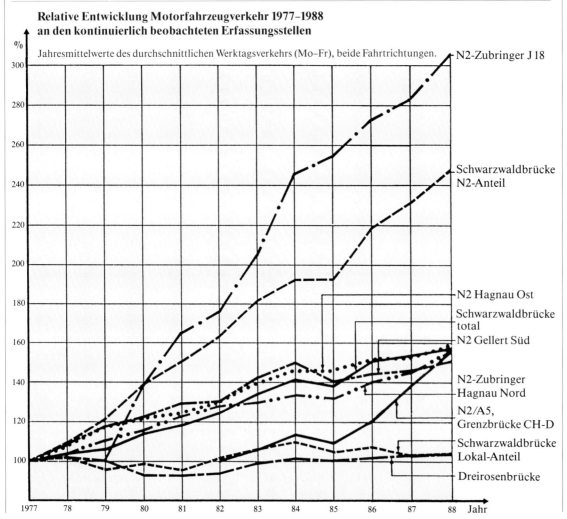

Relative Entwicklung Motorfahrzeugverkehr 1977–1988 an den kontinuierlich beobachteten Erfassungsstellen

Jahresmittelwerte des durchschnittlichen Werktagsverkehrs (Mo–Fr), beide Fahrtrichtungen.

Die Verkehrsdaten der kontinuierlich betriebenen Erfassungsstellen weisen – bezogen auf den jeweiligen Basiswert – folgende charakteristische Verkehrsentwicklungen aus:

– Markante relative als auch absolute Verkehrszunahmen auf der Autobahn-Stammachse wie auch auf den Zubringern. Einzig im Jahre 1985 ist eine Stagnation der Verkehrsentwicklung erfolgt.

– Wesentlich geringere Verkehrszunahmen auf den städtischen Strassen: auf dem lokalen Bereich der Schwarzwaldbrücke sowie auf der Dreirosenbrücke je eine Verkehrszunahme von 1% (1977 = 100%).

Hansruedi Bühler

Bäume in Stadt und Land

Seit 1981 weiss man um die Erkrankung unserer Wälder. Das Waldsterben hat die gesamte Öffentlichkeit aufgerüttelt und alle Bürger, in Stadt und Land, denen die Erhaltung der Umwelt ein Anliegen ist, geradezu schockiert. Andererseits wurden bald auch Stimmen laut, welche die Mitteilungen vom Waldsterben als Schwindel des Jahrhunderts bezeichneten. Inzwischen konnte wissenschaftlich belegt werden, dass die flächendeckende Schädigung des Schweizer Waldes nicht allein auf natürliche Ursachen wie Trockenheit, Kälteeinbrüche oder tierische und pflanzliche Schädlinge, sondern auch auf die zunehmende Umweltbelastung, vor allem durch Luftschadstoffe, zurückzuführen ist.

Das Auto als Hauptsünder abzustempeln und nur dort Gegenmassnahmen zu ergreifen, löst wohl das Problem Waldschäden noch nicht. Wir sind ‹vielseitige› Konsumenten, und es liegt an jedem einzelnen von uns, überall dazu beizutragen, dass die heutige Umweltbelastung drastisch abgebaut und auf den Stand von 1950 reduziert werden kann. Diese runde Jahrzahl ergibt sich aus den Ergebnissen von Jahringanalysen. Zu jener Zeit begann der Abstand der Jahrringe in den Stämmen vieler Baumarten abzunehmen. Heute ist er durchschnittlich um die Hälfte bis zu zwei Drittel kleiner als in der Zeit vor 1950. Das Umweltschutzgesetz vom 7.10.1983 mit den entsprechenden Verordnungen, vor allem zur Luftreinhaltung (vom 1.3.1986), verpflichtet jede Einzelperson, zur Verbesserung der Luft durch persönliche Mitwirkung beizutragen. Ohne diesen aktiven Beitrag eines jeden werden die Ziele des Umweltschutzes nicht erreicht und die Schadensentwicklung an Wäldern und Baumbeständen in der freien Landschaft und in den Städten nicht gebremst werden können.

Geschädigte Esche in den Langen Erlen.

Für die Bäume in den Grünanlagen war die Welt vor 1980 auch nach Auffassung der Fachleute noch in Ordnung, denn die standortsmässigen Voraussetzungen für die Entwicklung des Wurzelbereiches sind dort nach wie vor wie in der freien Landschaft gewährleistet. Die Strassenbäume jedoch, das ‹Sorgenkind Nr. 1› für die Verantwortlichen der Baumpflege, wiesen schon einige Jahrzehnte vor dem Bekanntwerden der Waldschäden sichtbare Schäden auf, die sich besorgniserregend ausweiteten. Sie sind zurückzuführen auf die ‹traditionellen›

Einflüsse wie Einengung der Wurzelentwicklung, Bodenversiegelung und -verdichtung, pflanzliche und tierische Parasiten, Streusalz, mechanische Rindenverletzungen und vieles andere mehr. Dazu kommt aber seit etwa 1984 mit der Zunahme der Luftschadstoffe und den ‹sauren› Niederschlägen eine rasch fortschreitende Schädigung der Wurzeln. Dies auch bei den Bäumen in den Grün- und Parkanlagen, wo heute sogar ohne Wind- oder Sturm-Einwirkung Bäume umstürzen wegen Faulschäden am tragenden und am Feinwurzelwerk.

Diese Schäden sind in den meisten Fällen nicht sichtbar, denn die betroffenen Bäume aller Altersstufen zeigen weder in der Belaubung noch im Astwerk Krankheitsanzeichen. Unfälle können deshalb nicht vorausgesehen werden, was für die Stadtgärtnerei zu einer unzumutbaren Verantwortung führt. Die alljährliche Baumkontrolle muss aus diesen Gründen verstärkt und umfassender durchgeführt werden.

Seit Mitte der 80er Jahre wird von der Stadtgärtnerei zur Erstellung eines auf Computer gespeicherten Baumkatasters in Zusammenarbeit mit dem Institut für angewandte Pflanzenbiologie, Schönenbuch, eine umfassende Untersuchung über den Gesundheitszustand der Stadtbäume, mit Schwerpunkt Strassen- und Alleebäume/Parkbäume, durchgeführt. Das bisher vorliegende Ergebnis deckt sich auffallend mit den Untersuchungen über die Waldschäden in unserer Region. Dass der Schädigungsgrad nicht höher ist, lässt sich allein mit der Intensivpflege begründen, die unseren seit Jahrzehnten stark bedrängten Stadtbäumen zuteil wird.

Mit Hilfe dieser Erhebung soll der Verlauf der Schadensentwicklung beobachtet, aber auch beim Eintreten von Unfällen mit Personen- und Sachschäden der Nachweis der Erfüllung der Sorgfaltspflicht durch die Stadtgärtnerei erbracht werden. Denn mit der Erkrankung des Baumbestandes wächst auch dessen Anfälligkeit gegen Wind- und Sturmeinflüsse erheblich. Im August 1989 und im Februar 1990 wurden bei Stürmen mit hohen Windgeschwindigkeiten in der Stadt Basel und den Langen Erlen mehrere hundert Bäume teils entwurzelt, teils geknickt.

Die an der Einmündung der Kornhausgasse bei

Entwurzelte Blutbuche an der Reservoirstrasse. Die verankernden Wurzeln sind grösstenteils abgestorben.

Sturmböen über den Schützengraben gestürzte Platane wies einen hochgradigen Weissfäulebefall im Stamminnern auf und hatte nur noch eine rund 5 cm starke gesunde Holzschicht unter der Rinde.

Dieser glücklicherweise ohne Unfallfolgen abgelaufene Vorfall gab den Anstoss zur Überprüfung der gesamten 130 Jahre alten Platanenallee am Schützengraben. Dabei stellte sich heraus, dass die meisten Bäume ebenfalls einen

Sturmböen führten am 16.8.1990 zum Bruch dieser Platane am Schützengraben.

sehr schlechten Gesundheitszustand aufweisen und ihr Belassen vom Standpunkt der Sicherheit aus als grobfahrlässig eingestuft werden muss. Nach Abwägen aller übrigen Gesichtspunkte und Möglichkeiten (Homogenität der Allee, standortsverbessernde Massnahmen, Einbau von Bewässerungs- und Belüftungseinrichtungen, Austausch des Erdreiches, Arbeitstechnik und ökonomische Aspekte) musste sich die Stadtgärtnerei zum Entscheid einer Gesamtsanierung durchringen. Gestützt auf mehrere Gutachten von unabhängigen Fachleuten und eine nachträglich eingeholte Oberexpertise der ETH Zürich wurde dem Vorsteher des Baudepartementes die Gesamterneuerung beantragt und dieses Vorhaben den Medien im September 1989 vorgestellt. Das angekündigte Fällen der 28 Bäume wurde im Januar 1990 von der ‹Aktion Baumleben› durch eine Besetzung der Bäume verhindert. Ein Rekurs gegen das Fällvorhaben der Stadtgärtnerei blockiert auch heute noch die Gesamterneuerung der Allee.

Das Engagement dieser Gruppen zeigt die Sensibilisierung der Bevölkerung für die Wichtigkeit der Erhaltung des lebensnotwendigen Baumbestandes in der Stadt. Dabei wird jedoch, wie im vorliegenden Falle, allgemein zu wenig beachtet, dass auch Stadtbäume Lebewesen sind und, wie der Mensch selbst, der Vergänglichkeit unterworfen. Jeder Baumbestand bedarf der Verjüngung, in der ‹baumfeindlichen› Stadt erwiesenermassen in kürzeren Intervallen als in der freien Landschaft. Behauptungen, wonach neu gepflanzte Bäume in unserer Stadt keine Entwicklungschancen mehr hätten, können anhand von zahlreichen Beispielen widerlegt werden.

Der Regierungsrat hat inzwischen den gesamthaften Ersatz der Platanen am Schützengraben gemäss Antrag des Baudepartementes befürwortet, und nach Vorliegen der rechtlichen Voraussetzungen soll das Erneuerungsprojekt im Sinne des Vorschlags der Stadtgärtnerei verwirklicht werden.

Mit dem Bekanntwerden der Baumschäden in unseren Wäldern wurden der Stadtgärtnerei Sonderkredite bewilligt, damit sie die Baumpflege in der Stadt noch umfassender gestalten kann. Die zusätzlichen Massnahmen, wie intensivierte Bewässerung, gezielte Ernährung, Pflanzenschutz etc. – unterstützt durch vielfältige wissenschaftliche Untersuchungen in Zusammenarbeit mit dem Institut für angewandte Pflanzenbiologie in Schönenbuch –, verbessern die Aussichten in hohem Masse, die Ansprüche der Stadtbäume in möglichst optimaler Weise zu erfüllen und ihnen damit das Überleben zu ermöglichen.

Gleichzeitig wird die Erweiterung der Baumscheiben – das heisst der abgegrenzten Grundflächen, die den Strassenbäumen innerhalb der Hartbeläge zur Verfügung stehen – verbunden mit dem Einbau von Belüftungs- und Bewässerungseinrichtungen konsequent weitergeführt.

Alle diese Bemühungen der Stadtgärtnerei betreffen ausschliesslich die Symptombekämpfung. Sie sind nur von Erfolg begleitet, wenn die durch das ungehemmte technische und wirtschaftliche Wachstum der Nachkriegszeit verursachte untragbare Umweltbelastung vermindert, das heisst die baumbedrohende Entwicklung gebremst wird. Das Eidgenössische Umweltschutzgesetz schafft dazu die Grundlagen und damit die Zuversicht, dass die Bäume in der Stadt auch für die kommenden Generationen grünen und gedeihen werden.

Versuche zur Verbesserung der Wachstumsbedingungen für die Strassenbäume durch optimale Zusammensetzung der Bodenbeschaffenheit an der Sperrstrasse.
▽

André Schrade

Schweizerhalle: Mehr als «nur e Bitzli»!

Risiko in Basel

Ein Jahr nach der Brandnacht von Schweizerhalle notierte Martin Matter im Basler Stadtbuch[1], es scheine eigentlich alles wieder zu «funktionieren». Die öffentlichen Protest-Veranstaltungen gegen die Zumutung weiterer Restrisiken dieser Art fänden keinen überwältigenden Zustrom mehr, und auch die Meinungsumfragen zum Jahrestag der Katastrophe signalisierten eine «deutliche Beruhigung».
Indes: Wie Matter gleich selber einschränkte, sagt dieser Befund über die «wahre Seelenlage der Region» herzlich wenig aus. Rumort die Unruhe unter der Oberfläche nicht weiter? Und wenn die Seele denn tatsächlich die Ruhe wieder fand: Warum?
Matter versuchte zwar, etwas tiefer zu schürfen, traute sich jedoch (noch) kein abschliessendes Urteil zu: Ob wiedergefundenes Vertrauen, Gleichgültigkeit, Verdrängung oder das Bewusstsein einer Chance zum Umdenken vorherrsche, sei schwer zu fassen.
Lässt sich heute – im vierten Jahr nach Schweizerhalle – über die ‹wahre Seelenlage der Region› etwas Genaueres sagen? Zunächst soll Matters eigenen Mutmassungen nachgespürt werden.

Wiedergewonnenes Vertrauen?

Hat ‹die Wirtschaft› das Vertrauen der Bevölkerung inzwischen wiedergewonnen? Oder vertrauen die Menschen zumindest der Wachsamkeit der inzwischen personell aufgestockten Kontrollbehörden?
Die zahlreichen Einsprachen und Rekurse, die heute gegen jedes neue Grossvorhaben in der Region eingelegt werden – auch und nicht zuletzt mit dem Argument der ungenügenden Sicherheit –, lassen solches Vertrauen jedenfalls nicht erkennen, im Gegenteil: Soweit ich die Eingaben überblicke (bei mehreren tausend Seiten kein leichtes Unterfangen), spricht daraus oft ein abgrundtiefes Misstrauen gegen die Bauherrschaft und die Kontrollbehörden.

Gleichgültigkeit?

Gegen das anfangs 1988 aufgelegte Baugesuch für den in Kleinbasel geplanten Sondermüllofen gingen über 450 Einsprachen ein, darunter solche von Organisationen mit zum Teil Hunderten von Mitgliedern und von politischen Gemeinden. Und als zwei Jahre später das Projekt für eine biotechnische Produktionsanlage öffentlich bekannt wurde, erhoben über 50 Organisationen, (Grossrats-)Parteien und Einzelpersonen dagegen Einspruch. In beiden Fällen argumentierte die Gegnerschaft auch – und nicht zuletzt – mit der ungenügenden Sicherheit der Projekte. (Weitere Beispiele liessen sich zuhauf anführen.)
Solch eine Flut von Einsprachen lässt auf allerhand schliessen, bloss nicht auf Gleichgültigkeit!

Verdrängung?

Hat die Bevölkerung das in der Brandnacht gewonnene Bewusstsein einer ‹Risikogesellschaft›[2] inzwischen wieder verdrängt?
Auch dagegen spricht zunächst die bereits erwähnte Opposition gegenüber neuen Grossprojekten. Vor allem aber verträgt sich diese These nicht mit dem grossen Engagement, mit welchem seither an einer Vielzahl (durchwegs gut besuchter!) Veranstaltungen in der Region um Szenarien für unsere gemeinsame Zukunft gerungen worden ist, wobei es immer auch um die Einstellung zur ‹Risikogesellschaft› ging. Stellvertretend seien hier für das Jahr 1989 die beiden mehrtägigen Zukunfts-Werkstätten des ‹Basler Regio Forums› und die Leuenberg-

Tagung zum Thema ‹Umweltschutz: Von Zielen zu Massnahmen› genannt.

Gewiss: Wenn ein neues Risikopotential bekannt wird (jüngstes Beispiel: die Gentechnologie), verdrängt es die Auseinandersetzung um die ‹klassischen› Gefahrenherde vorübergehend aus den Schlagzeilen. Daraus abzuleiten, dass die Diskussion um die jeweils älteren Risiken überhaupt erledigt sei, lässt die Alltagserfahrung der Bewilligungsbehörden allerdings nicht zu: In den Rekursen findet sich das neue Risiko vielmehr als zusätzliches Argument gegen das zu beurteilende Projekt.

Katastrophe als Chance zum Umdenken?

War die Katastrophe von Schweizerhalle «die schlagende Umkehrung eines Wunders»[3] in dem Sinne, als in einer einzigen Nacht all jene das Fühlen lernten, die zuvor nicht hören wollten?

Der Menschheit zu ihrer moralischen Gesundung Weltuntergang in homöopathischen Dosen zu verschreiben, ist meines Erachtens schlicht zynisch, denn Hand aufs Herz: Welcher Mensch, der solche Therapie empfiehlt, hofft nicht insgeheim, die Katastrophe treffe schon die ‹Richtigen› und meint damit im Klartext ‹die anderen›. So war Schillers Wort vom ‹braven Mann›, der an sich selbst zuletzt denkt, doch wohl nicht gemeint...

Das Sprichwort hat gewiss recht, wenn es dem Menschen Klugheit durch Schaden verspricht. Unklug ist es hingegen, die individuell höchst wirksame Lernerfahrung durch Schaden unbesehen auf die Menschheit als Kollektiv zu übertragen. Wer erwartet hatte, die Brandnacht vom 1. November 1986 werde sich der Bevölkerung gleichsam als «Warnschmerz ins Nervensystem eingravieren»[4], wurde zwangsläufig enttäuscht:

• ‹Die Menschheit› ist kein Subjekt, sondern ein Aggregat. Sie hat denn auch keinen (eigenen) Leib, an dem sie etwas lernen könnte. Ihr ‹Leib› – so man will – ist die ihr anvertraute Erde, die nun freilich durch Schaden «nicht klug wird, sondern sich in eine Wüste verwandelt. An diesem Tatbestand scheitert das klassische Modell des Lernens aus Schaden.»[5]

• Aber auch die Katastrophe selber müsste einem bestimmten Subjekt zugeordnet werden können, wenn sie als Stimulus für das Umdenken soll dienen können. In der Risikogesellschaft sind indes die Grenzen zwischen Täterschaft und Opfer bis hin zur «organisierten Unverantwortlichkeit»[6] verschwommen.

Entscheidend ist mithin die Frage, wie sich der Lernerfolg eines einzelnen Menschen in die sozialen Institutionen und in die technischen Systeme einbauen lässt. Dafür reicht das Erlebnis einer Katastrophe nicht aus: «Nur Individuen können weise sein, Institutionen sind im günstigsten Fall gut konzipiert.»[7] Schliesslich fliesst aus einem Mehr an Weisheit der Individuen die bessere Konzeption der Institutionen mitnichten automatisch; die ‹Tansmission› muss immer erst politisch erstritten werden (und kann dabei gar manchen Verlust erleiden).

Vom Protest zum politischen Risikodialog

Soviel zu den Mutmassungen Martin Matters über die «wahre Seelenlage der Region» nach Schweizerhalle. Was aber, wenn meine Einwände dagegen stichhaltig wären?

Mein eigener Erklärungsversuch lautet wie folgt: Der Protest hat sich keineswegs gelegt, sondern sich auf eine andere Ebene verlegt. Die Bewegung zieht heute nicht mehr durch die Strassen der Stadt, sondern befindet sich auf dem ‹langen Marsch durch die Institutionen› des politischen Systems Basel-Stadt. Dort klagt sie mit allen Mitteln, die der Rechtsstaat dazu anbietet, ihre Forderung nach einem Risikodialog ein und deponiert ihre Argumente.

Diese Verlagerung wurde möglich, weil die Menschen die in der Brandnacht durchlebten Emotionen inzwischen ‹rationalisiert› haben: Der Verstand forschte nach den Gründen für die ausgestandenen Ängste und wurde fündig. Was die Menschen dabei als Ursache dingfest machten, ergab die Basis für sachliche Argumente und damit das Rüstzeug für den politisch wirksamen Dialog. Der Protest ist also keineswegs verstummt, im Gegenteil: Er hat seine Sprache eben erst gefunden!

Wer definiert das ‹akzeptable Restrisiko›?

Die Menschen in unserer Region erkannten, wie wichtig es ist, sich in der Sprache auszukennen, in der über die Verteilung von Risiken verhandelt wird. Sie kamen damit den Wertungen auf die Spur, die hinter den gängigen Begriffen stecken, verglichen sie mit ihren eigenen Werthaltungen und verschafften sich damit überhaupt erst die Möglichkeit, gezielt Kritik formulieren zu können.

Als besonders dankbares Objekt für eine solche Analyse erwies sich der für die gesamte Sicherheitsdebatte grundlegende Begriff des ‹akzeptablen Restrisikos›:

• Nach einer weit verbreiteten Auffassung wird das akzeptable Risiko durch den jeweils letzten Stand der Sicherheitstechnik bestimmt. Welchen volkswirtschaftlichen Nutzen eine gefährliche Tätigkeit abwirft, interessiert bei dieser Betrachtung ebensowenig wie das Ausmass des Schadens im Störfall, denn es geht ihr nicht um eine Abwägung zwischen diesen beiden Grössen. Die grundlegende Wertentscheidung lautet vielmehr: Ganz gleich wie gering der Nutzen oder wie gravierend die Gefahr – die Anforderungen an die Sicherheit bestimmt allein der Stand der Technik. Er lässt sich häufig in den aktuellen sicherheitstechnischen Richtlinien nachschlagen, die sich eine bestimmte Branche in Wahrnehmung ihrer Eigenverantwortung selber auferlegt hat.

• Seit Schweizerhalle – so mein Eindruck – kritisieren viele Menschen diesen Ansatz als ‹technokratisch› und stellen ihm andere Konzeptionen gegenüber. Sie postulieren beispielsweise, dass ein Restrisiko nur dann als tragbar ausgegeben werden dürfe, wenn der Nutzen der risikobehafteten Tätigkeit den möglichen Schaden bei einem Störfall überwiege. Damit stellt sich zwangsläufig die Frage, wem diese Güterabwägung zukommen soll. Wenn wir unterstellen, dass über die Gewichtung der sich widerstreitenden Interessen in einem demokratischen Verfahren entschieden wird, so dürfen wir diese Konzeption wohl auch als ‹demokratisch› etikettieren.

Diese zwei Konzeptionen wurden hier mit Bedacht herausgegriffen: Sie dürften ungefähr die beiden Extreme widerspiegeln, die sich im aktuellen politischen Risikodialog begegnen.

Zwischenhalt

Noch ist keineswegs ausgemacht, welche Haltung im politischen Kampf um die ‹Definitionsmacht› obsiegen wird: Die Auseinandersetzung hat gerade erst begonnen.

Eines scheint mir schon heute gewiss: Seit dem 1. November 1986 lässt es die Bevölkerung in unserer Region nicht mehr zu, dass über grundlegende Wertungsfragen beim Umgang mit Risiken, die uns alle betreffen, unter Ausschluss der Öffentlichkeit verhandelt wird. Entschieden an Definitionsmacht eingebüsst hat der enge Kreis der Mitglieder einer Sicherheitswissenschaft, die primär technisch orientiert ist.

Wenn diese Einschätzung stimmt, so hat die Basler Bevölkerung seit der Brandnacht von Schweizerhalle ihre demokratische Kompetenz entscheidend vergrössert. Nur wer diese politische Leistung geringschätzt, kann darüber lamentieren, dass mittlerweile die «Handlungsbereitschaft und sogar die Betroffenheit abgeklungen» seien[8]. Mag sein, dass auf der Strasse ‹nichts mehr los› ist – in den Institutionen des politischen Systems Basel-Stadt verläuft der Risikodialog dafür um so spannender! Waren solche Gewichtsverlagerungen nicht schon immer das erklärte Ziel jenes Experiments, das sich Demokratie nennt?

Anmerkungen/Quellenangaben

1 Matter, Martin: Schweizerhalle: «Nur e Bitzli…?», in: Basler Stadtbuch 1987, Basel 1988 S. 9ff.

2 Beck, Ulrich: Risikogesellschaft, Frankfurt a. M. 1986: «Während in der Industriegesellschaft die ‹Logik› der Reichtumsproduktion die ‹Logik› der Risikoproduktion dominiert, schlägt in der Risikogesellschaft dieses Verhältnis um.» (S. 17)

3 Sloterdijk, Peter: Eurotaoismus, Frankfurt a. M. 1989, S. 109.

4 Sloterdijk, Peter: a. a. O., S. 115. Ich verdanke diesem Autor nicht nur diese drastische Formulierung; seine Gedanken zum Thema «Wieviel Katastrophe braucht der Mensch?» [und seine Antwort: gar keine!] liefern auch das Gerüst der folgenden Argumentationskette.

5 Sloterdijk, Peter: a. a. O., S. 117.

6 Vgl. Beck, Ulrich: Gegengifte – die organisierte Unverantwortlichkeit, Frankfurt a. M. 1988. Der Autor hält fest, dass die Justiz erst dann eingreifen könne, wenn «das traditionelle Relikt eines ‹Einzeltäters› dingfest gemacht wurde. Das ist eine Spezies, die in der legalisierten Internationale des Schad- und Giftstoffverkehrs allerdings auch ausgestorben ist.» (S. 11)

7 Sloterdijk, Peter: a. a. O., S. 117.

8 Vgl. Ruegsegger, Ruedi: Ist Ökologie in der Schule lernbar/lehrbar?, in: Criblez, Lucien/Genon, Philipp (Hrsg.): Ist Ökologie lehrbar?, Bern 1989, S. 110. Der Autor führt seine Klage über die angeblich wieder eingeschlafene Betroffenheit nach Schweizerhalle mit einer Verve, als wünsche er der Bevölkerung aus ‹didaktischen› Gründen periodisch weitere Chemiekatastrophen an den Hals. Der Zumutung einer derart morbiden Pädagogik erlaube ich mir, ein höfliches «Nein danke!» entgegenzustellen.

Kurt Wyss

Unbefugtes Gestalten

Ein Photoessay über Mitteilungen im öffentlichen Raum

Niemand scheint sie zu mögen – und doch sind sie seit einigen Jahren ein unübersehbarer Teil des alltäglichen Erscheinungsbildes auch unserer Stadt: die Sprayereien an allen möglichen und unmöglichen Orten. Diese ungeliebten ‹Werke› sind so verschieden wie ihre anonymen Urheber. Von immer wiederkehrenden Markierungen, die einfach ausdrücken «Ich spraye, also bin ich!», über politische Slogans bis zu Manifestationen von Schülerfrust ist alles anzutreffen. Man fragt sich: Sind das Kommunikationsversuche von Unzufriedenen, Schlagzeilen von Sprachlosen? In vielen Fällen sicher, doch darüber hinaus gibt es unter den Sprayern Chaoten und Schmierer ebenso wie Künstler und Poeten. Sie teilen sich auf schriftdeutsch und englisch, vereinzelt auch auf türkisch mit. Merkwürdigerweise gibt es nur ganz selten eine in Dialekt formulierte Spraybotschaft. Das Phänomen dieser Ge- und Verunstaltungen verfolge ich schon seit Jahren, scheint es mir doch ein anschaulicher Indikator unserer gesellschaftlichen Situation zu sein.

1 Selbstbildnis (?) eines Sprayers, gefunden am Gemsberg.

2 Kommentar zur Konsumwelt an einer Wand der Mustermesse.

Wandzeichnungen sind älter als Spraydosen

3 Gemalter ‹Manoggel› an einer Türe im Imbergässlein.

4 Herz und Schmerz beim St. Alban-Tor.

5 ‹Pflutte› am Andreasplatz.

6 Bevor das alte Stadttheater abgebrochen wurde, erhielt dessen Hinterfassade diese mit Pinsel gemalte und von den Urhebern signierte (!) Botschaft.

7+8 Sprayslogans widerspiegeln politische Ereignisse wie das Attentat auf Rudi Dutschke (an einer Türe im Imbergässlein) oder die Aktionen der deutschen Terrorszene (am St. Johanns-Tor).

9+10 In der Walpurgisnacht 1978 wurden die Feministinnen aktiv (links im Imbergässlein, rechts am Schlüsselberg).

3

4

5

6

7

8

9

10

Die Künstler und ihre Nacheiferer

11 Als der ‹Sprayer von Zürich› im Frühling 1979 Zürichs Betonwände ‹ver(un)zierte›, wurde das als Sachbeschädigung beurteilt, und der Künstler Harald Nägeli musste deswegen eine Gefängnisstrafe absitzen.

12 Während der ART '84 malte der New Yorker Künstler Richard Hambleton schwarze Männer an Basels Wände. Unser Beispiel befand sich am Nadelberg.

13 Die Vorlage zu diesem Schablonen-Spraybild, hier am Heuberg, ist ein bekannter japanischer Holzschnitt aus dem 19. Jahrhundert.

14 Begegnung am Gemsberg.

15 Gestaltete Betonwände entlang der Einfahrtgeleise zum Bahnhof SBB.

14

15

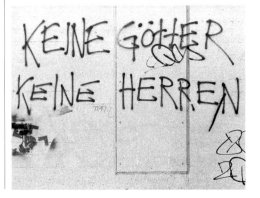

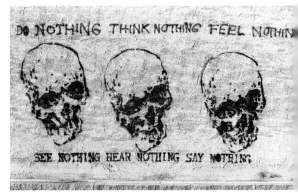

Carl Fingerhuth

Acht Jahre ‹Masterplan Bahnhof SBB Basel›

1982 diskutierte der Grosse Rat des Kantons Basel-Stadt verschiedene Linienführungen für den Anschluss des städtischen Strassennetzes an die Nationalstrasse im Raum des Bahnhofs SBB Basel. Um eine umfassende Beurteilung möglich zu machen, wurde verlangt, dass dieses Vorhaben im Rahmen eines ‹Masterplanes› behandelt werde. Der Plan sollte zeigen, wie unter Berücksichtigung der stadtplanerischen, finanziellen, rechtlichen und terminlichen Belange der Bahnhof zu einer ‹Verkehrsdrehscheibe› ausgebaut werden könnte. Im speziellen waren die Möglichkeiten der Einführung der Vorortslinien zum Bahnhof darzustellen. Gleichzeitig war zu prüfen, wie das Gebiet des Bahnhofs in Erweiterung der City als ‹Dienstleistungszentrum› entwickelt werden könnte.

Der politische Ablauf

1983 wurde mit einer Volksabstimmung ein Kredit für die Bearbeitung dieser Aufgabe genehmigt.
1986 genehmigten die Regierungsräte der Kantone Basel-Stadt und Basel-Landschaft sowie die Generaldirektionen der PTT und der SBB den ‹Masterplan Bahnhof SBB Basel, Konzept 86› als Grundlage für alle weiteren Projektierungen im Gebiet des Bahnhofs.
1987 haben die Stimmberechtigten des Kantons Basel-Stadt den mit dem Konzept 86 beantragten und vom Grossen Rat bewilligten Projektierungskredit gutgeheissen. Gleichzeitig wurde der Einzonung des heute noch für das Eilgut der französischen Staatsbahnen benutzten Areales für den Bau eines Bürogebäudes zugestimmt.
Seit 1988 wird intensiv an den verschiedenen Projekten gearbeitet, die Bestandteile des Konzeptes 86 bilden.

1990 erfolgte durch den Grossen Rat die Einzonung des SBB-Areales längs der Nauenstrasse, das gegenwärtig noch durch die Anlagen des Eilgutes und durch das Lokomotivendepot der SBB belegt ist.

Der Inhalt des Konzeptes 86

Mit der ‹Verkehrsdrehscheibe› werden die folgenden Ziele verfolgt:
• Durch die Einführung regionaler Tramlinien aus dem Leimental und dem Birstal soll die Verknüpfung Tram-SBB verbessert werden.
• Durch den Bau einer neuen Zufahrt auf der Südseite soll die Erreichbarkeit des Bahnhofs für den Individualverkehr verbessert und das Gundeldingerquartier von Durchgangsverkehr entlastet werden.
• Der Centralbahnplatz soll zu Gunsten der Fussgänger und der Velofahrer umgebaut und gleichzeitig als Eingangstor zu Basel attraktiver gestaltet werden.
• Für die Ausbaupläne der PTT und der SBB sollen günstige Voraussetzungen geschaffen werden. Dies betrifft im speziellen den Bau der zusätzlich nötigen Perronanlagen, die attraktivere Führung der Fussgänger im Bahnhofbereich sowie den Bau des neuen Postbahnhofes.

Mit der Förderung des Gebietes des Bahnhofs SBB Basel als ‹Dienstleistungszentrum› soll ein Cityerweiterungsgebiet möglich gemacht werden, das,
• keine Wohngebiete zerstört,
• durch den öffentlichen Verkehr möglichst gut erschlossen ist und
• der Wirtschaft attraktive Standorte anbietet.

Auf den frei werdenden Arealen der SBB kann Raum für ca. 4000 Arbeitsplätze geschaffen werden.

Basel und der Bahnhof SBB.

Centralbahnplatz.

Der Masterplan als Teil der städtischen Raumplanungspolitik

Der Masterplan steht in Zusammenhang mit drei wichtigen Zielen der kantonalen Raumplanungspolitik:
- der Erhaltung der Wirtschaftskraft der Stadt,
- der Förderung der Wohnqualität und
- der Verbesserung der Umweltbedingungen.

Indem im Gebiet des Bahnhofs SBB Basel die Leistungsfähigkeit der öffentlichen Verkehrsmittel erhöht und Raum für Arbeitsplätze geschaffen wird, kann zu allen drei Zielen ein wichtiger Beitrag geleistet werden. Jeder neue Arbeitsplatz am Bahnhof führt zu einer Abnahme des Druckes der City auf die angrenzenden Wohnquartiere. Diese Arbeitsplätze liegen dann auch dort in der Stadt, wo die Erschliessung durch die öffentlichen Verkehrsmittel am dichtesten ist. So wird der Anreiz erhöht, diese an Stelle des die Umwelt mehr belastenden privaten Automobils zu benutzen. Gleichzeitig entstehen für die Wirtschaft attraktive Geschäftslagen, welche dazu beitragen, vorhandene Betriebe in der Stadt zu erhalten oder neue wertschöpfungsintensive Firmen zu ermuntern, nach Basel zu ziehen. Wichtig ist dabei, Stadtplanung nicht nur als eine Methode zur Verhinderung von Fehlentwicklungen zu verstehen, sondern mit aktiven Massnahmen wünschbare Entwicklungen zu fördern.

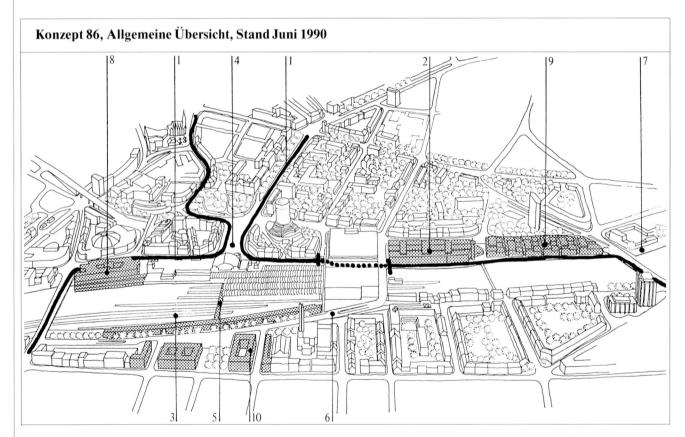

Konzept 86, Allgemeine Übersicht, Stand Juni 1990

‹Verkehrsdrehscheibe›
1 oberirdische Einführung der Vorortslinien
2 neuer Postbahnhof
3 Ausbau des Personenbahnhofes
4 Umbau des Centralbahnplatzes
5 neue Fussgängerführung Centralbahnplatz–Gundeldingerquartier
   Massnahmen zu Gunsten Fussgänger und Velofahrer
6 Umfahrungsstrasse für das Gundeldingerquartier und Erschliessung des Bahnhofs auf der Südseite
7 N2-Zubringer Gellertdreieck

‹Dienstleistungszentrum›
mit den Standorten für Bürobauten
8 SNCF-Areal
9 Nauenstrasse
10 Gundeldingerquartier

△
Überbauung SNCF-Areal, Projektwettbewerb 1990; 1. Preis und Auftrag zur Weiterbearbeitung: Architekten Herzog und de Meuron, Basel.

Überbauung Nauenstrasse, Vorprojekt 1990, Architekten Bürgin + Nissen und Zwimpfer Partner, Basel.
▽

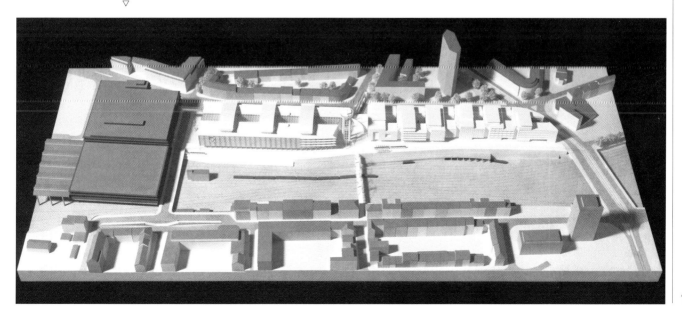

Dies kann exemplarisch am Beispiel des Gundeldingerquartiers gezeigt werden. Seit Jahrzehnten verändert sich die ‹Arbeitsstadt› Basel in einem raschen Tempo. Ständig werden industrielle und gewerbliche Arbeitsplätze aufgegeben, und es entstehen neue Arbeitsplätze im Bereich der Dienstleistungen. Sie gruppieren sich in Betrieben mit ganz anderen Standortanforderungen. Viele Firmen möchten sich möglichst in der Nähe der City ansiedeln und von den relativ niedrigen Mietzinsen in Altbauten profitieren. Die Wohnquartiere der Jahrhundertwende am Rand der historischen Innenstadt wurden zu begehrten Bürostandorten. Über das Instrument des ‹Wohnanteilplans›, mit dem Zweckänderungen von Wohnflächen zu Gunsten von Büros verboten wurde, hat die Stadtplanung versucht, diesem für die Wohnqualität negativen Trend Einhalt zu gebieten. Der erste dieser Wohnanteilpläne wurde vor einigen Jahren für das Gundeldingerquartier in Kraft gesetzt. Indem nun durch den Masterplan versucht wird, nicht nur vorhandene Wohnsubstanz zu schützen, sondern auch die Nachfrage nach Bürofläche umzulenken, werden die Bemühungen um die Erhaltung der Wohnqualität des Gundeldingerquartiers wesentlich unterstützt.

Wichtig scheint dabei auch immer wieder, zu zeigen, dass der Masterplan nicht die Ursache der raschen Veränderungen im Bereich des

Bahnhofs ist. Diese haben lange vorher eingesetzt und sind Symptome der grossen Nachfrage nach Bürofläche im Raum Basel. Der Masterplan versucht im Gegenteil diese Entwicklung so zu ordnen und zu steuern, dass sich möglichst viele positive und möglichst wenige negative Wirkungen aus dieser Situation ergeben. Seine Massnahmen beziehen sich so auch nur auf Areale der SBB und der PTT sowie auf öffentliche Verkehrsflächen.

Die ersten Resultate des Masterplans

Die Vorbereitung der baulichen Massnahmen für die ‹Verkehrsdrehscheibe› ist eine äusserst komplizierte und komplexe Aufgabe. Die Projekte liegen in bereits dicht überbauten und intensiv genutzten Gebieten. Sie können auch nicht unabhängig voneinander behandelt werden, da sie betrieblich und baulich eng miteinander verflochten sind. Unter der Leitung von ausserhalb der Verwaltung stehenden Fachleuten wurde eine Projektorganisation geschaffen, die mit den Instanzen der Kantone Basel-Stadt und Basel-Landschaft sowie der PTT und der SBB die entsprechenden Kreditvorlagen vorbereiten.

1990 wurde neben der schon erwähnten Einzonung des Areales der SBB an der Nauenstrasse dem Grossen Rat das Kreditbegehren für den Neubau der Münchensteinerbrücke unterbreitet.

Für 1991 kann mit folgenden weiteren Schritten gerechnet werden:
Dem Grossen Rat des Kantons Basel-Stadt soll die Vorlage zum Centralbahnparking und der unterirdischen Bahnhofvorfahrt unterbreitet werden. Mit dem vorgesehenen Beginn der Bauarbeiten für die Verlegung des Lokomotivendepots der SBB wird der Weg frei für die entscheidenden Elemente des Masterplanes: die oberirdische Einführung der Vorortslinien aus dem Birstal und den Postbahnhof als Voraussetzung für die Realisierung der zusätzlichen Perronanlagen auf der Gundeldinger-Seite des Bahnhofes. Nach dem Bau des Postbahnhofes kann mit der Überbauung an der Nauenstrasse ein weiteres grosses Element des vorgesehenen Dienstleistungszentrums entstehen. Ferner kann angenommen werden, dass 1991 durch die SBB das Baugesuch für die Überbauung des SNCF-Areals eingereicht wird.

Nach 1991 wird die nächste grosse Etappe die Kreditvorlage für den Bau der oberirdischen Einführung der Vorortslinien und der Gundeldingerumfahrung bilden.

Jahrzehntelang war die vom Stadtzentrum weit entfernte Lage des Centralbahnhofes für die Entwicklung von Basel eine Belastung. Mit speziell gestalteten Kandelabern musste dem auswärtigen Besucher der Weg in die Stadt gewiesen werden. Die sorgfältige und intensive Neugestaltung des Bahnhofbereiches im Rahmen des Masterplanes lässt dieses Gebiet jetzt zu einem wichtigen Bestandteil der Innenstadt von Basel werden. Die blauen Kandelaber werden dann nicht mehr Wegweiser, sondern Merkmal der City von Basel sein.

Christian J. Haefliger

Die Regio-S-Bahn

Ein europäisches Pilotprojekt am Rheinknie

Alle reden heute von Europa und nicht wenige in dieser Grenzregion vom ‹Regio-Gedanken›. Als man freilich solches noch nicht im Munde führte (führen musste), weil es noch schlicht praktizierter Alltag war – also in der Zeit vor dem Ersten Weltkrieg –, da wurde auf Basler Boden der stolze Badische Bahnhof für den deutschen Eisenbahnverkehr gebaut. Indes nicht nur Eisenbahn-, sondern auch Trambahnschienen wurden zu jener Zeit im Dreiländereck munter über die Staatsgrenzen gelegt: aus der Stadt ins badische Lörrach und in die elsässischen Nachbargemeinden Huningue und Saint-Louis. Sogar für die über Agrarland führende Birsigtalbahn wurde eine ‹internationale› Streckenführung über das französische Leymen ins solothurnische Rodersdorf gewählt, die noch heute von der BLT ohne Zollprobleme, dafür aber seit kurzem im Tarifverbund mit der ganzen Nordwestschweiz befahren wird.

Die Rückentwicklung

Doch die beiden Weltkriege führten zu erheblichen Behinderungen der grenzüberschreitenden öffentlichen Verkehrsverbindungen. Das Schienennetz wurde nur noch unter nationalen Gesichtspunkten ausgebaut, die Strassenbahnen mussten fortan vor den Schlagbäumen wenden. Die Vernachlässigung des Schienenverkehrs zugunsten eines forcierten Ausbaus des Autobahn- und Hauptstrassennetzes in den sechziger und siebziger Jahren ist denn auch nicht ohne Folgen geblieben. Tramschienen wurden ab Grenze kurzerhand herausgerissen, und auf den immer noch vorhandenen Eisenbahnschienen rollen sehr viel weniger Nahverkehrszüge über die Grenzen, als dies vom Streckenangebot her möglich wäre. Auf der neuerdings sehr gut ausgebauten Verbindungsstrecke zwischen Badischem und Bundesbahnhof in Basel fährt seit Jahr und Tag kein einziger Regionalzug. Hingegen treffen immerhin die deutschen Nahverkehrszüge aus drei Richtungen im exterritorialen Badischen Bahnhof sowie die Pendlerzüge aus Richtung Mulhouse im ebenso exterritorialen Elsässer-Bahnhof ein, der bekanntlich dem Basler Centralbahnhof angegliedert ist. Dieses Minimalangebot ist freilich weder aufeinander abgestimmt noch miteinander verknüpft, und schon gar nicht in einen gemeinsamen Tarifverbund mit den übrigen Trägern des öffentlichen Nahverkehrs eingebunden.

So wurden denn die öffentlichen Verkehrsmittel dieser Grenzregion bis in die siebziger Jahre mehr ab- als ausgebaut, obwohl die wirtschaftliche Nachkriegsentwicklung dazu beigetragen hat, dass sich die einstmals voneinander getrennten Städte und Dörfer am Dreiländereck zu einer einzigen städtischen Agglomeration mit über 500 000 Einwohnern verdichtet haben.

Der Regio-Gedanke als Neubeginn

Aber schon in den frühen sechziger Jahren begann im zusehends grenzumschnürten Basel die Idee zu keimen, auf den praktizierten europäischen Alltag des Jahrhundertanfangs zurückzukommen, indem auch für einen derart zusammengewürfelten Lebensraum Lösungen gesucht werden, die in vergleichbaren Binnenräumen (wie beispielsweise im Kanton Zürich) als selbstverständlich gelten.

Mit der Zauberformel ‹Regionaler Lastenausgleich und grenzüberschreitende Zusammenarbeit auf Partnerschaftsbasis› versuchte die Vereinigung ‹Regio Basiliensis› in dieser Richtung zu wirken. Aus deren Bemühungen und mit Hilfe weiterer Partner in allen drei Ländern entstanden im Lauf der Jahre regelmässig tagende, offizielle Gremien wie die Deutsch-französisch-schweizerische Regierungskommission und deren Dreiseitiger Regionalausschuss (Comité Tripartite). Doch wo immer seither Resultate und Erfolge zu verzeichnen sind: Es waren und sind nicht die Institutionen, sondern einzelne Persönlichkeiten, die in günstiger Konstellation zueinander und über ihre Berufsfunktion hinaus, vom Regio-Gedanken beseelt, zu Lösungen beigetragen haben.

Als beispielsweise im Mai 1977 das Zweite Deutsche Fernsehen im Anschluss an ein buntes Regio-Volksfest von einer «Weltpremière» sprach, bezog sich dies auf die erstmalige Herausgabe des seither bestens eingeführten Regio-Fahrplans. In der Tat vereinigt diese einer gemischten Arbeitsgruppe von Begeisterten entsprungene Dienstleistung sämtliche Tram-, Bus- und Eisenbahnlinien unseres Dreiländerraums, als ob es sich um eine geschlossene Binnenregion handelte.

Das waren notwendige Vorleistungen und klimatische Voraussetzungen für weitere Schritte – zunächst über die Grenzen der fünf nordwestschweizerischen Kantone hinweg: Pionierhaft wurde in den letzten Jahren der weitläufigste Tarifverbund des Landes ausgebaut. Dieser TNW und die Schaffung des bereits legendären Umweltschutz-Abonnements dürfen wohl als handfester Ausdruck dieses neueren Partnerschaftsgeistes angesehen werden, dem auch zu verdanken ist, dass neuerdings sogar Buslinien von deutschen und französischen Unternehmern auf baselstädtisches Territorium gelegt wurden und TNW-konform betrieben werden.

Die verborgenen Stärken des Eisenbahnnetzes

So war denn endlich der Boden mentalitätsmässig so weit aufbereitet, dass auch der Nachholbedarf beim Eisenbahn-Nahverkehr allmählich erkannt wurde. Während vergleichbare Ballungsräume aus verkehrs- und umweltpolitischen Gründen längst ihre S-Bahn-Projekte zu realisieren begannen, musste in unserem komplizierten Dreiländereck mit Blick auf die zunehmenden Pendlerströme erstmal Überzeugungsarbeit geleistet werden. Die Ausgangslage war einfach: Das bestehende, aber unternutzte Eisenbahnnetz musste nur als regionale Einheit begriffen werden. In Ergänzung zum Mittelverteilernetz der Vorort-Trambahnen mussten also bloss die zusätzlichen Möglichkeiten des Grobverteilernetzes ausfindig und plausibel gemacht werden. Und siehe da, die vorhandene Schieneninfrastruktur erwies sich als nahezu optimal, es bräuchte nur ein grenzüberschreitendes Betriebskonzept.

So zeigt denn unsere erste Abbildung mit der Gegenüberstellung von Ist- und Soll-Zustand, wie Angebotsverbesserungen im Regionalverkehr durch eine Verknüpfung der Netze erreicht werden könnten. Zentrale Massnahme wäre die Einrichtung einer DB/SBB/SNCF-Gemeinschaftslinie im Taktfahrplan und mit teils neuen Stationen auf der Strecke Wiesental – Riehen – Bahnhof SBB – St. Louis – Mulhouse. Weitere Massnahmen wären Fahrplananpassungen für die übrigen Bahnlinien, Einheitstarif, regionale Park-and-Ride-Anlagen für umsteigende Autopendler (bei gleichzeitiger Drosselung des städtischen Parkraumangebots) sowie der Ausbau des Bahnhofs SBB zur Drehscheibe des öffentlichen Verkehrs gemäss ‹Masterplan›.

Mit einem solchen Massnahmenbündel würde nicht nur die Attraktivität des Gesamtsystems aller öffentlichen Verkehrsmittel entscheidend erhöht, sondern auch der Anreiz zum umweltgerechten Umsteigen erheblich gesteigert.

Die Wende zur integralen Regio-S-Bahn

Jetzt waren die drei Staatsbahnen zu gewinnen. Ein schwieriges Unterfangen, wenn man bedenkt, dass den Bahnen jeglicher Nahverkehr – im Gegensatz zum kommerziell interessanten Fernverkehr – überall nur rote Zahlen bringt. Doch der von den Regio-Partnern gemeinsam erarbeitete Argumentekatalog und die Grenzpendlerstatistiken erlaubten den herbeigerufenen Bahnvertretern aus Bern, Karlsruhe und Strassburg, im Rahmen der offiziellen Regio-Gremien zunächst ein zögerliches Einschwenken. In der Folge wurde die Projektidee der Durchmesserlinie im Gemeinschaftsbetrieb durch computergestützte Simulationsstudien betreffend Passagieraufkommen und Fahrplanverdichtung gewissermassen auf Herz und Nieren geprüft.

Daraufhin geschah das ‹Weihnachtswunder› von 1985: Die Staatsbahnen entwickelten plötzlich Eigeninitiative, setzten eine gemeinsame Arbeitsgruppe ein und überraschten die

Grob- und Mittelverteiler: Netz-Angebot 1985

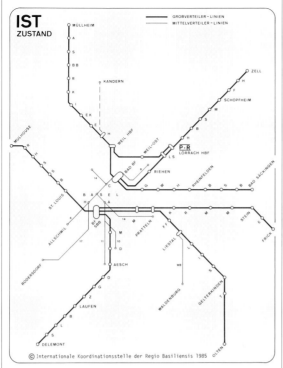

Angebotsverbesserung durch Netz-Verknüpfung

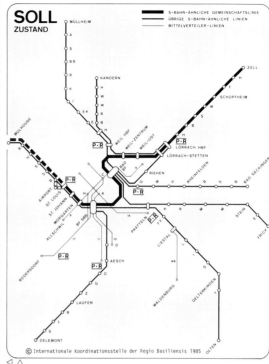

Vor dem ‹Weihnachtswunder› 1985: die Regio-Vorstellungen einer Angebotsverbesserung Ist-Soll-Zustand mit DB/SBB/SNCF-Gemeinschaftslinie, Park-and-Ride-Anlagen und Masterplan-Tram-Verknüpfung am Basler Bahnhof SBB.

regionalen Bittsteller mit einem viel weiter gehenden Konzept, welches sie unter dem Titel ‹Regio-S-Bahn› und unter Federführung der SBB für das gesamte Regionalnetz nunmehr selbst an die Hand zu nehmen gewillt waren. Ausgehend von den Voraussetzungen, dass die Neubaustrecken für den schnellen Fernverkehr zwischen Offenburg und Basel sowie zwischen Muttenz und Olten, die Doppelspur auf der deutschen Hochrheinstrecke nach Waldshut, der Masterplan Bahnhof Basel SBB und schliesslich Gleisanpassungen im Badischen Bahnhof realisiert werden, enthält die Pilotvariante der bahnseits offerierten S-Bahn-Konzeption folgendes Liniennetz:

S 1 Mulhouse – Basel SBB – Laufen – Delémont
S 2 Basel St. Johann – Muttenz – Liestal – Olten
S 3 Weil a. Rh. – Schweizerhalle – Liestal – Olten
S 4 Mulhouse – Basel SBB – Schweizerhalle – Frick/Laufenburg
S 5 Weil a. Rh. – Muttenz – Rheinfelden – Frick
S 6 Müllheim – Basel Bad – Bad Säckingen – Waldshut
S 7 Zell – Riehen – Basel Bad – Basel SBB – Basel St. Johann
S 8 Lörrach – Weil a. Rh. – Efringen-Kirchen

Hierbei soll der Grundrhythmus ein 30-Minuten-Takt sein, also eine Verdoppelung des normalen Regionalzug-Angebots. Bei mehreren Linien auf der gleichen Strecke ergibt sich natürlich eine entsprechende Verdichtung der Zugsfolge, was beispielsweise zwischen St. Johann und Centralbahnhof auf einen 10-Minuten-Takt hinausläuft. Überdies wird für die Spitzenzeiten an zusätzliche Einsatzlinien gedacht.

Der beschwerliche Weg zur Verwirklichung

Schon im Mai 1986 wurde die beschriebene Pilotvariante den badisch-elsässisch-nordwestschweizerischen Behördenvertretern im Comité Tripartite und somit auch der Öffentlichkeit präsentiert. Seither sind die potentiellen ‹Besteller› der interessierten Grenzregion aufgerufen, das ‹Weihnachtsgeschenk› der Bahnen zu würdigen, d.h. zur Pilotvariante Stellung zu nehmen und sich hernach auf eine gemeinsame Finanzierungsbasis zu einigen.

Was allerdings in Zürich Sache eines einzigen Kantons war, ist und wird in der Regio ein Hürdenlauf kleineuropäischen Ausmasses. Doch das Stadium der reinen Ideenwelt ist endgültig überwunden: Noch im Sommer 1986 hat die verbunderprobte Nordwestschweiz eine S-Bahn-Behördendelegation unter baselstädtischem Vorsitz ins Leben gerufen.

Die ‹Regio Basiliensis› doppelte als langjährige Promotorin im Herbst 1986 publikumswirksam nach, indem sie ihre Generalversammlung als spektakuläre Sonderzugfahrt von Lörrach über Basel unter der Flugpiste hindurch bis nach Blotzheim ausgestaltete. Die Jungfernfahrt der Regio-S-Bahn und der Bahnanschluss des Flughafens waren damit sinnenfroh antizipiert worden, aber mit umso längerem Atem muss noch die Knochenarbeit geleistet werden.

Das ‹Weihnachtsgeschenk› der drei Staatsbahnen: Die Pilotvariante des integralen Linienkonzepts ‹Regio-S-Bahn›, den potentiellen ‹Bestellern› im Rahmen des Comité Tripartite im Mai 1986 unterbreitet. ▽

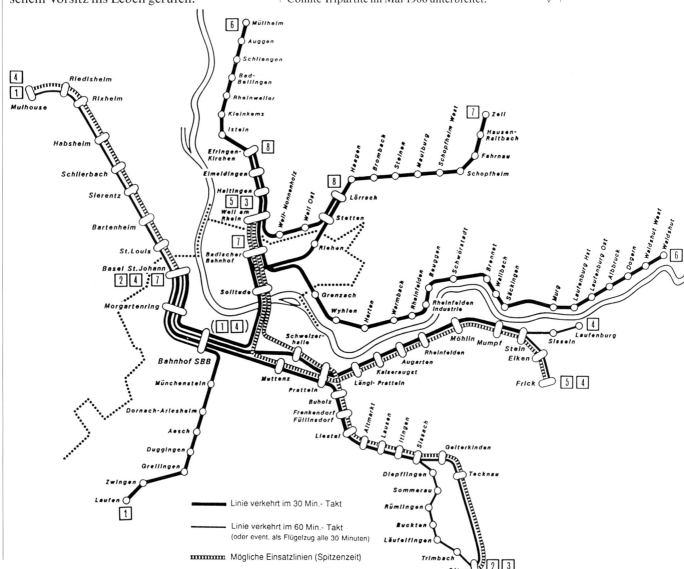

△ ‹Die Zukunft hat schon begonnen›: Dreiländer-Spezialzug auf dem Blotzheimer Industriegleis unter der Flugpiste anlässlich der GV der Regio Basiliensis im September 1986.

1987 formierte auch die badische Seite ihre Behördendelegation unter Vorsitz des Regierungspräsidiums Freiburg. Um in den Genuss von Bonner Fördermitteln zu kommen, hat zudem Baden-Württemberg fast eine halbe Million D-Mark für ein entsprechendes Gutachten bewilligt, dessen vielversprechende Ergebnisse seit November 1990 vorliegen.

Schliesslich hat 1988 auch die elsässische Seite auf Geheiss des Präfekten eine ‹Groupe de Pilotage› eingesetzt. Doch ausnahmsweise ist es für einmal nicht der französische Partner, der die grössten Hürden zu überwinden hat: Auf sein Territorium kommt nur eine einzige S-Bahn-Strecke zu liegen, und die Region Elsass besitzt bereits einen Topf zur Finanzierung der unausweichlichen Betriebsdefizite.

Während also die regionalen Behörden in den drei Ländern prüfen, rechnen und immer noch an ihren Stellungnahmen zur Bahnofferte feilen, regt sich mittlerweile und in zunehmendem Masse das Interesse in der Öffentlichkeit. Dazu hat nicht zuletzt das Gipfeltreffen Mitterand-Kohl-Delamuraz vom Dezember 1989 in Basel beigetragen, erhielt doch die Regio-S-Bahn den expliziten Segen der drei Staatschefs. Bundes- und Landtagsabgeordnete auf deutscher, Grossräte und Landräte auf Schweizer Seite reichen seither ihre parlamentarischen Vorstösse ein und bedrängen die Exekutiven. In Riehen kam gar jüngst eine Volksinitiative zustande.

Derweil sind praktische erste Schritte zur Verwirklichung in Sicht. So liegt bereits das Vorprojekt für eine neue Station ‹Basel St. Johann› vor. Als nächster Schritt wird die Verlängerung der DB-Wiesentalzüge bis Basel SBB erwogen, und schliesslich sind Studien im Gange für Regionalzüge aus dem Ergolztal, die über Schweizerhalle direkt zum Badischen Bahnhof geführt werden könnten.

Neusten Datums ist die Tatsache, dass die beispiellose Regio-S-Bahn im Rahmen des EG-Entwicklungskonzepts ‹Oberrhein Mitte-Süd› als europäisches Pilotprojekt in Brüssel angemeldet wurde. Von dort wäre eine Linderung für die schmerzvolle Kostenteilerfrage wahrlich willkommen. Was anderseits der Kanton Zürich alleine schaffte, sollte die vielgliedrige Regio gemeinsam und arbeitsteilig doch auch schaffen?

Noch ist es eben einfacher, von Europa zu reden – der Testfall vor Ort muss aber gewollt und dann durchgestanden werden!

Basel und die Grenzgänger – die Grenzgänger und Basel

Stefan Abrecht

Die wirtschaftliche Bedeutung der Grenzgänger

Tagtäglich pendeln Tausende von Menschen aus dem Elsass und aus dem südbadischen Raum in die Nordwestecke der Schweiz und leisten hier mit ihrer Arbeit einen bedeutenden Beitrag zum Wohlstand und zur Prosperität der Stadt und der Region Basel. Für die Wirtschaft der Nordwestschweiz sind die Grenzgänger zu einem unverzichtbaren Bestandteil geworden, wie ein Blick auf die nüchternen Zahlen der Statistik zeigt: Allein in den beiden Basel arbeiten heute über 40000 Grenzgänger, wovon fast drei Viertel (nämlich 29000) im Kanton Basel-Stadt. Etwa zwei Drittel sind Elsässer, ein Drittel kommt aus dem süddeutschen Raum. Vor allem gegen Ende der achtziger Jahre wurde aufgrund der guten Konjunkturlage eine deutliche Zunahme der in der Region beschäftigten Grenzgänger verzeichnet.

Die einzelnen Wirtschaftszweige der Nordwestschweiz profitieren in unterschiedlichem Ausmass von der Grenzgängerbeschäftigung. Gut vertreten sind die Arbeitnehmerinnen und Arbeitnehmer aus dem benachbarten Ausland namentlich in der Industrie, wo ihr Anteil am gesamten Personalbestand 1988 gemäss einer Erhebung der Regio Wirtschaftsstudie Nordwestschweiz bei knapp 20% lag, während in den Dienstleistungsbranchen ‹nur› rund 10% aller Beschäftigten aus dem Elsass oder aus Baden-Württemberg stammten. Innerhalb der einzelnen Wirtschaftszweige bestehen ebenfalls grosse Unterschiede. So verzichten beispielsweise die Banken aus Sicherheitsgründen fast völlig auf die Anstellung von Grenzgängern. In dieser Branche ist der Beschäftigungsanteil der Grenzgänger entgegen der allgemeinen Entwicklung sogar rückläufig; er betrug 1988 nur noch 2,8%. Im Vergleich dazu war zum selben Zeitpunkt in der dem Bankwesen verwandten Versicherungsbranche immerhin jeder zehnte Arbeitnehmer ein Grenzgänger, im Speditions- und Transportbereich betrug der Anteil sogar über 22%.

Nicht wegzudenken sind die Grenzgänger aus dem wichtigsten Wirtschaftszweig der Region Basel, der chemischen Industrie, wo 1988 an jedem fünften Arbeitsplatz ein Elsässer oder Badenser tätig war. Mittlerweile dürfte der Anteil der Grenzgänger an der Gesamtzahl der Beschäftigten noch weiter gestiegen sein, vermag doch der leergefegte einheimische Arbeitsmarkt den Arbeitskräftebedarf der Basler Wirtschaft schon seit geraumer Zeit nicht mehr vollständig zu decken. Die Regio Wirtschaftsstudie kommt in ihrer jüngsten Ausgabe denn auch zum Schluss, dass die Beschäftigungsentwicklung der Nordwestschweiz in den achtziger Jahren ‹weitgehend› eine Entwicklung der Grenzgängerbeschäftigung gewesen sei.

Gerade in Zeiten der Hochkonjuktur und des allgemeinen Arbeitskräftemangels wird immer wieder behauptet, Basel sei wegen seiner Möglichkeit, Grenzgänger zu beschäftigen, gegenüber anderen Wirtschaftsregionen, die nicht auf ein Arbeitskräftereservoir jenseits der Grenzen zurückgreifen können, privilegiert. Diese Sicht der Dinge übersieht allerdings, dass unser Stadtkanton im Gegensatz zu anderen Wirtschaftszentren der Schweiz durch Landesgrenzen von einem erheblichen Teil seines natürlichen Umlandes abgeschnitten ist und demzufolge nur über ein sehr beschränktes einheimisches Arbeitskräftepotential verfügt. Für die Basler Wirtschaft ist es deshalb wichtig, dass Arbeitnehmer aus dem durch Grenzen abgetrennten natürlichen Einzugsgebiet im benachbarten Ausland möglichst ungehindert und ohne Einschränkungen hier tätig sein können. Die Liberalisierung der nach wie vor strengen und restriktiven schweizerischen Zulassungsbestimmungen für Grenzgänger ist denn auch schon seit langem ein Anliegen der Basler Arbeitgeber. Vor dem Hintergrund der europäischen Integrationsbestrebungen ist dieses Postulat heute aktueller und dringlicher denn je.

Pierre Escalin

Basel aus der Sicht eines französischen Grenzgängers

Spricht man von französischen Grenzgängern, muss man sich bewusst sein, dass es innerhalb dieser Gruppe von Arbeitnehmern zwei Kategorien zu unterscheiden gilt: die eine besteht aus alteingesessenen Sundgaubewohnern, die andere umfasst die sogenannten ‹falschen Grenzgänger›, die nur als Wochenaufenthalter im nahen Grenzgebiet wohnen oder aus entfernteren Orten täglich nach Basel kommen.

Unter diesen letztgenannten Grenzgängern befinden sich Leute, die in Frankreich keine ihrer Ausbildung entsprechende Stelle gefunden haben oder infolge Arbeitslosigkeit einen Arbeitsplatz ausserhalb ihres Domizils suchen mussten. Sie sind nicht in der Region verwurzelt, eine Integration ins regionale Bewusstsein wird nur dann stattfinden, wenn sie sich aus irgendwelchem Grund in der näheren Grenzzone niederlassen. Für sie ist Basel der ‹Brotherr›, das heisst der Arbeitsplatz mit all seinen Vorteilen: gute Entlöhnung, entwicklungsfähige Stellen.

Ob nun im Industrie- oder im Dienstleistungssektor, Basel bietet ein sehr breit gefächertes Angebot, und bei günstiger Konjunkturlage findet sich mit entsprechender Ausbildung eine Stelle. Es muss allerdings damit gerechnet werden, dass künftig das Stellenangebot kaum zunehmen wird, qualitativ aber höhere Ansprüche an die Arbeitnehmer gestellt werden.

Für die andere Gruppe, das heisst die seit Generationen im Sundgau ansässigen Grenzgänger, ist Basel mehr als nur Arbeitsplatz und Salär. Für sie war, ist und bleibt Basel Hauptanziehungspunkt, regionales Zentrum. Bis zur Französischen Revolution gehörte das Oberelsass zum Bistum Basel, und der Sundgau galt immer als Basels Kornkammer: Allein diese Tatsachen sprechen bereits für eine grenzüberschreitende regionale Zusammengehörigkeit. Man erkennt sich in Basels Urgeschichte wieder: den keltischen Siedlungen, dem römischen Augusta Raurica, jenen kulturhistorischen und geographischen Bindegliedern, die den Kern der Entwicklung der Stadt am Rheinknie darstellen. Der blühende Handel und später die rührige Industrie förderten das Kunstschaffen. Basels Museen, das Stadttheater, das Münster, die zahlreichen schönen öffentlichen und privaten Bauten sowie die verträumten mittelalterlichen Gassen, die zur Fasnachtszeit zu neuem Leben erwachen, faszinieren geradezu jeden Sundgauer. An der Basler Universität lernten – oder lehrten sogar – in früheren Zeiten viele berühmte Elsässer.

Obwohl Basel ‹jenseits der blauen Berge›, von der restlichen Schweiz losgetrennt, liegt, lebt es nicht in geschlossener Atmosphäre: hiervon legen die Muba sowie andere Fachmessen, das Kongresszentrum und der in Europa einzig dastehende internationale Flughafen von Basel-Mulhouse Zeugnis ab. Das Miteinbeziehen des nahen komplementären Auslandes in Projekte von gemeinsamem Interesse führte zur Gründung der ‹Regio Basiliensis›, und dieser Gedanke liegt den Grenzgängern aus dem Sundgau begreiflicherweise herzensnah!

Wer das (mikro-)kosmopolitische Basel praktisch erleben will, besuche sonntags den ‹Zolli› oder Ende Oktober die Herbstmesse; er kommt sich vor, als wäre er zu Gast im ‹Ländle› oder bei den ‹Waggis›! Umgekehrt unternehmen die Basler gerne zur Spargelzeit eine ‹Wallfahrt› nach Neudorf!

Dass das Pendeln von Arbeitskräften verschieden beurteilt wird, ist eine Tatsache: Im Domizilland erzeugt es zwar Wohlstand (höhere Umsätze und Gewinne), führt aber durch seine Sogwirkung auf gewisse Arbeitskräfte zur

‹Flucht der Kompetenzen›. In Basel belasten die Grenzgänger den Verkehr und belegen die raren Parkplätze, sie sind jedoch auch massgeblich an der Erwirtschaftung des Basler Bruttosozialproduktes beteiligt. Bitte also keine Scheuklappen, die die Sicht einengen und nur von Leidenschaft getragene Reaktionen auslösen!

Basels Einfluss auf die Grenzregion ist nicht nur aus arbeits- und kulturpolitischen Gründen bedeutungsvoll, sondern auch wegen der vorhandenen zwischenmenschlichen Beziehungen. Wieviele Freunde, Bekannte und Verwandte zählt man nicht in Basel? Wie mancher hat dort vielleicht ‹sein Glück› gefunden?

Diese Osmose, bedingt durch historische Gegebenheiten, wechselseitige kulturelle und wirtschaftliche Einflüsse sowie durch zwischenmenschliche Beziehungen, schuf in der Grenzregion Schritt für Schritt das Bewusstsein ethnischer Zusammengehörigkeit und regionaler Komplementarität um das für uns Grenzgänger als regionales Zentrum geltende Basel. Aus dieser Sicht liegt die Tatsache auf der Hand: Basels Ausstrahlung und Basels Anziehungskraft bedingen sich gegenseitig.

Georg von Schönau

Basel aus der Sicht eines badischen Grenzgängers

Täglich sind wir Grenzgänger konfrontiert mit den unterschiedlichen Lebensgewohnheiten diesseits und jenseits des Rheins. Wir erleben dabei die ständige Gastsituation in der Schweiz. Zwar wird ‹man› heimisch, indem man vieles kennt, wie z. B. Verkehrsverbindungen, Strassen, Plätze, Restaurants usw., doch fühlt man sich nicht zu Hause, worüber selbst der ähnliche alemannische Dialekt nicht hinweghilft. Noch verschärft wird die ‹Gastrolle›, sobald der Deutsche hochdeutsch spricht.

Kunterbunt wechseln Erfahrungen und Eindrücke, mischt sich Erfreuliches mit weniger Erbaulichem: der Nachteil des schwankenden Wechselkurses zwischen Schweizer Franken und Deutscher Mark, der unterschiedlichen Arbeitszeiten und Feiertage diesseits und jenseits des Rheins, die den Kontakt mit badischen Freunden erschweren; die Erleichterung über die nur noch stichprobenweise Durchführung von Kontrollen an der Grenze, die Freude am äusserst zuverlässigen und preisgünstigen Angebot der öffentlichen Verkehrsmittel, das von den badischen Grenzgängern eifrig genutzt wird, die Vorteile des nahen Flughafens Basel-Mulhouse, der sich für weitere Geschäftsreisen immer grösserer Beliebtheit erfreut, da er laufend neue Verbindungen mit Direktflügen anbietet...

Auf die benachbarte ländliche und kleinstädtische badische Nachbarschaft hat die Grossstadt Basel eine starke Ausstrahlung; sie bietet vielfältige Möglichkeiten für Einkauf und Arbeit, Kultur, medizinische Versorgung und vieles mehr. Gleichzeitig bedeutet sie Konkurrenz für die südbadische Region, insbesondere hinsichtlich der Arbeitskräfte. Chancen und Risiken der Entwicklung der Regio Basiliensis liegen nahe beieinander. Gerne denke ich daran zurück, was für eine Attraktion Basel für mich als Kind Anfang der 50er Jahre darstellte. Nur hier gab es nämlich Leckereien wie Schokolade, Bananen und Müesli. Erbitterung löste bei mir hingegen der Eisverkäufer aus, der mir für meine lange gesparte Mark nur ein kleines Eis im Gegenwert von 50 Rappen gab. Am Geburtstag durfte ich zumeist in den Basler Zoo und mit viel Glück in *den* Spielwarenladen in der Freien Strasse. Auf dem Heimweg fragte ich dann meine Eltern: «Warum scheint in der Schweiz die Sonne heller als bei uns?»

Später erlebte ich Basel als Student nach einigen Auslandsemestern. Ich war überwältigt von der Freundlichkeit der Dozenten in Basel. Nachdem ich die Nachteile von deutschen Massenuniversitäten erfahren hatte, schätzte ich doppelt die Möglichkeit, die Dozenten in Basel persönlich kennenzulernen, woraus bis heute bleibende Kontakte und auch Freundschaften entstanden sind. Die Ausstrahlung der international geprägten Universität weit über die Schweizer Grenze hinaus empfand ich als sehr sympathisch.

Eine internationale Ausrichtung hat auch meine Arbeit bei einer Basler Privatbank, wo ich einige europäische Finanzmärkte zu analysieren habe. Ich finde dabei eine attraktive Symbiose von Tradition und Weltaufgeschlossenheit vor: fest verwurzelt in der Schweiz und aktiv tätig im internationalen Wertpapiergeschäft. Beidseits des Rheins arbeite ich im Vorstand einiger kultureller Vereine mit.

Mit grossem Interesse beobachte ich, ob und wie die drei Nationalitäten der Region zusammenwachsen. In der Chronik meiner eigenen Familie gibt es genügend Berichte über die verschiedensten Formen des Umgangs mit den Nachbarn am Rhein: Kooperationen und heftige Auseinandersetzungen wechselten sich ab. Seit siebenhundert Jahren ist die Familie hier ansässig und widerspiegelt daher die Entwicklung der Regio Basiliensis. Sie stammt ursprünglich aus dem Elsass und erwarb Besitztümer beidseits des Rheins in Säckingen, Wehr, Zell, Oeschgen/Fricktal und Schwörstadt, wo wir heute noch wohnen. In der Schweiz wurden folgende Familienmitglieder besonders bekannt: der Grossmeier des Stifts von Säckingen, Rudolph Hürus von Schönau, der 1386 in der Schlacht von Sempach fiel; Johannes Franz von Schönau, der 1651 Bischof von Basel und deutscher Reichsfürst wurde; Maria Ursula von Schönau, die 1657 Wernher Kirchhofer heiratete und die zentrale Figur im Epos von Joseph Victor von Scheffel ‹Der Trompeter von Säckingen› wurde.

Im Bewusstsein der wechselhaften Entwicklung der Region verfolge ich deren aktuelle Ausgestaltung mit besonderer Anteilnahme. Um so mehr betrüben mich die Klagen vieler deutscher Besucher Basels über eine abweisende oder unfreundliche Behandlung, zum Beispiel während der beiden letzten Fussballweltmeisterschaften, als die Landsleute der frischgebackenen Weltmeister immer häufiger ‹Sauschwobe› tituliert wurden. In Deutschland hört man nichts Vergleichbares, wenn zum Beispiel die Schweizer Skifahrer um Medaillen kämpfen. Wir freuen uns und sind freundlich zu den Baslern, wenn sie zu uns ins ‹Badische Ländle› kommen.

Gerade derzeit werden meines Erachtens wichtige Weichen für die Zukunft gestellt. Mit der Europäischen Gemeinschaft 1992 drohen der Region und speziell Basel neue Gefahren. Mehr und mehr werden Baden und das Elsass dann in die Europäische Gemeinschaft einbezogen, während der Schweizer Grenzraum ins ‹europäische Abseits› geraten könnte. Es gilt, jetzt die daraus resultierenden Probleme zu erfassen, um einen Rückschlag für die Region zu vermeiden. Für Basel besteht eine grosse Chance darin, über die Regio Fuss in der EG zu fassen, ohne die eigene Identität aufgeben zu müssen.

Richard Peter

Wirtschaftsförderung – Das Basler Modell

Wirtschaftsförderungsstellen sind oft das Produkt von Krisensituationen in der Wirtschaft. Sie entstanden im Kanton Bern und in der Westschweiz im Gefolge der Uhrenkrise, im Kanton Basel-Landschaft als Reaktion auf die Schliessung der Fabrik der Firma Firestone. Grosse Mittel für die Wirtschaftsförderung werden im Ausland eingesetzt, in typischen Krisengebieten mit Wirtschaftsmonokulturen wie Bergbau und Schiffbau sowie Stahlerzeugung, zur Schaffung von Arbeitsplätzen und zur Strukturverbesserung. Klassische Instrumente der Wirtschaftsförderung sind Werbebroschüren, Standwerbung an Ausstellungen und Messen, die Bereitstellung von Arbeitsflächen zu besonders günstigen Bedingungen, Steuervergünstigungen und verbilligte Kredite sowie die umfassende Beratung ansiedlungswilliger Unternehmen.

Wirtschaftsförderungsaktivitäten dieser klassischen Art sind nicht unumstritten. Die finanzielle Besserstellung neu zuziehender Firmen widerspricht ordnungspolitischen Grundsätzen. Firmen, welche Standortentscheide primär aufgrund von Anreizen der Wirtschaftsförderung treffen, disponieren eher kurzfristig und sind nicht unbedingt standorttreu. Oft sind es auch nicht die stärksten Unternehmen. Die Wirtschaftsförderungsszene der Schweiz war in den letzten Jahren gekennzeichnet durch folgende Entwicklungen:

• Die wachsende Erkenntnis, dass bei der Kleinräumigkeit unseres Landes eine Wirtschaftsförderung, die nur auf ‹Kantönligeist› basiert, kaum Aussicht auf Erfolg hat. Zuerst muss für den Wirtschaftsraum Schweiz geworben werden.

• Angesichts eines weitgehend ausgetrockneten Arbeitsmarktes und schwindender Raumreserven wächst eine zunehmend kritische Haltung gegenüber den klassischen Wirtschaftsförderungsinstrumenten, sofern diese nicht für wirklich strukturschwache Problemregionen eingesetzt werden.

In jüngster Zeit geführte Diskussionen über die Zielsetzungen und Aufgaben der Wirtschaftsförderungsstellen in der Schweiz deuten auf eine Verschiebung der Schwerpunkte in Richtung Pflege der ansässigen Unternehmen sowie der Beratungs- und Vermittlungstätigkeit bei Kontakten der Wirtschaft mit Behörden hin.

Das Basler Modell der Wirtschaftsförderung

Basel kann sich glücklich schätzen, über eine gesunde und sehr leistungsfähige Wirtschaft zu verfügen. Sie verhilft der Bevölkerung zu einem Prokopfeinkommen, welches 50% über dem schweizerischen Durchschnitt liegt und nur noch vom Kanton Zug übertroffen wird. Die Promotoren im Wirtschafts- und Sozialdepartement (Dr. Hans Martin Tschudi) und in der Handelskammer (Dr. Pierre L. Van der Haegen), die sich für die Schaffung einer Wirtschaftsförderungsstelle engagierten, waren sich dieser speziellen Situation sehr wohl bewusst und trugen ihr Rechnung bei der Organisation und auch bei der Definition der Zielsetzungen und der Aufgaben dieser neuen Institution.

Unterschiede zur klassischen Wirtschaftsförderung zeigen sich bereits in der Bezeichnung ‹Wirtschafts- und Innovationsberatung Basel-Stadt› (WIBS). Der Ausdruck ‹Förderung› wurde bewusst vermieden, um von Anfang an keine Begehrlichkeiten nach finanzieller Förderung zu wecken. Basel kann auf seine vorhandenen Stärken bauen, die besonders in der wirtschaftlichen Kraft und Ausstrahlung der ansässigen Unternehmen liegen, und deswegen

auf direkte Förderungsmassnahmen verzichten.
Trägerschaftspartner im gemischtwirtschaftlichen Basler Modell der Wirtschaftsförderung sind der Kanton, vertreten durch das Wirtschafts- und Sozialdepartement, und die Wirtschaft, vertreten durch die ‹Arbeitsgemeinschaft zur Förderung der Basler Wirtschaft› (AFW), einem Gremium gebildet aus Gewerbeverband, Handelskammer und Volkswirtschaftsbund. Die beiden Partner gründeten den ‹Verein für Wirtschaftsberatung und -Information› mit einem paritätisch besetzten sechsköpfigen Vorstand und periodisch wechselndem Präsidium. Auch die Finanzierung der Aktivitäten erfolgt je hälftig aus einer vom Grossen Rat bewilligten Subvention und aus Mitteln, welche die AFW bereitstellt. Der Verein wählte den Verfasser dieses Artikels zum ersten Delegierten der Wirtschafts- und Innovationsberatung Basel-Stadt. Er nahm seine Arbeit am 1. Januar 1988 auf. Nach einer ersten Versuchsphase der Jahre 1988–90 werden der WIBS ab 1991 jährliche Mittel von total Fr. 340 000.– zur Verfügung stehen, und der Personalbestand wird neben dem Delegierten einen Ökonomen und eine Halbtags-Sekretärin umfassen.

Das heutige Umfeld

Die WIBS kann kein einziges Problem alleine lösen. Sie ist auf die Unterstützung und Mitarbeit zahlreicher anderer Stellen angewiesen. Erfreulicherweise ist sie heute in ein gutes Umfeld eingebettet und kann dabei von ihrer neutralen und unabhängigen Stellung zwischen der Verwaltung und der Wirtschaft profitieren (Abb. 1).

Die ‹Regierungsrätliche Delegation für Wirtschaftsfragen› steht unter der Leitung des Vorstehers des Wirtschafts- und Sozialdepartements (Dr. Mathias Feldges). Weitere Mitglieder sind die Vorsteher des Baudepartements (Eugen Keller) und des Finanzdepartements (Dr. Kurt Jenny). Zwar kann die WIBS direkt mit allen Amtsstellen verkehren und hat raschen Zugang zu ihnen, doch hat es sich besonders bei departementsübergreifenden Problemstellungen und divergierenden Meinungen als sehr hilfreich erwiesen, dass Entscheide auf dieser hohen Ebene gesucht werden können.

In der vom Departementssekretär des Wirtschafts- und Sozialdepartements geleiteten ‹Koordinationskommission Wirtschaftsförderung› sitzen die Vertreter der für die Wirtschaft wichtigen Ämter und jeweils ein Vertreter der Handelskammer und des Gewerbeverbandes. Hier findet ein Meinungs- und Erfahrungsaustausch statt, und es werden Vorarbeiten im Auftrag der ‹Regierungsrätlichen Delegation für Wirtschaftsfragen› geleistet.

Gut und problemlos entwickelte sich die Zusammenarbeit mit der Wirtschaftsförderung des Nachbarkantons Basel-Landschaft. Gemeinsam wird der neu geschaffene ‹Innovationskreis der Regionalen Wirtschaft› betreut. Dieses Expertengremium wird durch hochkarätige Vertreter aus der Wirtschaft und der Universität gebildet. Es befasst sich mit der informellen Koordination der regionalen Innovationsanstrengungen, seine Mitglieder stehen aber auch fallbezogen als Einzelexperten zur Verfügung. Die beiden Wirtschaftsförderungsstellen wirken ausserdem bei der Vergabe des

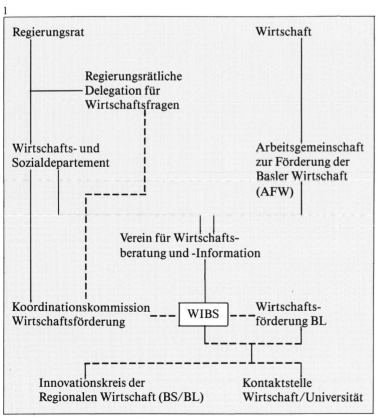

1 Das Umfeld der Wirtschafts- und Innovationsberatung Basel-Stadt.

Innovationspreises beider Basel mit und beraten gemeinsam die Kontaktstelle Wirtschaft/Universität.

Beratungstätigkeit

Bei der Gründung der Wirtschafts- und Innovationsberatung Basel-Stadt (WIBS) wurden im Pflichtenheft folgende Aufgaben definiert:
- Beratung von ansässigen und ansiedlungswilligen Unternehmen bei technologischen Fragen, Raumproblemen sowie bei Kontakten mit Behörden (Standortpflege). Funktion als ‹Ariadnefaden› im ‹Verwaltungslabyrinth›.
- Pflege des Klimas am Wirtschaftsstandort Basel, ‹Ombudsmannfunktion› im Bereich der Wirtschaft und ‹Frühwarnsystem› für die Regierung und die Wirtschaftsverbände.
- Schulung, mit Schwergewicht auf Informationsvermittlung und Hilfe zur Selbsthilfe, Seminare über Existenzgründung sowie neue Technologien.
- Akquisition von neuen Unternehmen.

In der Praxis musste das Schwergewicht der Aktivitäten der WIBS auf die ersten beiden Aufgaben gelegt werden. Jährlich werden etwa 200 neue Dossiers angelegt, wobei die Themen sich wie folgt aufteilen lassen:

- Raumbedarf 20%
- Raumangebot 10%
- Bauen 12%
- Kooperationen, Innovationen, Finanzierungen, Beratungsvermittlungen 18%
- Ansiedlungen, Gründungen 12%
- Arbeitsbewilligungen 5%
- Wirtschaftsförderung allg. (Kontaktpflege, Referate, Werbung) 23%

Betrachtet man die Aktivitäten einmal nicht unter dem Blickwinkel der verschiedenen Aktivitätsfelder, sondern unter dem Gesichtspunkt der Methodik, so zeigt sich, dass die wichtigste Aufgabe der WIBS in der Sicherstellung ausreichender und korrekter Information und Kommunikation zwischen den involvierten Stellen und Personen besteht. In der Mehrzahl der Fälle von Problemen zwischen der Wirtschaft und der Verwaltung, teilweise aber auch innerhalb der Verwaltung oder innerhalb der Wirtschaft, ist es notwendig, zuerst für eine klare Definition der Problemstellung zu sorgen, Vorurteile über die Absichten der jeweiligen Gegenseite auszuräumen und so die Voraussetzungen zu schaffen, dass die Problemlösung sachbezogen angegangen werden kann.

Resultate wichtiger Projekte

Neben ihrer operativen Beratungstätigkeit regte die WIBS auch einige spezielle Projekte an und half bei deren Durchführung und Finanzierung mit.

Eine von der OPUS DEVELOPMENT AG durchgeführte Befragung bei der Wirtschaft sowie bei Ämtern, welche mit der Wirtschaft wichtige Beziehungen unterhalten, zeigte klar auf, dass der Wirtschaftsstandort Basel besser ist als sein Ruf[1]. Im Vordergrund der Kritik standen bei den Befragten hauptsächlich emotionelle, d. h. ‹klimatische› Aspekte. Beanstandet wurde das Fehlen einer vitalen, zukunftsorientierten Stimmung bei Politikern, der Bevölkerung und den Medien. Die Kritik an den konkreten Rahmenbedingungen trat mit Ausnahme der Schwierigkeit bei der Personalrekrutierung, der Raumbeschaffung und beim Baubewilligungsverfahren eher in den Hintergrund.

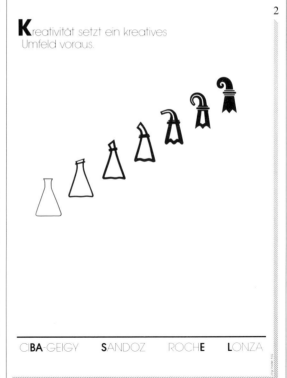

2 Werbung der Basler Chemie.

Unter der Leitung von Professor René L. Frey vom Wirtschaftswissenschaftlichen Zentrum der Universität Basel befasste sich eine Gruppe von Experten mit den Stärken und Schwächen des Wirtschaftsstandorts Basel[2]. Ihre Arbeit mündete in die Empfehlung, auf vorhandenen Stärken aufzubauen, d. h. zur Chemischen Industrie zu stehen, den Strukturwandel der Chemie zu erleichtern, junge Firmen, welche von ‹Fühlungsvorteilen› zur Chemie profitieren, zu unterstützen und im Interesse der Chemie ein gleichgewichtiges Umfeld zu pflegen. Dazu gehören leistungsfähige Lieferanten – und damit auch das Gewerbe[3] –, die staatliche Infrastruktur und nicht zuletzt gute Wohnbedingungen für die Mitarbeiter sowie eine intakte Sozialstruktur. Andere Sektoren, welche spezifisch zu den Standortvorteilen von Basel passen, sind die Transport- und Speditionsbranche und die Dienstleistungsbereiche Bank, Versicherung, Beratung, Handel und Messe- und Kongresswesen.

Ein etwas überraschendes Resultat ergab eine Umfrage, welche die Basler Handelskammer zusammen mit der WIBS bei der Wirtschaft durchführte. Gefragt wurde nach Bauprojekten für neue Arbeitsflächen, wobei der Planungshorizont bis ins Jahr 2000 reichte. Es zeigte sich, dass viele bedeutende Projekte in Planung stehen und dass der Raumbedarf der Wirtschaft – mit Ausnahme einiger spezifischer Sektoren im produzierenden und im gewerblichen Bereich – abdeckbar sein sollte, sofern alle diese Projekte wirklich realisiert werden können. Diese werden für Areale geplant, welche für wirtschaftliche Aktivitäten vorgesehen sind, und sie stehen damit erfreulicherweise nicht in Konkurrenz zum Wohnungsbau.

Der ‹Innovationskreis der Regionalen Wirtschaft› widmete sich dem Thema ‹Umweltschutz als Chance für die Region›. Von einem Beraterteam liess er ein Grobkonzept für ein Institut für Umwelttechnik und Vorschläge zu dessen Realisierung ausarbeiten.

Ausblick

Angesichts der engen Raumverhältnisse im Stadtkanton und des hohen Wohlstandsniveaus muss bezüglich der wirtschaftlichen Entwicklung das Schwergewicht auf qualitatives Wachstum und intensive Zusammenarbeit mit unseren regionalen Partnern gelegt werden[4]. Die WIBS wird bei ihrer Arbeit diesen Punkten in Zukunft noch vermehrt Rechnung tragen.

In einem zusammenwachsenden Europa kann Basel wieder und vielleicht sogar noch besser als in früheren Glanzzeiten von seiner strategisch hervorragenden geographischen Lage im Dreiländereck profitieren (Abb. 3). Fairer Partnerschaft und Bewahrung der Lebensqualität in einer ‹Region des menschlichen Masses›[4,5] ist dabei ein hoher Stellenwert einzuräumen.

3 Plakatwerbung der Vereinigung Pro Innerstadt 1990.

Anmerkungen

1 Wirtschaftsstandort Basel-Stadt – Besser als sein Ruf?, Dr. Richard Peter (Referat Schweiz. Bankverein, 1989).
2 WWZ-Studie Nr. 9, Prof. René L. Frey (Wirtschaftswissenschaftliches Zentrum der Universität Basel).
3 Chemie und Gewerbe in der Nordwestschweiz (Gewerbeverband Basel-Stadt, 1990).
4 Aktuelle Schwerpunkte 89, Regierungsrat Basel-Stadt (Staatskanzlei).
5 Die Zukunft des Basler Stadtstaates, Regierungsrat Dr. K. Jenny (Referat, Suter + Suter AG, 1990).

Fritz Friedmann

Coop Schweiz verabschiedet sich von Gutenberg

Als sich im Juli 1990 die Graphischen Betriebe Coop mit der Birkhäuser AG (Reinach BL) zusammenschlossen, ging die 80jährige Geschichte der Druckerei innerhalb der Coop Schweiz zu Ende. Wenn auch das Drucken und das Verlagswesen am Umsatz von Coop Schweiz nie einen bedeutenden Anteil erreichten, so ging doch von dort der geistige Unterbau des genossenschaftlichen Unternehmens aus, u. a. auch der 1934 als Pionierleistung errichtete Pressedienst.

Blicken wir zurück auf das Jahr 1910: Der damalige VSK (Verband Schweizerischer Konsumvereine) beschloss, eine Druckerei zu eröffnen, wobei nur an eine «kleinere Hausdruckerei» gedacht war. Hergestellt werden sollten Zeitungen und Bücher. Zunächst wurde in Basel das kleinste der ‹genossenschaftlichen Volksblätter› – La Cooperazione – hergestellt. Im Jahresbericht des VSK vom Jahre 1910 war zu lesen: «Um den bisherigen Druckereien unserer Verbandsorgane die Möglichkeit zu gewähren, sich auf die vollendeten Verhältnisse einzurichten, haben wir den Druck der Verbandsblätter in deutscher und französischer Sprache noch nicht selbst in die Hand genommen.» Zug um Zug aber übernahm die hauseigene Druckerei den Druck des genossenschaftlichen Volksblattes in deutscher und französischer Sprache und der damals existierenden Zeitschriften und Berichte für den VSK und die in ihm zusammengeschlossenen Genossenschaften. Bald einmal verfügte die Druckerei an der Tellstrasse (siehe Bild) über Setzerei, Stereotypie und Rotationsmaschine. Ein grosser Teil der Produktion entfiel auch auf Formulare, die offenbar auch für den genossenschaftlichen Detailhandel in Riesenmengen gebraucht wurden. Im Jahre 1919 war die Druckerei bereits zu einem mittleren Betrieb angewachsen, und 1939 wurden 120 Personen beschäftigt. Der Bau eines neuen Druckereigebäudes musste wegen des Zweiten Weltkrieges verschoben werden, es konnte aber Ende 1949 dem Betrieb übergeben werden. Dazu lesen wir im Jahresbericht VSK von 1949: «Die neue Druckerei geniesst in Fachkreisen bereits ein hohes Ansehen, sowohl inbezug auf die technische Organisation, wie auch auf die architektonische Gestaltung ihres Zweckbaus.» Grosse Verdienste um Auf- und Ausbau erwarb sich der langjährige, stadtbekannte Leiter dieser Druckerei: Werner Grogg. Nach eigenen Aussagen hörte er in dem neuen Betrieb «das befreiende Lied der Arbeit». Die ‹kapitalistische› Konkurrenz meinte, der VSK habe an der St. Jakobs-Strasse einen «Mammutbetrieb» eingerichtet. Dem widersprach einer der damaligen VSK-Direktoren, Ch.-H. Barbier, mit den Worten: «Nichts wäre verfehlter als diese Bezeichnung für die VSK-Druckerei.»

Das Auftragsvolumen für den Druckereibetrieb des Verbandes nahm nach der Eröffnung des Neubaus stark zu. Schon nach zehn Jahren musste das Gebäude für die Einführung des Offsetdruckes auf die heutigen Dimensionen vergrössert werden. Im Jahre 1960, fünfzig Jahre nach der Gründung, waren in diesem graphischen Betrieb 270 Mitarbeiter tätig.

Das Produktionsprogramm der Offizin umfasste nicht nur die verschiedenen Zeitungen, Zeitschriften und Formulare, sondern auch ein grosses Sortiment von Geschäftspapieren. Der vergrösserte Bau erlaubte es auch, Verpackungen mit Aufdruck in einem Arbeitsgang herzustellen. Die Zeitungen und Zeitschriften wurden im jeweiligen Gebäude der Druckerei konzipiert und redigiert.

In vielen öffentlichen und privaten Bibliotheken sind noch heute wichtige Bücher über die

Bis zum Jahre 1949 waren die Gebäude Tellstrasse 58–64 Sitz der Druckerei des VSK. Auch die Redaktion der Genossenschaftlichen Presse hatte hier ihren Sitz.

Genossenschaftsbewegung, deren Geschichte und politische Probleme zu finden, welche vom VSK gedruckt und verlegt wurden. In einem der dort erschienenen Bücher finden wir den zeitgemässen Satz: «Die Idee der Genossenschaft ist an keine Zeit gebunden, und das soziale Gefühl ist keineswegs in Dekadenz begriffen.» *

* Heinrich Küng, in: Handschin, Hans: Der Verband schweiz. Konsumvereine (VSK) 1890–1953. Basel – Buchdruckerei VSK, 1954.

Christoph Eymann

Umweltbewusstes Basler Bau- und Holzgewerbe

Entsorgungskonzept für Bauschutt
Konzept für die Vermeidung umweltgefährdender Baumaterialien

Der Gewerbeverband Basel-Stadt hat in Zusammenarbeit mit 22 Berufsverbänden und Vertretern der Kantonalen Verwaltung Basel-Stadt ein Konzept zur umweltgerechten Entsorgung von Bauschutt erarbeitet. Gleichzeitig sind Vorarbeiten geleistet worden, um für jede Branche eine Tabelle herauszugeben, die Alternativprodukte zu umweltbelastendem Material enthält.

Unbefriedigender Ist-Zustand

Die Kapazitäten von Bauschutt-Deponien in der Umgebung von Basel sind in absehbarer Zeit erschöpft. Schon heute ist es gemäss gesetzlichen Bestimmungen nicht mehr möglich, Problemabfälle zu deponieren. Diese Tatsachen erfordern ein Umdenken. Aber auch die Baumeister, die bis heute in der Praxis allein zuständig für den Abtransport der von allen benutzten Schuttmulden waren, sind nicht länger bereit, diese nicht unproblematische Dienstleistung zu erbringen. Eine Mitbeteiligung aller an einem Umbau, Abbruch oder Neubau mitwirkenden Firmen drängt sich auf.

Das Konzept

Jede Branche verfügt über ein eigenes Entsorgungskonzept. Klare Richtlinien schreiben separat dem Maurer, Elektriker, Schreiner, Maler, Isoleur, Parkettleger etc. vor, wie er mit den Abfällen umgehen muss.

Das Vorgehen ist für jedes Handwerk auf einem leicht verständlichen Merkblatt mit Piktogrammen und Schemen festgehalten. Dieses Informationsmittel enthält Angaben über private und staatliche Auskunftsstellen. Wichtigster Bestandteil des Merkblattes ist eine branchenspezifische Auflistung der Sonderabfälle mit jeweiliger VVS-Code-Angabe (Verordnung über den Verkehr mit Sonderabfällen). Weil nicht klar ist, welche Produkte bei der Entsorgung als Sonderabfälle behandelt werden müssen, ist ein besonderes Piktogramm ‹Achtung Sonderabfall› in Form eines Endlosklebbandes geschaffen worden, welches die Bezeichnung ‹Sonderabfall› in acht verschiedenen Sprachen enthält.

Jede Firma transportiert die brancheneigenen Sonderabfälle selbst in die Werkstatt oder in den Werkhof zurück. Von dort aus erfolgen Entsorgungstransporte durch lizenzierte Firmen, zum Teil sogar kollektiv vom entsprechenden Verband organisiert. Der restliche, sonderabfallfreie Bauschutt wird in der BASORAG, Bauschutt Sortier und Recycling AG von Hand und maschinell sortiert, soweit möglich der Wiederverwertung zugeführt, der Rest zur Deponie gebracht. Auf Baustellen soll wenn immer möglich, das heisst falls es die räumlichen Verhältnisse zulassen und keine missbräuchlichen Ablagerungen durch die ‹lieben

Plakat, welches alle Firmen des Basler Bau- und Holzgewerbes erhalten, um die Mitarbeiterinnen und Mitarbeiter auf die Entsorgung von Sonderabfällen aufmerksam zu machen (Hrsg. Arbeitsgruppe Bauschutt des Gewerbeverbandes). ▷

Kennzeichnung von Sonderabfall. ▽

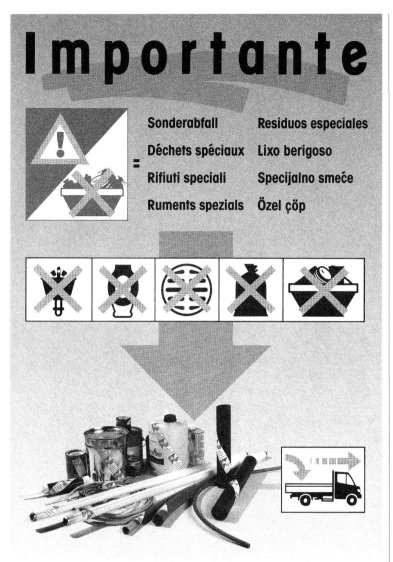

ternativen zu umweltbelastenden Materialien und Techniken als sehr wichtig bezeichnet. Grösstmögliche Umweltverträglichkeit ist nur dann gegeben, wenn feststeht, dass dereinst – beim Abbruch von heute erstellten Neubauten – nicht die selben Entsorgungsprobleme anfallen wie heute. Bauen mit umweltverträglichen Materialien ist aus heutiger Sicht ein Muss. Als Informationsmittel für alle Firmen einer Branche, Bauherrschaften und auch für die Bauplanungsbranche sollen diese ‹Vermeidungstabellen› vom Gewerbeverband Basel-Stadt zur Verfügung gestellt werden.

Grosser Ausbildungsaufwand

Dieses Konzept erfordert Aus- und Weiterbildung in den Gewerbebetrieben. Nur wenn wirklich jeder Mitarbeiter und jede Mitarbeiterin weiss, wie mit welchem Abfall umgegangen werden muss, ist der angestrebte Erfolg gewährleistet.
Einzelne Branchen haben bereits mit der Schulung des Personals begonnen.

Laufende Überarbeitung

Die Verdichtung der Gesetzgebung einerseits und die Produkte- und Technikentwicklung andererseits erfordern eine laufende Überarbeitung des Konzeptes. Alle Mitglieder der Arbeitsgruppe, die das Konzept ausgearbeitet hat, sind sich einig, dass es wichtiger ist, mit der Umsetzung rasch zu beginnen, als einen höheren Perfektionsgrad in einem späteren Zeitpunkt zu erreichen.

Hervorragende Zusammenarbeit zwischen Staat und Privatwirtschaft

Als beispielhaft darf die Zusammenarbeit zwischen den Vertretern der Kantonalen Verwaltung Basel-Stadt und den Branchenvertretern bezeichnet werden. Die Beamten haben aktiv mitgewirkt und sehr viel Know-how eingebracht. Auch hat der Kanton bei der Finanzierung wissenschaftlicher Abklärungen mitgeholfen.
Das Basler Bau- und Holzgewerbe hat – begleitet von Umwelt-Chefbeamten – Eigenverantwortung bewiesen.

Nachbarn› drohen, getrennt gesammelt werden.
Der finanzielle Mehraufwand für diese umweltgerechte Entsorgung soll der Bauherrschaft – separat ausgewiesen – in Rechnung gestellt werden. Der Schweizerische Ingenieur- und Architekten-Verein (SIA) hat versprochen, dieses Verursacherprinzip seinen Überlegungen zur Anpassung bzw. Ergänzung der SIA-Normen zugrunde zu legen.

Vermeidung umweltproblematischer Baustoffe

Die Vertreter sämtlicher mitwirkender Branchen haben die Erstellung von Tabellen mit Al-

Beat von Wartburg

Mässmogge, Nougat, Dääfeli

Die Confiseriefabrik Fritz Albicker 1918–1990

Der Erste Weltkrieg ging seinem Ende zu, als Fritz Albicker sen. sich entschloss, sein Glück mit der Fabrikation von Bonbons und Messmocken zu versuchen. Er mietete den ersten Stock der Amerbachstrasse 72 und kaufte einen Herd, einen Kühltisch, einen Walzenbock sowie eine Spindelpresse. Mit diesen bescheidenen Mitteln konnte die Produktion der Zuckerwaren beginnen.

Der Zucker wurde mit den Ingredienzen zu einer heissen Masse ‹gekocht›, auf dem Kühltisch in Streifen geschnitten und anschliessend entweder in der Spindelpresse in die Messmokken- oder durch die Matrizenwalze in die jeweiligen Bonbonformen gepresst. Hochbetrieb herrschte vor allem in der Zeit der Herbst- und Mustermesse. Dort wurden die Bonbons und Messmocken in den typischen Belle-Epoque-Gläsern – die Cellophanverpackung kam erst später auf – verkauft. Das Geschäft mit den verschiedenen Zuckerwaren gedieh so gut, dass Fritz Albicker mehrere Confiseure anstellen, die Liegenschaft Breisacherstrasse 50 erwerben und in der Hinterhofwerkstatt eine kleine Fabrik einrichten konnte. Mit dem Zweiten Weltkrieg kamen schwere Zeiten. Der Zucker war rationiert (700 kg pro Monat), und Fritz Albicker musste an der Solitude Wache schieben.

Die Firma Albicker war zu dieser Zeit bei weitem nicht der einzige Messmocken-Fabrikant in Basel. Mindestens neun weitere Confiseure, die meisten davon waren Marktfahrer, die für den Eigenbedarf produzierten, stellten diese Basler Spezialität her, welche damals noch mehr als heute als typisches Basler Messe-Souvenir galt.

1959 übernahm Fritz Albicker jun. den Betrieb und modernisierte ihn kontinuierlich. Zweimal musste die Fabrik räumlich erweitert werden, der Personalbestand wurde auf 11 Mitarbeiter/innen erhöht und der Mechanisierungsgrad gesteigert. Verfügte die Fabrik noch 1948 nur über einen einzigen Motor mit Transmissionsriemen, so waren es 1960 bereits 65 Maschinenmotoren! Aber auch die Produktepalette erweiterte sich stetig. Neben die traditionellen Bonbonsorten und die Messeartikel (Glas- und Pralinémocken, Magenmorsellen, Croquant, Gelée, Marzipan) traten Nougat (à la Bâloise), Kirschen, Himbeeren, Schnitzli, Schiffli, Brikett, Eucalyptus, Isländisch Moos, englische Münzen, Traubenzucker, verschiedenste neuartige Hartzucker- und Weichbonbons sowie die beiden pharmazeutischen Mittel Brustin und Mentha. Schliesslich kamen in jüngster Zeit auch die zuckerfreien Bonbons und Messmocken dazu.

Mehr als einmal stellte sich aus Platzgründen die Frage nach einem Auszug aus Basel. Doch Fritz Albicker blieb seinem Quartier, aber auch seinen handwerklichen Produktionsmethoden und der nur dadurch zu erreichenden Qualität treu. Die Firma und ihr Inhaber waren überdies zu sehr mit Basel und seinen Traditionen, den Messen (Albicker führte über 35 Jahre einen eigenen Muba-Stand) und der Fasnacht (seit Bestehen der Firma wurden die Waggiscliquen mit Bonbons beliefert) verbunden.

Nun hat sich der ‹Dääfelibammert›, wie Fritz Albicker im Kleinbasel liebevoll genannt wird, in den verdienten Ruhestand zurückgezogen. Doch mit der Confiseriefabrik Albicker und ihren Mässmogge verschwindet ein Stück ‹süsses Basel› und eine Art ‹Mäss-Kultur›. Es ist zu hoffen, dass der einzige übriggebliebene Basler Mockenfabrikant, David Bürgin, die Tradition noch lange weiterführt.

1 Die heisse Zuckermasse wird auf dem Kühltisch leicht abgekühlt und erhält Aroma und Farbe.

2 Die Zuckermasse für die farbigen Streifen des Messmockenmantels wird von Hand ‹gezogen›.

3/4 Der Messmocken mit einer Haselnusspralinéfüllung wird ‹eingepackt›...

5 ... kommt in den Kegelroller und windet sich anschliessend schlangenförmig in die Prägemaschine, welche die einzelnen Messmocken formt.

6 Auf einem Förderband werden die Messmocken abgekühlt...

7 ... und schliesslich in Handarbeit verpackt.

César Keiser

In memoriam Ruedi Walter

Vor 13 Jahren schrieb ich einen Abschiedsbrief für und an unsern Kollegen Alfred Rasser, den unvergesslichen Grossen und Mutigen der helvetischen Cabaretbühne, den schweizerischen Schwejk, vor dem sich der Vorhang zum endgültig letzten Mal geschlossen hatte.

Nun hat er Besuch bekommen, der Alfred, auf seiner Wolke im Olymp der Heiterkeit, Besuch eines ebenso unvergleichlichen, ebenso unvergesslichen Kollegen, der übrigens in Rassers Cabaret KAKTUS seine cabarettistische Laufbahn begonnen hatte – und unsere gar nicht so heitere Welt hier unten ist wieder um einen fröhlichen Sonnenstrahl ärmer geworden.

Das letzte Mal, in des Wortes unerbittlichster Bedeutung, traf ich Ruedi Walter an der Fasnacht 1990, beim Morgestraich-Zmorge im Hotel Basel, wo wir zwei Exilbasler unsere Zelte aufgeschlagen hatten. Jahr für Jahr trafen wir uns da. Doch auch sonst, unregelmässig, in Zürich, das für uns beide zur Theaterheimat geworden war, entweder zufällig, in einer Beiz, nach einer Vorstellung, an einem Fest, oder dann aber geplant, wenn Ruedi auf der Bühne war, und ich als Zuschauer im Saal – und umgekehrt: Irène & Ruedi und Läubli & ich, wir besuchten unsere Aufführungen gegenseitig, aus ehrlichem Interesse und neidloser Bewunderung unserer verschiedenen Talente und Fähigkeiten.

Zum ersten Mal sah und bewunderte ich Ruedi Walter anfangs der vierziger Jahre, als Myslin in Rassers ‹HD Läppli›, später im Cabaret KAKTUS, dann im legendären CORNICHON. Ich selber spielte, als Amateur, im Basler Cabaret KIKERIKI, das Ferdi Afflerbach, Hanspi Hort und Steff Elias als Gewerbeschulscherz gegründet hatten und das sich, mit Trudi Roth, Jürg Spahr, Werner Wollenberger und anderen, schnell ins Professionelle steigerte. So lernten wir uns als Bühnenkollegen kennen, und von da an kreuzten sich unsere Wege immer wieder. Der erste Fernseh-Versuchsbetrieb in den Münchensteiner Filmstudios brachte uns zusammen, er und Margrit Rainer sangen für die öffentlichen Sendungen Cabaret-Chansons, Heidi Abel und ich conferierten, Heiner Gautschy moderierte – wir waren die Bildschirm-Pioniere der Tellen-Vision!

Als Ruedi, anfangs der fünfziger Jahre, sein eigenes Cabaret im Zürcher ‹Embassy› vorstellte, mit Margrit Rainer, Helen Vita und anderen, da durfte ich für Margrit und ihn Texte schreiben. Eine unserer damaligen Spezialitäten war die Figur des Basler Rhygassbrueders, eine Volkstype mit stenzenhafter, bilderreicher Sprache. So einen Text wünschte er sich, und ich schrieb ihn mit Genuss, und als er ihn in vollmundigem Hösch-Baseldytsch auf der Bühne interpretierte, war ich so begeistert wie später bei allem, was er auf die Beine und die Bühne stellte. 1959 eröffnete er mit ‹Eusi chlii Stadt› das neuerbaute Zürcher Hechtplatz-Theater. In der illustren Darstellerreihe trat darin die junge Schauspielerin Irène Camarius auf, und – ein Glücksfall für beide! – in Ruedis Leben.

Unvergesslich in all den folgenden Jahren seine einmaligen Typen wie du und ich, sein Guschti Ehrsam, sein Zürcher Niederdorf-Bäuerlein, all seine liebenswerten, zwerchfellerschütternden Schwankrollen – es gibt übrigens sehr wenige Schauspieler, die selbst vordergründigste Schwankfiguren schauspielerisch komödiantisch adeln, Fernandel gehörte zu ihnen, oder eben Ruedi Walter. Aber darin erschöpfte sich seine Kunst nicht, sie führte ihn auch zu höchst anspruchsvollen literarischen Bühnenwerken, ich denke an Harold Pinters ‹Hausmeister› (‹De Huuswart›) zum Beispiel, an Edward

Bonds ‹Gerettet›, an Samuel Becketts ‹Warten auf Godot›, von Urs Widmer hervorragend ins Schweizerdeutsche übertragen. In Widmers ‹Der neu Noah› spielte Ruedi im Zürcher Schauspielhaus, und immer wieder begegnete man seinen eindrücklichen Gestalten in Film und Fernsehen – ich erwähne da nur – auch wieder klassische Literatur in Dialekt! – Arthur Millers ‹Tod eines Handlungsreisenden›, Molières ‹Der Geizige› («Gyzgnäpper») oder ‹Der eingebildete Kranke› («Der gsund Patiänt»).

Zeitlebens träumte Ruedi Walter von einem in die Schweizer Theaterlandschaft voll integrierten Dialekttheater, er war überzeugt davon, dass der Dialekt, dass unsere Dialekte eine Bühnensprache wie jede andere seien. Mit jeder seiner unzähligen Arbeiten machte er ein Stück seines Traums wahr, bewies er die Richtigkeit seiner Überzeugung. Er hat gezeigt, dass unsere Sprache nicht nur harmlos-bieder, nicht nur ridikül-tolpatschig ist und zur Prägung tieferer Gedanken unfähig, dass sie vielmehr, dank der Sensibilität und Ausdruckskraft einzigartiger Darsteller, gleichwertig neben den klassischen Bühnensprachen bestehen kann.

Ruedi war ein Schauspieler mit enormer Ausstrahlung; er schlüpfte in seine Rollen, die so verschieden waren, wie es die Menschen sind, und füllte jede derart original und gültig aus, dass keine andere Interpretation mehr möglich schien. Er spielte seine Rollen nicht, er lebte sie. Und er liebte sie, auch wenn er immer wieder über das Übermass an Arbeit klagte und über die Anforderungen seines Berufes. Wer allerdings weiss, wie intensiv und präzis Ruedi sich mit seinen Rollen beschäftigte, wer weiss, wie die Auftritts- und Tournéestrapazen an seiner Gesundheit zehrten, wer seinen Perfektionismus kannte, der ja nichts anderes ist als die Hochachtung des Künstlers vor seinem Publikum, der begreift auch die häufigen Tiefs in Ruedis Seelenlagen. Nur, und auch das zeigt den Profi, solche Tiefs, Gebresten, ja Krankheiten schienen im Moment des Auftritts wie weggeblasen: auf der Bühne war Ruedi jeden Abend voll da, das war er, wie er sagte, seinem Publikum schuldig.

Ruedi Walter und Gattin Irène mit César Keiser anlässlich der Jubiläumsvorstellung OPUS 12 im Schauspielhaus Zürich. ▷

V. r. n. l. Ruedi Walter, ‹Stupsi› Rainer, der Komponist Walter Baumgartner, Margrit Läubli und der Autor César Keiser in der Radioproduktion ‹Land der Tellen› 1953.

Er spielte mit der Sprache, mit dem Körper, mit Augen, Mund, Mimik, nie war er in erster Linie der Ruedi Walter, immer stellte er sich zuerst und vor allem in den Dienst einer Rolle. Er war ein Schauspieler, der, hätte er nicht in der kleinen Schweiz gearbeitet, sondern in Frankreich, in England, in Amerika, zu weltweiter Berühmtheit gekommen wäre. – Aber ob er das gewollt hätte? Ob er glücklicher gewesen wäre? So wie ich ihn kannte, bezweifle ich es.

Nach dem Morgestraich, beim Frühstück im Hotel Basel, klagte er über sein schwindendes Augenlicht, über die Schmerzen in den Beinen; hoffte zugleich, dass die für den Sommer vorgesehenen Knieoperationen wenigstens die Herbsttournée erleichtern. Trotz seiner Gebresten breitete er aber auch schon wieder eine Fülle von Projekten vor mir aus – eines davon war eine in letzter Zeit mehrmals besprochene, und dank meiner vorgesehenen OPUS-Pause auch realisierbare, Bühnenarbeit, auf die wir uns beide freuen – sie ist, leider, auf unbestimmt vertagt.

Um Ruedi Walter trauern viele, zuerst natürlich seine Familie. «Er war der liebste Mensch, der sorgendste Vater, der fröhlichste Grossvater», sagt seine Gattin Irène. «Gewisse Kollegen charakterisierten ihn als aufbrausend, gar jähzornig – das war er nie; er konnte zornig werden über Ungerechtigkeiten, über Hinterhältigkeit und Falschheit, er konnte aufbrausen, wenn's um Oberflächlichkeit in der Arbeit ging, um billige Mätzchen, um Unprofessionalität – aber sonst war er grosszügig, gütig, hilfsbereit, er war der Kreis um mein, um unser Leben...»

Für uns alle ein Trost, wenn auch ein schwacher: Im heiteren Olymp der grossen Unterhalter und Freudemacher, dort auf der rosa Wolke, wo schon Kollege Alfred Rasser sitzt, nimmt der Basler und Zürcher Freund, nimmt der Menschenfreund Ruedi Walter einen Ehrenplatz ein.

Paul Schorno

Wieviel Theater braucht Basel?

Herr und Frau X, Basler von Geburt und aus Überzeugung, sind seit Jahren schon regelmässige Theatergänger, Premiereabonnenten in der Komödie und im Stadttheater. Auch wenn ihnen nicht jede Aufführung gefällt, missen möchten sie das Theater nicht. Dazu gehört auch, dass man sich fein anzieht und nach der Vorstellung ein nettes Restaurant aufsucht, um noch etwas trinken und eine Kleinigkeit essen zu können. Wenn die Zeit es erlaubt, wird am übernächsten Tag in der Tagespresse eine Rezension über das Gesehene gelesen, eine Diskussion darüber trägt zur Findung des eigenen Urteils bei. Doch alles in allem kann ein Theaterbesuch nicht mehr sein, als eine der sinnenfreudigsten unter diversen weiteren Ablenkungen und Vergnügungen – und unbestrittenermassen geschätzt wird auch, am Arbeitsplatz und im Freundes- und Bekanntenkreis mitreden zu können. So weit, so gut bürgerlich.

Ob das genannte Ehepaar, das stellvertretend für manches andere steht, noch andere Theater besucht? Eher selten noch das Fauteuil – unlängst hatte es seinen Spass bei einer Aufführung von ‹HD-Soldat Läppli› – und hie und da ein Gastspiel in der Komödie, wenn Bekannte, die verhindert sind, ihnen die Eintrittskarten im Rahmen der Coop- oder Migros-Gastspiele überlassen. Horst Tappert bekamen sie auf diese Weise live auf der Bühne zu sehen, ein paar Wochen vorher hätte man sich eine Aufführung mit Klaus Jürgen Wussow von der ‹Schwarzwaldklinik› zu Gemüte führen können. Aber sonst? Was will ein in Beruf und Alltag drinstehender Mensch mehr, als dann und wann in einer Opernaufführung, in einem Schauspiel oder Musical etwas Ablenkung finden? Dass sich gegenüber früher im Inszenierungsstil einiges geändert hat, das muss halt hingenommen werden. Wen kümmert es schon, dass langjährige Theaterbesucher ihr Abonnement gekündigt haben, weil sie es nicht hinnehmen wollten, dass auf der Bühne Stücke so zerstümmelt werden, dass sie kaum noch zu erkennen sind? Nun schwärmen sie halt zu Hause in wehmütigen Tönen von vergangenen Zeiten, als Theater ihrer Meinung nach etwas Gediegenes an sich hatte.

Zu viel, zu wenig oder das falsche Theater

Hätten Herr und Frau X nicht noch manche andere Verpflichtung, so würden sie gerne einmal eine Aufführung der Baseldytsche Bihni besuchen. Da könne man lachen und sich vorbehaltlos amüsieren. Allerdings müsse man sich schon Wochen vorher die Plätze sichern, da der Andrang gross sei. Das Marionettentheater auf dem Münsterplatz? Hat ja einen ausgezeichneten Ruf, aber irgendwie ist das anstrengend, dieses Hingucken nach den Marionetten in dem doch recht kleinen Rahmen. Unlängst erzählte jemand von einem weiteren Puppentheater, genauer gesagt, vom Figurentheater Vagabu, das beispielsweise mit einem Schauspiel über die letzte Hexe, die in unserem Lande verbrannt wurde, über ‹Anna Göldin›, Furore gemacht hat. Es verwundert also nicht, dass Herr und Frau X das Theaterangebot in Basel reichlich finden und nichts vermissen. Es präsentiere sich so üppig, meinen sie, dass ihnen nicht die ganze Theaterlandschaft vertraut sei. Also dürfen sie darüber noch etwas orientiert werden. Wechselnden Zuspruch findet das Piccolo Theater, das seinem Publikum ausschliesslich Boulevard-Stücke vorsetzt, mit Darstellerinnen und Darstellern, die sich in der Ausbildung befinden oder früher einmal Schauspielunterricht genossen haben. Ähnliches bietet das Theater Arte, das im Sommer unter anderem den Kindern im Schützenmatt-

Szene aus ‹Die Stühle› von Eugène Ionesco, gespielt vom Theater Spilkischte. ◁

Aus ‹Die Geschichte vom Soldaten› im Basler Jugendtheater. ▷

Szene aus dem Rockmusical ‹Linie 1›, aufgeführt in der Komödie. ▷▷

park mit Kasperli-live-Aufführungen Spass bereitet.

Sommer-Theater

A propos: Theater im Freien. In diesem Bereich besitzt Basel eine achtbare Tradition, immer wieder neu belebt, sei's im Kannenfeldpark, in Brüglingen, im Wenkenhof, an der Malzgasse und ausserhalb der Stadt auf dem Wartenberg. Und damit habe ich auch schon fast alle Orte und Stätten aufgezählt, die im Sommer 1990 Schauplätze von Freilichtaufführungen waren. Das Od-Theater führte zudem in der ehemaligen Garage Schlotterbeck eine dramatisierte Version von ‹Parzival› auf. Und da der Sommer sonnig bis heiss und regenarm war, konnten sich die verschiedenen Gruppen über mangelnden Besuch nicht beklagen. Um für die Vorstellungen ein möglichst zahlreiches und breit gestreutes Publikum gewinnen zu können, suchten sie sich durchwegs Stücke aus, die bekannt und beliebt sind: Zuckmayers ‹Rattenfänger›, Strindbergs ‹Gespenstersonate›, Rossinis Oper ‹Der Barbier von Sevilla›, Hofmannsthals ‹Das grosse Welttheater› und eine dramatisierte Version von Döblins Roman ‹Berlin Alexanderplatz›. Also keine Experimente, kein Erproben neuartiger theatralischer Formen, sondern eher Klassiker der Opern- und Dramenliteratur.

Erkundigungen bei den diversen Theatermachern, warum dem so ist, ergaben fast unisono dieselbe Antwort: Aus finanziellen Gründen und der Publikumszustimmung wegen könne man sich keine Experimente leisten. Es sei, so hiess es, im Vorfeld der Planung ohnehin schon schwer genug, das notwendige Geld aufzutreiben.

Jeder Stadt ihr Theater

In der Tat scheint es so, dass das ‹grosse› Theater eher wagen darf und muss, worauf Kleinbühnen und freie Truppen etwas mutlos verzichten: neuartige, auch unausgegorene und durch Aktualitäten bedingte Versuche inhaltlicher und formaler Natur – Theater, das überrascht und neugierig macht, Produktionen, die sich in Grenzbereichen bewegen und spartenübergreifend sind. Was Herr und Frau X dazu zu sagen hatten? Man müsse das am konkreten Beispiel erleben, meinten sie und konnten sich vage daran erinnern, dass Direktor Baumbauer Schwierigkeiten bekommen habe, als er zu Veranstaltungen im Vorfeld der Armeeabschaffungsinitiative die falschen Leute einlud. Die Befragten bejahten dann, wenn auch ohne Begeisterung, dass derartige Auseinandersetzungen und Vorfälle heilsam und aufschlussreich sein könnten, um zu erfahren, wie es um unser politisches Klima und das demokratische Verständnis steht – und vor allem, wo es sich hinzubewegen anschickt.

Insofern lässt sich durchaus die Meinung vertreten, jede Stadt habe das oder die Theater, die sie verdient. Durfte also als jüngstes Unternehmen das Häbse-Theater darum eröffnet werden, weil sich die Bürger dieser Stadt vermehrt nach vergnüglichen Unterhaltungsstücken sehnen? Die Tatsache, dass die Besucherzahlen recht zufriedenstellend sein sollen, könnte diese Vermutung zulassen. Andrerseits wissen wir, dass das Theater Vis-à-vis am Klosterberg aufgegeben werden musste, weil dort offensichtlich die richtige Mischung nicht gefunden wurde. Vergessen wir im weiteren nicht, dass auch im ‹Teufelhof› Kabarett und Theater angeboten wird, wenn auch zumeist nur an wenigen Wochentagen.

Und die jungen Leute?

Selbstverständlich gibt es nicht einfach *die* jungen Leute. Den einen genügt das Amüsement im Erfolgsstück ‹Linie 1› oder in ‹Little Shop of Horrors›, andere wünschen sich politisch pointierteres und von der Aussage her eindeutigeres Theater. Solches lässt sich am ehesten bei Produktionen und Gastspielen in der Kulturwerkstatt Kaserne finden, die allerdings oft recht mager besucht sind. Herr und Frau X machen denn auch kein Hehl daraus, noch nie dort gewesen zu sein und auch nie hingehen zu wollen. Relativ beständige Erfolge kann das in der erwähnten Kulturwerkstatt domizilierte ‹Basler Jugendtheater› feiern. Es präsentierte neben wenigen nicht durchwegs geglückten Abstechern in Richtung ‹grosses› Theater immer wieder Stücke, mit denen die Bewusstseinslage der Heranwachsenden getroffen und widerspiegelt wird.

Die ‹Spilkischte›, jahrelang die Bühne für die Kleinen, nennt sich jetzt ‹Vorstadttheater› und möchte vermehrt auch die Jugendlichen und die Erwachsenen ansprechen.

Eine ansehnliche Zahl von Kindern dürfte in all den Jahren seit dem Bestehen des Unternehmens im ‹Basler Kindertheater› am Schützengraben 9 erste theatralische Gehversuche bei Herrn und Frau Lang gemacht haben. Buben und Mädchen spielen hier selber geschriebene und erarbeitete Stücke ihren Altersgenossinnen und -genossen und den Erwachsenen vor.

Schon von der ‹Kuppel› an der Binningerstrasse 14 gehört? Der Betriebsverein Spielturm lädt das Publikum nicht nur zu Theatervorstellungen, sondern zu Konzerten, Tanzabenden und andern Vergnügungen ein.

Nicht nur wieviel, sondern welche und welches Theater Basel braucht, soll nochmals als Frage an das Ende dieser Ausführungen gestellt werden. Statt einer Antwort lege ich folgende Vision vor: In Basel geht plötzlich, aus welchen Gründen auch immer, kein Mensch mehr in irgendein Theater. In einer verzweifelten Aktion müssen Schauspieler, Schauspielerinnen, Regisseure und Autoren versuchen, das Publikum wieder für Stücke und Aufführungen zu interessieren. – Welchem der vorgängig erwähnten Theater gelänge wohl als erstem ein Neustart? Vielleicht noch interessanter wäre die Frage, ob Menschen angesichts der skizzierten Gegebenheiten fähig und in der Lage wären, ihre eigene Vorstellung von Theater zu ‹entdecken› und zu formulieren. Wahrscheinlich würden viele rasch – wie bei Pirandello – nach einem Autor verlangen, der ihre Wirklichkeit auf die Ebene des schönen Scheins, der die Welt bedeutenden Bretter, erhöbe. Und damit könnte also alles wieder von vorne beginnen.

Der ‹Lügenpeter› im Basler Kindertheater.

Peter Jung

Dinosaurier aus China

Chinesische Dinosaurier (wörtlich ‹schreckliche Echsen›), bevölkerten den dritten Stock des Naturhistorischen Museums an der Augustinergasse vom 7. Juni 1990 bis zum 3. Februar 1991. Basel war in unserem Lande der einzige Standort dieser aussergewöhnlichen Wanderausstellung.

Die Ausstellung war ein Produkt des Instituts für Paläontologie der Wirbeltiere und Paläoanthropologie der Academia Sinica in Peking (Beijing), einer Institution, die 130 Wissenschafter beschäftigt. Den Hauptteil der Wanderausstellung bilden sechs vollständige Originalskelette. Sie stammen aus verschiedenen, zum Teil weit auseinander gelegenen Provinzen Chinas und decken den Zeitraum von der oberen Trias (215 Millionen Jahre) bis zur oberen Kreide (80 bis 90 Millionen Jahre vor unserer Zeit) ab. Infolge teilweise mangelhafter Erhaltung mussten einzelne Knochen ergänzt, andere sogar ganz nachgeformt werden. Trotz dieser Kunstgriffe kann die Qualität der Objekte als hochstehend bezeichnet werden. Neben den sechs grossen Skeletten werden Eier und Fussabdrücke von Dinosauriern sowie die unvollständigen Überreste eines Flugsauriers und zweier säugetierähnlicher Reptilien gezeigt.

Gemäss Leihvertrag musste die Ausstellung je durch vier chinesische Spezialisten aufgebaut und am Schluss wieder abgebaut werden. Nachdem das Sammelgut – sorgfältig verpackt in 61 Kisten mit einem Gesamtvolumen von etwa 90 Kubikmetern – am 5. April 1990 im Museum eingetroffen war, benötigten die Techniker fast fünf Wochen, um die über 2000 Einzelknochen auf die speziell vorbereiteten Eisen-Tragkonstruktionen zu montieren. Die Demontage vom Februar 1991 durch ein anderes Team von vier chinesischen Spezialisten nahm nur etwa drei Wochen in Anspruch.

Bevor sie nach Basel kam, war die Ausstellung in Cardiff, London und Stockholm zu sehen. Kenntnis davon erhielten wir dank einem Besuch eines Präparators des Basler Naturhistorischen Museums im British Museum. Obwohl er vom Material der Ausstellung begeistert war, gab er die spannende Neuigkeit zuerst nur zögernd weiter. Bald aber verbreitete sich der Enthusiasmus für diese Ausstellung wie ein Virus im ganzen Haus. Viele Mitarbeiter drängten darauf, sie in die Schweiz mit Standort Basel zu holen. In der Folge bewarb sich das Museum darum, und eine entsprechende Bewilligung wurde alsbald erteilt.

Die Vorbereitungen für das schöne Projekt wurden jäh unterbrochen durch die niederschmetternden Nachrichten über die politischen Vorgänge in China im Juni 1989. Manchem potentiellen Mitstreiter sank der Mut. Die Begeisterung liess nach, und die lokale Vertrauensbasis begann zu schwinden. Es schien, als müsse das interessante Vorhaben aufgegeben werden. Die eben begonnene Bettelkampagne war ernsthaft gefährdet, doch wir entschlossen uns, sie trotzdem weiterzuführen. Dies aus der Überlegung, dass Wissenschaft nichts mit Politik in diesem Sinne zu tun haben sollte, und weil wir uns mit den Kollegen des Instituts für Paläontologie der Wirbeltiere und Paläoanthropologie in Beijing als den Herstellern und Besitzern der Ausstellung solidarisch fühlten. In dieser Haltung wurden wir von verschiedenen Persönlichkeiten bestärkt, die dem Museum nahestehen.

Wie üblich bei derartigen Projekten, hatte sich das Museum zuerst darum bemüht, die beträchtlichen Kosten zur Realisierung der Ausstellung ins staatliche Budget einzubringen. Vorwiegend aus Termingründen war dies indes nicht möglich. Es war schon fast fünf nach

Mamenchisaurus: Zuletzt wird der kleine Kopf am 11 Meter langen Hals montiert.
◁ ▷

zwölf, als unerwarteter Sukkurs auftauchte: Die in Strassburg domizilierte Fondation Mécénat Science et Art stellte dem Museum eine ansehnliche Summe zur Verfügung – sozusagen eine begrenzte Defizitgarantie –, die die Durchführung des Projekts ermöglichen sollte. Gleichzeitig begann die Suche nach Sponsoren einige Früchte zu tragen. Allerdings war trotz der Unterstützung von vielen Seiten das Projekt materiell immer noch nicht abgesichert. Die Mitarbeiter des Museums waren gezwungen, einen gewissen Unternehmergeist zu entwickeln, was in einem staatlichen Betrieb ja nicht unbedingt zur Tagesordnung gehört. In dieser Situation tauchte rettend eine Lösung auf, wie es sie in der Stadt Basel eben auch immer wieder gibt: Die vorgesetzten Behörden bestanden nicht darauf, dass die Sondereintritte der Staatskasse abzuliefern seien, sondern sie erteilten die Bewilligung, diese zur Finanzierung der Ausstellung zu verwenden.

Die ‹schrecklichen Echsen› sind pflanzen- oder fleischfressende Landbewohner, die während der Periode zwischen 235 und 65 Millionen Jahren vor unserer Zeit lebten. Nicht alle Dinosaurier waren ‹schrecklich›, und nicht alle hat-

Claire Ochsner schmückt die Wände: hier eine Pflanze aus der Trias-Zeit (250–210 Mio. Jahre vor unserer Zeit).
◁ ◁

◁
Der Schädel von Shunosaurus auf dem Hintergrund eines palmenartigen Baumes aus der mittleren Jura-Zeit (185–160 MJ). Im Diorama unten links – das für Kinder tief plaziert wurde – greifen zwei Individuen des Fleischfressers Gasosaurus den viel grösseren Pflanzenfresser Shunosaurus an.

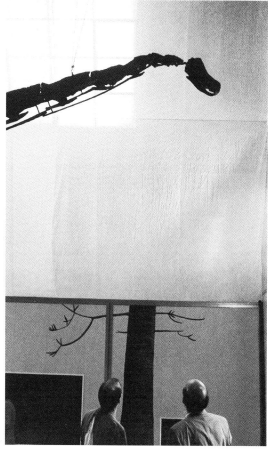

Tsintaosaurus, der Entenschnabel-Saurier mit dem knochigen Fortsatz auf dem Schädeldach aus der oberen Kreide-Zeit (95–65 MJ).
▽

ten gigantische Ausmasse. Die kleinsten unter ihnen waren etwa so gross wie ein Huhn, und viele waren nicht grösser als ein Mensch. Am anderen Ende der Reihe aber stehen gewisse Formen von Dinosauriern, die das unvorstellbare Gewicht von bis zu 80 Tonnen und eine Länge von annähernd 40 Metern erreichten und die schwersten und längsten Landbewohner aller Zeiten darstellen.

Insgesamt sind heute weltweit über 800 Arten von Dinosauriern bekannt. Sie lebten auf allen Kontinenten, einschliesslich der Antarktis, und Funde wurden in sehr vielen Ländern (auch in der Schweiz) gemacht. Im modernen Sinn wissenschaftlicher Beschreibung wurden die ersten um die Mitte des letzten Jahrhunderts bekannt. Der erste Dinosaurier aus China wurde im Jahre 1935 beschrieben. Seither ist die chinesische Dinosaurierforschung in rasanter Entwicklung begriffen. Die chinesische Dinosaurierfauna umfasst mit ihren über hundert Arten einen respektablen Prozentsatz aller bekannten Arten. Der Chef der chinesischen wissenschaftlichen Delegation, Prof. Qiu Zhanxiang, ging anlässlich der Eröffnung der Ausstellung am 7. Juni 1990 auf die kurze Geschichte der Dinosaurierforschung in China ein und betonte, dass in Anbetracht der Grösse des Landes und der günstigen geologischen Gegebenheiten zu erwarten sei, dass in den kommenden Jahrzehnten weitere sensationelle Funde gemacht würden.

Skelette und Rekonstruktionen von Dinosauriern werden seit langer Zeit in zahlreichen Mu-

Wo sonst die ‹Säugetiere der Welt› ausgestellt sind, stand der Star der Sonderschau: der 22 Meter lange Mamenchisaurus.

Öffentliche Führungen mit über hundert Besuchern waren keine Seltenheit: lauschende Menge im Gedränge vor dem Lufengosaurus.

seen ausgestellt; meist werden überall die gleichen Arten gezeigt, die auch in vielen populären Büchern dargestellt sind. Beispiele dafür sind etwa die amerikanischen Formen *Tyrannosaurus* und *Triceratops*. Museumsleute haben aber immer den Wunsch gehabt, diese neben Vergleichsmaterial aus anderen Ländern zu stellen.

Die sechs chinesischen Arten der Ausstellung gleichen teils bekannten Formen aus anderen Ländern, teils muten sie fremd an und sind nur aus China belegt. *Lufengosaurus* ist dem vor allem aus Süddeutschland und der Schweiz bekannten *Plateosaurus* nahe verwandt. Skelett

und Rekonstruktion von Plateosaurus sind im Naturhistorischen Museum bereits seit einigen Jahren ausgestellt. *Tuojiangosaurus* gehört zur Gruppe der Stegosaurier, die weltweit verbreitet war. Verwandte von *Mamenchisaurus* lebten auf allen Kontinenten, z. B. *Diplodocus* in Nordamerika, aber Mamenchisaurus unterscheidet sich von allen diesen riesigen Formen durch die aussergewöhnliche Länge seines Halses, die bislang nicht schlüssig beantwortete Fragen bezüglich Nahrungsaufnahme und Atmung aufwirft. *Tsintaosaurus* mit seinem eigenartigen knochigen Fortsatz auf dem Schädeldach wirkt in der Rekonstruktion beinahe anmutig. Er ist die jüngste in der Ausstellung vertretene Art.

Die Skelette von Mamenchisaurus und Tsintaosaurus sind die einzigen vollständigen Exemplare ihrer Art; es ist daher erstaunlich, dass sie trotz Risiko auf Wanderschaft geschickt wurden.

Den Reaktionen von Einzelpersonen, Gruppen und Schulklassen sowie den Darstellungen in den Medien war zu entnehmen, dass die chinesischen Dinosaurier auf unsere Bevölkerung einen nachhaltigen Eindruck gemacht haben. Insbesondere auf Kinder übten die Riesenechsen eine merkwürdige Faszination aus.

‹Edition› – eine Tochter der ‹Art›

Innerhalb der grossen Kunstmessen stehen Graphik und Multiples unweigerlich im Schatten der exklusiveren und teureren Originale. Um auch Werken dieser Sparte den Platz und die Beachtung zu verschaffen, die sie verdienen, hat die Basler Messeleitung eine neue, eigene Messe für Originalgraphik, ‹Edition›, ins Leben gerufen, die jeweils gleichzeitig und unter demselben Dach wie die ‹Art› stattfinden soll.

An der ‹Edition 1/90› nahmen 105 Graphik-Galerien und -Verleger (resp. -Drucker) aus 14 Ländern teil, die meisten aus Deutschland, Frankreich, der Schweiz und den USA. Sie zeigten Originalgraphik des 20. Jahrhunderts (auch in Büchern) und Multiples – Altbekanntes und noch nie Gesehenes, Teures und Erschwingliches, etwas für jeden Geschmack und (fast) jeden Geldbeutel.

Das Echo, sowohl beim Publikum als auch bei den Ausstellern, war sehr positiv. Wie an der ‹Art› wurde auch hier nicht nur ver- und gekauft, sondern die Aussteller schätzten und nutzten die Möglichkeit, Kontakte zu knüpfen mit ausländischen Kollegen, Künstlern und einem neuen Publikum. Die meisten wollen deshalb auch im nächsten Jahr wieder dabeisein. Den endgültigen Entscheid fällt jedoch die Messeleitung auf Empfehlung eines internationalen Expertenkomitees, das das Angebot der angemeldeten Teilnehmer jedes Jahr prüft und nur zulässt, was qualitativ genügt. 17 der 1990 vertretenen Aussteller sind für 1991 nicht mehr angenommen worden.

Barbara und Kurt Wyss

Johanna M. Schwarz

Internationale Austausch Ateliers Region Basel – ein neuartiges Kulturförderungsmodell

Im Frühjahr 1990 erschien im Christoph Merian Verlag eine Dokumentation zum IAAB-Projekt (Internationale Austausch Ateliers Basel) anlässlich einer ersten Bestandsaufnahme dieses inzwischen vierjährigen Austauschgeschehens. Das Atelier- und Gewerbehaus der Christoph Merian Stiftung im St. Alban-Tal wurde im Herbst 1987 eingeweiht. Zwei vom Basler Architekten Michael Alder errichtete zweigeschossige Bauten, die einen Innenhof bilden, verfügen im oberen Stock über insgesamt vier 70 m² grosse, helle Wohnateliers.

Mit dem Einzug der ausländischen Künstlerinnen und Künstler im Atelierhaus sowie den begonnenen Aufenthalten von Basler Kunstschaffenden im Ausland wurden die ersten Schritte in der Realisation folgender zwei Grund-Ideen vollzogen: einerseits für Kulturschaffende Freiräume herzustellen, in welchen unter möglichst idealen äusseren Bedingungen der eigenen künstlerischen Arbeit nachgegangen werden kann, sowie andererseits das Bedürfnis der Kunstschaffenden nach Grenzüberschreitung aufzugreifen, indem der Versuch eingeleitet wurde, ein Netz von Aufenthalts- und Arbeitsmöglichkeiten über die ganze Erde verteilt aufzubauen. Denn für die Biografie vieler Künstlerinnen und Künstler war und ist das Reisen von grösster Bedeutung. Ausgangspunkt war der Gedanke, den Basler Künstlern den Aufenthalt in einem ausländischen Atelier zu ermöglichen. Berufskollegen aus den entsprechenden Ländern soll in Basel Gegenrecht gewährt werden. Der Projektleiter, Dr. Cyrill Häring, verantwortlich für Städtische Aufgaben und Information bei der Christoph Merian Stiftung, hat im Rahmen dieser Stiftung eine bereits seit Jahren bei der Konferenz der Schweizer Städte vorhandene Idee auf seine Art und mit den ihm zur Verfügung stehenden Mitteln zu realisieren begonnen. Bei den zunächst mit Kanada, Ägypten, Taiwan, Brasilien und China geknüpften Kontakten handelte es sich durchaus nicht nur um offizielle, über die Botschaften und Generalkonsulate vermittelte Beziehungen zu Kulturinstitutionen, sondern auch um solche, die auf ‹zufälliger›, privater Basis entstanden waren.

Dieses unbürokratische Austauschnetz hat sich inzwischen auf Australien, die USA und Indonesien ausgeweitet, es ist zu einem sensiblen, ja zum Teil auch labilen Gebilde gewachsen, in welchem dadurch auch Flexibilität herrscht. Zwar gibt es bedauerlicherweise mit China und Brasilien vorerst keinen Austausch mehr, dafür sollen sich mit Japan und den Oststaaten neue Möglichkeiten eröffnen. Am 22. November 1990 wurde zusammen mit der Eidgenossenschaft im Rahmen der verstärkten Zusammenarbeit mit osteuropäischen Staaten ein Verein ARTEST gegründet, der den Austausch von Kunstschaffenden aus Osteuropa und der Schweiz bezweckt. Die Christoph Merian Stiftung mit den IAAB-Ateliers ist dabei Gründungsmitglied und mittragende Partnerin.

Das individuelle Engagement der verantwortlichen Persönlichkeiten und Institutionen in den einzelnen Ländern gibt dem Austauschgeschehen ganz verschiedene Färbungen, mit jedem Land machen sowohl die Künstler als auch die Projektleiter unterschiedliche Erfahrungen. Wo das Leben, wie in Ägypten, eher chaotisch ist, kann ein gehöriges Mass an Überlebenskampf provoziert werden, dafür aber überwiegen die Erfahrungen menschlicher Wärme und rasch geknüpfter Kontakte; Künstlerinnen und Künstler, die von dort nach Basel kommen, sind oft erschreckt über unsere Reserviertheit oder Kälte, leiden an dem hiesigen In-

Gewerbehaus St. Alban-Tal 40A mit den vier IAAB-Ateliers im Obergeschoss.

dividualismus, bewundern aber gleichzeitig die Perfektion aller Abläufe.

51 Künstlerinnen und Künstler waren bisher am Austausch beteiligt, 51 unterschiedliche Erfahrungen liegen vor. Denn zu den äusseren Umständen in den fernen Ländern kommen die persönlichen Anliegen der Menschen hinzu: Wer das gewählte Ausland schon kennt, konzentriert sich auf die künstlerische Tätigkeit; wer das erste Mal dort ist, möchte auch reisen; wer den Rückzug sucht, geniesst die ungestörte Arbeit; wer Kontakte knüpfen will, sucht andere Künstler und ist dankbar über bestehende Formen usw. Allen gemeinsam ist jener Drang, sich und seine Arbeit Fremdem auszusetzen, Gewohnheiten zu durchbrechen, Grenzerlebnisse zu suchen und zuzulassen, Fremdes aufzunehmen und dies alles dann auf individuelle Art und Weise zu verarbeiten.

Die längere Auseinandersetzung mit dem IAAB-Projekt hat mich zu den erfolgreichen und den bisher noch problematischen Seiten dieses Austauschabenteuers geführt, die hier nur kurz angedeutet werden können: Obwohl den ausländischen Künstlern eine sehr gut funktionierende Infrastruktur betreffend Atelierraum und Betreuung zur Verfügung steht, fühlen sie sich dennoch im ‹Dalbeloch›, so ganz nur miteinander konfrontiert, mehr oder weniger isoliert. Es wäre diesen Ausländerinnen und Ausländern zu wünschen, dass ihnen Kunst- und Kulturinteressierte dieser Stadt vermehrt begegnen würden, um sich in eine erweiterte Ebene des Austausches einzulassen. Damit verbunden ist allerdings die Frage nach gemeinsamen Austauschkriterien. Dieses Projekt möchte bewusst keine Elite unterstützen, sondern Kunstschaffende mit professionellen Anliegen ihrer Arbeit gegenüber, egal welches Alter und welche Erfolge sie aufweisen. Wie unterschiedlich diese Kriterien in den einzelnen Ländern interpretiert werden, zeigt sich jeweils bei den regelmässig stattfindenden Atelierausstellungen: Dort, wo Experten die Bewerber ausgewählt haben, ist uns das künstlerische Schaffen vertraut, und eine Auseinandersetzungsebene ist gegeben; wo dies nicht der Fall ist, wird die Kunst oft zur Folklore, was hier kaum auf Interesse stösst.

Eine bisher ungelöste finanzielle Seite des Aus-

Blick in eines der Ateliers. ▷

tausches konnte im Sommer 1990 geregelt werden. Bis anhin waren zwar Arbeits- und Lebensraum, den Möglichkeiten entsprechend, abgedeckt, alle sonstigen Kosten gingen aber ganz zu Lasten der Künstler. Man kann sich leicht ausrechnen, welche Höhe selbst die minimalen Lebenshaltungs- und Reisekosten für einen sechsmonatigen Aufenthalt in einem fremden Land, womöglich nebst Atelier- und Wohnungsmieten daheim, erreichen. Für Künstlerinnen und Künstler, deren gesamte Arbeit ja sowieso nicht im gewohnten Produktionszusammenhang von Herstellung und Nachfrage steht, sind sie in den meisten Fällen nur durch ein ‹simples› Geldverdienen zu finanzieren, unter Verzicht auf die *eigentliche* Arbeit, oder mit dem Glück, in anderen Zusammenhängen ein Stipendium zu erhalten. Die seit Herbst 1990 erweiterte Trägerschaft des IAAB-Projektes, bestehend aus der Christoph Merian Stiftung, der Abteilung Kultur des Kantons Basel-Stadt und der Abteilung Kulturelles des Kantons Basel-Landschaft, ermöglicht nun, neben einem erweiterten Auswahlverfahren, eine umfassendere Finanzierung: Arbeits- und Lebensraum stellt weiterhin die Christoph Merian Stiftung, einen Betriebskredit der Fonds Basel 1996; neu erhalten die ausgewählten Künstlerinnen und Künstler finanzielle Unterstützung für die Reise- und Lebenshaltungskosten. Zudem stellt Basel-Landschaft zwei weitere Ateliers für Kunstschaffende in Arlesheim und Liestal zur Verfügung.

Einen Beitrag zu leisten an die künstlerische Biografie des Einzelnen als kulturelle Förderung im Sinne einer dringend notwendigen Verbesserung des gesamten Lebenswertes unserer Zeit, das ist das Ziel des IAAB-Projektes. Dabei handelt es sich um *eine* mögliche Form der Kulturförderung. Als Anregung oder Anstoss aufgenommen, an anderen Orten und in anderen Zusammenhängen ähnliche Projekte entstehen zu lassen, könnte ein fruchtbares Austauschnetz der Kulturen, bewusst von deren individuellen Trägern gesucht, heranwachsen. Eine Gegenbewegung sozusagen zu jenem heute bestehenden, oft unfreiwilligen Kulturaustausch mit meist nur wirtschaftlich-politischen Motiven, der zu noch mehr Abgrenzung der einen von den anderen führt.

Christian Geelhaar

Grosse Ausstellungen im Kunstmuseum Basel – ein Rückblick

Mit den beiden Sonderveranstaltungen des Jahres 1990: ‹Picasso und Braque: Die Geburt des Kubismus› und ‹Die Zeichnungen von Jasper Johns› hat eine Folge von Ausstellungen ihren – vorläufigen – Abschluss gefunden, die dem Kunstmuseum, und damit Basel, international mehr Anerkennung eintrugen und grössere Besucherscharen zuführten als vielleicht je zuvor. Dass ausgerechnet auf dem Höhepunkt dieser Erfolgswelle sich die Notwendigkeit einer Denk- und Verschnaufpause aufdrängt, ist gewiss bedauerlich und wird die Erwartungen jener Kunstfreunde aus nah und fern enttäuschen, die auf weitere glanzvolle Ausstellungsereignisse im Kunstmuseum hoffen. Die Unmöglichkeit, im gleichen Tempo auf diesem Geleise fortzufahren, hat weniger mit der finanziellen Situation als mit der Tatsache zu tun, dass die Kräfte des kleinen Museumsteams zur Bewältigung solcher Grossprojekte auf die Dauer nicht ausreichen.

Rückblickend mag man sich fragen, ob durch bessere Planung sich dieser Erschöpfungszustand hätte vermeiden lassen. Die Antwort ist ein entschiedenes Nein. Es galt, ‹die Feste zu feiern, wie sie fielen›. Als mir Anfang 1981 die Leitung der Öffentlichen Kunstsammlung und ihrer beiden Häuser – Kunstmuseum und Museum für Gegenwartskunst – anvertraut wurde, gab man mir zu verstehen, ich möge dafür besorgt sein, dass die in Zusammenhang mit der ‹Grün 80› geplante Ausstellung von Monets Seerosenbildern doch noch zustande komme. Ich wollte mich sofort an diese Aufgabe, die mich begeisterte, machen. Doch im Mai meines ersten Amtsjahres regte Ernst Beyeler eine Ausstellung des Spätwerks von Pablo Picasso zum Anlass von dessen 100. Geburtstag an. Monet musste vorerst einmal warten.

Am 6. September 1981 wurde die 72 Gemälde und 79 Radierungen umfassende Schau: ‹Pablo Picasso: Das Spätwerk, Themen 1964–1972› eröffnet. Das war eine ‹tour de force›, wie sie 1976 auch Franz Meyer mit seiner Picasso-Retrospektive hatte vollbringen müssen. Der Erfolg der Ausstellung des bis anhin wenig populären Spätwerks von Picasso übertraf sämtliche Erwartungen. Die Ausstellung wurde ausserdem zum Vorbild für andere: Gert Schiff rühmte sie im Katalog ‹Picasso: The Last Years, 1963–1973› (The Solomon R. Guggenheim Museum, New York 1984) als ‹trailblazing›, und auch die 1988 vom Centre Georges Pompidou und von der Tate Gallery in Paris und London veranstaltete Schau ‹Le dernier Picasso› berief sich auf die Vorgängerin in Basel.

Der Versuch, das Monet-Projekt zu verwirklichen, wurde fortgesetzt, begegnete aber immer wieder neuen Hindernissen. 1984 wurde er abermals durch eine Blitzaktion unterbrochen: Der Erwerb des Strawinsky-Nachlasses durch die Paul Sacher-Stiftung sollte durch eine Ausstellung gefeiert werden, wie sie in dieser Art noch keinem Komponisten gewidmet worden war. Für ein so komplexes Projekt war die Vorbereitungszeit wiederum äusserst knapp. Die Ausstellung umfasste neben Hunderten von Manuskripten und Dokumenten aus dem Nachlass über 270 Gemälde, Skulpturen, Bühnenbildentwürfe und Fotografien, die als Leihgaben aus ganz Europa und den Vereinigten Staaten nach Basel geholt wurden.

Am 20. Juli 1986 konnte zum 50. Geburtstag des heutigen Museumsbaues endlich die Ausstellung ‹Claude Monet: Nymphéas, Impression – Vision› eröffnet werden. Noch wenige Monate zuvor hatte ich befürchtet, wegen der Schwierigkeiten, ja Unmöglichkeit, gewisse Leihgaben zu bekommen, die Waffen endgültig strecken und das Vorhaben aufgeben zu müs-

Pablo Picasso: Trois femmes. 1907–1908. Öl auf Leinwand, 200×178 cm; Museum Eremitage, Leningrad. ▷

sen. Die Ausstellung selber war dann die schönste Belohnung für das lange, beharrliche Durchhalten.

Angesichts des unerhörten Erfolges der Monet-Austellung stellte sich alsbald die Frage nach einer ebenbürtigen Nachfolge-Veranstaltung. Die Antwort kam von einer amerikanischen Kunsthistorikerin, Mary Louise Krumrine, die sich im Juli 1986 bei verschiedenen europäischen Museen nach der Möglichkeit erkundigte, eine den ‹Badenden› von Cézanne gewidmete Ausstellung durchzuführen. Dieser Vorschlag kam mir wie gerufen, handelte es sich doch, wie bei den ‹Nymphéas›, um ein Thema, das den Künstler über eine lange Wegstrecke seiner Karriere begleitete. Hier wie dort liess sich aufzeigen, wie ein und dasselbe Thema entwickelt, umkreist, wiederholt, variiert wird

– kurz: der schöpferische Prozess konnte vor den Augen des nachvollziehenden Betrachters sichtbar gemacht werden. Für die Vorbereitungen der Cézanne-Ausstellung wurden zweieinhalb Jahre veranschlagt.

Einmal mehr liessen es die Umstände nicht zu, dass wir uns ausschliesslich dieser Aufgabe widmen konnten. Da war einmal die Ausstellung der Basler Böcklin-Bestände in Tokyo Anfang 1987, im Sommer sodann ‹Im Lichte Hollands›, eine Übersicht, die auf unsere eigene Sammlung holländischer Malerei des 17. Jahrhunderts aufmerksam machen sollte. Durch Zufall erfuhr ich dann, dass die Royal Library auf Windsor Castle fünfzig Holbein-Zeichnungen an die Hamburger Kunsthalle ausleihen würde. Eine solche Ausstellung hatte sich Basel seit langem gewünscht. Unser Anliegen stiess, einmal ausgesprochen, in Windsor sofort auf offene Ohren. Zum ersten Mal mit dem Basler Bestand vereint, boten die *Holbein-Zeichnungen* aus dem Besitze des englischen Königshauses im Sommer 1988 einen unvergleichlichen Überblick über das zeichnerische Schaffen des Meisters. Das Echo bei den Freunden von Altmeister-Zeichnungen war begeistert.

Im Laufe der mit ungeheuren Schwierigkeiten verbundenen Vorbereitungszeit für die Ausstellung ‹*Paul Cézanne: Die Badenden*› (10.9.–10.12.1989) sollte sich ausserdem herausstellen, dass das Centre Georges Pompidou in Paris, anders als vorgesehen, die vom Museum of Modern Art organisierte und im Herbst/Winter 1989/90 in New York gezeigte Schau ‹Picasso and Braque: Pioneering Cubism› nicht würde übernehmen können. Nachdem ich mich schon früh darum bemüht hatte, die Ausstellung auch in Basel zeigen zu können, bot sich hier nun die einmalige Chance, in die Lücke zu springen und diesen Wunsch doch noch zu realisieren. Da sämtliche Leihgaben

◁ △
Pablo Picasso:
Eventail, boîte
à sel, melon. 1909.
Öl auf Leinwand,
81 × 64 cm;
The Cleveland
Museum of Art.

△
Pablo Picasso:
Ma JOLIE.
1911–1912.
Öl auf Leinwand;
100 × 65,5 cm;
Museum of
Modern Art,
New York (Lillie
P. Bliss Bequest).

△
Georges Braque:
Grand nu. 1908.
Öl auf Leinwand,
140×100 cm;
Sammlung Alex
Maguy, Paris.

△▷
Georges Braque:
Le Pont de la Roche-
Guyon. 1909.
Öl auf Leinwand,
81×65 cm;
Privatbesitz.

für Basel neu erbeten werden mussten, und dies erst zu einem ausserordentlich späten Zeitpunkt erfolgen durfte (d. h. erst nachdem New York die notwendigen Zusagen erhalten hatte), mutete es beinahe vermessen an, dieses Wagnis einzugehen. Einmal mehr sollte das Resultat die Bestätigung erbringen, dass wir richtig gehandelt hatten.

Die Ausstellung ‹Picasso und Braque: Die Geburt des Kubismus› zog in 16 Wochen (25.2.–18.6.1990) 214000 Besucher an. Misst man diese Zahl an den 346600 Besuchern, die die Schau während ihrer 17wöchigen Dauer in New York verzeichnete, darf man füglich behaupten, die Basler Fassung sei noch erfolgreicher gewesen. Wurden in New York 18500 Exemplare des Katalogs verkauft, so konnten wir von dem in deutscher und französischer Übersetzung erhältlichen Katalog 30650 Exemplare absetzen.

Die Kubismus-Ausstellung stützte sich auf die Forschungsarbeit von William Rubin, dem emeritierten Direktor des Department of Painting and Sculpture am Museum of Modern Art. Die Zahl der Exponate wurde für Basel reduziert: weniger bei den Gemälden als vor allem bei den gezeichneten Skizzen und Studien zu Bildern und Skulpturen. Die Ausstellung und ihr Konzept gewannen dadurch an Überschaubarkeit und wurden nicht nur eindrücklicher, sondern auch publikumsfreundlicher. Es waren gegen 190 Werke zu sehen, wovon über 70 auf Braque und über 110 auf Picasso entfielen. Diese Zahlen stehen in einem proportionalen Verhältnis zur Produktion der beiden Künstler: Braque war der bedächtigere, gelegentlich sorgfältigere Maler, Picasso der unermüdlich produzierende.

Die Leihgaben kamen wiederum aus der ganzen Welt: aus Europa, den Vereinigten Staaten, Japan und Australien. Ein Novum für Basel, und einen Höhepunkt der Schau, bildeten die

Georges Braque: Broc et violon. 1910. Öl auf Leinwand, 117×73 cm; Öffentliche Kunstsammlung Basel (Schenkung Raoul La Roche).

Jasper Johns: Untitled. 1977. Tinte, Aquarell und Farbkreide auf Plastikfolie, Lichtmasse 48,3 × 30,5 cm; Privatsammlung Los Angeles; Courtesy Margo Leavin Gallery. ▷

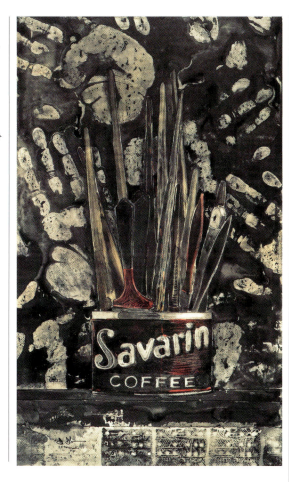

Jasper Johns: Study for Fall. 1986. Wasserfarbe auf Papier, 44,6 × 54 cm; Sammlung Barbaralee Diamonstein und Carl Spielvogel. ▽

zehn kapitalen Gemälde Picassos, welche die Staatliche Ermitage von Leningrad nach Basel entsandt hatte. Im Austausch reisten dann im Herbst zehn Picasso-Bilder der Öffentlichen Kunstsammlung nach Leningrad. Aussergewöhnlich grosszügige Leihgeber waren mit 28 Werken das Museum of Modern Art, New York, mit 21 Bildern das Musée national d'art moderne und mit 14 Werken das Musée Picasso, beide Paris. 11 Gemälde und 33 Zeichnungen, Papiers collés und Radierungen stammten aus Basler Museumsbeständen, wobei diese, von wenigen Ausnahmen abgesehen, Teil der grossartigen Schenkungen von Raoul La Roche sind. Braques ‹Broc et violon› (1910) und ‹Le Portugais› (1911) oder Picassos ‹L'Aficionado› (1912) aus der Sammlung La Roche zählen, wie die Ausstellung einmal mehr verdeutlichte, zu den herausragenden Inkunabeln des Kubismus und machen Basel zu einer der bedeutendsten Schatzkammern des Kubismus. ‹Picasso und Braque: Die Geburt des Kubismus› wurde denn auch als – verspätete – Ehrung zum 100. Geburtstag von Raoul La Roche (geboren am 23. Februar 1889, gestorben 1965) verstanden.

Der 1930 geborene amerikanische Künstler Jasper Johns besitzt, wie so mancher Künstler (von Degas bis Picasso) vor ihm, drei Darstellungen von Badenden von Cézanne: nach Basel lieh er ein Gemälde und eine Zeichnung aus. Johns setzt sich seit Jahren intensiv mit dem Schaffen von Picasso auseinander, so etwa in dem 1988 von der Öffentlichen Kunstsammlung Basel mit Hilfe des Vereins der Freunde des Kunstmuseums erworbenen Bild ‹The Bath›. Es kam gewissermassen einer Abrundung der vorausgegangenen Veranstaltungen gleich, als im Sommer/Herbst 1990 (19. August bis 28. Oktober) das Kunstmuseum, als einziges Institut auf dem europäischen Kontinent, die von der National Gallery of Art in Washington aus Anlass des 60. Geburtstages des Künstlers organisierte Ausstellung *Die Zeichnungen von Jasper Johns* zeigen konnte, bevor diese nach London weiterreiste. Neue Besucherrekorde waren hier nicht zu erwarten; immerhin zog die hervorragende Schau mit 18 175 Besuchern in zehn Wochen mehr Publikum an als je zuvor eine Ausstellung eines lebenden Künstlers im Kunstmuseum oder im Museum für Gegenwartskunst.

Anna Rapp Buri / Monica Stucky-Schürer

zahm und wild

Eine Ausstellung von Basler und Strassburger Bildteppichen des 15. Jahrhunderts

Das Historische Museum Basel hat im Oktober 1985 den beiden Autorinnen den Auftrag erteilt, sämtliche heute bekannten oberrheinischen Bildteppiche des 15. Jahrhunderts wissenschaftlich neu zu bearbeiten. Ziel des vom Schweizerischen Nationalfonds unterstützten Forschungsprojektes war es, eine alle Stücke umfassende Publikation neu vorzulegen sowie erstmals eine Ausstellung mit einer repräsentativen Auswahl zu organisieren. Als Ergebnis dieser Untersuchung steht fest, dass am Oberrhein zwischen 1400 und der Reformation nur mit den beiden Reichsstädten Basel und Strassburg Produktionszentren von Bildteppichen zu fassen sind.

Die vom 17. August bis zum 18. November 1990 in der Barfüsserkirche veranstaltete Ausstellung zeigte 65 Exponate. Es handelte sich vorwiegend um weit verstreute spätgotische Kunstwerke, die erstmals in ihre ‹Produktionsheimat› zurückgeführt wurden. Um den wichtigen Kern der Basler Bestände (14) waren Leihgaben aus dem In- und Ausland vereinigt: Amsterdam, Rijksmuseum; Berlin, Kunstgewerbemuseum; Bern, Bernisches Historisches Museum (3); Bolzano, Kloster Muri-Gries (5); Boston, Museum of Fine Arts; Colmar, Musée d'Unterlinden (2); Donaueschingen, Fürstlich Fürstenbergische Sammlungen; Eisenach, Wartburg-Stiftung (2); Frankfurt, Museum für Kunsthandwerk (3); Hamburg, Museum für Kunst und Gewerbe; Köln, Museum für Angewandte Kunst (3); Kopenhagen, Nationalmuseet; Leipzig, Museum des Kunsthandwerks (2); London, Victoria and Albert Museum; Näfels, Museum des Landes Glarus; New York, The Metropolitan Museum, Cloisters (2); Nürnberg, Germanisches Nationalmuseum (4); Orléans, Musée historique; Paris, Musée de Cluny; Privatbesitz; Strasbourg, Musée de l'œuvre Notre-Dame (2); Stuttgart, Württembergisches Landesmuseum; Thun, Historisches Museum; Villingen, Stadtmuseum; Wien, Österreichisches Museum für angewandte Kunst (4) und Zürich, Schweizerisches Landesmuseum (8).

Den beiden Organisatorinnen der Ausstellung war es ein besonderes Anliegen, mit den notwendigen temporären Einbauten die Bettelordensarchitektur der Barfüsserkirche so wenig als möglich zu stören. Deshalb suchten sie für die Raumkonzeption einen Architekten und fanden in Peter Stiner, dipl. Arch. ETH/SIA,

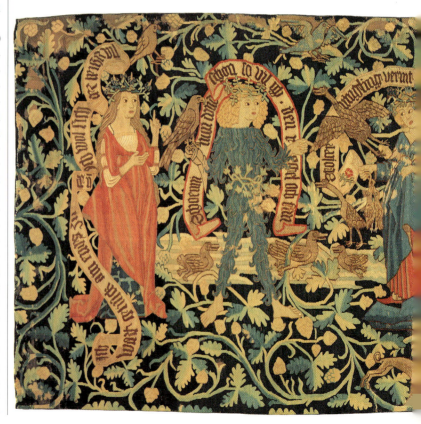

Die betende Odilie. Ausschnitt aus einem Strassburger Chorbehang um 1470/80. Strasbourg, Musée de l'œuvre Notre-Dame (Dépôt du Collège St-Etienne). ▷

Edelleute und Wildleute auf der Falkenjagd. Ausschnitt aus einem Basler Wandbehang um 1488. Basel, Historisches Museum. ▽

Basel, einen nicht nur sensibel auf die architektonischen Gegebenheiten reagierenden, sondern auch in der Ausführung selber Hand anlegenden Ausstellungsgestalter.

Es galt, dem heutigen Betrachter den hohen Kunstwert dieser spätgotischen Wandteppiche deutlich zu machen und darauf hinzuweisen, dass es sich bei den profanen Darstellungen um die Vorläufer der am Oberrhein damals noch unbekannten bürgerlichen Tafelmalerei handelt.

Die Besteller dieser Wirkereien waren Angehörige der wohlhabenden Bürgerschicht beider Reichsstädte. Sie eiferten den Burgunderherzögen nach, indem sie ihre Wohnsitze mit bunten Wirkteppichen belebten. Die fürstlichen Tugenden ihrer Vorbilder deuteten sie zu bürgerlichen Moralbegriffen um und erfanden damit eine eigene Ikonographie. Eine besondere Deutung erfuhr auch die Figur des Wilden Mannes, der seit jeher als Personifikation der wilden Natur galt.

In Basel glaubt jeder, den Wilden Mann zu ken-

Mauritius, die Verzückung der Maria Magdalena und Katharina. Ausschnitt aus einem Basler Behang um 1440/50. Thun, Historisches Museum.

nen, wie er in knisternder Kälte zu den dumpfen Trommelklängen auf dem Rheinfloss unablässig seinen Tanz vollführt und danach den Kindern mit seiner grimmigen Maske Angst einflösst. Die in Basel und Strassburg im 15. Jahrhundert produzierten Wandteppiche geben aber eine andere, absolut eigenständige Darstellung der Wildleute, die je nach Vorlage ihren schillernden Charakter dem Bildinhalt anpassen. Es handelt sich dabei weder um Illustrationen zu einer epischen Dichtung noch um das Festhalten einer höfischen Maskerade, wie sie Andrea Gattaro, der venezianische Gesandte am Basler Konzil, in unserer Stadt 1435 miterlebt und eindrücklich beschrieben hat.

Die Wildleute auf den Bildteppichen tragen eine Körperbehaarung aus dichten Locken und Fellzotteln, die je nach Individuum rot, grün, blau, braun oder grau gefärbt sind. Den ihnen eigenen dämonischen oder auch koboldhaften Charakter haben sie meist abgelegt. Sie erscheinen als friedfertige Gestalten, die es verstehen, im Einklang mit der Pflanzen- und Tierwelt zu leben, ja sogar sich den Menschen ebenbürtig gegenüberzustellen. So zeigen einzelne Wirkereien, wie Wilde und höfische Leute gemeinsam jagen, spielen, Feste feiern oder auch zusammen das Feld bestellen.

Als Geschöpfe der wilden Natur unterstehen sie weder moralischen Regeln noch den christli-

Wilde Frau mit Maiglöckchenkranz. Fragment eines Basler Wandbehangs um 1480. Zürich, Schweizerisches Landesmuseum.

Wilde Leute auf der Hirschjagd. Ausschnitt aus einem Basler Wandbehang um 1468. Basel, Historisches Museum.

chen Gesetzen. Diese Normen sind ihnen allerdings durchaus bekannt, so dass sie ohne Verlust ihres ursprünglichen Charakters danach handeln. Dank den Spruchbändern sind die Wildleute der Bildteppiche der Sprache mächtig und vermögen ihrem doppelsinnigen Handeln Ausdruck zu geben. So beruhigt z. B. auf dem Hochzeitsteppich des ehemaligen Basler Bürgermeisters Hans von Flachsland ein Wilder Jäger seine hübsche Jagdgefährtin mit den Worten:

«hand kein sorg ir wiplich bild
ich will üch geben zams und wiltz»
(Sorgt Euch nicht, Ihr weiblich Bild,
ich will Euch geben Zahms und Wilds).

Das heisst, er beherrscht zwar die strengen Regeln der höfischen Jagdkunst und unterwirft sich diesen, bleibt aber seiner natürlichen Herkunft gemäss stets wild.

Besonders häufig sind Wildleute dargestellt, wenn auf den Wirkteppichen das Thema der Minne anklingt. Es ist die in der Tradition des hochmittelalterlichen Ritterideals stehende Minne, die von Treue, Standhaftigkeit und Ehre getragen wird. Durch die Zähmung der ungebändigten Triebe erfährt das Liebesverlangen seine Stilisierung in Gesellschaftsspielen, auf der Jagd, bei Scherz und sittsamem Geplänkel. Dass zügellose Wildheit nur dank dem Vertrauen auf gegenseitige Gelöbnisse in Schranken gehalten werden kann, zeigt ein kleines Teppichbild: Eine elegante junge Dame hält einen bärtigen Wildmann an einem eisernen Fussring gekettet. Er beteuert:

> «ich wil iemer wesen wild
> bisz mich zemt ein frouwen bild»
> (Nie mehr will ich's treiben wild,
> solang mich zähmt ein Frauenbild).

Und die junge Schöne ermutigt ihn:

> «ich trüw ich wel dich zemen wol
> als ich billich sol»
> (Ich trau mich, dich zu zähmen wohl,
> so gut und billig als ich soll).

Dabei liegt die schwere Eisenkette locker in ihrer Hand. Denn die Überwindung des wilden Wesens im Mann kann nicht durch einen Kraftakt geschehen, sondern nur durch die Liebe und Treue einer Frau.

Auf einem Teppichfragment mit gleichem Bildinhalt stand sich einst ein Wildes Paar gegenüber. Die noch erhaltene bekränzte Wildfrau sagt ihrem Partner:

> «... noch ... und ruch noch so wild
> ich hoff dich zem ein wiplich bild»
> (Und bist du noch so roh und wild,
> ich hoff, dich zähm' ein weiblich Bild).

Zwar wurden hier nur Beispiele erwähnt, in denen die Gegensatzpole *zahm* und *wild* in Wort und Bild fassbar sind. Sie lassen sich aber auch auf den übrigen weltlichen wie religiösen Tapisserien fassen, stammen diese doch alle aus einer Zeit, in der die Voraussetzung für ein gottgefälliges Leben die Bezähmung des wilden und leidenschaftlichen Geistes war. Daher ist mit dem Ausstellungstitel ‹zahm und wild› der Inhalt sämtlicher Wirkereien des 15. Jahrhunderts aus Basel und Strassburg auf einen gemeinsamen Nenner gebracht worden.

Tugendreiche Dame zähmt Wildmann. Basler Wandbehang um 1470/80. Kopenhagen, Nationalmuseet.

Barbara Wyss

Classic Open Air: Sommerliches Musikereignis

Das Angebot war überwältigend: 69 Auftritte von mehr als 90 Musikern mit verschiedenen Kurzprogrammen während 13½ Stunden an 7 verschiedenen Orten... Der Musikliebhaber hatte am Wochenende vom 17. bis 19. August 1990 tatsächlich immer wieder die Qual der Wahl. Sollte man altvertrauten Werken den Vorzug geben oder die Gelegenheit benützen, Neues kennenzulernen? Hatte man Lust, besonders berühmte Interpreten zu hören oder eher junge Talente zu entdecken? War es wohl schöner im Münsterkreuzgang, im Hof des Antikenmuseums, vor dem Staatsarchiv oder im Kunstmuseum? Im Schmiedenhof, im Rosshof oder auf dem Andreasplatz?

Es gab Momente, da wäre man am liebsten an drei Orten gleichzeitig gewesen. Immerhin konnte man – und das war das Besondere – eine halbe Stunde da und eine halbe Stunde dort zuhören, bleiben, wenn es einem gefiel, gehen, wenn man genug hatte. Entsprechend entspannt war die Stimmung, entsprechend buntgemischt das Publikum, das oft dichtgedrängt stand, auf dem Boden, auf Treppen und Brunnenrändern sass, weil die zur Verfügung stehenden Sitzplätze nirgends ausreichten.

Der grosse Erfolg dieses ersten Freiluftfestivals für – mehrheitlich – klassische Musik war allerdings nicht nur der grösstenteils hervorragenden Qualität des Gebotenen zu verdanken, sondern auch dem prächtigen Sommerwetter und natürlich auch der Tatsache, dass das ganze Vergnügen kostenlos war. Sponsoren, allen voran der amerikanische Nahrungsmittelkonzern Philip Morris, hatten das von einem Fünferteam für Musica Reservata organisierte Projekt (das 270000 Franken kostete) finanziert. Die Musiker wurden zu einem Einheitstarif honoriert, der nach Aussage eines der Organisatoren zwar günstig, aber für Musica Reservata

1 Eröffnungskonzert auf dem Münsterplatz: Heitor Villa-Lobos' ‹Bachianas Brasileiras› für Sopran und acht Celli mit der ebenso virtuosen wie schönen Eva Lind.
Hier, wie an allen anderen ‹Classic Open Air›-Konzerten konnten die vielen kleinen Zuhörer/innen Musik einmal ganz hautnah erleben.

eben doch teuer war. Ob ‹Classic Open Air› in Zukunft wieder stattfinden kann, hängt denn auch weitgehend davon ab, ob Geldgeber gefunden werden. Es wäre den engagierten Organisatoren und den begeisterten Zuhörern sehr zu wünschen.

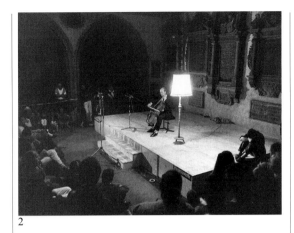

2

3

2 Der Cellist Albert Roman, einer der fünf Organisatoren der kostenlosen Freiluftkonzerte, spielt im Münsterkreuzgang Johann Sebastian Bachs Suite in C-Dur.

3 Der strenge, rundum geschlossene Hof des Kunstmuseums ist ein idealer ‹Musiksaal›. Unter anderen war hier das Trompetenensemble Edward Tarr mit festlicher Trompetenmusik vom Hof des Sonnenkönigs zu hören.

4 Zweiter Lieblingsort: der lauschige Hof des Antikenmuseums, wo am Freitagabend Philippe Racine (Flöte) und Ernesto Molinari (Klarinette) ‹Atemstudie 1› und ein Duo von Jean Rivier präsentierten.

5 Samstagnachmittag auf dem hinteren Andreasplatz: Im Gegensatz zum Altgitarre-Spieler Anders Miolin schaffte es das Schweizer Saxophon Quartett mit Stücken von Albeniz, Debussy und Rivier beinahe, Kindergeschrei, Geschirrgeklapper und andern Lärm des beliebten und belebten Innenstadttreffpunktes zu übertönen...

4

5

6

7

6 Altherrs Wandbild in der Wandelhalle des Staatsarchivs (Martinskirchplatz) als eindrückliche Kulisse für den Auftritt des Orpheus Bläserquintetts. Auf dem Programm: Jacques Ibert, Darius Milhaud und Nino Rota.

7 Trotz hochsommerlicher Hitze herrschte am Sonntagmorgen Grossandrang im Rosshof, wo unter anderem die musikalischen Tausendsassas ‹Quattro Stagioni› jung und alt mit ihren eigenwilligen und humorvollen Interpretationen erfreuten.

8 Mit ‹Volks- und Kunstmusik aus Europa› begeisterten der Zaubergeiger Volker Biesenbender und der ihn wunderbar ergänzende Akkordeonist Klaus Bruder – hier vor dem Staatsarchiv beim Martinskirchplatz – ein sommersonntäglich heiteres Publikum.

9 Ein verlockendes Programm und hervorragende Interpreten zogen am strahlenden Sonntagmorgen viele Hörer in den Schmiedenhof, wo leider vorbeifahrende Drämmli die verschiedenen Musikvorträge – hier Laszlo Gyimesis Vortrag von Bartóks Klavierstück ‹Im Freien› – störten.

8

9

Peter Hagmann

«Die kleine gab schencke ich Doctor Bonifatio Ammerbach»

Musikhandschriften des 16. Jahrhunderts in der Universitätsbibliothek Basel

Jedermann weiss, dass Musik mit Hilfe der Notenschrift aufgezeichnet wird. Und fast jedermann weiss, dass sich diese Notenschrift im Laufe der Zeit stark verändert hat – von den Neumen des frühen Mittelalters, die, den Handzeichen des Chorleiters vergleichbar, die Musik nur in annähernden Werten festhalten, bis zu den noch heute üblichen Noten mit ihren Köpfen, Hälsen, und Fähnchen auf den fünf Linien. Kaum jemand weiss aber, dass Musik auch mit Darstellungen von Würsten und Braten, Fässern und Bechern sowie anderem Küchengerät aufgeschrieben worden ist. Sie glauben es nicht? Überzeugen Sie sich selbst, werfen Sie einen Blick auf jenes Notenblatt aus der Öffentlichen Bibliothek der Universität Basel, das in Abbildung 1 wiedergegeben ist.

Solche Blätter – sie stammen aus dem 16. Jahrhundert – sind jedem der vier Stimmbücher beigegeben, welche die Universitätsbibliothek unter der Signatur F IX 59–62 in ihrer Handschriftenabteilung aufbewahrt. Stimmbücher – das sind Notenbände, die jeweils eine einzelne Stimme von mehrstimmigen Liedern, Chansons, Motetten und anderer Vokalmusik enthalten. Sie sind oft wenig grösser als eine Postkarte, damit sie bequem umhergetragen werden konnten. Und umhergetragen wurden sie von ihren Besitzern, die sich damit zu geselligen Runden zusammenfanden, um die neuste – tatsächlich: die neuste Musik der Zeit zu singen.

In unserem Fall handelt es sich um Stimmbücher aus dem Besitz des Basler Goldschmieds Jakob Hagenbach, einem der Freunde Felix Platters, in dessen Haus ausgiebig musiziert worden ist. Die Bändchen enthalten den «ausszug guter alter und newer teutscher liedlein», der 1543 in Nürnberg gedruckt worden ist, einen vermutlich von Hagenbach selbst geschriebenen Anhang mit weiteren Stücken und, auf einem zuvorderst eingeklebten Blatt, besagtes Trinklied in scherzhafter Notenschrift. Mit etwas Übung lässt sich das Stück noch heute singen – denn das Stimmbuch für den Tenor enthält zuhinterst ein weiteres eingeklebtes Blatt, das den Schlüssel zur Notenschrift birgt und erklärt, was die Würste und Braten, die Fässer und Becher bedeuten.

Kunstsinnige Bürgerschaft

Warum hier von diesem seltsamen Stück aus der Universitätsbibliothek die Rede ist? Die vier Stimmbücher gehören zu jenem Bestand an Musikhandschriften aus dem 16. Jahrhundert, für den die Bibliothek, man kann ohne chauvinistischen Anflug sagen: in aller Welt bekannt ist. In Basel weiss man das in der Regel nicht, in Basel – ich berichte aus eigener Erfahrung – weiss man oft nicht einmal, dass die UB, die ja auch die Funktion der Kantonsbibliothek wahrnimmt, jedermann und jederfrau offensteht – ob alt oder jung, ob studiert oder nicht. Und man weiss nicht, dass mit den rund 2,5 Millionen Bänden – aneinandergereiht ergäben sie einen Bücherschaft von nicht weniger als 72 Kilometer Länge – Information zu einer Vielzahl von Wissensgebieten bereitsteht. Dabei müsste man es einfach selbst ausprobieren: Das Personal hilft jedem, auch dem wenig gewohnten Benutzer bei den Anfangsschwierigkeiten im Umgang mit dem durch Computer verwalteten Katalog. Doch dies nur nebenbei.

In Basel hat nie ein Fürst residiert, an dessen Hof die berühmten Musiker seiner Zeit ein- und ausgingen, in dessen Sälen Bankette mit Musik abgehalten, in dessen Theater Opern gespielt, in dessen Kirche Festmessen gelesen wurden. So enthält die Basler Sammlung der Musikhandschriften auch keine Prunkstücke mit beschlagenen Einbänden und goldenen Il-

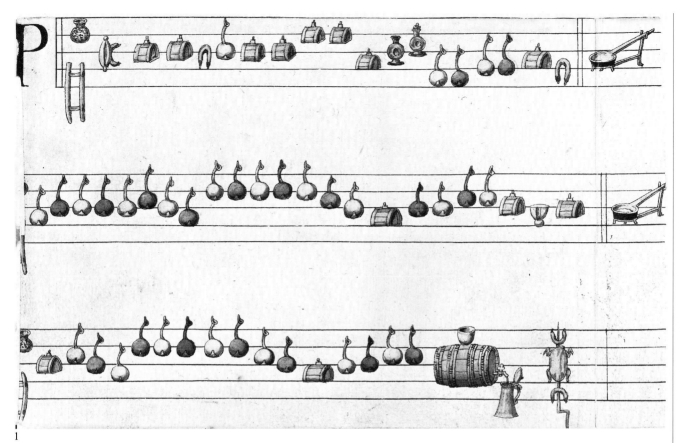

1 Scherzhafte Notenschrift in einem Liederbuch des Basler Goldschmieds Jakob Hagenbach.

luminationen. In Basel hat es aber zu jeder Zeit eine Bürgerschaft gegeben, die der Musik zugetan war – und aus diesem Umkreis stammen die Musikhandschriften des 16. Jahrhunderts. Die Namen von Bonifacius Amerbach (und seinem berühmten Orgellehrer Hans Kotter), seinem Sohn Basilius Amerbach und seinem Grossneffen Ludwig Iselin stehen hier im Zentrum. Später, im 18. Jahrhundert, ist diese Tradition durch den Seidenbandfabrikanten Lucas Sarasin, dessen Sammlung von Abschriften vorklassischer Instrumentalmusik in der Universitätsbibliothek ebenfalls weiterum Ansehen geniesst, weitergeführt worden; und heute schliesst Paul Sacher mit seiner Stiftung ‹auf Burg› daran an.

Ein Amerikaner in Basel

Dass gerade jetzt neues Licht auf die Musikhandschriften des 16. Jahrhunderts fällt, geht allerdings auf einen Zufall zurück. Eines Tages stand John Kmetz, ein junger Musikologe aus New York, in der Handschriftenabteilung der Bibliothek, um für seine Dissertation einige Stücke im Original zu überprüfen. Im Gespräch mit den Bibliothekaren trat zutage, dass Kmetz über ausgezeichnete Kenntnisse in dem von den Handschriften abgedeckten Repertoire besass. Da man ohnehin schon lange an die Erstellung eines neuen Katalogs dachte – der alte datiert von 1892 , war man bald handelseinig. Private Mittel ermöglichten Kmetz einen Studienaufenthalt von einem Jahr, den er dazu nutzte, den ganzen Bestand neu zu erschliessen. Heute liegt, nicht zuletzt auch dank der Anstrengungen der Bibliothek selbst, ein Katalog vor, der für die Wissenschaft von Nutzen ist und der Stadt Komplimente einträgt.

Musizieren im 16. Jahrhundert

Die Handschriften sind das eine, die Geschichte, die sich hinter ihnen verbirgt und durch sie zum Ausdruck kommt, ist das andere. John Kmetz hat nicht nur genau verzeichnet, was sich alles in der Bibliothek befindet; er hat auch – wie es in der von Amerika aus stark erneuer-

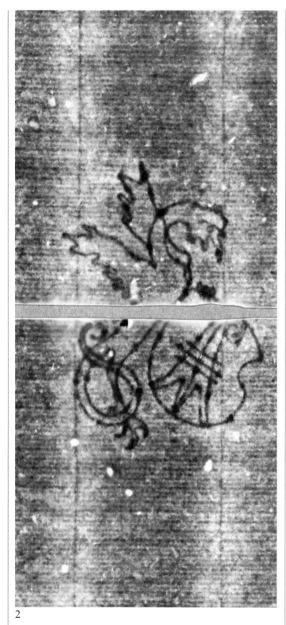

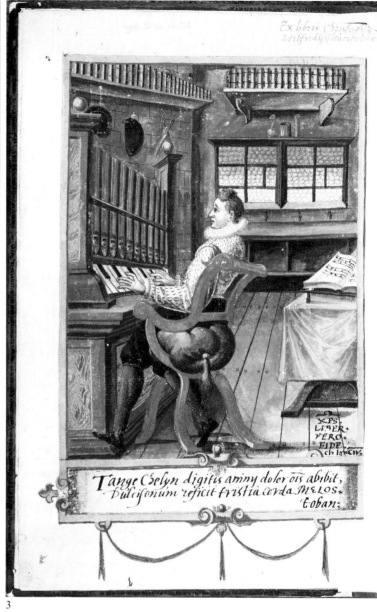

ten Philologie üblich ist – Quellenarbeit geleistet, die verschiedenen Schreibweisen, Papiersorten und Wasserzeichen untersucht. Moderne Verfahren der Photographie machen es heute möglich, gleichsam ins Papier zu blicken und dort seine Herkunft zu erkennen. In seinem reichhaltigen Abbildungsteil zeigt der Katalog Beispiele aus dieser Arbeit – zum Beispiel jenen Baslerstab mit Basilisk, der sich im Papier einer der Handschriften findet (Abbildung 2). Aufgrund dieser Forschungen konnten einige der Handschriften in bezug auf ihren Inhalt neu bestimmt werden. In der Regel stellen sie Sammlungen von Musik ihrer Zeit dar. Aufgrund der heute beträchtlich erweiterten Kenntnis des Repertoires lassen sich die in den Handschriften vertretenen Komponisten und ihre Werke mit grosser Genauigkeit feststellen. Man kann sich somit ein präziseres Bild davon machen, was in den Basler Bürgerhäusern im 16. Jahrhundert gesungen und gespielt wurde – welcher Art der musikalische Geschmack der

2 Basler Wappen als Wasserzeichen im Papier einer der Musikhandschriften.

3 Orgelspieler. Vorsatzblatt aus einer Orgeltabulatur aus dem Besitz von Christoph Leibfried, 1594.

4 Zeichnung in einem Liederbuch des Basler Goldschmieds Jakob Hagenbach.

führenden Schicht dieser städtischen Gesellschaft war.

Wenn man in die Handschriften blickt, ahnt man auch etwas von der Atmosphäre, die das Musizieren geprägt haben mag. Der Musiker an seiner Hausorgel, den Christoph Leibfried 1594 auf einem Vorsatzblatt zu seiner Orgeltabulatur festgehalten hat (Abbildung 3), verschafft dem Betrachter einen überraschend detaillierten Einblick in die Praxis und strahlt zugleich jene zurückhaltende Lust aus, die auch in unseren Tagen noch verbreitet ist. Und nicht immer – vielleicht dann nicht, wenn einzelne Sänger ihre Stimmen zu wenig beherrschten und daran zu üben hatten – scheint es während der Versammlungen spannend zugegangen zu sein; ein weiteres Liederbuch aus dem Besitz von Jakob Hagenbach enthält nämlich Zeichnungen, wie sie Musiker, wenn sich die Probe in die Länge zieht, noch heute in ihre Stimmen kritzeln (Abbildung 4). So fern ist uns das 16. Jahrhundert gar nicht…

Wiedersehen mit Lionel Hampton

Lionel Hampton, einer der Stars aus den ‹Goldenen Jahren des Jazz›, hat seit den fünfziger Jahren immer wieder in Basel gespielt und hier ein treues und begeistertes Publikum gefunden, das mit ihm älter geworden ist. Aus den jugendlichen Fans, die ihm im Januar 1958 in einem Konzert in der Mustermesse zujubelten (Bild oben), sind inzwischen gesetzte Bürger geworden, die dem über 80jährigen nach seinem Auftritt im Musiksaal im April 1990 mit ‹standing ovations› ihre Freude und Bewunderung bezeugten. Was der Künstler im Alter an Virtuosität eingebüsst hat, machte er durch Charme und Einfälle wett: er holte spontan einen besonders begabten jungen Schüler seines besten europäischen Freundes Jean-Claude Forestier zum Mitspielen aufs Podium und beschloss sein Konzert mit einer Polonaise durch den ehrwürdigen Musiksaal (Bild unten).

Barbara und Kurt Wyss

Ulf Bankmann/Gerhard Baer

Lukas Vischer (1780–1840) und seine Sammlungen: Americana in Basel

Die alten Kulturländer des mittleren und südlichen Amerika, seit dem 16. Jahrhundert von den Spaniern beherrscht und Fremden verschlossen, blieben bis zum Beginn des 19. Jahrhunderts für die Gebildeten Europas exotische Gefilde, die für phantastische und romantisierende Vorstellungen mangels exakter Kenntnisse weiten Raum boten. Diese Situation änderte sich, als wissenschaftliche Unternehmungen wie die Reisen Alexander von Humboldts, noch mit Förderung der spanischen Krone, möglich wurden und die Ergebnisse auch publiziert werden konnten. Nachdem die Vereinigten Staaten von Amerika ihre Unabhängigkeit erlangt hatten, die französische Revolution Europa erschütterte, erkämpften im ersten Viertel des 19. Jahrhunderts die mittel- und südamerikanischen Völker ihre Freiheit und öffneten ihre Häfen dem internationalen Handel wie dem Zustrom von Reisenden.

Ein Zeuge dieser Zeit, welche die überkommene Ordnung in Frage stellte, neue Wege wies und neue Welten erschloss, war Lukas Vischer, 1780 am Spalenberg in Basel als zweiter Sohn von Peter Vischer-Sarasin (1751–1823) geboren. Die vielfältigen Interessen und Aktivitäten des Vaters, der als Ratsherr, Kunstsammler, Künstler und Seidenband-Fabrikant tätig war, deuten bereits darauf hin, welch verschiedenartige und doch einander ergänzende Anregungen und Einflüsse der heranwachsende Lukas im kinderreichen Elternhaus und in der Basler Gesellschaft empfing. So verwundert es nicht, dass er bereits in jungen Jahren Zeichnungen und Radierungen herstellte, mitunter historisierend zurückgewandt, bisweilen bemüht, aktuelle Ereignisse und Eindrücke festzuhalten.

Die für uns bedeutsame Phase seines Lebens begann erst in fortgeschrittenem Alter mit dem Entschluss, die Heimatstadt zu verlassen. 1822 begab sich Lukas Vischer auf Reisen, 1823 traf er in New York ein und sah in den folgenden fünf Jahren weite Teile des östlichen Nordamerika zwischen Montreal, Quebec und Nova Scotia im Norden, Mississippi und Ohio im Westen, Mobile und New Orleans im Süden. Auch in den grösseren Städten der Ostküste verbrachte er meist nur kurze Zeit. Im März 1824 führte ihn eine Reise über Savannah (Georgia) durch das Gebiet der Creek-Indianer nach Montgomery (Alabama). Eine Reihe von aquarellierten Zeichnungen aus dieser Zeit, die einzelne Creek in ganzer Figur wiedergeben, gehören zu den frühesten gut dokumentierten Bildquellen aus dem alten Gebiet dieser Völkerschaft. Tagebücher und Briefe berichten über Vischers Aufenthalt und seine Unternehmungen in den Vereinigten Staaten. Leider sind sie bislang nur in einigen Auszügen veröffentlicht worden. Sie vermitteln mancherlei Einsicht in das amerikanische Leben, wie es sich dem kritischen Reisenden darstellte. Offenbar war Vischer während dieser Jahre wie später in Mexiko bemüht, dem Export von Basler Seidenband, einem begehrten Modeartikel auch in Übersee, neue Märkte zu erschliessen.

1828 segelte Lukas Vischer von New Orleans nach Veracruz an der mexikanischen Golfküste. Leider sind wir über die folgende längere Aufenthaltszeit in Mexiko (1828–1837), während der er in der Hauptstadt wohnte oder im Lande reiste, nur ungenügend unterrichtet. Anscheinend haben sich im Archiv der Familie Vischer ausser einigen Briefen aus Mexiko nur drei schmale Tagebücher erhalten, die sich auf Reisen zwischen November 1834 und Oktober 1836 beziehen. Es ist unwahrscheinlich, dass Vischer zwischen 1828 und 1834 kein Tagebuch führte. Diese Lücke in seinen Aufzeichnungen ist besonders bedauerlich, da er in diesen Jah-

Die mexikanische Wasser- und Fruchtbarkeitsgöttin Chalchiuhtlicue. Steinfigur, aztekisch, vor 1521 (Museum für Völkerkunde Basel). ◁

Jadeitmaske aus Tizatlan (Tlaxcala), Mexiko, vor 1521. Aufgefunden 1807 (Museum für Völkerkunde Basel). ▷

ren seine umfangreiche mexikanische Sammlung zusammenbrachte, welche mehr als jede andere Hinterlassenschaft seinen Namen im Gedächtnis der Nachwelt lebendig erhielt.

Skizzen und aquarellierte Zeichnungen von der Hand des Reisenden entstanden als Gelegenheitsarbeiten auch in Mexiko. Mexikaner in ihrer malerischen Kleidung regten zu bildlicher Darstellung an. Das plastische Pendant zu Vischers mexikanischen Volkstypen sind damals in Mexiko angefertigte Wachsfiguren, von denen er eine grössere Sammlung nach Europa mitnahm. Viele blieben im Familienbesitz oder gelangten ins Basler Museum für Volkskunde. Diese Beispiele qualitätvollen Kunsthandwerks mit Souvenircharakter sind bisher wenig beachtet worden.

Schon in Quebec (1825) hatte Vischer begonnen, nordamerikanische Ethnographica zu sammeln. Dazu finden sich präzise Angaben in den Tagebüchern. In Mexiko sammelte er ausser Wachsfiguren – manche scheint er speziell in Auftrag gegeben zu haben – auch andere kunsthandwerkliche Objekte und Mineralien, vor allem jedoch trug er archäologische Fundstücke zusammen, die er in der Hauptstadt oder bei seinen Reisen im Lande erwerben konnte. Am Ohio war Vischer immer wieder auf ‹indianische Antiquitäten› gestossen; in dem an Bodenfunden reichen Mexiko dürfte es ihm ähnlich ergangen sein. Wie die Einheimischen auf seine Erkundigungen reagierten, berichtet er in den mexikanischen Tagebüchern unter dem Datum des 14. November 1834: «Tula scheint einst der Sitz eines indianischen Fürsten gewesen zu sein. Als ich nach Antiquitäten fragte, sagten sie, im Orte seien keine vorhanden, allein genug im Salitre, im Tesoro, einem nahen Berge, man dürfe sie nur hervorgraben.» Vischers Vermutung und die von ihm notierte Auskunft sind erst durch Jahrzehnte später vorgenommene Grabungen bestätigt worden.

Von den mexikanischen Ruinenstätten, die Vischer aufsuchte, ist in den erhaltenen Teilen der Tagebücher nur die reliefgeschmückte Tempelplattform von Xochicalco bei Cuernavaca genauer beschrieben, zu der er am 18. Oktober 1836 hinaufstieg. Seine Bewunderung für dieses Werk altindianischer Architektur und Skulptur mögen folgende Auszüge aus dem Tagebuch verdeutlichen: «Die Steine sind von Porphyr oder Granit, und es ist erstaunenswürdig, wie solche nach so langer Zeit und vorsätzlicher Verheerungen sich noch so gut in einander fügen, ohne durch Gemäuer und Kitt zusammen gefügt zu sein. Man erkennt, mit welch ausgezeichneter Kunst, Regelmässigkeit und Vollendung das Werk erbaut ward. (...) Auf jeder Seite sind zwei sitzende, mehr denn lebens grosse Figuren vorgestellt; an jeder Ecke ein Drache, oder idealisierte Klapperschlangen, mit weitausgestreckten gespaltenen Zungen, davon einige herunterhangen, andere sich nach einem Gegenstand richten. Zwischen den Figuren finden sich allerhand Verzierungen; jedenfalls hatte alles seine Bedeutung. Oben auf ist der Fries und das Gesims, und auf ersterem sind eine Menge sich aneinander reihende Figuren ausgehauen. Diese Bildhauereien sind mit vieler Präzision ausgeführt und geschmackvoll geordnet.» Späterhin heisst es dann: «Diese Altertümer sind das schönste, was ich in diesem Lande gesehen habe, und zeugen von höherer Bildung denn die im Museum von Mexiko sich vorfindenden grässlichen Götzenbilder und überhaupt die antiken Bilder ...». Dieses Zitat offenbart, wie Bewunderung des einen, Ablehnung des anderen im Kunsturteil Vischers deutlich ausgeprägt sind; die Anschauungen Winckelmanns und des Klassizismus wirken nach – übrigens bis heute.

Versuchen wir, Vischers Urteil mit seiner Sammlung altmexikanischer Kunstwerke in Beziehung zu setzen, so zeigt sich, dass er eine Auswahl im Sinne traditionellen europäischen Kunstverständnisses traf. «Grässliche Götzenbilder» nach der Vorstellung seiner Zeit, wohl solche mit unübersehbarer Todes- und Opfersymbolik wie die berühmte Muttergottheit Coatlicue im Nationalmuseum von Mexiko, sind in der Sammlung nicht vertreten, mit Ausnahme einer Sitzfigur des Gottes Xipe Totec, der mit der Haut eines Geopferten bekleidet ist. Diese Figur galt jedoch schon einem anderen Europäer, der gleichzeitig mit Vischer in Mexiko weilte, dem Architekten Carl Nebel, als Meisterwerk indianischer Skulptur. Lukas Vischer selbst war von ihrer kraftvollen Gestaltung zweifellos ebenso beeindruckt. Ihre Abbildung erscheint auf dem Umschlag des 1990 im Verlag Wepf erschienenen Bandes ‹Altmexikanische Skulpturen der Sammlung Lukas Vischer, Museum für Völkerkunde Basel›. Dieser Corpus-Band umfasst einen bedeutenden Teil der 1844 als Stiftung der Erben in öffentlichen Basler Besitz gelangten Altertümer. Deren vergleichende Betrachtung wird durch die Publikation erstmals möglich. Es überwiegen mehr oder weniger realistische Wiedergaben anthropomorpher oder theriomorpher Figuren, von denen einige nach heutiger Sicht zu den besten Skulpturen aztekischen Stils zählen, einschliesslich des oben genannten Xipe Totec.

Zahlreiche Skulpturen und andere wertvolle Objekte in der Sammlung Lukas Vischer (Schmucksteine, Keramik, Zungenschlitztrommeln aus Holz) tauchen aus dem Dunkel der Geschichte ohne sie begleitende Überlieferung auf. In einigen Fällen gibt es jedoch frühe Abbildungen und Hinweise. Dies gilt für eine einzigartige 11,6 cm hohe hellgrüne Jadeitmaske, die auf einer vom spanischen König ausgesand-

Ecke der Tempelplattform von Xochicalco (Morelos), Mexiko, um 600–900 n. Chr. Zustand vor der Restaurierung, ähnlich wie Vischer ihn sah.
◁

Holzkohlenverkäufer. Wachsfigur, Mexiko um 1830 (Schweizerisches Museum für Volkskunde Basel). ▷

‹Indianer der in Mexiko Kohlen feil trägt›. Zeichnung von Lukas Vischer, Bleistift und Feder (Archiv der Familie Vischer). ▷

ten archäologischen Expedition 1807 im Hause eines Indianers von Tizatlan (Tlaxcala) aufgefunden worden ist. Ihre naturnahe Durchbildung und ihre technische Vollendung wurden schon damals bewundert. Die von Vischer zusammengetragenen Masken scheinen geradezu nach modernen musealen Kriterien ausgewählt worden zu sein: für jeden Stilkomplex jeweils ein charakteristisches Beispiel.

Besondere Aktualität gewann ein Teil der archäologischen Sammlung durch die Ergebnisse der von 1978 bis 1982 durchgeführten Ausgrabungen am Ort des Haupttempels der Azteken, im Zentrum der alten Metropole und heute grössten Stadt der Welt, Mexiko. Mehrere Götterfiguren aztekischen und mixtekischen Stils sowie Gefässe aus Stein, die Lukas Vischer um 1837 nach Basel brachte, gleichen neuen Fundstücken aus dem Bezirk des Haupttempels und lassen die Vermutung zu, dass sie aus ähnlichen Opferdepots stammen, wie sie jüngst aufgedeckt wurden. Andererseits vermögen auch Basler Skulpturen mit ihrem ikonographisch bedeutsamen Detail zur Interpretation der Funde vom Haupttempel und der aztekischen Ikonographie im allgemeinen beizutragen.

150 Jahre nach dem Tode Lukas Vischers sind einige Fortschritte in der, wenn auch spät begonnenen, Bearbeitung seiner Sammlungen zu verzeichnen. Viel bleibt noch zu tun, denn nicht nur diese Sammlungen zu Archäologie, Ethnographie und Kunsthandwerk des 19. Jahrhunderts, sondern auch seine Tagebücher und Zeichnungen sind es wert, durch weitere Editionen erschlossen zu werden.

Bibliographischer Hinweis:

Auszüge aus Vischers nordamerikanischen Tagebüchern sind von Christian F. Feest in Anders/Pfister-Burkhalter/Feest: Lukas Vischer (1780–1840), Künstler – Reisender – Sammler, Hannover 1967, im Archiv für Völkerkunde 22, Wien 1968, und in den Records of the Columbia Historical Society of Washington, D. C. 49 (1973–1974), Washington 1976, (in Übersetzung) veröffentlicht worden. Die zitierten Auszüge aus den mexikanischen Tagebüchern folgen dem in den Geographischen Nachrichten 11–12, Basel 1895–1896, publizierten Text.
Um die Bearbeitung der Sammlung Lukas Vischer hat sich im übrigen der Basler Amerikanist Hans Dietschy besonders verdient gemacht (vgl. Bibliographie in Baer, Gerhard/Bankmann, Ulf: Altmexikanische Skulpturen der Sammlung Lukas Vischer, Museum für Völkerkunde Basel, Basel 1990 [Wepf]).

Gerhard Baer/Susanne Hammacher

Menschen in Bewegung

Zur Sonderausstellung im Museum für Völkerkunde und Schweizerischen Museum für Volkskunde Basel

Die vom Mai 1990 bis zum 17. März 1991 gezeigte Ausstellung ‹Menschen in Bewegung: Reise – Migration – Flucht› reiht sich in einen Zyklus von Sonderausstellungen ein, die, kulturvergleichend angelegt, dem Besucher gegenwartsbezogene Themen aus der Volks- und Völkerkunde sowie der Alltagskultur vermitteln möchten. Wie die drei früheren Ausstellungen dieser Reihe zu den Themen ‹Rund ums Essen›, ‹Bauen und Wohnen› sowie ‹Kleidung und Schmuck›, bezog sich auch diese auf Grundbedürfnisse und Grundhaltungen des Menschen.

Die Hintergründe

Die Idee zur Ausstellung entstand vor den sich im Spätsommer 1989 abzeichnenden politischen Umwälzungen in Osteuropa und erwuchs aus der Auseinandersetzung mit drei Problemkreisen:
- der Frage des Selbstverständnisses der Ethnologie
- den Auswirkungen des Kolonialismus in der Gegenwart
- den Folgen der Umweltzerstörung.

Zur ersten Frage: Ethnologie hat sich stets mit fremden bzw. ‹anderen› Kulturen befasst. Diese Wissenschaft entstand im Zuge kolonialer Entdeckungen und Expansion. Früher reisten Ethnologen nach Übersee, suchten fremde Ethnien (Völker) auf und berichteten zu Hause von ihren Erlebnissen und Eindrücken. Heute kommen in zunehmendem Masse Angehörige verschiedener Volksgruppen und Nationalitäten nach Europa oder in die USA. Sie drängen in die Zentren wirtschaftlicher und politischer Macht, um am Wohlstand der Industrienationen teilzuhaben und um zu überleben. Sie bringen ihr kulturspezifisches Verhalten und die zu ihrer Kultur gehörenden Werte mit. Der sich hier aufdrängenden Vermittlerrolle entzieht sich die Ethnologie häufig.

Zur zweiten Frage: Nach dem Zweiten Weltkrieg setzte zwar eine Phase der Entkolonialisierung ein, doch wirken koloniale Abhängigkeitsstrukturen in Wirtschaft, Gesellschaft und Politik bis heute fort. Die Folgen manifestieren sich in zunehmender Verschuldung und Verelendung der in Abhängigkeit geratenen Staaten und Völker sowie in wachsenden Flüchtlingsströmen.

Eng mit dieser Problematik verwoben ist auch der dritte Fragenkomplex: die Folgen der Umweltzerstörung im Industriezeitalter beginnen sich erst jetzt in ihrer Tragweite abzuzeichnen. Sie bedrohen die Menschen auf unserem Planeten in ihrer Existenz: Klimaveränderungen infolge Abholzung von tropischen Regenwäldern, Absinken des Grundwasserspiegels, Bodenerosion, Desertifikation, Vergiftung von Wasser, Boden und Luft durch Abfälle und Chemikalien, das Aussterben Tausender von Pflanzen- und Tierarten sind miteinander verkettete Folgen, die eng mit dem (scheinbar) nicht zu kontrollierenden Bevölkerungswachstum zusammenhängen. Eine ständig wachsende Zahl von Menschen begibt sich auf der Suche nach besseren Lebensbedingungen oder Überlebenschancen auf Wanderschaft: in die Städte des eigenen Landes, aber auch über die Grenzen hinaus in andere Staaten, andere Kontinente.

Themen einer Ausstellung – ein Rundgang

Diese Problematik zu beleuchten, die Besucher auf die vernetzten Ursachen und die umwälzenden Folgen von Wanderungsbewegungen aufmerksam zu machen – sie zum Nachdenken anzuregen – war die Absicht der Ausstellung ‹Menschen in Bewegung›.

Ankunft: Befragungssituation des Asylsuchenden. ▷

Kurdische Flüchtlinge haben diesen Teil der Ausstellung selbst gestaltet. Im ersten Teil geben sie einen Eindruck von ihrer Kultur (2. Teil: Gründe der Flucht, 3. Teil: Was gefällt oder missfällt ihnen in Basel). ▷

Auch wenn sich heute die Weltflüchtlingssituation zuzuspitzen scheint und wir von ‹globaler Mobilität› in vielen Bereichen sprechen, ist Migration keine Erfindung des 20. Jahrhunderts, sondern eine Überlebensstrategie des Menschen seit jeher. Auf der Suche nach Nahrung und neuen Lebensräumen folgte der Mensch dem Jagdwild, den Wasservorkommen und den Wohn- und Anbaugebieten. Es schien der Arbeitsgruppe, die die Ausstellung konzipierte, wichtig, die Motive zur Emigration bzw. die Fluchtgründe an den Anfang zu stellen, welche den Menschen immer wieder zum Aufbruch veranlassen, ihn an Grenzen stossen und Grenzen überwinden lassen.

Reisen

Das Modell eines melanesischen Auslegerbootes stand beispielhaft für die Besiedlung Ozeaniens sowie die Notwendigkeit, durch intensiven Handel und Austausch eine Lebensgrundlage zu schaffen. Das Ergebnis sind Handels- und Beziehungsnetze, wie sie uns ebenfalls von den klassischen Bernstein- oder Seidenstrassen oder den Salzkarawanen-Routen in der nordafrikanischen Sahara bekannt sind. Am Beispiel kolonialer Handels- und Entdeckungsreisen wurden wirtschaftliche und politische Beweggründe menschlichen Expansionsdrangs dargestellt. Der Tourismus wurde in seinen negativen Folgen für die Wirtschaft, Gesellschaft und Umwelt der Zielländer in der sogenannten Dritten Welt gezeigt.

Migration

Landflucht und Verstädterung sind Probleme, die sich zunehmend in Asien und in den Metropolen Lateinamerikas stellen, wo sich täglich Tausende von Arbeitssuchenden in den Slums niederlassen. Entwicklungsunterschiede, Bevölkerungsexplosion, aber auch ungerechte Landbesitzverhältnisse und das Gefälle bei den Lebenschancen lösen diese Form von Wanderungen aus. Studien haben gezeigt, dass auch Erschliessungen, neue Strassen und Verkehrswege Migrationsbewegungen nach sich ziehen: Die zivilisatorische Durchdringung der sogenannten Entwicklungsländer wird die Migration also weiter fördern.

Bei den Diskussionen um die hohe Zahl von Asylsuchenden in unserem Land darf man nicht vergessen, dass auch die Schweiz noch im 19. und anfangs des 20. Jahrhunderts ein Emigrationsland war. In Übersee, z. B. in Brasilien, gründeten Auswandererfamilien aus unterentwickelten Bergregionen Niederlassungen, wie zum Beispiel die noch heute bestehende Obwaldner ‹Kolonie Helvetia›.

Staatliche Umsiedlungspolitik und gelenkte Kolonisierungen waren ein weiterer Themenkomplex der Ausstellung. An der Transmigrasi-Politik Indonesiens und der Erschliessung und Zerstörung des Amazonas-Regenwaldes Brasiliens wurden die gesellschaftlichen, wirtschaftlichen und ökologischen Kosten solcher als Entwicklungsmassnahme deklarierter Politik deutlich.

Flucht – Asyl

Zahlen und Bilder zu der aktuellen weltweiten Flüchtlingssituation können das Schicksal der Betroffenen nicht wiedergeben. Sie täuschen über das Ausmass des Flüchtlingselends hinweg. Doch verdeutlichen sie, dass sich die Probleme kontinental verlagert haben: von Europa, wo sich nach den Weltkriegen das grösste Flüchtlingsdrama aller Zeiten abspielte, in die Länder der Dritten Welt. – Afrika und Asien stehen heute in den Flüchtlingsstatistiken an der Spitze.

Über 40 000 Asylbewerber warten zur Zeit auf den Entscheid, ob sie als anerkannte Flüchtlinge in der Schweiz bleiben dürfen oder abgewiesen werden. Was es heisst, ‹Asylant in Basel› zu sein, wurde dem Besucher im vielleicht bedeutendsten Teil der Ausstellung vor Augen geführt. – Für einmal stellten nicht Museumsleute, sondern die Betroffenen selbst ihre Situation dar. Eine Gruppe anerkannter Flüchtlinge – mehrheitlich Kurden – gestaltete diesen Ausstellungsteil nach eigenen Vorstellungen und Erlebnissen: sie zeigten ihre Heimat, die politischen und wirtschaftlichen Hintergründe und Auslöser von Vertreibung, Folter und Flucht. Mit wachsamem und kritischem Blick setzten sie sich auch mit Basel, ihrer ‹neuen Heimat› auseinander. – Hier hielten sie uns den Spiegel vor, liessen uns unsere alltägliche Umgebung, unsere Heimat mit den Augen des ‹Fremden› erleben. – Dies war auch eine der Zielsetzungen der Ausstellung: anzuregen zum Nach- und Weiterdenken über uns und unseren Umgang mit dem Fremden.

Flüchtlinge der Zukunft

Neben den ‹klassischen› Flüchtlingen, die auf der Flucht vor Gewalt, Unterdrückung, Krieg und Hunger sind, wird es bald eine neue Kategorie von Flüchtlingen geben: die Umweltflüchtlinge. Denn die prognostizierten Konsequenzen des Treibhauseffekts, wie das Ansteigen des Meeresspiegels und die Verschiebung der Klimagürtel, werden die Bevölkerung ganzer Landstriche zur Flucht zwingen.

Mit diesen beunruhigenden Bildern und Visionen entliess die Ausstellung ihre Besucher. – Mit Absicht: Sie konnte und wollte keine Lösungen präsentieren, sondern bewegen und Impulse geben, über Gegenwartsprobleme in ihrer ganzen Vernetzung nachzudenken: Menschen in Bewegung.

Boat-people; Erinnerungen an die Flucht. Bleistiftzeichnung einer Sino-Vietnamesin, Basel 1990.
◁◁

Figurengruppe zum Ausstellungsthema ‹Tourismus›.
◁

Urs Ramseyer

Siddha Mahan – Die Basler Schule von Sidemen, Bali

In der ostbalinesischen Gemeinde Sidemen wurde im Juli 1987 eine bisher einzigartige höhere Mittelschule eröffnet, die den Künsten und Traditionen Balis einen bedeutenden Platz im Lehrprogramm einräumt. Sie wird von der Stiftung ‹Basel dankt Bali› finanziert. Mit Hilfe zahlreicher Basler Firmen und Privatpersonen, mit kantonalen Spenden aus Basel-Stadt und Baselland sowie namhaften Beiträgen der Gemeinde Küsnacht und der Direktion für Entwicklungszusammenarbeit und humanitäre Hilfe konnte in der Zwischenzeit ein ganzer Komplex von Schulgebäuden in traditionellem Baustil errichtet werden, als materielle Voraussetzung für den Unterricht von rund 300 Schülern im Alter von 16 bis 18 Jahren (davon 40% junge Frauen).

Trotz wachsender Fremdeinflüsse ist Balis soziales und kulturelles Gefüge bis heute noch erstaunlich intakt geblieben. Doch gerade weil die stark in der hindu-balinesischen Religion verankerte Kultur der drei Millionen Balinesen noch so feste Wurzeln hat, wirken der unübersehbare Wandel der vergangenen Jahre und der damit einsetzende Wertezerfall beunruhigend und bedrohlich. So beginnen immer mehr junge Menschen zwischen zwei unbegreiflichen Welten hin- und herzupendeln. Ohne Glauben an eine Zukunft auf dem Lande, treten sie in die neue, vermeintlich attraktivere Welt der städtischen Agglomerationen und der Tourismuszentren ein, ohne deren Voraussetzungen und Gesetze zu durchschauen. Es sind nicht nur die Kinder der Armen, die das Land verlassen, um in der Stadt Arbeit zu suchen. Da bisher auch die höheren Lehranstalten und Ausbildungszentren in der Stadt zu suchen sind, bedeutet Stadt Fortschritt, erwartet man von einem Studium in der Stadt prestigeträchtige Arbeit beim Staat, in einer Bank oder in Dienstleistungsbetrieben der Tourismusbranche, die sich im Dienste von bald einer Million Touristen pro Jahr immer weiter entwickelt. Dass jedoch die ländlichen Regionen und die Dörfer in ihrer Entwicklung in ganz besonderem Masse auf die Rückkehr der Ausgebildeten angewiesen wären – daran denken oftmals nicht einmal diejenigen, die mit ihren Diplomen arbeitslos in der Stadt sitzen und dadurch ihrem Dorf Talent, Arbeitskraft und kreatives Wissen entziehen.

Vor diesem Hintergrund haben führende Persönlichkeiten der Gemeinde Sidemen, gemeinsam mit Freunden aus Basel, ein zukunftsweisendes Schulmodell entwickelt, in der Überzeugung, mit dem Aufbau eines an die Gegebenheiten der Region angepassten höheren Ausbildungszentrums für ein Einzugsgebiet von 30000 Einwohnern die Attraktivität des ländlichen Lebensraums zu verstärken, die Landflucht zu bremsen und damit einen existentiellen Beitrag für eine wirtschaftlich, gesellschaftlich und kulturell gesicherte Zukunft zu leisten. Die Siddha Mahan-Schule von Sidemen, ein Gemeinschaftswerk der Basler und der Balinesen, ist also auf Sorgen, aber noch mehr auf Hoffnungen gebaut. Sie ist eine Antwort auf besorgniserregende Entwicklungen und wird getragen von einer Zukunftsvision, nach der die wirtschaftliche, technische und kulturelle Entwicklung nicht mehr einseitig in den Städten, sondern, in einer den regionalen Bedürfnissen und Vorstellungen angemessenen und angepassten Weise, auch auf dem Lande vor sich geht. Denn hier wird sich nicht nur die wirtschaftliche Zukunft Balis entscheiden; hier wird sich auch erweisen, ob die balinesische Kultur – eine der letzten grossen lebenden Kulturen unserer Welt – erhalten bleibt.

Die Basler Schule Siddha Mahan ist von Reisfeldern und Gärten umgeben.
◁

Traditionelle Malerei und balinesische Schrift sind ein fester Bestandteil des Unterrichts an der Siddha Mahan-Schule. ▷

Rituelle Einweihung der Schulgebäude. Der Sakraltanz der Schüler – Opfertanz, der seit 80 Jahren nicht mehr zur Aufführung gebracht wurde.
◁

Einweihung der ▷ Schulgebäude. Gäste und Gastgeber in offizieller Festtracht: Urs Ramseyer, Stiftung ‹Basel dankt Bali›, Bernard Freymond, Schweizer Botschafter in Indonesien, Tjokorda Gedé Dangin, Stiftung ‹Siddha Mahan› und Jon Zürcher, Konsul der Schweiz in Bali.

Basel und Sidemen – Geschichte einer 50jährigen Freundschaft

Bali steht seit den zwanziger Jahren dieses Jahrhunderts im Brennpunkt der Basler Ethnologie, nachdem Paul Wirz seine klassischen Schriften über den Reiskult (1926) und den Totenkult (1928) publiziert und im Verlaufe seiner Studienaufenthalte wertvolle Stücke für das Museum für Völkerkunde angekauft hatte. Zur Begründung einer eigentlichen Forschungs- und Sammlungstradition, die Basel zu einem internationalen Zentrum der Baliforschung werden liess, kam es allerdings erst ein Jahrzehnt später, als sich der unvergessliche Kunstmaler und Weltreisende Teo Meier in der Gemeinde Sidemen niederliess. Zusammen mit seinen Freunden Ernst Schlager, dem Basler Chemiker und Musikwissenschaftler, und Alfred Bühler, dem grossen Ethnologen und Museumsmann, machte er Sidemen zu einem Schwerpunkt ethnologischer und musikwissenschaftlicher Forschung. Diese wird heute am Musikwissenschaftlichen Institut von Hans Oesch, am Museum für Völkerkunde von Urs Ramseyer und Marie-Louise Nabholz-Kartaschoff, am Ethnologischen Seminar von Brigitta Hauser-Schäublin und Danker Schaareman weiter ausgebaut. Mit der Institutionalisierung eines Lehrbereichs ‹Balinesische Musik› an der Musik-Akademie der Stadt Basel und der Bildung mehrerer Gamelanensembles hat die nunmehr fünf Jahrzehnte alte Tradition auch im Basler Musikleben hörbare Spuren hinterlassen.

Andererseits hat Basler Geist über lange Jahre hinweg auf Sidemen und seine Menschen eingewirkt. Die Siddha Mahan-Schule ist zwar keine Basler Erfindung; im Schulkonzept und in der Unterrichtsmethodik hat sich jedoch ein Prozess kultureller Bewusstwerdung niedergeschlagen, den zahlreiche Basler durchaus mitbestimmt und mitgetragen haben.

Kulturbewusstsein für die Zukunft

Es bestehen in Sidemen gute Grundlagen für eine ländliche wirtschaftliche Entwicklung, vor allem im Bereich einer Intensivierung des Anbaus von landwirtschaftlichen Produkten ausserhalb des Reisanbaus und beim Ausbau einer textilen Kleinindustrie. Es sind hier aber auch solide Grundlagen dafür gegeben, dass sich Sidemen zu einem Zentrum hindu-balinesischer Kultur entwickelt, von dem aus Impulse auf andere solche Zentren, in anderen, kulturell gefährdeteren Gegenden Balis ausgehen könnten. Das Ausbildungskonzept der Siddha Mahan-Schule geht ausdrücklich auf die wirtschaftlichen und kulturellen Vorgaben ein. Es wird im Curriculum unterschieden zwischen staatlichen Fächern, wie Wirtschaft, indonesische und Weltgeschichte, Physik, Biologie, Mathematik und Geographie, und lokaler Wissensvermittlung aus dem Bereich balinesischer Kultur, Wirtschaft und Gesellschaft. Der Unterricht in traditioneller Landwirtschaft und Genossenschaftswesen, in traditioneller Medizin, praktischer Religion, Sprache, Schrift, Literatur, Geschichte, Musik und Tanz wird ausschliesslich von einheimischen Spezialisten erteilt.

Die Stiftung ‹Basel dankt Bali› versteht sich als Geste des Basler Dankes an die Insel Bali. Durch ihre Aktivitäten verhalf sie der Siddha Mahan-Schule bisher zu einem grossen Gemeinschaftshaus und drei Pavillons für Klassenunterricht. Mit einem speziellen Stipendienfonds wird eine möglichst grosse Chancengleichheit in bezug auf die Zugangsmöglichkeiten zum Unterricht und zur Lehrerausbildung gewährleistet. Nach dem Besuch der Schule durch den Schweizer Botschafter wird auch die Eidgenossenschaft mit einem Gebäude für kulturelle Aktivitäten dabeisein. Die Basler Schule in Sidemen erfreut sich jetzt schon eines Zustroms, der das Bedürfnis nach einer solchen Institution auch im Sinne eines Beitrags zur Bremsung der Landflucht eindrücklich aufzeigt.

Die Bevölkerung von Sidemen blickt heute hoffnungsvoller in die Zukunft. Sie schickt ihren tiefen Dank nach Basel für einen sinnvollen Beitrag des Kulturaustauschs und der Entwicklungszusammenarbeit, die nicht auf kühlen Berechnungen oder katastrophenbedingtem Mitleid, sondern auf langjähriger Freundschaft und gegenseitigem Verständnis beruht.

Unterricht in praktischer Religion: Herstellung und Bedeutung von Opfergaben.
◁

Blick in ein Klassenzimmer, 40 Prozent der Schüler sind junge Frauen.
◁

Brigitte Degler-Spengler

Die religiösen Frauen in Basel: Nonnen und Beginen

Im mittelalterlichen Basel lebte eine grosse Anzahl religiöser Frauen. Sie verteilten sich auf vier Klöster und über 20 Beginenhäuser. Erste Berichte in den Quellen datieren aus dem Jahr 1230. Damals nahm Papst Gregor IX. das Kloster der Reuerinnen von St. Maria Magdalena in Basel (Steinenkloster) in apostolischen Schutz und bestätigte seine Besitzungen. Der Schwesternkonvent war einige Jahre vorher – vielleicht von Strassburg – nach Basel gezogen. Den Reuerinnen folgten 1266, aus dem Kloster Paradies im Thurgau kommend, Klarissen, die 1279 das Kloster St. Clara errichteten. 1274 gründeten Dominikanerinnen aus dem Wehratal (nördlich von Säckingen) das Kloster Klingental. Zwischen 1282 und 1289 entstand das Klarissenkloster Gnadental, dessen Konvent aus Bremgarten im Aargau stammte.

Ein wichtiger Schritt bei der Errichtung eines Frauenklosters war die Regelung seiner Ordenszugehörigkeit. Das Reuerinnenkloster St. Maria Magdalena wurde 1304 dem Dominikanerorden inkorporiert. Die Klarissen von St. Clara brachten ihre Zugehörigkeit zum sogenannten zweiten Orden des hl. Franziskus aus ihrem Thurgauer Herkunftskloster Paradies mit. Auch die Klingentalerinnen waren bereits Dominikanerinnen, bevor sie nach Basel zogen. Die Gnadentaler Schwestern wurden 1289 dem Klarissenorden angeschlossen.

Durch die Inkorporation wurde eine Schwesterngemeinschaft aus der bischöflichen Aufsicht entlassen und den betreffenden Ordensoberen unterstellt. Für die beiden Basler Dominikanerinnenklöster war der zuständige Obere der Provinzial der Ordensprovinz Deutschland, für die beiden Klarissenklöster der Provinzial der oberdeutschen Franziskanerprovinz. Durch den Ordensanschluss wurden die Frauenklöster auch aus dem Pfarrverband gelöst und erhielten das Recht auf eigene Kirchen und Friedhöfe. Seelsorge und Sakramente empfingen die Nonnen von den Ordensbrüdern oder deren Delegierten, St. Maria Magdalena und Klingental von den Dominikanern (Predigern), die seit 1233 in Basel ansässig waren, St. Clara und Gnadental von den Franziskanern (Barfüssern), die zwischen 1231 und 1238 in die Stadt gekommen waren. Die neuen Orden der Dominikaner und Franziskaner vertraten am markantesten das Frömmigkeitsideal der Zeit, Christus nachzuahmen.

Einige Jahrzehnte später – oder vielleicht in den Quellen nur später fassbar als die Klosterfrauen – tauchten in Basel die Beginen auf. Einzelne Schwestern erschienen schon 1271 oder früher; die erste Gemeinschaft wurde zwischen 1290 und 1293 gegründet. Die Beginen waren wie die Dominikaner und Franziskaner und die ihnen angegliederten Frauenklöster aus der Frömmigkeitsbewegung des 13. Jahrhunderts hervorgegangen. Bis zum Ende des 14. Jahrhunderts entstanden in Basel über 20 Beginengemeinschaften (Samnungen). Eine von ihnen, die Samnung in der ‹Bischofin Hus›, bewohnte das Haus St. Alban-Vorstadt 5, in dem heute die Christoph Merian Stiftung ihren Sitz hat.

Die Unterschiede zwischen einem Frauenkloster und einem Beginenhaus waren beträchtlich. Während eine Klostergemeinschaft einen ganzen Gebäudekomplex mit Kirche, Konventsbau und Ökonomiegebäuden ihr eigen nannte, bewohnte eine Beginensamnung nur ein Haus oder einen Hausteil. Sie grenzte sich gegen ihre Umgebung hin nicht ab wie ein Kloster, denn die Beginen wollten nicht wie die Nonnen in Zurückgezogenheit leben, sondern ein religiöses Dasein in der Welt führen. Anders als die Nonnenklöster waren die Beginenhäuser nicht Glieder eines Ordensverbandes. Zwar waren auch die Beginen eng mit den Dominikanern und Franziskanern liiert und bevorzugten deren Seelsorge und Leitung, sie blieben aber Angehörige des Pfarrverbandes und hatten zumindest an den Hochfesten die Pfarrkirche aufzusuchen.

Gegen Ende des 14. Jahrhunderts lebten etwa 450 bis 500 religiöse Frauen – Nonnen und Beginen – in Basel. Diese Zahl ist vorsichtig geschätzt. Der Anteil der Beginen betrug 350 bis 400, derjenige der Nonnen gegen 100. Das sind 5% der Gesamtbevölkerung, die etwa 9000 Einwohner betrug, und 10% der weiblichen Bevölkerung – wenn man die Streitfrage, ob es einen Frauenüberschuss gab oder nicht, einmal beiseite lässt. Etwa jede zehnte ‹Baslerin› war also Nonne oder Begine.

Viele Nonnen wurden schon als Kinder, mit zehn Jahren und weniger, ins Kloster aufgenommen. Nach dem 12. Lebensjahr legten sie auf die betreffende Ordensregel Profess ab und versprachen, ein Leben lang die drei Gelübde der Armut (Eigentumslosigkeit), der Keuschheit und des Gehorsams zu halten. Aber auch in späteren Jahren und als Witwen konnten Frauen noch ins Kloster eintreten.

Die Mädchen und Frauen, die sich Beginensamnungen anschlossen, legten ein Versprechen auf deren jeweilige Hausregel ab. Dieses band sie jedoch nicht lebenslänglich, denn anders als die Nonnen konnten die Beginen die Gemeinschaften, in die sie eintraten, wieder verlassen. Für die Dauer ihres Aufenthaltes gelobten sie jedoch Keuschheit und Gehorsam gegenüber der Meisterin und den Aufsehern der Samnung. Eine ausdrückliche Verpflichtung zur Eigentumslosigkeit gingen die Beginen nicht ein.

Wie den Eheschliessungen gingen auch der Aufnahme eines Mädchens in ein Kloster Verhandlungen über seine Mitgift voraus. Das Mädchen musste gleichsam in das Kloster eingekauft werden. Durch Entrichtung eines bestimmten Betrages, der Einkaufssumme, erwarb die Familie für ihre Tochter einen der Konventsplätze, eine Pfründe. Es scheint, dass von allen Basler Klöstern eine gleich hohe Einkaufssumme gefordert wurde. Sie betrug im 15. Jahrhundert mindestens 100 Gulden und war in früheren Jahrhunderten eher höher. Dieser Betrag wurde als notwendig erachtet,

Die Frauenklöster und Beginenhäuser der Stadt Basel im 14. Jahrhundert

Die Beginenhäuser

1. Grosse Samnung am Rindermarkt (Gerbergasse/Rümelinsplatz)
2. Haus Heidweiler (Weisse Gasse)
3. Goldschmiedin Haus (Gerbergasse)
4. Haus Beuggen (Steinenvorstadt)
5. Altes Spital zu St. Leonhard (St. Leonhardsberg/Lohnhofgässlein)
6. Samnung in der Weissen Gasse/Iselins Haus (Freie Strasse/Weisse Gasse)
7. Kraftshof (Heuberg)
8. Kammerers Haus (Luftgässlein)
9. Haus Gesingen (St. Alban-Vorstadt)
10. Bischofin Haus (St. Alban-Vorstadt)
11. St. Ulrich (Aeschenvorstadt)
12. Eichlerin Haus (Gemsberg)
13. Gysinbetterin Haus (Steinenvorstadt)
14. Harerin Haus/Haus zum Kaiser (Nadelberg)
15. Haus Rechtenberg (Blumenrain)
16. Haus am Wege (Blumenrain)
17. Schulers Haus (St. Johanns-Vorstadt)
18. Haus zum Schwarzen Bären/Kölnerin Haus (Petersgasse)
19. Haus zum Angen (St. Johanns-Vorstadt)
20. Haus zur Mägd/Haus zu Colmar (St. Johanns-Vorstadt)
21. Der Münzmeistern Haus von Colmar (St. Johanns-Vorstadt)
22. Dechans Haus/Voglerin Haus (Barfüsserplatz)

um bei einem jährlichen Zins von 4 bis 5 Gulden den lebenslänglichen Unterhalt der zukünftigen Nonne zu bestreiten. Viele Familien statteten ihre Töchter jedoch mit höheren Summen und mit reichem Hausrat aus. Die Beginenhäuser erhoben keine ‹Eintrittspreise›, da sie die lebenslängliche Versorgung der Samnungsmitglieder nicht sicherten. Die einzelnen Beginen gaben ja bei ihrem Eintritt ihre persön-

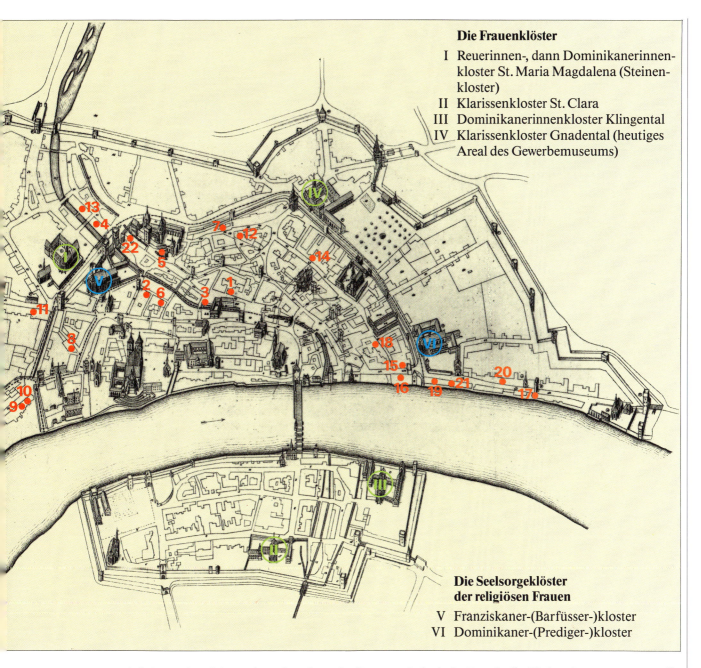

liche Habe nicht auf, und anders als die Nonnen, denen die Klausur jede Erwerbstätigkeit ausserhalb des Klosters verbot, konnten die Beginen gemeinsam für den Unterhalt der Samnung sorgen. Frauenklöster und Beginensammlungen beruhten also auf den völlig verschiedenen Prinzipien der Pfründeinkommen einerseits und der Arbeitseinkünfte andererseits. Daraus erklärt sich ihre grosse soziale Verschiedenheit. Durch die Einkaufssumme waren die Frauenklöster nur einer dünnen Oberschicht zugänglich: bis zur Mitte des 14. Jahrhunderts vor allem dem Adel in seinen verschiedenen Gruppierungen – Hochadel und Dienstadel –, danach zur Hauptsache den verschiedenen Ständen des Bürgertums – ratsfähigen Geschlechtern und zünftigen Handwerkerfamilien.

Die Beginensamnungen in Basel standen grundsätzlich Frauen aller Schichten offen. Bis 1330 waren überwiegend Frauen aus dem niederen Adel und dem gehobenen Bürgertum als Beginen anzutreffen, nach diesem Datum gewannen Frauen aus Handwerkerkreisen und Mägde die Überzahl. Daneben mehrten sich die Frauen, deren Namen sozial nicht einzuordnen sind. Sie kamen aus der näheren und ferneren Umgebung Basels, aus den Dörfern des Elsasses, der Markgrafschaft und der heutigen Schweiz.

Die Aufgabe von Nonnen wie von Beginen war es, zu beten und zu arbeiten, aber den beiden Bereichen wurde in Klöstern und Samnungen verschiedenes Gewicht gegeben. Bei den Nonnen stand das Gebet an erster Stelle. Mehrmals am Tag versammelten sie sich in den Chören ihrer Kirchen, um ihrer Hauptverpflichtung, dem Offizium, nachzukommen. Dieser Gebetsdienst zur Ehre Gottes und zum Segen der Welt lag im gesellschaftlichen Interesse und wurde daher durch Zuwendungen an die Konvente privat und öffentlich gefördert. Geschätzt war auch der Jahrzeitendienst, den die Klosterfrauen für das Seelenheil ihrer Mitbürger leisteten: gegen ein entsprechendes Entgelt gedachten sie alljährlich der Verstorbenen mit der Feier einer hl. Messe und anderen, oft recht aufwendigen Zeremonien.

Neben dem Chor- und Jahrzeitendienst konnten von den Nonnen, auch wegen der Klausur, der sie unterworfen waren, nur Tätigkeiten verrichtet werden, die sich innerhalb des Klosters ausführen und durch die Gebetszeiten jeweils unterbrechen liessen: verschiedene Verwaltungs- und Hausarbeiten sowie Handarbeiten. Auch die administrativen Arbeiten, die bei den umfangreichen Klosterwirtschaften anfielen, besorgten die Nonnen teilweise selbst.

Bei den Beginen wurde umgekehrt die meiste Zeit des Tages der Arbeit eingeräumt, die als karitativer Dienst oder als Erwerbstätigkeit zur Sicherung des Lebensunterhalts ausgeübt wurde. Meist waren die Samnungen von ihren Stiftern gerade nur mit dem Haus, in dem sie wohnten, und mit den notwendigsten Dingen, wie Zinsen für Holz und Licht, begabt worden. Die Samnungsvermögen wurden nicht wie die Klostervermögen durch Einkaufsgelder gemehrt. Über die karitativen und handwerklichen Tätigkeiten der Basler Beginen ist relativ wenig überliefert. Die Kranken- und Totenpflege war der häufigste der mildtätigen Dienste, Spinnen und Weben wohl das am meisten betriebene Handwerk. Daneben gehörte aber auch das Gebet wesentlich zur Lebensführung. Doch versammelten sie sich nicht wie die Nonnen zum Chorgebet, sondern sprachen jeweils gemeinsam oder auch allein bei der Arbeit, die sie gerade verrichteten, eine Reihe von Vaterunser und Ave Maria und andere Gebete. Die mit den Franziskanern verbundenen Beginen nahmen darüber hinaus aktiv an den Jahrzeitfeiern des Franziskanerklosters teil, indem sie an den dafür bestimmten Tagen die Messe hörten und die Gräber der Verstorbenen besuchten.

Dass die Beginen durch diese liturgische Hilfstätigkeit den Unterschied zwischen geistlichem und weltlichem Stand verwischten und als Laien von kirchlichen Stiftungen lebten, erregte Ärgernis und führte 1411 nach jahrelangen dramatischen Auseinandersetzungen zwischen den Franziskanern einerseits, die ihre Helferinnen verteidigten, und den Dominikanern sowie den Weltklerikern andererseits, denen diese ‹halbreligiöse› Lebensform ein Dorn im Auge war, zur Vertreibung sämtlicher Beginen aus Basel.

Die Nonnen lebten noch mehr als hundert Jahre länger in der Stadt. Ihre Klöster wurden zwischen 1529 und 1531 geschlossen, als sich die Reformation in Basel endgültig durchgesetzt hatte. Die meisten Nonnen verliessen den religiösen Stand und erhielten ihr eingebrachtes Gut zurück. Einige wenige emigrierten in die Klöster katholisch gebliebener Gebiete.

Literatur

Degler-Spengler, Brigitte: Die Beginen in Basel, in: Basler Zeitschrift für Geschichte und Altertumskunde, Bd. 69, Basel 1969, S. 5–83; Bd. 70, Basel 1970, S. 29–118.

Degler-Spengler, Brigitte: Das Klarissenkloster Gnadental in Basel, 1289–1529, Basel 1969 (Quellen und Forschungen zur Basler Geschichte, Bd. 3).

Erdin, Emil A.: Das Kloster der Reuerinnen Sancta Maria Magdalena an den Steinen zu Basel, Freiburg/Schweiz 1956.

Gerz-von Büren, Veronika: Geschichte des Clarissenklosters St. Clara in Kleinbasel, 1266–1529, Basel 1969 (Quellen und Forschungen zur Basler Geschichte, Bd. 2).

Weis-Müller, Renée: Die Reform des Klosters Klingental und ihr Personenkreis, Basel 1956 (Basler Beiträge zur Geschichtswissenschaft, Bd. 59).

Cornelia Eggmann/Claudia Studer

Die erste Ärztin in Basel: Emilie Louise Frey

Das Basler Jahrbuch von 1891 erwähnt unter den stadtbewegenden Ereignissen des vorangegangenen Jahres: «21. April: Als stud. med. immatriculiert sich an der Basler Hochschule die erste Dame, Frl. Emilie Frey aus Basel, welche sich in Zürich ihre Vorbildung erwarb.»[1]

Diese kurze Meldung lässt nicht erahnen, welch grosse Widerstände es zu bewältigen galt, bis die Universität Basel einen solchen Akt zuliess. Bereits 1872 sah sich die Regenz mit einer diesbezüglichen Anfrage konfrontiert. Ungeachtet der Tatsache, dass das Frauenstudium in Zürich schon zur Tagesordnung gehörte, wies das oberste Universitätsorgan das Begehren ab. Ebenso erging es den Anfragen, die in den kommenden Jahren an die Universität gelangten.

1889 wurde erstmals ein Gesuch direkt an die politische Behörde gerichtet: Der Seidenhändler Eduard Frey-Stampfer, der seit 7 Jahren in Zürich wohnte, wollte mit seiner Familie nach Basel zurückkehren und versuchte, für seine (älteste) Tochter Emilie, die damals die Maturitätsklasse des Lehrerinnenseminars der Limmatstadt besuchte, eine Zulassung zum Medizinstudium in ihrer Vaterstadt zu erwirken. Das Erziehungsdepartement leitete die Anfrage an die Kuratel, das höchste Universitätsorgan, weiter, welche ihrerseits die Regenz mit dem Erstellen eines Gutachtens in dieser gewichtigen Sache beauftragte. Die Berichte, die im Verlaufe der Vernehmlassung von den Fakultäten an die Regenz weitergeleitet wurden, vermitteln einen interessanten Einblick in die Vorurteile und Ängste der Wissenschafter gegenüber den gelehrten Frauenzimmern. Besonders eingehend wurde die Angelegenheit an der medizinischen Fakultät beraten. Dekan Hermann Fehling erkundigte sich zunächst bei den erfahrenen Schwesteruniversitäten in Zürich, Bern und Genf. Die Antwort aus Bern fiel durchwegs positiv aus: Das gemeinsame Studium habe nie zu Unannehmlichkeiten geführt, und an den Leistungen der Studentinnen gebe es nichts zu bemängeln. Der Dekan der Zürcher Fakultät hingegen mochte sich noch nicht auf ein endgültiges Urteil festlegen. Vor allem die an der Universität Zürich stark vertretenen Russinnen waren ihm ein Dorn im Auge, ihre mangelhafte Vorbildung wirke sich schädlich aus. Sehr kühl äusserte sich der Genfer Dekan: Benehmen und Kleidung seien zwar tadellos, doch seien die Frauen im allgemeinen weniger fähig, geschickt und intelligent als die Männer. Auch wenn sich dieses Manko durch eine verbesserte Ausbildung aufholen liesse, so werde es den Frauen doch weiterhin an Scharfblick, an der Sicherheit in der Diagnose, an Kaltblütigkeit und an Urteilsvermögen mangeln. In der darauf folgenden Debatte innerhalb der Basler Fakultät zeichneten sich zwei Richtungen ab. Auf der einen Seite die unbedingten Gegner des Frauenstudiums um Prof. Friedrich Miescher: sie äusserten vor allem sittliche Bedenken, da über Dinge gesprochen werde, die nicht für zarte Ohren bestimmt seien. Einen getrennten Unterricht erlaubten andererseits die gebäulichen Verhältnisse nicht. Sie befürchteten überdies, das Eindringen von Ausländerinnen von «zweifelhafter Moralität» könne nicht verhindert werden. Die andere Richtung, die zaghaften Befürworter um Prof. Moritz Roth, votierten dafür, Frauen mit eidgenössischem Maturitätsschein versuchsweise zum Studium zuzulassen. Dieser Antrag wurde von der Fakultät mit 6:5 Stimmen abgelehnt.

Schliesslich wandte sich auch eine Gruppe von Medizinstudenten mit einer Eingabe an Regenz und Kuratel. Sie schätzten, dass ihre «altberühmte Universität» bisher «vom Frauenstudium verschont» geblieben sei und wiesen vor allem auf den schon jetzt spürbaren Materialmangel und die zu befürchtende Konkurrenz hin. «Wir würden die ganze Frage vielleicht milder beurteilen», schrieben sie, «wenn mit der Einräumung gleicher Rechte den Frauenzimmern später auch gleiche Pflichten wie uns überbunden werden könnten. Wenn aber zum Beispiel der Staat den Arzt mitten aus seiner Praxis zur Ausübung der Wehrpflicht herausruft, während die Ärztin ungestört ihrem Beruf nachgehen könnte, so würde das eine ungerechtfertigte Schädigung des ersteren bedeuten.»[2] Angst um das Niveau der Wissenschaft, sittliche Bedenken und Konkurrenzangst beherrschten also den Diskurs – und sind noch heute nicht vergessen: «Und schliesslich ist es nicht sinnvoll und nicht rechtens, die Diskriminierung der Frauen durch diejenige des Mannes zu ersetzen»[3], sprach Rektor Carl Rudolf Pfalz 1990 anlässlich des Jubiläums ‹100 Jahre Frauen an der Universität Basel› in klarem Verkennen der Verhältnisse.

Trotz den mehrheitlich ablehnenden Stimmen empfahl die Kuratel dem Erziehungsdepartement, der versuchsweisen und beschränkten Zulassung von Frauen mit eidg. Maturitätsschein zuzustimmen. Die Regierung folgte diesem Antrag und verabschiedete am 8. März 1890 den entsprechenden Beschluss.

Juristisch stand Emilie Freys Vorhaben nichts mehr im Wege, doch setzten ihre Gegner den Kampf nunmehr mit anderen Mitteln fort: Anlässlich ihres ersten Erscheinens in den heiligen Hallen zur Ablegung des Handgelübdes waren Studententumulte angekündigt. «Verbindlichst dankend für die mir gewährten Rücksichten»[4] reagierte sie auf die vorsorglich durch den Rektor angeordnete Verschiebung des Termins. Geduldet, aber keineswegs willkommen, blieb sie von Anfang an vom geselligen Studentenleben in den Verbindungen ausgeschlossen. Ihre Kommilitonen gingen sogar so weit, einen Kollegen, der ihr ein Heft leihen wollte, zurechtzuweisen. Auch die Professoren hatten Mühe, sich mit den neuen Gegebenheiten abzufinden. Rektor Hermann Fehling konnte es nicht unterlassen, am Dies academicus von 1891 über die Bestimmung der Frau und ihre Stellung zu Familie und Beruf zu sprechen. Das Frauenstudium blieb für ihn eine Modetorheit, und er gab sich zuversichtlich, dass auch in ferner Zukunft

Vermutlich Emilie Frey in der ersten Studienzeit.
◁

wie von alters her «der schöpferische Geist des Mannes die Welt bewegen und gestalten» werde.[5] Selbst die Gassenbuben verhöhnten sie: «D'Studäntene kunnt», ging es von Haus zu Haus, sobald sie die Strasse betrat.[6]

Emilie Frey verhielt sich – was blieb ihr anderes übrig – den Erwartungen entsprechend: Ihre Art, sich zu kleiden, gab zu keiner Klage Anlass: «von aller äusseren Vernachlässigung oder ‹Vermännlichung›» war nichts zu sehen. Im Auftreten blieb sie zurückhaltend. «Bescheiden sass sie in den Vorlesungen, Vergnügen kannte sie nicht; ihre freie Zeit verbrachte sie am Schreibtisch.»[7]

Diese Unauffälligkeit wurde honoriert, die feindliche Haltung liess allmählich nach. Die nachfolgenden Studentinnen glaubten und betonten auch immer wieder, es sei dem taktvollen Benehmen Emilie Freys zu verdanken, dass sich das Frauenstudium an der Universität Basel durchsetzen konnte. Dieses Frauenbild und die mit ihm verknüpften Erwartungen wirken noch heute nach und sind den Studentinnen oft hinderlich, wenn sie Ansprüche erheben und an die Öffentlichkeit treten.

1895 absolvierte Emilie Frey als erste Basler Studentin das Staatsexamen und eröffnete im Elternhaus an der St. Alban-Vorstadt 58 eine Arztpraxis. Im November 1896 promovierte sie mit einer Dissertation über den Krankheitsverlauf von Rachitis. Das Thema wurde ihr von Professor Fritz Egger zugewiesen, der hoffte, seine Thesen durch eine empirische Untersuchung bestätigt zu sehen. Während vier Jahren hat sie «mit grossem Fleiss das in vielen tausenden von Krankengeschichten zerstreute Material gesammelt und zusammengestellt, sie hat ferner auch einen grossen Theil von Krankheitsherden selbst besucht...»[8].

Ihre praktischen Kenntnisse vertiefte sie mit einer Assistenz in Berlin. Nach ihrer Rückkehr widmete sie sich als erste praktische Ärztin der Stadt Basel erneut den zahlreichen Patientinnen und Patienten aus der ganzen Region. Über vierzig Jahre lang praktizierte die ‹Jumpfere Doggder› an der St. Alban-Vorstadt und am Nonnenweg.

Anmerkungen

1 Baur, Fritz: Basler Chronik vom 1. Nov. 1889 bis 31. Okt. 1890, in: Basler Jahrbuch 1891, Basel 1891, S. 246.
2 Die Studierenden der Medizin an der Universität Basel an Regenz und Kuratel, Basel, 12. Nov. 1889; Staatsarchiv Basel-Stadt (StaBS): EA X 18, 1889.
3 Pfaltz, Carl Rudolf: Ansprache anlässlich der Aktionswoche ‹100 Jahre Frauen an der Universität Basel›, 11. Juni 1990, Universität Basel.
4 Emilie Frey an Prof. Dr. J. Wackernagel, Basel, 24.4.1890; StaBS: UA I 3: Allgemeines und Einzelnes: Immatrikulation, Maturität, Hörer, 1889–1914.
5 Fehling, Hermann: Die Bestimmung der Frau, ihre Stellung zu Familie und Beruf, in: Bonjour, Edgar: Die Universität Basel von den Anfängen bis zur Gegenwart, 1460–1960. Zweite, durchgesehene Auflage, Basel 1960, S. 451.
6 Bieder, Martha: Universität Basel, in: Schweiz. Verband der Akademikerinnen (Hg.): Das Frauenstudium an den Schweizer Hochschulen, Zürich 1928, S. 220.
7 Smolik-Faller, Elisabeth: Von der ersten Basler Ärztin, in: Schweiz. Frauenblatt Nr. 8, 25.5.1938, Gosteli-Stiftung, Worblaufen.
8 Votum von Prof. Massini, Basel, 10. Sept. 1896; StaBS: UA X 4,4: Medizinische Fakultät. Akad. Grade. Eidg. dipl. Ärzte, 1895–1900.

Claudia Spinelli

100 Jahre Frauen an der Universität Basel

Vor 100 Jahren wurde Emilie Frey als erste Frau an der Universität Basel zum Studium zugelassen. Im Kampf der Frauen um berufliche, gesellschaftliche und politische Anerkennung war damit ein wichtiger Schritt getan. Ein kurzer Rückblick auf die Entwicklung des Frauenstudiums von den Anfängen bis heute soll aber deutlich machen, dass 100 Jahre Existenzberechtigung noch lange nicht 100 Jahre Gleichberechtigung bedeuten.

Die Universität Basel, die älteste Hochschule der Schweiz, leistete zunächst heftigen Widerstand gegen das Frauenstudium. Als eine der letzten Hochschulen Europas und als zweitletzte Hochschule der Schweiz musste sie schliesslich dem Druck von Öffentlichkeit und Regierung nachgeben und einer provisorischen Einführung des Frauenstudiums zustimmen. Nur die deutschen Universitäten und die erst 1889 gegründete Fribourger Universität konnten sich der Zulassung von Studentinnen noch länger widersetzen. Seit der zweiten Hälfte des 19. Jahrhunderts gehörten die Frauen in Frankreich und England zum gewohnten universitären Erscheinungsbild. Auch in Zürich waren Frauen seit 1840 als Hörerinnen zugelassen. Als 1864 zwei Russinnen um Immatrikulation an der Zürcher Universität baten – das Zarenreich verbot neuerdings Frauen das Studium –, erhielten sie ohne grosses Aufsehen Zutritt. In den folgenden Jahren erlebte die Universität Zürich einen grossen Ansturm von ausländischen Studentinnen, die Schweizerinnen hingegen wagten sich nur zögernd an ein Studium.

Neben grundsätzlichen Vorurteilen gegenüber gebildeten Frauen war es vor allem die Angst, einer ebensolchen Flut von Russinnen ausgesetzt zu sein, die die Basler bewog, das Frauenstudium zuerst nur provisorisch und unter Ausschluss von Ausländerinnen zuzulassen. Erst 1904 wurde das Frauenstudium von der Regierung definitiv im Universitätsgesetz verankert – übrigens noch immer gegen den Willen der Mehrheit der Professoren. Nach dem Abklingen der ‹Russinnenwelle› wurden 1914 schliesslich auch Ausländerinnen zugelassen. Doch waren im Gegensatz zu Zürich in den ersten zwei Jahrzehnten des Frauenstudiums kaum mehr als zehn Studentinnen gleichzeitig immatrikuliert.

Die vier Frauen, die sich bis 1900 an der Universität Basel einschrieben, studierten alle Medizin. Dies erstaunt eigentlich nicht. Pflegende und fürsorgende Tätigkeit liess sich mit der traditionellen Rolle der Frau am ehesten vereinen. Zudem bot die eigene Praxis eine Möglichkeit, den Beruf trotz männlicher Vorurteile unabhängig und selbständig auszuüben. Nur langsam wagten sich die Frauen an die Philosophische Fakultät. Erst 1907, 17 Jahre nach der Einführung des Frauenstudiums, konnte eine Frau ihr Studium an dieser Fakultät abschliessen. Margarethe Schwab-Plüss, eine der ersten Studentinnen an dieser Fakultät erinnert sich rückblickend als 78jährige: «Wenn der Zugang zum Studium und das Studium selbst auch heute noch nicht leicht ist, war beides in jener Zeit, zumal für weibliche Wesen, schwierig. Einzelne Professoren hegten Vorurteile gegen das Frauenstudium; ebenso verhielt es sich mit einigen Studenten.» Von Vorurteilen blieben auch die Medizinerinnen nicht verschont: Brunhilde Kramer-Hunziker schloss ihr Studium 1903 ab. Ihren Wunsch, sich als Frauenärztin und Geburtshelferin auszubilden, musste sie aufgeben. Mit der fadenscheinigen Argumentation, «Aus welchem Kanton sind Sie? Gehen Sie in Ihren Kanton!», wurde die gebürtige Aargauerin abgewiesen.

Obwohl 1913 mit der Einführung von kantona-

Die Wachstumsrate des Studentinnenanteils zeigt immer wieder massive Einbrüche. Verantwortlich sind sowohl wirtschaftliche wie auch ideologische Gründe. ▷

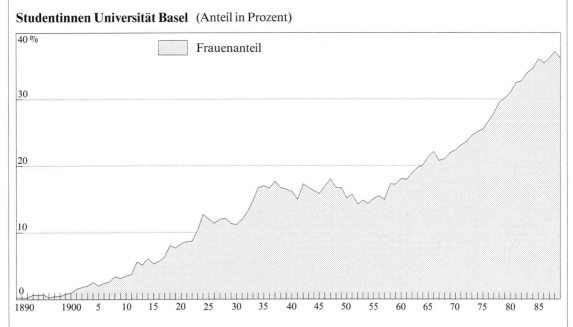

Studentinnen Universität Basel (Anteil in Prozent)

len Maturitätsprüfungen an der hiesigen Töchterschule der Zugang zu einer höheren Bildung erheblich erleichtert wurde, blieb ein Ansturm von Frauen auf die Universität aus. «Du heiratest ja doch», mussten sich junge Frauen sagen lassen. Berufstätigkeit bis zur Heirat war selbstverständlich, und genauso selbstverständlich war es, diese bei der Heirat aufzugeben. Die Erwerbstätigkeit von verheirateten Frauen genoss wenig Ansehen und galt als Beweis dafür, dass der Ehemann die Familie nicht ernähren konnte. Die wenigen Frauen, sie dennoch das Privileg eines Studiums in Anspruch nehmen konnten, stammten alle aus Familien der oberen Mittelschicht, die die Mittel für ein Studium aufbringen konnten. In den wirtschaftlichen Krisenzeiten der Zwischenkriegszeit erlitten aber auch diese Familien eine Einschränkung ihrer finanziellen Möglichkeiten, so dass nicht wenige Töchter zugunsten ihrer Brüder zurückstehen mussten.

Bis weit über die erste Hälfte unseres Jahrhunderts hinaus sahen sich Akademikerinnen mit schwer überwindbaren Hindernissen konfrontiert. Ein Gesetz, das Lehrerinnen bei ihrer Heirat aus dem Staatsdienst ausschloss, wurde erst 1967 abgeschafft. Da die Aktivbürgerrechtschaft Voraussetzung für viele öffentlichrechtliche Stellungen war, mussten Juristinnen durch das fehlende Stimmrecht erhebliche berufliche Nachteile in Kauf nehmen.

In den 50er Jahren, drei Generationen nach Einführung des Frauenstudiums, herrschten noch immer massive Vorurteile gegenüber Akademikerinnen, die ihren Beruf ausüben wollten. Der ‹modernen› Frau wurde zwar durchaus ein gewisses Mass an Allgemeinbildung zugestanden, doch hatte sie diese als anregende Gesprächspartnerin ihres Ehemannes und als hingebungsvolle Mutter ganz in den Dienst der Familie zu stellen. Typisch für diese Zeit ist die Aufforderung eines Lehrers des Mädchengymnasiums, seine Schülerinnen sollten nach der Matur unverzüglich Kurse an der Frauenarbeitsschule belegen. Ihre Bildung sei jetzt ausreichend, nun ginge es darum, sich auf die andere, wichtige Seite des Frauenlebens vorzubereiten.

Zäh gestaltete sich für Frauen auch der Zugang zu den höheren Etagen der Universitätshierarchie. Vereinzelt gelang es Frauen zwar schon relativ früh, im Universitätsbetrieb aufzusteigen, doch an der Spitze blieben die Männer unter sich. Bereits 1928 habilitierte sich die Slavistin Elsa Mahler und ein Jahr später die Finanzwirtschaftlerin Salome Schneider. Elsa Mahler wurde 1938 zur Extraordinaria befördert. Bis in die 60er Jahre blieb der Frauenanteil auf dieser Stufe gleich gering. 1964 schliesslich wurde die Slavistin Hildegard Schröder zur ersten ordentlichen Professorin gewählt. Als zweite folgte acht Jahre später die Ur- und Frühgeschichtlerin Elisabeth Schmid. Obwohl sich der Frauenanteil der Studierenden seither verdoppelt hat und heute rund 39 % beträgt, stagniert der Frauenanteil auf Ordinariatsebene – nach einem zeitweiligen Rückgang auf 0,8 % – bei beschämenden 1,7 %. Oder deutlicher ausgedrückt: 137 männlichen Professoren stehen immer noch nur zwei weibliche Professorinnen, Annemarie Piper und Ingeborg Schwenzer, gegenüber. Nach wie vor gilt: je höher die Hierarchiestufe, desto geringer der Frauenanteil. Nur allzu oft müssen sich akademisch gebildete Frauen mit untergeordneten und schlecht bezahlten Stellen zufrieden geben.

Auch heute noch studieren im Vergleich zu den Männern relativ wenig Frauen. Schlechtere Berufsperspektiven sind nur ein Grund dafür, dass viele Frauen auf eine Hochschulbildung verzichten. In einem Interview brachte eine Studentin einen wichtigen Aspekt zum Ausdruck: «Manchmal habe ich das Gefühl, dass das alles gar nichts mit mir zu tun hat.» Kein Wunder, durch die Untervertretung von Frauen im Lehrkörper fehlen für Studentinnen wichtige Identifikationsmöglichkeiten mit Wissenschaftlerinnen. Auch inhaltlich ist die Wissenschaft eine männliche Domäne geblieben. Frauenspezifische Ansätze kommen nur marginal vor. So gibt es etwa die Geschichte, das ist die der Männer, und es gibt das Randgebiet Frauengeschichte. Das Männliche ist die Regel, das Weibliche bildet die Ausnahme. Nur allzu gern wird vergessen, dass eine Wissenschaft, will sie glaubwürdig bleiben, auf die ständige Erweiterung ihres Horizontes durch neue Methoden und Fragestellungen angewiesen ist.

In ihrer Untersuchung zur Lage der Frauen an den Schweizer Hochschulen macht die Historikerin Brigitte Studer eine wichtige Beobachtung: «Studentinnen werden auf zweifache Weise wahrgenommen: als sexuelles Wesen und als zukünftige Wissenschaftlerin. Die Normen des weiblichen Rollenstereotyps (Sanftheit, Passivität, Personenbezogenheit) kollidieren mit den Anforderungen an Studierende (Härte, Initiative, Durchsetzungsvermögen).» Im Vergleich zu ihren männlichen Kollegen brechen

Die Frauenkommission des StudentInnenrats ist das politische Gremium der Studentinnen der Universität Basel und Mitorganisatorin der kritischen Aktionswoche zum 100-Jahr-Jubiläum des Frauenstudiums.
◁

Hörsaal in den 60er Jahren: Eine verschwindend kleine Minderheit war auch die dritte Generation von Frauen, die an der Universität Basel studieren durfte. ▷

etwa doppelt so viele Frauen ihr Studium vorzeitig ab. Angesichts der eben genannten Tatsachen verwundert dies kaum jemanden. Die universitären Strukturen orientieren sich an der männlichen Normalbiographie. Das Problem der Mehrfachbelastung durch Familie und Beruf ist nach wie vor ungelöst. Wissenschaftlerinnen, die eine Universitätskarriere ins Auge fassen, werden durch die bestehenden Strukturen und Vorurteile massiv behindert: Frauen müssen Ausserordentliches leisten, bis man sie überhaupt wahrnimmt – das Recht auf Mittelmass ist ihnen versagt.

Die Geschichte der ersten 100 Jahre Frauenstudium lehrt, dass sich ohne strukturelle Veränderungen und ohne geeignete Quotierungsmodelle die Situation der Frauen in diesem Betrieb kaum verändern wird. Die zähe Wachstumsquote, vor allem auf den höheren Stufen der Universitätshierachie, verspricht nur wenig Gutes. Bliebe es bei diesem Tempo, so müssten wir mindestens bis zum Jahre 3650 auf einen paritätischen Frauenanteil warten. Das ist entschieden zu lang.

Bibliographie

D Studäntin kunnt – 100 Jahre Frauen an der Universität Basel. Katalog zur Ausstellung, Basel 1990.
Eggmann, Cornelia: Die Pionierinnen 1890–1904, in: Basler Magazin Nr. 16, 21. April 1990.
Sokoloff, Catherine: 100 Jahre Frauenstudium an der Universität Basel, in: Basler Magazin Nr. 16, 21. April 1990.
Studer, Brigitte: Frauen an den Hochschulen der Schweiz, Bern 1988.

Brigitta Gerber/Katharina Huber

Der Frauenstadtrundgang – Zur Geschichte von Frauen in Basel

Seit Mitte Juni 1990 bietet Basel, als erste Stadt der Schweiz, regelmässig jeden zweiten Samstagnachmittag Stadtrundgänge zur Geschichte von Frauen an. Organisiert werden sie von Studentinnen des Historischen Seminars, die sich im September 1989 zu einer Arbeitsgruppe, heute ‹Verein Frauenstadtrundgang›, zusammenschlossen und ein längerfristiges Projekt erarbeiteten. Angesprochen sind insbesondere Frauen und Männer, die sich für eine andere Sichtweise auf Basels Vergangenheit interessieren.

Mit diesen Rundgängen stellen die Organisatorinnen einerseits Forschungsarbeiten vor, die in den letzten Jahren in Basel und an anderen Schweizer Universitäten entstanden sind. Aber auch neue, noch unbearbeitete Themen aus den Quellen des Staatsarchives werden aufgegriffen und bearbeitet. Als thematischer ‹roter Faden› für den Rundgang wurde Frauenarbeit in der Stadt Basel gewählt. Mutterschaft und Erwerbstätigkeit, die Forderung nach Tagesschulen, gleichem Lohn für gleichwertige Arbeit und vieles mehr steht in der aktuellen Diskussion. Immer mehr Historikerinnen fragen auch nach der Arbeit, die in verschiedenen Zeiten von Frauen geleistet wurde. Im Rundgang werden Arbeits- und Lebensweisen sowie einzelne Biographien von Frauen, vom Mittelalter bis zur Neuzeit, beschrieben und gezeigt.

Kurze Beschreibung des Stadtrundgangs

Der Rundgang beginnt am Leonhardskirchplatz mit dem Thema ‹Prostitution im Spätmittelalter›. Zur Sprache kommen sowohl staatliche Interessen, wie z. B. Steuern, als auch die zunehmende Institutionalisierung der Prostitution und die Gettoisierung der Prostituierten.
Vor dem ‹Alten Spital›, gegenüber dem früheren Leonhardskloster (dem heutigen Lohnhof), wird über das Leben und die Arbeit von Beginen in Basel berichtet. Die Beginen, eine religiöse Frauengemeinschaft im 13./14. Jahrhundert, fanden nicht nur im gesamteuropäischen Raum, sondern auch in Basel viele Anhängerinnen.

Hinter der Barfüsserkirche stand im frühzeitlichen Basel das ‹Hintere Spital›. Neben Geisteskranken und Bedürftigen wurden dort auch der Hexerei beschuldigte Frauen eingesperrt; dies wird anhand von Einzelschicksalen erläutert. Gestützt auf Prozessakten des 16./17. Jahrhunderts wird die strafrechtliche Praxis der Basler Autoritäten in der Hexenverfolgung herausgearbeitet.

Mit dem Gang vom Barfüsserplatz zum Münsterberg wird sowohl ein sozialtopographischer als auch ein zeitlicher Sprung in die Neuzeit gemacht. Vor dem heutigen Standesamt an der Rittergasse wird über das Leben von Dienstmädchen im herrschaftlichen Haushalt gesprochen: fehlende Altersversorgung, 15- bis 18stündige Arbeitszeiten, Isolation am Rande einer mittelständischen oder grossbürgerlichen Schicht. Diese Themen geben Einblick in die Lebenssituationen dieser Frauen.

Hinter dem Münster hatte im 19. Jahrhundert die Prostitution ihren Platz. Anhand des Verhörprotokolls «Susanna Rupprecht» (1860) wird die bürgerliche Doppelmoral jener Zeit besprochen. Mit der Fähre geht's zum Kleinbasler Rheinufer, von wo aus sich die TeilnehmerInnen die Frauen-Bad- und Schwimmanstalt links des Münsters (1848–1961) in Erinnerung rufen können. Die GGG, Gesellschaft für das Gute und Gemeinnützige, hatte den Bau der Badeanstalt ermöglicht. Thematisiert werden hier Organisation und Aufbau der GGG sowie Projekte und Ideen weiblicher GGG-Mitglieder.

Schauspielerische Einlage: Bürgerliche Arbeitgeberin äussert sich zu den Forderungen ihres Dienstmädchens (nach einem Originalbrief, Ende 19 Jh.; Staatsarchiv Basel). ▷

Szenische Umsetzung: Die Prostituierte Susanna R. wird vom Richter verhört. ▷

Nach einer kurzen Einleitung zum Kleinbasel erfährt das Publikum mehr über die Arbeitsverhältnisse der Hausiererinnen, der Heim- und Fabrikarbeiterinnen des 19. Jahrhunderts. Die hausierende Sandträgerin Katharina Senger war ehemals an der Rheingasse 51 wohnhaft. Ihr Leben kann heute relativ gut rekonstruiert werden. Danach treffen die TeilnehmerInnen auf eine Heimarbeiterin aus den Anfängen des 20. Jahrhunderts, welche sich in einem Kurzinterview bereitwillig zu ihrer ökonomischen Situation äussert.

Von da aus geht die Gruppe weiter in die Utengasse, ehemals Wohnquartier von Fabrikarbeiterinnen und -arbeitern. Anhand von Fabrikordnungen und verschiedenen Dokumenten aus dem Staatsarchiv werden die Arbeitsbedingungen der Fabrikarbeiterinnen der Basler Seidenbandindustrie und ihre Lebenssituation analysiert.

Selbstverständnis und Zielsetzung

Der Frauenstadtrundgang bietet eine Alternative zu traditionellen Stadtrundgängen und verzichtet auf Sightseeing und touristische Clichés. Er unterscheidet sich in thematischer, methodischer und auch in didaktischer Hinsicht von bereits bestehenden, konventionellen Stadtrundgängen. Die Organisatorinnen haben sich zum Ziel gesetzt, die Spuren weiblicher Vergangenheit freizulegen und dabei den TeilnehmerInnen den Blick für die spezifisch weibliche Problematik zu schärfen. Sie legen Wert auf eine didaktische Umsetzung von Wissen und versuchen, dieses nicht nur ‹frontal› zu vermitteln: schauspielerische Szenen und Dokumentationsmaterial wie Quellen und Bilder sollen dazu beitragen, die TeilnehmerInnen aktiv in das Erleben miteinzubeziehen. Auf diese Weise wird vermitteltes Wissen lebendig und be-greifbar.

Mit dem Frauenstadtrundgang haben sich Studentinnen ein ausser-universitäres wissenschaftliches Betätigungsfeld eröffnet; er bietet angehenden Historikerinnen Gelegenheit, erlerntes Wissen in die Praxis umzusetzen und dabei wertvolle Erfahrungen zu machen. Der Verein Frauenstadtrundgang soll aber auch ein Forum für junge Historikerinnen sein: Unveröffentlichte Forschungsergebnisse mit Lokalbezug und frauenspezifischer Thematik finden bei dieser Gelegenheit den Weg in eine breitere Öffentlichkeit und wecken das Verständnis für historische Frauenforschung im speziellen, Geschichts- und Geisteswissenschaften im allgemeinen. Nicht zuletzt verstehen sich die Initiantinnen als Kulturschaffende; mit dem Frauenstadtrundgang tragen sie zur kulturellen Attraktivität der Stadt Basel bei.

Erfahrungen und Ausblick

Alle Stadtrundgänge waren bisher ausgebucht, d. h. rund 35 Personen nahmen jeweils an einer Führung teil: Frauen und Männer, jüngere und ältere Leute, BaslerInnen und Auswärtige – das Echo war durchwegs positiv. Neben den offiziellen Führungen werden Rundgänge für Gruppen angeboten; auch hier ist die Nachfrage gross.

Im Anschluss an die ca. zweistündige Führung treffen sich die Organisatorinnen jeweils mit interessierten TeilnehmerInnen zu einem informellen Drink. Das gibt ihnen Gelegenheit, Kritiken und Anregungen seitens des Publikums aufzunehmen.

Der Frauenstadtrundgang ist als längerfristiges Projekt gedacht: geplant sind zusätzliche, neue Rundgänge und die Ausarbeitung einer Variante für den Winter. Auf dem Programm steht zudem die Durchführung spezieller Rundgänge, die auf das Bedürfnis von Jugendlichen und Schulen abgestimmt sind. Zur Zeit wird eine Begleitbroschüre zum ersten Rundgang zusammengestellt, die im Frühjahr 1991 erscheinen soll. Dies wird von den TeilnehmerInnen sehr begrüsst.

Die Finanzierung des Projektes bereitet allerdings Schwierigkeiten: Idealismus allein genügt längerfristig nicht mehr. Das Vorhaben ist auf die Dauer nur über eine zentrale, für Koordination und Organisation verantwortliche Stelle realisierbar. Momentan fehlen aber die nötigen finanziellen Ressourcen zum Aufbau einer eigenen Infrastruktur. Die bei den Rundgängen erhobenen Unkostenbeiträge der TeilnehmerInnen sind alles andere als kostendeckend. Deshalb wird versucht, von Kanton, Universität und verschiedenen privaten Stiftungen finanzielle Unterstützung zu erhalten.

Der ‹Verein Frauenstadtrundgang›* hofft auf eine zahlreiche Mitgliedschaft und auf die ideelle Unterstützung durch Privatpersonen.

* Verein Frauenstadtrundgang, Postfach 165, 4013 Basel

Lukas Schmutz

Pietismus in Basel – Wellenbewegung einer geistigen Strömung

In dichter Folge feierten in Basel im vergangenen Jahr drei Gesellschaften und Vereinigungen, die im Pietismus des 18. und 19. Jahrhunderts ihre Wurzeln haben, grosse, runde Geburtstage. Die Jubiläen der Herrnhuter Brüdergemeine in Basel (250 Jahre), der Basler Mission (175) und der Pilgermission St. Chrischona (150) bieten Gelegenheit, sich einige Aspekte der Entwicklung des ‹Basler› Pietismus vor Augen zu führen.

Um die Rolle der Pietisten in der Geschichte Basels ihrem Gehalt nach einzuordnen, ist es sinnvoll, sich zunächst zu vergegenwärtigen, dass diesen Menschen ein übermächtiger Einfluss von Geistes- und Glaubensrealitäten auf den Gang der Dinge völlig unzweifelhaft war. Man kann sagen, dass sie – anders als die meisten Menschen heute, denen das Weltgeschehen eher durch materielle oder funktionale Erklärungen begreiflich wird – Geschichte ganz selbstverständlich und ziemlich ausschliesslich als Heilsgeschichte verstanden.

Das heisst nicht, dass die Pietisten in der Mehrheit Intellektuelle waren. Im Gegenteil. Christian Friedrich Spittler etwa, eine der zentralen Figuren des süddeutsch-baslerischen Pietismus, war geradezu ein Paradebeispiel eines praktisch orientierten Menschen, ein richtiger ‹Macher›, würde man heute sagen, und als solcher gar nicht untypisch für die Bewegung. Und dennoch: Die Spur, die Spittler, seine Vorläufer, Weggefährten und Nachfolger in der Basler Geschichte hinterliessen, ist nur von der geistigen Kraft her zu verstehen, die ihr Leben tatsächlich beseelte: Durch nichts, auch nicht durch die Gefahr des Todes (wie die Geschichte vieler Missionare belegt), war ihre Überzeugung zu erschüttern, von Gott ganz persönlich geführt zu sein.

Zinzendorf und Herrnhut

So liegt denn eine Unzahl von Biographien, in deren ‹Mitte› eine Umkehr steht, das heisst eine bewusste Unterstellung unter die Führung Gottes, oft verbunden mit einem tiefen Schuldbewusstsein, den sichtbaren Zeichen der pietistischen Bewegung gleichsam als Fundament oder als Grundthema zugrunde. Das Muster für eine derartige Lebensauffassung und -gestaltung war von religiösen Denkern geschaffen worden, deren Vorstellungswelten sich um mystische Gotteserfahrungen bildeten. Zu diesen gehörten etwa Philipp Jakob Spener (1635–1705), August Hermann Francke (1663–1725) oder – für den Basler Pietismus wichtiger – dessen Schüler Nikolaus Ludwig Graf von Zinzendorf (1700–1760).

Zinzendorf legte das Gewicht seines Wirkens – wie später Spittler – nicht auf die wissenschaftliche Arbeit, sondern auf die Realisierung von praktischen Lebensformen, in denen die damals neue, auf einem persönlichen Zugang basierende Glaubensform Raum zur Entfaltung erhalten würde. Im Jahr 1720 gelangte eine Gemeinschaft von mährischen Glaubensbrüdern am Ende der Flucht aus ihrer Heimat, in der die geistigen Nachfahren des vorreformatorischen Kirchenkritikers Jan Hus verfolgt wurden, auf das Adelsgut Zinzendorfs in Sachsen. Dieser fasste diese Ankunft selbstverständlich nicht als Zufall auf und schuf diesen Menschen, die – wie er sicher zu wissen glaubte – von Gott zu ihm geführt worden waren, eine neue physische und geistige Heimat.

Aus der tiefen Übereinstimmung der religiösen Überzeugungen wuchs bei Zinzendorf und den mährischen Brüdern der Wunsch, die existentiell zentrale Glaubenserfahrung offen zu bekennen und auch weiterzugeben, das Leben also ganz in den Dienst ihres Gottes, oder im Bild: unter des Herrn Hut, zu stellen. Diese Grundintention wird im Namen der neuen Gemeinde gespiegelt: Sie wurde Herrnhut genannt.

Die Anfänge des Pietismus in Basel

Die Kraft dieser neuen Glaubensgemeinschaft begann bald schon in einem relativ grossen Umkreis spürbar zu werden. Bereits 1738 hatten die Herrnhuter auch in Basel mit ihrer Missionsarbeit begonnen, und sie verzeichneten vor allem nach dem ersten Besuch von Zinzendorf selbst im Jahr 1740, dem Gründungsjahr der Herrnhuter Gemeinde in Basel, einen regen Zulauf. Besonders interessant scheint, dass auch Menschen, die sich nicht direkt der Gemeinschaft anschlossen, grossen Respekt für die Herrnhuter gewannen. Isaak Iselin zum Beispiel, der Zinzendorf 1757 beim zweiten Besuch des Grafen in Basel kennenlernte, notierte nach dem offenbar ausserordentlich anregenden Treffen in seinem Tagebuch: «Aus allem leuchtet bei ihm etwas Nichtgemeines. Die Gedanken sind meist gross und erhaben, aber mit edler Einfalt.» Die Einfachheit und die Direktheit der Herrnhuter Bekenntnisse muss in gewisser Weise spektakulär und für viele aufwühlend gewesen sein. «Nun glaube ich, dass des Heilands Zeit in der Schweiz gekommen ist», schrieb etwa Friedrich von Wattenwyl, einer der grossen Förderer der Herrnhuter in der Schweiz.

Dennoch darf man sich das Aufkommen des Pietismus in Basel nicht einfach wie das Implantieren von etwas gänzlich Neuem, bislang Unbekanntem vorstellen, denn ganz unvorbereitet war der Boden für die Gedanken der Männer um Zinzendorf in Basel keineswegs, wie am besten das Beispiel von Hieronymus Annoni (1697–1770) zeigt. Annoni näherte sich den pietistischen Überzeugungen nicht mit der Radikalität und Plötzlichkeit, die bei vielen Bekehrungen beobachtet werden kann, sondern stufenweise. Der mit 22 Jahren als Pfarrer ordinierte Basler blieb in gewisser Weise ein Zweifler, der die Oberflächlichkeit vieler erlernter Glaubensüberzeugungen spürte. Annoni hatte den Eindruck, dass ihnen die Eigentlichkeit und Tiefe fehlte. Verschiedene wichtige Erlebnisse schürten diese Zweifel. Eine Krankheit,

Nikolaus Ludwig Graf von Zinzendorf (1700–1760). Bildnis mit Widmung und Unterschrift Zinzendorfs.

Reisen ins Ausland, auf denen er zum Beispiel Tersteegen und Zinzendorf kennenlernte, sowie die Lektüre mystischer Literatur bewirkten einen schrittweisen Veränderungsprozess in seinem Denken, eine Umkehr, wie er sagte, so dass aus dem Schultheologen mehr und mehr ein bekennender Pietist wurde, der seit seiner Berufung nach Muttenz (1746) auch Zirkel und Gemeinschaften, wie sie für die Pietisten typisch sind, leitete. Annoni erhielt auch das Angebot, die Herrnhuter Gemeinde in Basel zu führen, lehnte jedoch ab, weil er sich damals in seinen Überzeugungen noch nicht gefestigt genug glaubte.

Die Kirche stösst die ‹Abweichler› nicht aus

Wie Zinzendorf war Annoni Liederdichter, ohne aber dessen Sprachkraft zu erreichen. Wie Zinzendorf gründete auch Annoni eine Gemeinschaft, die ‹Gesellschaft der Freunde›, die jedoch auch bei weitem nicht die Ausstrahlung der Herrnhuter erreichte und bald wieder verschwand. Trotzdem spielte der Muttenzer Pfarrer in der Entwicklungsphase des Basler Pietismus eine wichtige Rolle. Er wagte es, in seinen Predigten Glaubensinhalte zu verkün-

Einer der Wegbereiter des Basler Pietismus: Hieronymus Annoni (1697–1770). ▷

Christian Friedrich Spittler (1782–1867). Seine Aktivität als Sekretär der Basler Christentumsgesellschaft gaben dem Basler Pietismus entscheidende Anstösse. ▷▷

den, die gegenüber der Basler Konfession eigentlich als abweichlerisch eingestuft werden mussten, und machte die Erfahrung, die für die Entwicklung des Pietismus in Basel symptomatisch ist: Obwohl der Bau der orthodoxen Staatskirche an sich geschlossen blieb, war Offenheit und Toleranz genügend da, die Menschen, die nach Erneuerung der Kirche suchten, im allgemeinen nicht zu marginalisieren und trotz unzweifelhaften Reibungen innerhalb der Kirche zu lassen. Die reformierte Kirche war in Basel reformierbar geblieben. Hier liegt der (vielleicht ganz typische) baslerische Anteil an der Entwicklung des Pietismus: in der Fähigkeit, das Neue ins Überkommene einzuschmelzen.

Die Christentumsgesellschaft und Spittler

Annoni hatte auf seinen Reisen nicht nur die Bekanntschaft Zinzendorfs gemacht, sondern auch Samuel Urlsperger, den Vater von Johann August Urlsperger, kennengelernt, der 1780 in Basel mit der Christentumsgesellschaft jene Institution gründen sollte, von der aus der Pietismus im Basel des 19. Jahrhunderts dann zu breiter Wirksamkeit innerhalb der Stadt und sehr weit über ihre Grenzen hinaus kam. Annonis Name steht also auch beispielhaft für das Beziehungsgeflecht, das um ein Zentrum zwischen Basel und Württemberg entstand und von da in die ganze Welt ausstrahlte.

Von der nach dem Vorbild englischer Sozietäten gebildeten Christentumsgesellschaft wurde 1801 Christian Friedrich Spittler (1782–1867) als Sekretär nach Basel berufen. Es zeigte sich schnell, dass Spittler geradezu eine Idealbesetzung dieser Rolle war, und fast scheint es, als ob die Zweckbestimmung der Verbindung «zur tätigen Beförderung reiner Lehre und wahrer Gottseligkeit» beizutragen, ihren Sinn erst durch das lebendige Beispiel des württembergischen Laien erhalten habe. Jedenfalls reihten sich die Gründungen von wohltätigen und religiösen Gemeinschaften und Institutionen während seiner Amtszeit in dichter Folge aneinander: Die Traktatgesellschaft, die Bibelgesellschaft, die Basler Missionsgesellschaft (1815), die Ausbildungs- und Erziehungsanstalt in Beuggen, der Verein der Freunde Israels, die Taubstummenanstalt Riehen, die Pilgermission St. Chrischona (1840), die Riehener Diakonissenanstalt und die Basler Stadtmission waren nur die wichtigsten. Neben seinem Erweckungseifer hatte der Mann offenbar ganz ausserordentliche Organisations- und Managerfähigkeiten. Sicher hat er betteln können wie kein zweiter. Eine Anekdote schreibt ihm den Ausspruch zu, beim Jüngsten Gericht werde er für jeden Franken, den er den Baslern nicht abgeknöpft habe, Busse tun müssen.

Integriert in das öffentliche Leben Basels

Wie sehr die Arbeit der Pietisten in Basel Wurzeln schlagen konnte, zeigt vielleicht am besten die Missionsgesellschaft. Nachdem die Mission in den ersten Jahrzehnten vor allem versuchte, in Afrika agrarisch-handwerklich strukturierte Dorf- und Glaubensgemeinschaften nach dem Vorbild des württembergischen Musterdorfes Korntal zu gründen, ging man in der zweiten Hälfte des Jahrhunderts zum Versuch über, der Mission das Know-how von Basels Handel und Industrie dienstbar zu machen. Eine Industrie-Commission, in der mit Adolf Christ (1807–1877) und Carl Sarasin (1815–1886) zwei namhafte Repräsentanten der Basler Politik und Wirtschaft die wesentlichen Impulse gaben, verfolgte das Ziel, die Missionsgebiete auf materiell soliderem Boden zu stellen, indem sie in diesen moderne industrielle Produktionsweisen (z.B. in der Ziegelproduktion in Indien) einführte und sie ins System der internationalen Handelsbeziehungen einzubeziehen versuchte. Als Instrument für diesen Versuch wurde die Missions-Handelsgesellschaft gegründet, aus der die Basler Handelsgesellschaft AG (BHG) hervorging.

Die Trennung von Mission und Handelsgesellschaft im Jahr 1917 zeigt, dass diese Verbindung nicht ohne Schwierigkeiten blieb und am Übergang ins 20. Jahrhundert in unlösbare Dilemmas führte. Dennoch ist die Industrie-Commission ein glänzendes Beispiel dafür, welch herausfordernde Ausstrahlung der Pietismus in Basel auch auf die aus der hugenottischen Tradition kommenden Basler Geschlechter hatte, die ihr christliches Ethos bislang viel weniger im öffentlichen Bekenntnis als in gewissenhafter Lebensführung gerade auch in der Wirtschaft zu verwirklichen gesucht hatten.

Auch zum wissenschaftlichen Leben der Universität entwickelten die Pietisten lebhafte Beziehungen. Das lässt sich beispielsweise am Verhältnis Spittlers zum Theologie-Professor Wilhelm Martin Leberecht De Wette (1780–1849), der 1822 nach Basel berufen wurde, ablesen. Spittler hatte zunächst in scharfen Tönen vor den Irrlehren des als Rationalist angesehenen De Wette gewarnt – «Wo der Herrgott einen

Kirche zu St. Chrischona, der Gründungsort der Pilgermission, um ca. 1840.

Tempel erbaut, baut der Teufel eine Kapelle daneben» – und ihn in einem giftigen Briefwechsel zum Widerruf aufgefordert, weil er in ihm einen Repräsentanten aufklärerischen Denkens sah, das den Pietisten als *die* grosse Gefahr erschien. Nach einem von De Wette angeregten persönlichen Gespräch glätteten sich aber die Wogen des Zwists, nicht weil einer den anderen von seinen Auffassungen überzeugt hätte, sondern weil sie sich gegenseitig in ihren jeweiligen christlichen Haltungen glaubwürdig fanden.

Vom ‹frommen Basel› zu den Konflikten in der Moderne

Die intensiven Kontakte zu Wirtschaft, Politik und Universität zeugen von der Stärke des Einflusses, den die Pietisten in Basel gewonnen hatten. Wenn der Stadt in der ersten Hälfte des 19. Jahrhunderts zunehmend die Etikette des ‹frommen Basel› angehängt wurde, waren damit vor allem auch die Pietisten gemeint, die also zu Prägern des Stadtimages geworden waren. Diese Stellung konnten sie freilich nicht auf Dauer halten. Die Synthesen, die ihre Wirksamkeit trugen, lösten sich in dem Masse auf, in dem sich das angestrebte einfache Lebensideal in Widerspruch zu den immer komplexer werdenden Wirklichkeiten stellte. Der Distanzierungsprozess von Mission und Handelsgesellschaft bis 1917 ist typisch für das schrittweise Abgedrängtwerden der pietistischen Gemeinschaften in Nischen am Rande der gesellschaftlichen Realitäten.

Die grossen Krisen und tiefen Brüche des 20. Jahrhunderts verstärkten diese Tendenzen eher, als dass sie sie aufhielten. Das war an den drei Jubiläen dieses Jahres deutlich spürbar. Angesichts des drastisch zurückgegangenen religiösen Bewusstseins in der westlichen Gesellschaft versuchen sich die unterschiedlichen pietistischen Institutionen auf schmalerer Basis neu zu orientieren. Die Brüdergemeine, die heute etwa 100 Mitglieder zählt, versucht besonders, ein Angebot für Gemeinschaft bereitzustellen, wo das die Landeskirche vielleicht nicht in dem Masse zu tun vermag. Die Mission will die Führungsrolle des Basler Zentrums zurücknehmen und sich stärker an den Impulsen aus den Partnerkirchen in der Dritten Welt orientieren. Die Pilgermission sieht in der etwas stärker an den veränderten soziologischen Bedingungen orientierten Ausbildung ihrer Missionare die Basis, um von Basel aus weiter einen Beitrag zur Förderung und Erhaltung pietistischer Denk- und Lebensformen zu leisten.

Obwohl der Basler Pietismus nicht mehr die Ausstrahlung seiner Blütezeit hat, ist ihm in den verschiedenen Institutionen doch eine Lebendigkeit geblieben, die darauf verweist, dass im prozessualen Wandel der Geschichte ungeheure Dauerhaftigkeit möglich ist, durchaus nicht im Sinne des nur Repetitiven, sondern als Möglichkeit, in immer neuen Synthesen zugleich das Tradierte und etwas Neues, Anderes zu repräsentieren.

Ausgewählte Literatur:

Der Reformation verpflichtet. Gestalten und Gestalter in Stadt und Landschaft Basel aus fünf Jahrhunderten, hrsg. v. Kirchenrat der Evangelisch-reformierten Kirche Basel-Stadt, Basel 1979.
Schmidt, Martin: Pietismus, Stuttgart 1972.
Weidkuhn, Peter: Strukturlinien des Baslerischen Pietismus, Separatdruck aus dem Schweiz. Archiv für Volkskunde, 62. Jg. 3–4, Basel 1966.
Wernle, Paul: Der schweizerische Protestantismus im XVIII. Jahrhundert, Tübingen 1923–1935.
Burckhardt, Paul: Geschichte der Stadt Basel von der Zeit der Reformation bis zur Gegenwart, Basel 1942.
Teuteberg, René: Basler Geschichte, Basel 1986.

Zeitgenössische Darstellung des 1860 vom Basler Architekten J. J. Stehlin d. J. erstellten Missionshauses.

Martin Leuenberger

‹Ce coin de terre, qui se nomme pays›

Zur Arbeit an der neuen Baselbieter Kantonsgeschichte

«Nicht bloss eine Geschichte der Feldherren, Bischöfe, Bürgermeister, Revolutionsführer, Regierungsräte, Pioniere, Unternehmer, Dichter, Denker und Wohltäter, sondern auch eine Geschichte der Bauern, Tauner, Handwerker, Posamenter, Angestellten, Arbeiter, der Armengenössigen und Auswanderer, der Zugezogenen und Pendler» wünschten sich Fritz Epple und die 41 Mitunterzeichnerinnen und Mitunterzeichner, die 1983 im Landrat ein Postulat zur ‹Herausgabe einer neuen Baselbieter Geschichte› einreichten. Nachdem eine eigens eingerichtete Kommission ein umfangreiches Konzept erarbeitet hatte, genehmigten Regierungsrat und Landrat 1987 einen Kredit von neun Millionen Franken.

Als Koordinatorin für das gesamte Forschungsvorhaben wurde die ‹Forschungsstelle Baselbieter Geschichte› in Liestal gegründet. Ziel der neuen Baselbieter Geschichte ist ein dreibändiges Werk, in das die Ergebnisse etlicher Forschungsprojekte einfliessen werden. Das Geschichtswerk soll im Jahr 2001 vollendet sein. Dann nämlich gehört die Landschaft Basel als späterer Kanton Baselland 500 Jahre zur Eidgenossenschaft. Mittlerweile sind 17 Mitarbeiterinnen und Mitarbeiter an der Arbeit.

Die Mitarbeiterinnen und Mitarbeiter der Forschungsstelle, Stand Oktober 1990

Hans Berner: Gemeinde und Herrschaft im Birseck in der frühen Neuzeit und im Ancien Régime.
Kaspar Birkhäuser: Personenlexikon Baselland, Projekt der Kommission Quellen und Forschungen.
Florian Blumer: Die Elektrifizierung des Baselbiets.
Ruedi Epple-Gass: Politische Beteiligung und politische Bewegung. Zur politischen Kultur des Baselbiets nach 1875.
Christa Gysin-Scholer: Armut im Kanton Baselland, 1833–1914.
Eva Maria Herzog: Sozialgeschichte des Breitensports in Baselland.
Bettina Hunger: Frömmigkeit in einem laizistischen Kanton. Zur Frömmigkeitsgeschichte des Baselbiets im späten 19. und frühen 20. Jahrhundert.
Fridolin Kurmann: Die Integration des Birsecks in den Kanton Basel/Baselland.
Martin Leuenberger: Das Dorf und die ‹Fremden›. Begegnung verschiedener Kulturen des Alltags.
Martin Meier: Die Industrialisierung des Baselbiets.
Christoph Oberer: Die Massenmotorisierung im Kanton Basel-Landschaft.
Mireille Othenin-Girard: Ländliche Lebensbedingungen. Eine Untersuchung spätmittelalterlicher Dörfer im Farnsburgeramt.
Dorothee Rippmann: Zentrale Orte in Spätmittelalter und früher Neuzeit. Das Netz von Städten und Märkten in der Region Baselbiet–Birseck zwischen Jura und Rhein.
Annamarie Ryter: Veränderung der Handlungsräume von Frauen im 19./20. Jahrhundert.
Albert Schnyder: Alltag und Lebensformen in den Dörfern des Reigoldswilertals zu Beginn des 18. Jahrhunderts.
Kuno Trüeb: Der Wandel des Männerbildes vom 1. Weltkrieg bis zur Gegenwart.
Claudia Wirthlin: Frauen in der Öffentlichkeit der Gemeinden im 20. Jahrhundert.
N.N.: Frühe politische Parteien und Verbände in Baselland.

In der Pneufabrik Firestone 1937.

Spur zu kommen. Geforscht wird nach einer ‹konkreten Totalität› des Dorfes[1]. Das heisst, das scheinbar Vertraute soll als Ausdruck von etwas Fremdem verstanden werden: das Fremde in der eigenen Geschichte. Das Normale erscheint als etwas Aussergewöhnliches, sobald es näher betrachtet wird[2]. Der weite zeitliche Rahmen des gesamten Forschungsvorhabens, der die Spanne vom Paläolithikum bis ins 20. Jahrhundert umfasst, bringt einige Vorteile mit sich, wird aber zweifellos auch Forschungslücken zurücklassen.

Regionalgeschichte

«*Mühelos verdrängte er* (der Grossstädter, d.V.) *... die Tatsache, dass die glitzernde Pracht seiner Kapitale im wesentlichen aus den Geldern eben jener Provinztrottel errichtet war, über die er sich lustig machte.*» Carl Améry[3]

Das Vorhaben, die Geschichte der kleinräumig gegliederten und peripheren Landschaft Basel, global gesehen eines «coin de terre»[4], zu erforschen und dabei den Blick auf die Lebensbedingungen und -erfahrungen einfacher Leute zu richten, setzt sich gleich zweierlei Kritik aus. Der eine Kritiker hält das ganze Unternehmen lediglich für eine ‹aufgemotzte› Dorfgeschichte. Der andere glaubt, eine Geschichte der kleinen Leute sei ausschliesslich ‹ideologisch motiviert› und werde zu einer ‹nicht mehr objektiven› Kantonsgeschichte führen.

Heimat?

«*... mit einem Worte, sie, die Vaterlandskunde, legt die mächtigste Hand an die Vollendung des grossen Werkes, den Bürger wahrhaft gut, wahrhaft weise, wahrhaft glücklich zu machen, und mit unauflöslicher Liebe ihn an seine Familie, an seine Mitbürger, an sein Vaterland zu ketten.*» Markus Lutz, Neue Merkwürdigkeiten der Landschaft Basel, 1805.

‹Schwierigkeiten beim Entdecken der Heimat›, diesen Titel der Zeitschrift ‹Geschichtswerkstatt› von 1985 könnte man auch der Arbeit an der neuen Baselbieter Kantonsgeschichte geben. Schwierigkeiten zunächst deshalb, weil viele für uns Historikerinnen und Historiker spannende und wichtige schriftliche Quellen von einzelnen Organisationen und Gemeinden weggeworfen wurden, Schwierigkeiten auch, Schwerpunkte zu setzen, weil nie alles Wünsch-

Die einzelnen Forschungsprojekte unterscheiden sich, was Zeitraum und Methode anbetrifft. Sie sind aber dadurch eng miteinander verbunden, dass sie alle von der dörflichen Gemeinschaft als Grundlage ihrer historischen Betrachtungen ausgehen. Nun soll aber nicht eine Anhäufung von Dorfgeschichten, von Einzelheiten, die hintereinander gereiht mehr eine Chronologie ergeben als eine geschichtliche Darstellung, das Resultat der Untersuchungen sein. Vielmehr geht es darum, unter Zuhilfenahme neuer historischer Herangehensweisen der dörflichen Gesellschaft auf die bare machbar ist. Probleme liegen aber auch im vielschichtigen und widersprüchlichen Begriff ‹Heimat› selbst. Durch die Idealisierung der ‹Heimat› wurden in der Geschichtsschreibung die Schwierigkeiten des Lebens auf dem Dorf beiseite geschoben. Die Sonnenseiten überwogen die Schattenseiten, Fremde und Arme zum Beispiel wurden ausgeklammert. ‹Heimatgeschichte› in diesem Sinne soll von den Mitarbeiterinnen und Mitarbeitern der Forschungsstelle nicht betrieben werden. Eher könnte man von den ‹Schwierigkeiten beim Entdecken einer *anderen* Heimat› sprechen.

Gerade in einer Zeit, in der selbst die Dörfer des oberen Baselbiets vom ‹Wohnen im Grünen› heimgesucht werden und ihre Eigenständigkeit zusehends verlieren, also nichts weiter mehr bleiben als ‹Ideotope›, künstliche Gebilde in den Köpfen, ist es wichtig, sich mit der Geschichte der Dörfer, ihrer integrativen wie auch ihrer trennenden Kraft und Wirkung zu befassen[5].

Objektiv?

«*Geschichte ist der Bericht darüber, was eine Zeit von einer anderen aufzuschreiben für würdig befindet.*» Jacob Burckhardt

Nicht scheinbare Objektivität, sondern eine Geschichte, die eine oder mehrere Versionen vorstellt, von der oder denen man sagen kann: «So könnte es gewesen sein», ist der Anspruch der neuen Baselbieter Kantonsgeschichte. Sie wird ebensowenig endgültig abschliessend sein wie irgendeine Geschichte vor ihr. «Ob und was man aus Geschichte lernen kann, mag individuell und national verschieden sein. Damit jedoch eine Chance des Lernens besteht, darf nichts vergessen werden; damit nichts vergessen werde, muss möglichst vieles aufgeschrieben und überliefert werden.»[6]

Die ganz verschiedenen Wahrnehmungen und Erfahrungen in den Dörfern aufzuspüren, dazu soll die ‹Geschichte von unten› verhelfen. ‹Geschichte von unten› bedeutet auch, jenen gerecht zu werden, die selten ‹Geschichte machten›, sondern meistens bloss die ‹Geschichten› anderer auszuhalten hatten – den Frauen. Die Frauen als grösserer Teil der Bevölkerung gehörten nie zur Elite. Ihre ‹Dienste› an der Gemeinde leisteten sie in der Regel in aller Stille.

Italienische Frauen stapeln 1915 Ziegel in Allschwil.

Baselland als Pilot-Projekt?

Wie bereits erwähnt, ist das Projekt einer ‹neuen› Kantonsgeschichte, realisiert durch ein längerfristig angelegtes, grosses Forschungsvorhaben, nicht nur für den Kanton Basselland etwas Neues. Geschichte diente bis anhin eigentlich mehr als rückwärts gewandte ‹Identifika-

›Fragen eines lesenden Arbeiters›
von Bertolt Brecht (1898–1956)

Wer baute das siebentorige Theben?
In den Büchern stehen die Namen von Königen.
Haben die Könige die Felsbrocken
    herbeigeschleppt?
Und das mehrmals zerstörte Babylon –
Wer baute es so viele Male auf? In welchen
    Häusern
Des goldstrahlenden Lima wohnten die
    Bauleute?
Wohin gingen an dem Abend, wo die
    Chinesische Mauer fertig war
Die Maurer? Das grosse Rom
Ist voll von Triumphbögen. Wer errichtete sie?
    Über wen
Triumphierten die Cäsaren? Hatte das
    vielbesungene Byzanz
Nur Paläste für seine Bewohner? Selbst in dem
    sagenhaften Atlantis
Brüllten in der Nacht, wo das Meer es verschlang
Die Ersaufenden nach ihren Sklaven.

Der junge Alexander eroberte Indien.
Er allein?
Cäsar schlug die Gallier.
Hatte er nicht wenigstens einen Koch bei sich?
Philipp von Spanien weinte, als seine Flotte
Untergegangen war. Weinte sonst niemand?
Friedrich der Zweite siegte im Siebenjährigen
    Krieg. Wer
Siegte ausser ihm?

Jede Seite ein Sieg.
Wer kochte den Siegesschmaus?

Alle zehn Jahre ein grosser Mann.
Wer bezahlte die Spesen?

So viele Berichte.
So viele Fragen.

tionshilfe› für die Gegenwart. In Baselland lässt sich unschwer verfolgen, dass zum Beispiel die Frage der Wiedervereinigung, immer wenn sie aktuell wurde, Bemühungen auslöste, die den selbständigen Kanton Baselland über seine Geschichte weiter legitimieren sollten. Diese traditionelle Funktion der Geschichtsschreibung wird beim Projekt der Forschungsstelle Baselbieter Geschichte nicht mehr zum Tragen kommen. Hier wird mit einem Konzept gearbeitet, das Wert auf eine kritische Geschichtsschreibung legt.

Im Kanton Basel-Stadt wurde unlängst ein ähnliches Projekt angeregt. Eine ausserhalb der Universität angesiedelte, jedoch mit ihr personell verbundene Auftragsarbeit soll ab 1991 damit beginnen, die Erforschung stadtgeschichtlicher Themen voranzutreiben. Obwohl die Geschichte der Stadt um einiges besser erforscht ist als die Geschichte der Landschaft, liegt auch hier einiges noch im dunkeln. Es ist daher sehr zu begrüssen, dass zwei Geschichtsprojekte mit modernen wissenschaftlichen Methoden und unter Beizug neuer historischer Erkenntnisse die Geschichte verfolgen, zu der Stadt und Landschaft beigetragen haben. Für die Geschichtswissenschaft ist die Trennung von 1833 erstens relativ jung und zweitens gar nicht so dominant. Die beiden Vorhaben könnten zudem die gegenwärtige partnerschaftliche Zusammenarbeit zwischen Land- und Stadtkanton etwas vorantreiben.

Anmerkungen

1 Vgl. Zang, Gert (Hrsg.): Provinzialisierung einer Region. Zur Entstehung der bürgerlichen Gesellschaft in der Provinz, Frankfurt 1978.
2 Vgl. Ginzburg, Carlo und Poni, Carlo: Was ist Mikrogeschichte?, in: Geschichtswerkstatt Nr. 6, Mai 1985.
3 Améry, Carl, in: ders. (Hrsg.): Die Provinz. Kritik einer Lebensform, München, 2. Aufl., 1966; zitiert nach Zang, Gert (Anm. 1).
4 Das Zitat stammt vom Baselbieter Bundesrat Emil Frey. Vgl. Grieder, Fritz: Der Baselbieter Bundesrat Emil Frey, Liestal 1988, S. 71.
5 Vgl. Jeggle, Utz: Krise der Gemeinde – Krise der Gemeindeforschung, in: Gemeinde im Wandel. Volkskundliche Gemeindestudien in Europa, hrsg. v. G. Wiegelmann, Münster 1979.
6 Erhard R. Wiehn im Vorwort zu: Frei, Alfred G. & Runge, Jens (Hrsg.): Erinnern – Bedenken – Lernen. Das Schicksal von Juden, Zwangsarbeitern und Kriegsgefangenen zwischen Hochrhein und Bodensee in den Jahren 1933–1945, Sigmaringen 1990.

Felix Hafner

Zum Gedenken an Johannes Georg Fuchs, Lehrer des römischen Rechts und des Kirchenrechts

Am 13. März 1990 starb Johannes Georg Fuchs wenige Tage vor seinem 65. Geburtstag an einem Schlaganfall. Seine wissenschaftliche Laufbahn begann der über die Grenzen unserer Stadt hinaus bekannte Lehrer des römischen Rechts und des Kirchenrechts mit einer vielbeachteten Studie über die ‹Iusta causa traditionis in der Romanistischen Wissenschaft›[1]. Johannes Georg Fuchs habilitierte sich bereits in jungen Jahren für das römische Recht und übernahm im Alter von 30 Jahren den Lehrstuhl seines Lehrers August Simonius an der juristischen Fakultät der Universität Basel. Während der 34 Jahre seines Wirkens als Lehrer des römischen Rechts suchte der dem humanistischen Bildungsideal verpflichtete und von der lateinischen Sprache faszinierte Johannes Georg Fuchs immer wieder aufs neue, die jeweilige Studentengeneration für sein Fach zu begeistern. Diesem Zweck dienten auch die unter seiner kundigen Leitung jährlich durchgeführten Rom-Reisen, die für unzählige Studentinnen und Studenten zu einem unvergesslichen Erlebnis wurden. Obwohl das Hauptziel der Reise in der Besichtigung der Ursprungsstätte des römischen Rechts bestand, verband Johannes Georg Fuchs damit jeweils auch eine Audienz beim Papst, dem Oberhaupt der Römisch-Katholischen Kirche, deren universale Rechtsordnung ihn stets in starkem Masse beeindruckte[2].

Dass sich so der Lehrer des römischen Rechts allmählich auch dem Kirchenrecht zuwandte, erstaunt freilich wenig, zumal grundlegende Begriffe des katholischen Kirchenrechts der juristischen Terminologie der zur Zeit des frühen Christentums geltenden römischen Rechtsordnung entstammen[3] und noch im Mittelalter der Grundsatz bestand, dass die Kirche nach dem römischen Recht lebe (ecclesia vivit lege Romana)[4]. Johannes Georg Fuchs schildert denn auch seinen Zugang zum Kirchenrecht im Vorwort zu seinem der Evangelisch-reformierten Kirche 1979 zur 450-Jahr-Feier der Basler Reformation gewidmeten Sammelband ‹Aus der Praxis eines Kirchenjuristen in der Zeit ökumenischer Begegnung›[5] wie folgt:

«Als Lehrer des römischen Rechts beeindruckte mich die in römischrechtlichen Formen unter Konstantin erscheinende katholische Weltkirche, die bis heute entscheidende Züge dieser Zeit bewahrt hat. Daneben führte mich die Wahl in die Synode der Evangelisch-reformierten Kirche Basel-Stadt zu den kirchlichen Gegenwartsproblemen und damit zur Beteiligung an der Lösung konkret gestellter kirchlicher Fragen. Mit der Emeritierung des Basler Staatsrechtlers Erwin Ruck wurde mir die Lehre des Kirchenrechts übertragen, die ich seit mehr als zwanzig Jahren versehe. Alsbald verband sich damit ein entsprechender Lehrauftrag für Kirchenrecht an der Universität Zürich.»

Wenn Johannes Georg Fuchs als Lehrer des Kirchenrechts von der Bewältigung konkreter kirchlicher Gegenwartsprobleme schreibt, so mag ihm dabei der von ihm geschätzte Carl Christoph Burckhardt-Schazmann Vorbild gewesen sein: Burckhardt, der zu Beginn dieses Jahrhunderts an unserer Universität ebenfalls das römische Recht lehrte, wurde 1906 zum Regierungsrat gewählt. Als Justizdirektor fiel es in seine Zuständigkeit, das Verhältnis von Kirche und Staat grundlegend neu zu ordnen[6]. Die in der Folge unter seiner geistigen Führung geschaffene Basler Lösung des Verhältnisses der sogenannten ‹hinkenden Trennung›[7] von Kirche und Staat wurde in der Volksabstimmung von 1910 mit grossem Mehr angenommen. Dadurch wurden die Evangelisch-reformierte und

die Christkatholische Kirche selbständige, vom Staat organisatorisch getrennte, öffentlichrechtlich anerkannte Körperschaften.

Trotz weitgehender Trennung vom Staat und trotz grosser Autonomie der Kirchen behielt der Kanton sein Aufsichtsrecht weiterhin bei und verpflichtete zudem die Kirchen, ihre Organe, einschliesslich der Geistlichen, demokratisch zu wählen. Deswegen war es der privatrechtlich organisierten Römisch-Katholischen Gemeinde damals noch nicht möglich, sich der von Burckhardt geschaffenen Lösung anzuschliessen und sich ebenfalls vom Kanton staatlich anerkennen zu lassen. Ihre öffentlichrechtliche Anerkennung erfolgte erst mehr als ein halbes Jahrhundert später, als anlässlich der Verfassungsrevision von 1972 das staatliche Aufsichtsrecht über die Kirchen nochmals eingeschränkt wurde und sich die Römisch-Katholische Gemeinde – nicht zuletzt auch dank der Öffnung im Zuge des Zweiten Vatikanischen Konzils – nicht mehr grundsätzlich einer demokratisch-rechtsstaatlichen Ordnung auf kantonaler Ebene widersetzte[8].

Der ökumenisch gesinnte, protestantische Kirchenrechtslehrer Johannes Georg Fuchs war es nun, der an der Umwandlung der Römisch-Katholischen Gemeinde zur öffentlichrechtlich anerkannten ‹Römisch-Katholischen Kirche des Kantons Basel-Stadt› und damit an ihrer Gleichstellung (Parität) mit den beiden anderen Konfessionen sowie der Israelitischen Gemeinde, die 1972 ebenso öffentlichrechtliche Anerkennung fand, wesentlichen Anteil hatte. Johannes Georg Fuchs, der sich anlässlich der Synode 72 als protestantischer Beobachter mit den spezifischen Eigenheiten des Schweizer Katholizismus vertraut machen konnte, wirkte dabei massgeblich mit, dass die vom Zweiten Vatikanischen Konzil aufgewertete Mitbestimmung der Laien in der katholischen Kirche namentlich auch im Rahmen der Ortskirche Basel konkrete Gestalt annehmen konnte. Seiner Mithilfe ist es zu verdanken, dass heute sämtliche staatskirchenrechtlichen Organe der Römisch-Katholischen Kirche Basel-Stadt nach demokratischen Prinzipien funktionieren, und zwar ohne Widerspruch zum kanonischen Recht, zumal Anton Hänggi, der damalige Bischof von Basel, seine Genehmigung zur Verfassung der staatlich anerkannten Römisch-Katholischen Kirche gegeben hatte[9].

Katholischerseits blieb die ökumenische Gesinnung von Johannes Georg Fuchs stets anerkannt und geachtet: So wurde der Protestant Johannes Georg Fuchs an die katholische Theologische Fakultät der Universität Freiburg im Üechtland berufen, um dort vorübergehend den vakant gewordenen Lehrstuhl des zum Bischof von Lugano gewählten Lehrers des kanonischen Rechts, Eugenio Corecco, zu übernehmen.

Als ausgewiesener Kenner sowohl des Kirchen- als auch des Staatskirchenrechts wirkte Johannes Georg Fuchs in zahlreichen staatlichen und kirchlichen Gremien mit und war unter anderem zeitweise Präsident der Synode der Evangelisch-reformierten Kirche Basel-Stadt. Geschätzt war auch seine gutachterliche Tätigkeit, die sowohl von kirchlicher wie auch von staatlicher Seite immer wieder gerne in Anspruch genommen wurde. Besondere Ehrung wurde ihm zuteil, als er 1980 von der theologischen Fakultät der Universität Basel für sein wissenschaftliches Schaffen und seinen unermüdlichen Einsatz zugunsten der Kirchen den Doctor honoris causa erhielt.

Wie sehr ihm die Anliegen der Volkskirchen am Herzen lagen, bezeugt sein grosses Engagement anlässlich des Abstimmungskampfes um die Initiative auf vollständige Trennung von Kirche und Staat. Johannes Georg Fuchs setzte sich mit aller Kraft gegen dieses von Volk und Ständen schliesslich am 2. März 1980 massiv verworfene kirchenfeindliche Volksbegehren ein. Zweifellos vermochte er dabei auch von seinen Erfahrungen zu profitieren, die er sich als liberaler Grossrat erworben hatte.

Johannes Georg Fuchs war denn auch ein engagierter, manchmal auch unbequemer Politiker: Als Präsident der grossrätlichen Petitionskommission scheute er sich nicht, die bei der Kommission deponierten Anliegen mit Vehemenz und Beharrlichkeit vor den zuständigen Behörden zu vertreten.

Wenden wir uns abschliessend nochmals dem Wirken von Johannes Georg Fuchs als Kirchenrechtslehrer zu: Wer sich mit dem Staatskirchenrecht in der Schweiz befasst, wird feststellen, dass die Beziehungen zwischen Kirchen und Staat aufgrund der kantonalen Kirchenhoheit nicht einheitlich geregelt sind. Das schweizerische Staatskirchenrecht spiegelt die für die Schweiz typische föderalistische Vielfalt wider, wie sie sich aus der jeweils kantonal verschiedenen geschichtlichen Entwicklung ergeben hat. Aus diesem Grund war es Johannes Georg Fuchs stets ein Anliegen, darauf hinzuweisen, dass man dem Staatskirchenrecht in der Schweiz nicht durch aprioristisches Denken und ahistorische Deduktionen gerecht werden könne. So pflegte er in diesem Zusammenhang gelegentlich den Satz des römischen Juristen Paulus zu zitieren: «non ex regula ius sumatur, sed ex iure quod est regula fiat» (Nicht aus der Regel wird das Recht abgeleitet, sondern aus dem vorhandenen Recht wird die Regel gebildet)[10].

Das Kirchenrecht ist in allen seinen Facetten eine fächerübergreifende Disziplin. Eine vertiefte wissenschaftliche Auseinandersetzung mit kirchenrechtlichen Fragen setzt daher neben juristischen unter anderem auch theologische und historische Kenntnisse voraus. Es zeichnet den Romanisten Johannes Georg Fuchs aus, dass er sich in allen diesen Bereichen heimisch fühlte. Und sein Schrifttum belegt, dass er ein brillanter Meister seines Faches war. In einer Zeit, die – vor allem katholischerseits – von vermehrten innerkirchlichen Spannungen gekennzeichnet ist und in der vieles von dem, was auf dem Gebiet der Ökumene erreicht werden konnte, wieder in Frage gestellt erscheint, hinterlässt der ökumenisch denkende Kenner des Kirchenrechts eine grosse Lücke.

Anmerkungen

1 Basler Studien zur Rechtswissenschaft 35, Basel 1952.
2 Die hier angeführten biographischen Angaben sind dem in den Basler Juristischen Mitteilungen 1990, S. 113 veröffentlichten Nachruf sowie der von Prof. Dr. iur. Frank Vischer anlässlich der Trauerfeier vom 20. März 1990 gehaltenen Ansprache (publiziert in: uni nova 57/58 [1990], S. 38 f.) entnommen.
3 So etwa derart zentrale Begriffe wie ‹sacramentum›, ‹ordo› und ‹iurisdictio› (siehe dazu Johannes Neumann, Grundriss des katholischen Kirchenrechts, Darmstadt 1981, S. 64 ff.).
4 Siehe Lex Ribuaria 61,1: «secundum legem Romanam, quam ecclesia vivit» (zitiert nach der Ausgabe von Franz Beyeler/Rudolf Buchner, in: Monumenta Germaniae historica. Legum sectio 1, Legum nationum Germanicarum; T. 3, P. 2, Hannover 1954, S. 109) mit Bezug auf die persönlichen Verhältnisse der Kleriker. Beachte dazu Hans Erich Feine, Kirchliche Rechtsgeschichte, 4. Aufl., Köln/Graz 1964, S. 145 Anm. 1.
5 Zürich 1979, S. 8 (im folgenden zitiert: Fuchs, Praxis).
6 Johannes Georg Fuchs, 50 Jahre selbständige Basler Kirche 1911–1961. Carl Christoph Burckhardt und die Neuordnung der Basler Kirche, in: Fuchs, Praxis, S. 36 ff.
7 Ulrich Stutz (Die päpstliche Diplomatie unter Leo XIII., Abhandlungen der Preussischen Akademie der Wissenschaften, Phil.-Histor. Klasse 1925, Nr. 314, S. 54, Anm. 2) mit Bezug auf das der baselstädtischen Staatskirchenordnung weitgehend entsprechende Staatskirchensystem der Weimarer Verfassung, deren staatskirchenrechtliche Artikel in das Grundgesetz der Bundesrepublik Deutschland inkorporiert wurden.
8 Siehe dazu Johannes Georg Fuchs, Die Basler Katholiken auf dem Weg zur Gleichberechtigung, in: Fuchs, Praxis, S. 100 ff., sowie Peter Facklam, 75 Jahre Evangelischreformierte Kirche Basel-Stadt, in: Basler Stadtbuch 1986, 107. Ausgabe (1987), S. 189 ff. (insb. S. 192).
9 Johannes Georg Fuchs, Kirche und Staat, in: (Hrsg.) Kurt Eichenberger e. a., Handbuch des Staats- und Verwaltungsrechts des Kantons Basel-Stadt, Basel/Frankfurt a. M. 1984, S. 363 f.
10 Dig. 50, 17, 1 (zitiert nach der Ausgabe von Theodor Mommsen, Berlin 1909, S. 868). Siehe dazu Fuchs, Praxis, S. 108 f.

Werner A. Gallusser

Basel – geographisch neu betrachtet

Gottlieb Burckhardts dreibändige ‹Basler Heimatkunde› (1925–33) dürfte unserer älteren Generation als eine sorgfältige Regionalbeschreibung in Erinnerung sein; ebenso vielen Jüngeren die Schul-Heimatkunde von Hans Annaheim (ab 1953) bzw. der Regio-Strukturatlas von 1967. Seither zeichnete sich zunehmend ein Bedürfnis nach einer methodisch und räumlich aktualisierten Darstellung ab, was engagierte Geographen der Region zu zielstrebigem Handeln veranlasste: im Rahmen der Geographisch-Ethnologischen Gesellschaft (GEG) Basel und der Geographielehrerschaft entstanden aktive Arbeitsgruppen, die vor wenigen Monaten zwei grundlegende Werke über Basel und seine Region veröffentlicht haben.

‹Geographischer Exkursionsführer der Region Basel›

So heisst die umfangreiche Heft-Ausgabe der GEG Basel, deren letzte Bändchen Ende 1990 im Wepf Verlag herausgekommen sind. Schon 1963 von Prof. Annaheim angeregt und daraufhin methodisch diskutiert, wurde 1973 die Herausgabe eines regional umfassenden Exkursionsführers aus Anlass des 50-Jahr-Jubiläums der GEG beschlossen. Die spätere Ausführung des fachlich, finanziell und organisatorisch aufwendigen Unternehmens oblag einer GEG-Arbeitsgruppe unter der initiativen Leitung von Dr. h. c. Georg Bienz. Die wie gewohnt ehrenamtlich geleistete Arbeit der 28 mitwirkenden Geographen aus Basel und der Regio liess denn ein Hilfsmittel entstehen, das der Basler Bevölkerung und allen Freunden unserer vielfältigen Landschaft dienen wird. Für das Gebiet der Regio, wie es im Regio-Strukturatlas (Basel 1967) dokumentiert worden ist, gibt der 16teilige Exkursionsführer einen Gesamtüberblick (mit Dreiländerexkursion) und eine Beschreibung von 15 Teilräumen, gemäss der nachstehenden Aufstellung:

Aufbau des GEG-Exkursionsführers

Lieferung	Gebiet (Seitenzahl)
1/2	Die Region Basel (39)
3	Basel, Stadt und Kanton (116)
4	Leimental und Bruderholz (20)
5/6	Gempenplateau und benachbarte Talregionen (64)
7	Unterwiesental und Dinkelberg (24)
8	Markgräfler Hügelland und Rheinebene (19)
9	Sundgau (32)
10	Laufener Jura (60)
11	Baselbieter Jura (67)
12	Rheinfelder Tafeljura und benachbarte Rheintalregion (23)
13/14	Fricktal, östl. Hochrheintal und Hotzenwald (72)
15	Südschwarzwald (121)
16	Mülhausen und südl. elsäss. Rheinebene (28)
17/18	Burgunderpforte – Südvogesen und Vorbergzone (38)
19/21	Kanton Jura (82)
22	Freiburg i. Br., Kaiserstuhl, nördl. Markgräflerland (68)

Die handlichen Hefte informieren aktuell über die landschaftlichen Tatsachen und Zusammenhänge der ausgewählten Räume. Dazu wird man von erfahrenen Kennern auf erlebnisreichen Routen durch die einzelnen Gebiete begleitet, unterstützt durch Fotos, Kartenskizzen und Zeichnungen. Die graphisch ansprechenden Bändchen (vgl. Abb.) vermitteln ein facettenreiches Bild der heutigen Regio, ebenso weisen sie die interessierte Leserschaft auf weiterführende Literatur und Karten hin. Die von der GEG Basel redigierten Hefte können einzeln oder als Gesamtwerk bezogen werden; die Subventionen durch die Kantone Basel-Stadt, Basel-Landschaft, Solothurn, Aargau und Bern sowie die Jubiläumsspende der GEG haben zu einem günstigen Verkaufspreis beigetragen.

‹Geographie von Basel und seiner Region (Eine geographische Heimatkunde)›

Dieses zweite Grundlagenwerk ist 1989 neubearbeitet im Lehrmittelverlag des Kantons Basel-Stadt erschienen. Die vom Erziehungsdepartement Basel-Stadt beauftragten Autoren – die drei promovierten Geographen und Basler Lehrer Felix Falter, Hugo Heim und Hugo Muggli – haben mit der vorliegenden Publikation eine moderne und gebrauchsfreundliche Heimatkunde geschaffen. Anstelle einer schon seit langem erwarteten Neuauflage der Schul-Heimatkunde von Prof. H. Annaheim dient nun das neue Werk nicht nur als eine aktualisierte Unterrichtshilfe für den Lehrer aller Schulstufen, sondern (als A4-Ringordner konzipiert) mit der Möglichkeit von Blattkopien als frei einsetzbares ‹Lehrbuch› für Oberstufenschüler. Last not least dürfte es auch als Informationsmittel für alle regional Interessierten nützlich werden.

Inhaltlich ist die Heimatkunde in einen stofflichen Teil mit 319 weissen Seiten und einen didaktisch-methodischen Teil mit 75 gelben Seiten gegliedert, ergänzt durch einen Satz von 18 Projektionsfolien im Anhang. Wird es uns bewusst, dass wichtige Zukunftsentscheide etwa in der Umwelt, in der Wirtschaft und in der europäischen Staatenentwicklung vom ‹heimatlichen Grundwissen› der ansässigen Bevölkerung abhängig sind, so erlangt ein umfassendes Vertrautwerden mit der räumlichen Grundproblematik unserer Stadt und ihrer Region eine allgemeine Bedeutung. Wohl deshalb entschieden sich die Autoren – im Gegensatz zum GEG-Exkursionsführer – für eine thematische Ausrichtung des Stoffes, wobei aber in den Didaktik-Teil nebst praktischen Arbeitsanweisungen auch 30 Exkursionsvorschläge einbezogen worden sind.

Der Bearbeitung liegt eine überzeugende Auswahl von 22 Themenbereichen des aktuellen Lebensraums zugrunde. Darunter sind neuere

Innenblatt von Lieferung 5/6 des GEG-Exkursionsführers: Gempenplateau und benachbarte Talregionen, mit Scherenschnitt von Frau U. Vögtlin-Breitgraf (Wepf Verlag, Basel 1990).
◁

Der Scherenschnitt verbindet Realität und Symbolik. Man erkennt im Vordergrund die Birsbrücke und Dornachbrugg. Im Zentrum steht die Statue des böhmischen Brückenheiligen Nepomuk. Kirschenzweige schliessen sich über ihm wie zu einem Baldachin zusammen. Sie erinnern an die weite Verbreitung dieser Frucht im Exkursionsraum; ebenso wie der Rebstock und die Hagrose im Vordergrund. Im Hintergrund ist die Rheintalflexur mit Goetheanum und Ruine Dorneck angedeutet. Die Schartenfluh ist so etwas wie ein natürliches Sinnbild für das Birseck (nach Georg Bienz).

Schwerpunkte begründet oder weiter entwickelt worden, wie z. B. ‹Natur und Mensch – Partner oder Gegner?›, ‹Wo die Basler wohnen – die Aussenquartiere›, ‹Versorgen und Entsorgen – Infrastruktur› und ‹Verkehr›. Die Dokumentation besticht durch einen breiten Einbezug aktueller Forschungsergebnisse und von Materialien aus dem praktischen Alltag, zudem hat man sich um eine klar verständliche Gestaltung der Graphiken (s. Abb.) bemüht.

Alles in allem ist den Autoren sowohl fachlich-thematisch als auch didaktisch eine im besten Sinne aktualisierte Basler Stadt- und Regionalkunde geglückt. Sie wird in Zukunft sowohl Lehrern und ihren Klassen als auch einer weiteren Leserschaft dienlich sein.

Abb. 7.4 aus ‹Geographie von Basel und seiner Region (Eine Geographische Heimatkunde)› (Lehrmittelverlag des Kts. Basel-Stadt 1989). ▷

Die Basler City verändert sich wie jede City in Raum und Zeit. Die Kartenskizze versucht, ihre aktuelle Ausbreitung aufgrund der Untersuchungen von Stephan Herzog 1981 festzuhalten (Entwurf von H.W. Muggli).

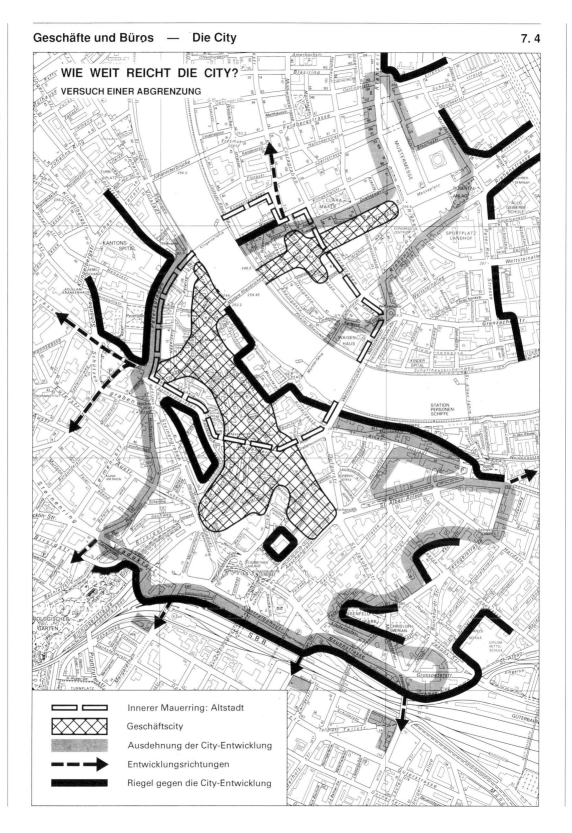

Eduard Kellenberger

Die Herausforderungen des biologischen Zeitalters

Verschiedene Anzeichen sprechen deutlich dafür, dass Mitte dieses Jahrhunderts das biologische Zeitalter begonnen hat. Es löst das technologische Zeitalter, das sich ausschliesslich auf Chemie und Physik gründete, ab beziehungsweise ergänzt es[1]. Im technologischen Zeitalter führte die Medizin ein gewissermassen unabhängiges Eigenleben; sie repräsentierte auch die biologische Forschung. Zoologie und Botanik waren getrennte Wissenschaften, die in der Gesellschaft mit ihren entsprechenden ‹Gärten› eine besondere, man ist versucht zu sagen schöngeistige Rolle spielten, vergleichbar jener der Künste.

Mit der physiologischen Chemie hat die Medizin als erste eine wissenschaftliche Verbindung mit der Chemie gesucht. Sie wandte sich von den natürlichen Produkten, die ihr die Galenik (pflanzliche Heilmittel) verschaffte, zunehmend ab und den von der organischen Chemie gelieferten zu. Diese physiologische Chemie war ein wesentlicher Wegbereiter für die eigentliche Biochemie, die um die Jahrhundertwende vor allem in den USA pioniert wurde und zu einem grundlegenden Wandel der Einstellung führte: die zu lösenden Probleme wurden nun von der Biologie gestellt und nicht mehr von der Chemie. Mit diesen neuen Zielsetzungen wurden die biologischen Makromoleküle (Eiweisse [Proteine], Nukleinsäuren [DNS, RNS], Polysacharide [Vielfachzucker]) vordringliche Untersuchungsobjekte. Also chemische Substanzengruppen, mit denen die bisherigen Chemiker sehr wenig anfangen konnten und die sie daher eher mieden, obwohl man schon längst wusste, dass ihnen die wesentlichen Funktionen der Zelle obliegen.

Parallel zur Entwicklung der Biochemie der Makromoleküle entwickelte sich aus der Bakteriophagenforschung das, was später Molekularbiologie genannt wurde[2]. Mit der Entdekkung des genetischen Codes wurde dabei der enge Kontakt mit der Biochemie gefunden und weiter entwickelt.

Das dritte Anzeichen für den Beginn des biologischen Zeitalters ist das heutige Wiedererwachen des ökologischen Bewusstseins, nachdem vorübergehend schon in den 20er und 30er Jahren die schlechten Umwelteinflüsse der Technologie der Bevölkerung voll bewusst waren. Die Bürger verlangten damals erfolgreich den Ersatz der ‹stinkenden› Busse und Dampflokomotiven durch Elektrofahrzeuge (Trolleybusse!). Sie verlangten, ebenfalls erfolgreich, dass auf den Bau von Autostrassen durch schöne und erhaltenswerte Landschaften verzichtet wird.

Bis Mitte dieses Jahrhunderts wurde die industrielle Forschung durch die Mediziner ausgeführt. Botaniker durften Pflanzen zuliefern, und Zoologen waren begehrt zur Mithilfe bei Tierversuchen. Gleichwertig zum Mediziner war nur der organische Chemiker. In den zwei Jahrzehnten nach der Mitte dieses Jahrhunderts hat sich diese Situation grundsätzlich gewandelt: der Biologe wurde nun zunehmend wichtiger und begann einen vergleichbaren ‹Stellenwert› einzunehmen. Ich zähle dabei auch Biochemie und Biophysik zu den biologischen Wissenschaften.

Diese gewaltigen Umwälzungen führten naturgemäss auch zu grossen Spannungen: Viele unserer Zeitgenossinnen und Zeitgenossen befürchten, dass nun im biologischen Zeitalter die Anwendungen der Naturgesetze der Biologie kaum gute, sondern nur üble Folgen haben werden und kämpfen vehement dagegen. Sie nehmen das Wort ‹Biotechnologie› als Symbol dafür, dass damit die Biologie gewissermassen zur reinen Technologie ‹entheiligt› werde. Man kann jedoch den gegenteiligen Standpunkt einnehmen und sagen, es sei höchste Zeit, dass die Biologie endlich von den bisherigen Technologen anerkannt wird. Dass nämlich die Katastrophen der physikalisch-chemisch fundierten Technologie deshalb entstanden seien, weil im allgemeinen die Biologie überhaupt nicht berücksichtigt wurde. Als gleichwertig neben Technik, Chemie und Medizin sollte nun endlich die Biologie ebenfalls mitzureden haben. Wenn nämlich die Biologie allen Technologen unterrichtet werden dürfte*, würden Missbräuche und Fehler in Zukunft nicht mehr so häufig auftreten. Viele glauben jedoch auch nicht an diesen Weg, weil sie entweder überzeugt sind davon, dass das ‹Teuflische› schon in der Wissenschaft selbst liegt (falsches Naturverständnis), oder weil sie glauben, dass unsere gesellschaftliche Struktur automatisch zu missbräuchlichen und falschen Anwendungen führen müsse. Im letzteren Falle muss die Lösung in einer Neuorientierung der Gesellschaft auf Grund neuer Wertmassstäbe erfolgen.

Ich behaupte, dass die Basisforschung** ein Teil der Aktivitäten unserer Kultur ist. Der von ihr angehäufte Resultatenschatz, genau wie derjenige der Geisteswissenschaften und der Künste, macht überhaupt unsere heutige westliche Kultur aus. Weil aber die geistige Entwicklung mit ihren gesellschaftlichen Auswirkungen mit der materiell-technischen Entwicklung nicht Schritt gehalten hat, ist unsere Zivilisation an einem der wichtigsten Wendepunkte in unserer Geschichte angelangt. Die Ausbeutung der Natur durch die bisherige Technologie ist nicht deshalb ungehemmt erfolgt, weil die Naturwissenschaften zu viel wissen, sondern weil keine ideellen, moralischen Werte bestehen, die den Anwendungen Schranken gesetzt hätten. Namhafte Köpfe weisen darauf hin, dass die Geisteshaltung unserer Zeit (der ‹Zeitgeist›) immer noch der materialistisch-mechanistisch-rationalistischen Denkweise der Physik des 19. Jahrhunderts (Cartesianismus) verhaftet bleibt, mit ihrer linearen Denkweise, obwohl die Resultate der Physik unseres Jahrhunderts ihre Entdecker gezwungen haben, diese philosophische Grundhaltung schon längst über Bord zu werfen. Es wird deshalb gerade den Philosophen der Vorwurf zu machen sein, dass sie die völlig umwälzenden neuen Erkenntnisse und die daraus folgenden Denkweisen, wenn überhaupt, nicht korrekt in ihre eigenen Betrachtungen einbezogen haben[3].

Ich wehre mich gegen die Ansicht breiter Kreise, dass die fundamentale Forschung mit ihren neuen Erkenntnissen wegen eines falschen Verhältnisses zur Natur auch für falsche Anwendungen verantwortlich sei. Diese Ansicht kann nur entstehen, wenn man den Prozess der Erkenntnisgewinnung nicht versteht. Eine rein demagogische Absicht möchte ich dieser Ansicht nicht unterstellen, obwohl man zweifellos den weiteren Gewinn an naturwissenschaftlichen Erkenntnissen massiv verlangsamen und gar verhindern könnte, wenn naturwissenschaftliche Forschung unterbunden würde. Das war ja in den 60er und 70er Jahren der Tenor der damaligen Jugend, als sie verlangte, dass die Gelder auf die soziologische Forschung verlagert werden.

Der Aufstieg der Biologie zu einer (fast) exakten Wissenschaft

Alle Wissenschaften beginnen mit dem Beobachten der natürlich vorkommenden Dinge und Ereignisse, der Phänomene. Diese werden verglichen und nach sinnvollen Kriterien klassiert, so dass man den Überblick nicht ganz verliert. Die Möglichkeiten zu ganzheitlichem Denken, das bei zu vielen Einzelheiten verloren geht, bleiben dadurch bestehen. Die Selektion für das Überleben hat unser menschliches Gehirn so entwickelt, dass es fähig wurde, kausale oder auch nur korrelierende Ereignisse aus vielen Beobachtungen herauszuschälen. Auf diese Weise werden Zusammenhänge entdeckt. Diese einzelnen, kausalen Zusammenhänge erlau-

---

* In den USA *müssen* Ingenieure, Physiker und Chemiker an der Universität Vorlesungen über moderne Biologie hören. Auch in der Mittelschule sollte der Anteil biologischen Unterrichtes im Verhältnis zu dessen neuer Wichtigkeit stehen!

** Ich vermeide hier das Wort Grundlagenforschung, weil heute in unseren Gegenden darunter die ‹Grundlagen zur Produktion› von irgend etwas verstanden wird. Zahlreiche Leute glauben, dass die sogenannte Grundlagenforschung im Solde der Industrie stehe, um ihr all das zu liefern, was sie dann befähige, ein verkäufliches Produkt zu entwickeln.

ben es dann, ein vernetztes komplexeres Zusammenspiel einigermassen zu verstehen: Man bildet sich eine Theorie.

Bis hierher sind Geisteswissenschaften und Naturwissenschaften nicht zu unterscheiden. Erst in der Folge zeigt sich der kleine, aber doch wichtige Unterschied: Der Geisteswissenschafter kann seine Theorie nur auf Beobachtungen und deren Interpretation stützen und er muss sie seinen Kollegen ‹zur Vernehmlassung› unterbreiten. Seine Erklärungen (Theorie) werden von diesen angenommen oder abgewiesen. Der Naturwissenschafter hat den zusätzlichen Vorteil, dass er schon die einzelnen Kausalzusammenhänge zur Vernehmlassung der Natur unterbreiten kann. Das ermöglicht es ihm, echte Naturgesetze mit dem Experiment genau zu verifizieren. Ein echtes Naturgesetz darf innerhalb des Beobachtungsraumes und der Beobachtungszeit absolut keine Ausnahme zeigen. Es ist also nicht nur eine Wahrscheinlichkeitskausalität wie jene, mit der sich der Mediziner oder Ökologe aus rein praktischen Gründen oft bescheiden muss. Eine Wahrscheinlichkeitskausalität sagt bloss, dass auf eine Ursache (z. B. Einnahme eines Medikamentes) in sound-so vielen Fällen (aber immer weniger als 100%) eine bestimmte Wirkung (z. B. Verschwinden eines Symptoms, eines Schmerzes) eintritt. Ein echtes Naturgesetz aber sagt z. B., dass auf der Erde ein Stein immer fällt und dass ein Wurfgeschoss eine berechenbare Bahn durchfliegt. (Diese Newtonschen Gesetze gelten nach wie vor als Spezialfall der Einsteinschen Relativitätstheorie; diese hat jedoch den Beobachtungsraum und die Beobachtungszeit ganz wesentlich erweitert!) Sind in einem Gebiet genügend Naturgesetze entdeckt, kann man Theorien aufstellen, die dann auch komplexere Ereignisse erklären müssen. Tun sie das nicht, so ist irgend etwas falsch, sei es an der Theorie oder weil noch wichtige Naturgesetze fehlen.

Die Vernehmlassung bei der Natur erlaubt es dem Naturwissenschafter gewissermassen, über ‹seinen eigenen Schatten› zu springen. Natürlich spielt auch hier die Vernehmlassung bei Kollegen eine gewisse Rolle (Paradigmawechsel, siehe Kuhn[4]); sehr oft sind jedoch die experimentellen Resultate so überzeugend, dass ein Paradigmawechsel, d.h. der Wechsel eines Grundkonzeptes oder einer Theorie, sehr leicht vonstatten geht.

In der Physik ist ohne Zweifel ein Maximum an Naturgesetzen schon entdeckt; dort handelt es sich heute vor allem darum, verknüpfende, umfassende Theorien zu entwickeln. Deren Voraussagen können dann experimentell geprüft werden. Die Biologie ist von einem solchen Zustand noch weit entfernt. Es ist auch unwahrscheinlich, dass sie ihn je erreichen wird, weil die Zahl der Naturgesetze, die die Lebensvorgänge bestimmen, so gross und die vernetzten Zusammenhänge so komplex sind, dass an eine zusammen- und umfassende Theorie kaum zu denken ist. Nur in Teilgebieten ist das möglich geworden. So bilden die Gesetze der Genetik, die Mitte des 19. Jahrhunderts durch Gregor Mendel formuliert wurden, eine Theorie, die der ursprünglichen Thermodynamik mit ihren Hauptsätzen vergleichbar ist. Wie in der Thermodynamik, wo die kinetische Gastheorie die Verbindung mit der Mechanik brachte, so hat in der Genetik die Entdeckung des genetischen Codes Mitte dieses Jahrhunderts eine Verbindung zur Chemie gebracht. In beiden Fällen waren das grosse Durchbrüche. Zum Beispiel wurde es nun möglich, die Bildung von Mutanten (durch Strahlung und Chemikalien) zu verstehen, und die Gesetze, gemäss denen die genetische Information auf der DNS in Proteine übersetzt wird, wurden entdeckt. Das war eine ganz wesentliche Verbreiterung unseres Verständnisses, sind doch die Proteine die Ausführenden im zellulären Leben. Die Kenntnis von Struktur und Funktion der Proteine erlaubte es plötzlich, die verschiedenen physiologischen Vorgänge in der Zelle verstehen zu lernen. Aber auch für die Erforschung des Zusammenlebens der Zellen miteinander, bei dem gegenseitige Signale eine wichtige Rolle spielen, haben alle diese neuen Gesetze explosionsartig neue experimentelle Zugänge geschaffen und so zu der Entdeckung zahlloser weiterer Naturgesetze geführt.

In allen Gebieten der Biologie geht der Fortschritt (= fortschreiten, ohne Wertung!) heute rasch vonstatten, weil die molekulare Genetik effiziente Methoden (Gentechnologie) geliefert hat, mit denen neue Kausalitäten untersucht und Naturgesetze entdeckt werden konnten. Diese Fortschritte betreffen alle Gebiete und somit auch die Ökologie. Langsam gelingt es z. B., die rätselhaften Symbiosen zwischen verschiedenen Lebewesen besser zu verstehen. So kann man endlich die Rolle der Pilzgeflechte in den Wurzeln der Pflanzen zu untersuchen beginnen oder auch die Rolle von Stickstoff-fixierenden Bakterien in den Wurzelknöllchen gewisser Pflanzen.

Die Anwendung der Naturgesetze in unserer Gesellschaft

Unsere heutige westliche Zivilisation zeichnet sich darin aus, dass sie mit äusserster Effizienz alle Naturgesetze in Technologie umsetzt. Die Zeit zwischen der Entdeckung von Naturgesetzen und deren Anwendungen wird zunehmend kürzer, die Frage, ob jedes Naturgesetz angewendet werden soll, immer dringender.

Diese Anwendungen haben zu einem bisher unbekannten Wohlstand geführt, aber auch zu allen Nebenerscheinungen, die mit der materialistischen Einstellung einer Konsumgesellschaft einhergehen. Um im Wettkampf der Marktwirtschaft bestehen zu können wird innoviert, indem man möglichst als erster ein neues Naturgesetz umsetzt zu einem verkäuflichen Produkt oder einer Dienstleistung. Unterstützung bietet dazu die Marktforschung, mit der herausgefunden wird, wo potentielle oder bestehende Bedürfnisse liegen. Um die nötige Zeit zu gewinnen, die eingeführten neuen Produkte auch im Hinblick auf eventuelle Risiken prüfen zu können, wird Patentschutz oder ähnliches gefordert. In einer Marktwirtschaft sicher zu Recht, denn nur dann ist es möglich, die Kosten der Entwicklung und der Prüfungen wieder durch die Einkünfte aus dem Verkauf wettzumachen.

Aus der Anwendung der modernen genetischen Erkenntnisse der Molekularbiologie ist die Gentechnologie entstanden. In der chemischen Industrie setzt man seit zwei Jahrzehnten grosse Hoffnungen in diese Methodik, da man auch dort schon nicht mehr weiss wohin mit den giftigen Nebenprodukten, die bei den organisch-chemischen Synthesen anfallen. Wenn immer möglich werden deshalb Mikroorganismen oder deren Enzyme eingesetzt, um rein chemische Synthesen zu ersetzen. Für zahllose Produktionsverfahren ist die Biotechnologie schon seit mehreren Jahrzehnten ein integrierter Bestandteil. Die Mikroorganismen verstehen es eben viel besser als wir, Synthesen ohne giftige Nebenprodukte auszuführen! Die dabei anfallenden Nebenprodukte sind sogar weiter verwendbar, z. B. als Quelle für Nahrungsproteine oder, ‹im schlimmsten Fall›, als ungiftiger Dünger. Mit der Gentechnologie erweitern sich die Möglichkeiten dieser sanften Chemie ganz wesentlich.

Die mit Gentechnologie erweiterte Biotechnologie, wie auch die mögliche Ausweitung auf transgene Pflanzen und Tiere, hat in der Bevölkerung zu tiefgreifenden Ängsten geführt. Sie wurden geschürt durch Übertreibungen in den Medien wie auch durch wirkliche Fehlleistungen: So kann z. B. durch ein Wachstumshormon (Somatotropin) die Milchleistung bei Kühen gesteigert werden. Eine amerikanische Firma glaubt bei den Farmern einen Markt gefunden zu haben, den sie gerne ausnützen möchte, weil dieses Hormon biotechnologisch gefahrlos hergestellt werden kann ... Oder ein anderes Beispiel: Den amerikanischen Farmern mangelt es an billigen Arbeitskräften zum Jäten (bisher die illegal eingewanderten Mexikaner!). Sie sind deshalb dankbare Abnehmer von herbizidresistenten Pflanzen, wodurch das Jäten durch Spritzen ersetzt werden kann ...

Daneben gibt es zahlreiche positive Beispiele, wie das biotechnologisch hergestellte menschliche Insulin (Diabetes) oder der Plasminogenaktivator (Blutgerinnsel auflösend, gegen Infarkte), die mit transgenen Bakterien ebenfalls gefahrlos hergestellt werden können.

Wenn ich hier angegriffen werde mit der Frage, woher ich denn wisse, dass diese Verfahren gefahrlos sind, dann muss ich antworten: nur aus Erfahrung, genau wie wir nur durch Erfahrung gelernt haben, welche Mikroorganismen pathogen sind! Ich gebe zu, dass das kein überzeugendes Argument ist. Ich habe deshalb vorgeschlagen, dass eine staatliche Versuchsanstalt die Gefahren transgener Bakterien und Pflanzen eingehend prüft, und zwar mit einer interdisziplinären Gruppe von Wissenschaftern. Das würde zu einer Verbesserung des gegenwärtig stark angeschlagenen Vertrauens in Industrie und Forschung führen. Unsere gesellschaftlichen Strukturen, wenn nur auf Marktwirtschaft fussend, können diesem Ansturm neuer Probleme nicht standhalten. Wie der Staat (ursprünglich!) zum Schutze der Bevölkerung eine Polizei organisierte, muss er heute noch weitere Prüfungs- und Schutzfunktionen übernehmen, die ganz einfach aufgrund einer uneingeschränkten Marktwirtschaft allein nicht möglich sind – ähnlich wie in der Sozialfürsorge, die ohne staatliche Einmischung nicht denkbar ist.

Auf längere Sicht muss jedoch die Gesellschaft neue Wertmassstäbe finden. Setzen sich diese allgemein durch, dann ändern sich auch die Bedürfnisse. Die Wertmassstäbe der Gesellschaft können und sollen aber nicht allein durch die Naturwissenschafter festgelegt werden. Hier liegt die Rolle unserer Philosophen, Ethiker und Theologen. Aber, bitte, ‹en connaissance de cause›, wie unsere welschen Freunde sagen, und nicht bloss als eine nostalgische Betrachtung! Ohne jeden Zweifel können wir von den griechischen Philosophen viel lernen, dürfen aber nicht vergessen, dass aus ganz einfachen ökologischen Gründen die zu erwartenden sechs Milliarden Erdenbürger nicht alle den humanistischen und materiellen Lebensstandard der Römer mit zusätzlich Auto, Fernseher und Ferienhaus besitzen können. Falls wir das Gefälle zwischen Arm und Reich nicht beibehalten und verstärken wollen, müssen wir unsere Lebenseinstellung tiefgreifend verändern.

Referenzen

1 Kellenberger, Eduard: Verantwortung für ein kommendes Zeitalter der Biologie, Universitas 38, 1983, S. 1273–1282.
2 Kellenberger, Eduard: Well-repeated sequences. Origins of Molecular Biology, Plant Mol. Biol. Rep. 7, 1989, S. 231–234. – Fischer, P.: Licht und Leben. Ein Bericht über Max Delbrück, den Wegbereiter der Molekularbiologie, Universitätsverlag Konstanz GmbH 1985.
3 Nicolescu, B.: Science as a ‹testimony›, in: ‹Science and the boundaries of knowledge: The prologue of our cultural past›, Venice Symposium 1986, Unesco.
4 Kuhn, Th. S.: Die Struktur wissenschaftlicher Revolutionen, Frankfurt a.M. 1976, Suhrkamp Taschenbuch Wissenschaft 25.

Barbara Wyss

Turnen und Sport als neues Maturitätsfach

Seit der letzten Revision der eidgenössischen Maturitätsanerkennungsverordnung (MAV) vom 2. Juni 1986 besteht die Möglichkeit, Turnen und Sport als Maturitätsfach zu wählen. Die Basler Sportlehrer unter der Leitung von Rolf Schrämmli (Bäumlihof-Gymnasium) haben dazu ein detailliertes Konzept erarbeitet. Es sieht vor, dass die SchülerInnen, die Turnen und Sport als Maturitätsfach wählen, zwar wie ihre Klassenkameraden drei Turnstunden wöchentlich haben, jedoch getrennt von ihren Mitschülern und überdies getrennt nach Geschlechtern. In diesen Spezialturnstunden sollen die Schüler nicht nur in sportlicher Hinsicht gefördert und gefordert werden, sondern auch soziales Verhalten lernen und sich theoretische Kenntnisse aneignen. Die Erfahrungsnote der 8. Klasse (Mittel der letzten Semesternoten) wird einfach zählende Maturitätsnote, das heisst, eine gute Turnnote kann eine ungenügende Note eines andern einfach zählenden Nichtprüfungsfachs wiedergutmachen. Eine Fünf im Turnen macht zum Beispiel eine Drei in Chemie wett, denn im Durchschnitt ergibt das eine Vier...

1989 fand erstmals eine Informationsveranstaltung für die SchülerInnen statt, die sich bis im Januar 1990 entscheiden mussten, ob sie von der neuen Möglichkeit Gebrauch machen wollten. Das Interesse war gross: 132 SchülerInnen – das heisst 25% sämtlicher Sechstklässler – wählten Turnen und Sport als Maturfach. Ausser am HG (ein Schüler) und am Freien Gymnasium (zwei Schüler) konnten an allen Gymnasien eigene Klassen gebildet werden, die drei ‹Einzelgänger› werden im Bäumlihof-Gymnasium mitunterrichtet.

Die Erfahrungen im ersten Quartal des Startjahres sind laut Rolf Schrämmli intensiv und erfreulich, für die Lehrer ebenso wie für die Schüler.

Verena Zimmermann

Film und Video an der Schule für Gestaltung Basel

Seit sieben Jahren bildet die ‹Höhere Schule für Gestaltung› (HFG), eine Abteilung der Schule für Gestaltung Basel, zum *eidgenössisch anerkannten ‹Visuellen Gestalter HFG›* aus. Einen Schwerpunkt dieser *Weiterbildung für Gestalter mit abgeschlossener Berufsausbildung* stellen im Fachbereich Visuelle Kommunikation der Unterricht ‹Grundlagen des Films› und das Fach ‹Audiovisuelle Projekte› dar. – Eine andere Ausrichtung hat das *Weiterbildungsfach ‹Audiovisuelle Gestaltung›*. Hier wird das Arbeiten mit Video gelehrt und geübt. Von Videokunst ist die Rede, von Video als eigenständigem Medium.

Zur Filmemacherin oder zum Filmemacher im klassischen Sinn kann man sich in Basel nicht ausbilden lassen. Seit Jahrzehnten allerdings ist Film ein Thema an der Basler Schule für Gestaltung, nicht nur in der Praxis. So wird ‹Theorie des Films›, das heisst, Analyse von Filmen unter formalen und filmhistorischen Aspekten, und dies quer durch alle Gattungen und die gesamte Filmgeschichte, seit langem im Rahmen öffentlicher Weiterbildungskurse angeboten. Die Vorlesungen, entwickelt und weiterhin betreut von Werner Jehle, stehen Studenten und Schülern der Schule und, solange nicht vollbelegt, auch weiteren Interessenten offen. Sie begleiten insbesondere den vorwiegend praktisch ausgerichteten Film- und Videounterricht auf aus- und weiterbildender Stufe, wie er im folgenden beschrieben ist.

Die Grammatik des Films

Nicht um Film im Sinn von Spiel- und Dokumentarfilm geht es, sondern um Film als gestalterisches Mittel in Analogie zur Grafik, zur Fotografie, zu den Printmedien. Angeboten wird als Einstieg für alle Schüler, egal, ob noch in der Ausbildung oder auf einer Weiterbildungsstufe, ein Kurs, ein Tag pro Woche, ‹Grundlagen des Films›. Es wird vor allem praktisch gearbeitet mit dem Ziel, aufgrund eigener Erfahrung optische Phänomene begreifen zu lernen, zu erleben, «welche Ursachen ein Bild ‹lebendig› machen und welche formalen und inhaltlichen Einflüsse sich dabei ergeben» (Peter von Arx).

Um die Grammatik des Films geht es. Von hier aus werden, immer praktisch, zunehmend komplexere Bewegungsabläufe entwickelt und gestaltet. Dabei gehen methodisches Planen und Entwerfen mittels grafisch festgehaltener Partituren und die Analyse von Strukturen, wie sie sich erst in der Kombination einer Form oder eines Bildes mit der Bewegung, mit Zeit und Geschwindigkeit ergeben, nebeneinander her oder lösen einander, wechselwirkend, ab.

Begründet hat dieses Fach (im Rahmen der Fachklasse Grafik) 1968 Peter von Arx, Grafiker und Filmgestalter, unter Mitarbeit von Peter Olpe; 1982 stiess Gregory Vines, inzwischen auch Reinhard Manz zu dem Team.

Zum Fachbereich ausgebaut

Mehrere Initiativen versuchten in den späten sechziger Jahren, eine zentrale Schweizerische Hochschule für Gestaltung zu schaffen. Diskutiert wurde aber auch eine dezentralisierte Schule mit regionalen Schwerpunkten; Basel schloss sich dieser föderalistischen Lösung an und begann im Frühjahr 1983 mit einem entsprechenden Programm. Inzwischen wurde der ganze Fachbereich Visuelle Kommunikation ausgebaut und vom Eidgenössischen Volkswirtschaftsdepartement als ‹Höhere Fachschule für Gestaltung› (HFG) anerkannt: Nach der dreijährigen Ausbildung wird mit einer Diplomarbeit, einem ‹Audiovisuellen Projekt›,

Eine Bewegung wird durch Film erzeugt und nicht nur abgebildet: Das Wort ‹Tanz› scheint in der Filmprojektion zu tanzen. ▷

Motive aus Natur und Technik, hier die Hand, bringen jeweils veränderte Aussagen. (Aus: Peter von Arx, ‹Film Design›, Verlag Paul Haupt, Bern 1983) ▷▷

abgeschlossen, was zur Führung des geschützten Berufstitels ‹Visueller Gestalter HFG› berechtigt.

Experimentelle Untersuchungen und breite, konzeptionell gegliederte Projekte stehen hier im Zentrum. Nicht selten sind ‹Audiovisuelle Projekte› raumfüllende Installationen, optisch-akustische Ereignisse, die durchaus um ‹Inhalte› – gesellschaftspolitische, kulturgeschichtliche – kreisen können, immer aber auf der Grundlage des sogenannten synthetischen Films. Als Beispiel zeigt Peter von Arx Filme, in denen Gegenstände, eine Rose, ein rotierendes Fünffrankenstück, ein Pneu, in Bewegung ‹gesetzt› und in unterschiedliche Bedeutungszusammenhänge gebracht werden, oder er erzählt von der Entwicklung neuartiger Lehrmittel für Asylanten, für Türken beispielsweise, die mit uns geläufigen und alltäglichen Zeichen oder mit Zahlen und ihrer Funktion Schwierigkeiten haben.

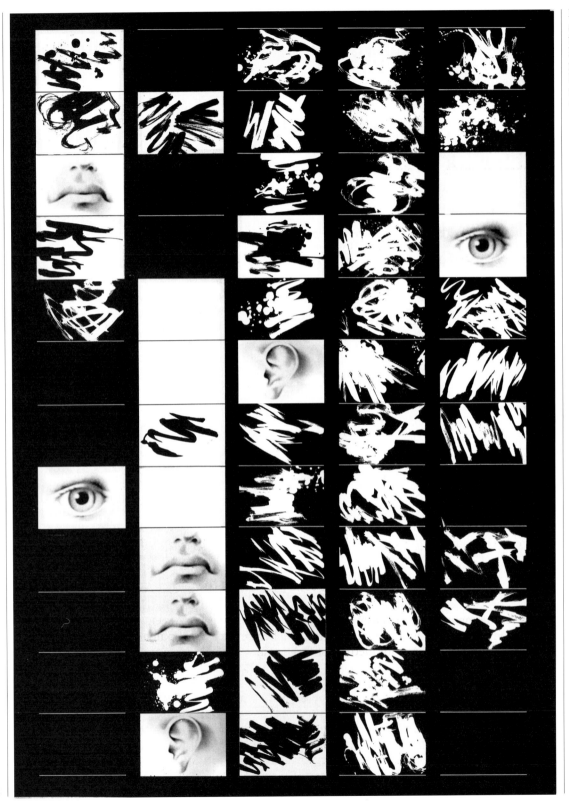

Einzelbildvergrösserung aus der Titelsequenz eines Films für die Kampagne ‹Stoppt die Folter› von ‹Amnesty International›.
◁

Audiovisuelle Gestaltung: Video

Ein Schulhaus, Stil Gründerzeit, am Rheinufer gelegen, nah bei der Chemie im äussern Kleinbasel. Die eine Hälfte beherbergt einen Kindergarten, die andere im Erdgeschoss Technik und Elektronik, einen Aufnahme-Studioraum, Schnittplätze, Monitore, Tonanlagen etc., im obersten Stockwerk ist seit kurzem ein ‹Kino› mit Grossbild-Videoprojektion installiert, im Vorführraum ein 16- und ein 35 mm-Projektor. Hier finden inzwischen auch die erwähnten Vorlesungen ‹Theorie des Films› statt. Das ehemalige Theobald Bärwart-Schulhaus ist zur Aussenstation der Schule für Gestaltung geworden, seit hier die Weiterbildungsklassen für audiovisuelle Gestaltung ihr Domizil haben, neben den Fachklassen für freies räumliches und freies bildnerisches Gestalten, das heisst den Bildhauer- und den Malklassen.

Weiterbildungsklasse: Das heisst, wer sich im Arbeiten mit Video aus- und weiterbilden lässt, arbeitet nicht auf ein Diplom oder einen Abschluss hin. Für manche ist die zweijährige Schulzeit ein Ersatz für eine Künstlerausbildung, manche kommen von einer handwerklichen Grundausbildung her; eine abgeschlossene Berufsausbildung oder Matur mit künstlerischer Ausrichtung ist Bedingung, das Mindestalter beträgt zwanzig Jahre. Die meisten sind älter, kommen aus den verschiedensten Berufen.

Kein Abschluss, kein bestimmtes, festumrissenes Lernziel, das ist auch eine Chance: Offenheit ist *das* Stichwort für René Pulfer, der sich lange um diesen Studienzweig bemüht hat und der nun seit 1985 mit Enrique Fontanilles und Reinhard Manz jedes Jahr mit rund zehn Schülerinnen und Schülern arbeitet. Die Teilnehmerinnen und Teilnehmer der ersten zwei Jahrgänge arbeiten inzwischen selbständig und haben sich 1988 zur VIA, zur AudioVideoKunst-Genossenschaft, zusammengeschlossen.

Viele, die zur Schule kommen, interessiert das Medium als Arbeitsinstrument im eigenen erlernten Beruf – mit Kindern, in therapeutischen Berufen, im Unterricht – oder in der Auseinandersetzung mit der bisher ausgeübten künstlerischen Tätigkeit oder ganz einfach zur Orientierung. Unmöglich, einen bestimmten Typus auszubilden: «Wir müssen von dem ausgehen», sagt René Pulfer, «was jede, was jeder mit sich bringt.» Und: «Wir wollen keine Videokünstler ausbilden, obwohl sie's am Schluss sind.» Das heisst, es werden nicht Spezialisten ausgebildet, keine Techniker, «...wir bieten die Infrastruktur und die Theorie an, die es braucht, damit jemand in die gegenwärtige Mediensituation einsteigen kann.» Die Auseinandersetzung mit der ganzen Bandbreite der multimedialen Kunstform Video der letzten zwanzig Jahre gehört dazu ebenso wie Theorie des Films und Filmgeschichte.

Flexibilität, Offenheit

Gearbeitet wird einzeln oder in Gruppen, Austausch ist selbstverständlich: «Jeder Jahrgang bringt sein Klima mit.» Von Dokumentationen bis zu Videoinstallationen: Auf der ganzen Bandbreite der Möglichkeiten wird gearbeitet. Raum und Körper, Fläche, Zeit und Bewegung sind Stichworte zu Aufgaben, die angegangen werden. Auf dem Arbeiten im Raum und mit dem Raum liegt ein starker Akzent.

Und immer wieder der Verweis auf Flexibilität. Sie ist für René Pulfer selbstverständlich und Voraussetzung für einen Unterricht, in dem Erfahrungen mit dem Vermitteln von Inhalten gesammelt werden sollen. Die Möglichkeiten des Mediums sind quasi unbeschränkt: «Video hat viel zu tun mit Fantasie und Träumen», anderseits gilt es, eine Verantwortlichkeit gegenüber Bildern zu bilden, dabei aber die Kreativität zu erhalten. So ist auch innerhalb des Unterrichts alles im Fluss, und Arbeiten entstehen oft in der Reaktion auf Ereignisse, wie damals nach dem Chemiebrand in Schweizerhalle im November 1986, als sich in der Auseinandersetzung mit den von den Massenmedien gelieferten Bildern neue Fragen stellten. Damals entstand eine ganze Reihe von Arbeiten, die auf unterschiedlichste Weise dokumentierten und reflektierten.

Der heute schon gut, allerdings noch nicht fertig ausgerüsteten ‹Schule› ging eine jahrelange Aufbautätigkeit voraus, und immer noch stösst der offene Lehrplan da und dort auf Misstrauen. «Wir arbeiten aus einer Eigendynamik heraus», sagt Pulfer und verweist auf die Veränderungen an allen Schulen für Gestaltung: In manchen Berufen ist der kreative Arbeitsanteil zurückgegangen, Leute mit gestalterischen

‹Aufräumarbeiten Schweizerhalle. Dezember 1986.› Video von Beat Häner.
◁ ◁

Videoinstallation in der Peterskirche Basel von Nives Widauer, 1989.
◁

Interessen drängen in die Kunstschulen. Anderseits ist eben auch dies symptomatisch, dass in der Schweiz die Kunstschulen nicht eigenständig, sondern in die Gewerbeschulen integriert sind, so wie jetzt auch in Zürich eine Filmschule im Rahmen der Schule für Gestaltung aufgebaut wird.

In Basel hat sich, was Film und Bildmedien angeht, eine andere Entwicklung mit spezifischen Schwerpunkten vollzogen. Wen das erzählende Kino interessiert, muss sich anderswo umsehen. Ganz abwegig, betont René Pulfer, ist die Vorstellung, über den Umweg Video zu einer filmischen Ausbildung zu kommen.

René Teuteberg

500 Jahre Familie Burckhardt

Stoffel Burckhardt, der Stammvater der Familie Burckhardt in Basel. Öl auf Holz, 1578 (Privatbesitz).

Der Toggenburger Pfarrer und Schriftsteller Niklaus Bolt (1864–1947) schildert in der Autobiographie ‹Wege und Begegnungen› seinen ersten Schultag im Jahr 1878 im Basler Gymnasium so: «Vor der ersten Schulstunde müssen die Schüler ihre Namen angeben. Einer schnellt auf: Burckhardt mit ck und dt. Dem liegt aber sehr daran, dass sein Name richtig geschrieben wird, dachte ich. In der Pause erfuhr ich, was diese Konsonanten bedeuteten: die Aristokratie Basels.» Die Anekdote zeigt zwar hübsch, wie wichtig die Schreibweise dieses Familiennamens ist, aber sie endet mit einem Trugschluss; denn eine ‹Aristokratie› im streng historischen Sinn hat es damals in Basel längst nicht mehr gegeben. Seit dem frühen 16. Jahrhundert war hier die Teilnahme an der Macht durch die Verfassung nie einem beschränkten Kreis von Familien vorbehalten, wie es etwa in Venedig und zeitweise im alten Bern der Fall gewesen ist. Auch die Bezeichnung ‹Patriziat› trifft nur für die Adelsfamilien des baslerischen Mittelalters zu; ihre Vorrechte gingen jedoch im Sturm der Reformation und der gleichzeitigen Demokratisierung verloren. Das Geschlecht der Burckhardt erscheint aber erst am Anfang des 16. Jahrhunderts in Basel, als die Zünfte das Heft schon in die Hand genommen hatten. In dieser Zunftdemokratie steigen die Burckhardt – wie noch zu schildern sein wird – rasch in die höchsten Ämter auf, nicht nur vereinzelt, sondern «gleichsam in corpore» (Werner Kaegi). Angesichts dieser politischen Strukturen in Basel ist es üblich geworden, von ‹Oberschicht› zu sprechen, und diesen Begriff verwenden die Autoren des Jubiläumsbuchs des Geschlechts. Welche Ereignisse sind nun aber vorzüglich daran schuld, dass die Nachkommen eines einzigen Einwanderers zum bedeutendsten Basler Geschlecht geworden sind? Hier ist die Geschichte des Basler Stammvaters, des Stoffel Burckhardt, zu erzählen.

Nur wenige Akten, Zunft- und Ratsbücher, geben Auskunft über Stoffel. Das wichtigste Dokument, den Heimatschein, früher Mannrechtsbrief genannt, kennt man nur aus einer Abschrift im Jahr 1715. Doch kann heute noch jeder Basler auf dem Grabstein, dem sogenannten Epitaph im Chor der Martinskirche, die bald 400 Jahre alte Inschrift leicht lesen. Sie sagt, dass Stoffel 88jährig 1578 gestorben ist, dass er 20 Jahre mit Ottilia Mechler und, nach deren Tod, 40 Jahre lang mit Gertrud Brand verheiratet war und dass im Januar 1600 schon 134 Kinder und Enkel geboren worden sind. Eines erfährt man aus dieser Grabtafel nicht, die Heimat Stoffels, also den Ort, aus dem er ausgewandert ist. Dies verrät aber die Notiz über die Aufnahme ins Basler Bürgerrecht: Stoffel Burckhartten vom Münstertal. Und noch genauer sagt es der erwähnte ‹Heimatschein›, den ihm der Abt des Benediktinerklosters St. Trupert im Jahr 1547 aushändigen liess: «Sein Vater und Mutter sind in Britznach im Ruprechtstal gesessen.» Das Ruprechtstal, heute Münstertal, ist den Baslern, die im südlichen Schwarzwald zu wandern lieben, wohl bekannt. Es liegt eingebettet zwischen Belchen und Schauinsland und zieht sich in ostwestlicher Richtung zur oberrheinischen Tiefebene bis Staufen hin. Freilich, den Ort Britznach findet man auf den Landkarten des 19. und 20. Jahrhunderts nicht mehr. Der beste Kenner der Burckhardtschen Familiengeschichte, August Burckhardt (1868–1935), glaubt den Ort lokalisieren zu können und identifiziert ihn mit der Gemarkung ‹Stohren› im obersten Münstertal. Wann sich Stoffel entschloss, seine Heimat zu verlassen und in Basel Wohnsitz zu nehmen, bleibt unbekannt, aber man hat Hinweise dafür, dass die Münstertaler Familie schon um 1500 den Weg nach Basel gekannt hat und vermutlich als Holzlieferant gegangen ist. Stoffels Anwesenheit in Basel ist erstmals im Rodel der Safranzunft im Februar 1521 bezeugt; die Berufsbezeichnung an der gleichen Stelle lautet «Krämer». Er war also zuerst Händler mit billigem Tuch, stieg später in den Seidenhandel ein und scheint sich dann im Grosshandel betätigt zu haben. Von seinem erworbenen Reichtum zeugt gegen Ende seines Lebens der Besitz von drei Häusern. Die rasche und völlige Integration in die Basler Gesellschaft erleichterte besonders die zweite Ehe mit der Tochter des Bürgermeisters Brand aus einem alteingesessenen Basler Geschlecht.

Doch das wichtigste Faktum: die sechs, relativ lang lebenden Söhne aus der Ehe mit Gertrud Brand, nämlich Bernhard, Hieronymus, Theodor, Hans Rudolf, Samuel und Daniel, haben das Geschlecht fortgepflanzt in vielen Linien und sind so die Urväter aller späteren Burckhardt geworden. Alle Söhne – mit Ausnahme des Hieronymus, der Beamter wurde – sind beruflich und zünftlerisch in den Fussstapfen des Vaters als Grosskaufleute reich geworden, und alle haben, gewiss mit väterlicher Hilfe, in die tonangebenden Basler Familien, die Hebdenring, Oberried, Iselin, Ryff, geheiratet, so dass man, ähnlich wie von den Habsburgern, von einer Burckhardtschen Heiratspolitik reden könnte.

Geradezu unglaublich rasch machten die Burckhardt in der neuen Heimat politisch Karriere. Schon in der ersten Generation – wir meinen die in Basel geborenen Söhne Stoffels – werden drei von ihnen Meister ihrer Zunft. In der zweiten Generation – also in der Generation der Enkel Stoffels – wird einer Zunftmeister und erklimmen zwei die zweitoberste Sprosse der Ämterleiter, sie werden Oberstzunftmeister, sitzen also jetzt im Kleinen Rat, in der Regierung. Noch eindrücklicher wird das Bild, wenn man die 150 Jahre von der Mitte des 17. Jahrhunderts bis ans Ende der Zunftrepublik 1798 überblickt: fünf Oberstzunftmeister heissen Burckhardt, und sieben Burckhardt haben die oberste Stelle im Staat inne, sind Bürgermeister gewesen. (Für kritische Leser fügen wir bei, dass es sich einige Male um die gleiche Person handelt, die zuerst Oberstzunftmeister, dann Bürgermeister geworden ist.) Man hat überdies festgestellt, dass von 1666 bis 1731 immer einer der beiden Bürgermeister Burckhardt hiess. Wahrlich, kein anderes Basler Geschlecht kam den Burckhardt auf diesem Gebiet gleich. Angesichts dieser Ämterfülle, wozu noch der geistige und geistliche Einfluss der ckdt-Professoren der Basler Universität zu zählen ist, besteht der oft zitierte Satz des Historikers Werner Kaegi zu Recht: «Die Geschichte des Geschlechts durch das 17. und 18. Jahrhundert hindurch verfolgen, hiesse die Geschichte der Stadt Basel schreiben.»

Die Frage liegt nahe: Welche Eigenschaften der Familie Burckhardt haben es möglich gemacht, lange Zeit eine solche Macht, wie sie die Spitzenämter den Inhabern gewährte, auszuüben? Eines steht fest: mit Gewalt, etwa durch einen Putsch war im alten Basel nach 1520/30 keine dauerhafte Macht zu erobern. Aber da die sparsame Zunftrepublik die Ratsämter, also die Regierungstellen nicht besoldete, konnten nur von Haus aus wohlhabende Bürger die zeitraubenden Aufgaben übernehmen. Der kleine Handwerker hat nie gern die Werkstatt verlassen, um im Ratshaus langen Sitzungen beizuwohnen. Er überliess das Regieren den reichen Herren. Der Wohlstand der Familie Burckhardt erlaubte nun vielen ihrer Glieder, diesen Dienst für den Staat zu leisten. Und noch eine weitere Voraussetzung für die Regierungsämter brachten viele Burckhardt mit: Die natürliche Begabung eines jungen Mannes wurde in ihren Familien gefördert, indem man ihn auf Bildungsreisen durch ganz Europa schickte. Aussenpolitische Kenntnisse galten viel im Kleinstaat Basel, der zwischen den Grossmächten Frankreich und Habsburg (= Deutschland) eingeklemmt war und im 17. Jahrhundert oft ohne Rückendeckung der Eidgenossen handeln musste. Die mächtige Gestalt Wettsteins verdunkelt zwar in der Geschichtsschreibung meistens die Leistungen der andern Basler Staatsmänner. Nicht ganz zu Recht; denn was gerade die Burckhardt auf diplomatischen Gesandtschaften im In- und Ausland leisteten, darf nicht übersehen werden.

Dass Macht, auch wenn sie im Rahmen der Verfassung legal ausgeübt wird, immer Opposition erzeugt, berichtet die Geschichte seit jeher. Auch in Basel hat ein Volksaufstand, das sogenannte 1691er Wesen, die Regierung, darunter die beiden Oberstzunftmeister Christoph Burckhardt (1631–1705) und Hans Balthasar Burckhardt (1642–1722), weggefegt. Aber nur für kurze Zeit. Als die Revolution wie ein kurzes heftiges Gewitter vorbei war, sassen alle Burckhardt wieder fest im Sattel. Den genannten Hans Balthasar wählte man 1705 zum Bürgermeister, und er hat sich in langer Amtszeit als ein hervorragender Vertreter der Basler Neutralitätspolitik um die Stadt und die Eidgenossenschaft verdient gemacht.

Von Stoffel Burckhardt quittierte Rechnung vom Mai 1545 (Universitätsbibliothek, Amerbach-Nachlass). ▽

Ein literarisches Zeugnis jener 1691er Revolution ist das berühmt-berüchtigte Pamphlet ‹Basel-Babel›, das einer der Volksführer, Dr. Jakob Petri, 1693 ausserhalb Basel schrieb und drucken liess. Mit den Burckhardt ist der Autor hart ins Gericht gegangen, ohne ihre Namen zu nennen. Aber jeder Basler wusste, wer gemeint war, wenn er las, es gebe in Basel Familien, «deren Voreltern... aus Italien oder ab dem Schwarzwald oder sonst aus einem Findelhaus entloffen und... vermeinen, sie haben alle geist- und weltlichen Stadtgüter zur freien Disposition für sich und die Ihren allein...».

Ein anderes ominöses Wort schrieb der junge Isaak Iselin (1728–1782) 1755 in sein Tagebuch: «Oh, wird uns der Himmel nicht bald von diesen Medicis (= Burckhardt) befreien?» Politisch die Burckhardt den Medici in Florenz gleichstellen, war natürlich ein jugendlicher Missgriff; aber völlig falsch war es auch wieder nicht, wenn man bedenkt, wieviele Burckhardt in den vergangenen 300 Jahren grosse kulturelle Leistungen vollbracht haben. Von ihnen, den Forschern, den Gelehrten, den Künstlern, aber auch von den Pfarrern, den Goldschmieden und den Staatsmännern des 19. und 20. Jahrhunderts müsste jetzt noch gesprochen werden. Der beschränkte Raum verbietet es, doch können wir dem Leser, der die vielen begabten – in zwei Fällen sogar genialen – Burckhardt kennenlernen will, die Bücher nennen, die erschöpfend Auskunft geben. Es sind: 1. das erwähnte Jubiläumsbuch, mit dem Titel ‹ckdt. (Basel), Streiflichter auf Geschichte und Persönlichkeiten des Basler Geschlechts Burckhardt›, Buchverlag Basler Zeitung, Basel 1990; 2. Basler Jahrbuch resp. Stadtbuch mit vielen biographischen Artikeln, die mit Hilfe des Registerbands von 1979 rasch gefunden werden können; 3. Historisch-Biographisches Lexikon der Schweiz, Band II, 1924 mit präzisen Lebensdaten und Bibliographie.

Wenn der Leser diese Biographien zur Kenntnis genommen hat, kann er beurteilen, ob der Satz des Redaktors Dr. Rudolf Suter im Jubiläumsbuch zutrifft oder eingeschränkt werden müsste. Es heisst dort: «Das Geschlecht der Burckhardt hat wie kein anderes die Basler Geschichte politisch, wirtschaftlich und kulturell geprägt.»

Annemarie Bilgeri

125 Jahre Coop Basel ACV

Die grösste regionale Coop-Genossenschaft der Schweiz feierte 1990 ihr 125-Jahr-Jubiläum. Die 1865 erfolgte Gründung des Allgemeinen Consumvereins Basel bezweckte die Schaffung einer genossenschaftlichen Selbsthilfeorganisation zur Behebung der damals ausserordentlich schwierigen wirtschaftlichen Lage weiter Bevölkerungskreise. Dennoch kam diese Gründung – im Gegensatz zu anderen Konsumgenossenschaften – nicht auf Anstoss aus der im Entstehen begriffenen Arbeiterbewegung zustande, sondern auf Initiative sozial und christlich gesinnter bürgerlicher Kreise (Regierungssekretär Dr. Friedrich Göttisheim und Kaufmann Bernhard Collin-Bernoulli). Am Spalenberg 26 wurde am 9. September des Gründungsjahres der erste Laden in Betrieb genommen; der Tagesumsatz betrug 146 Franken.

Ab 1920, das heisst nach der Fusion mit der Birseck'schen Produktions- und Konsumgenossenschaft, war die neue Bezeichnung des Unternehmens: Allgemeiner Consumverein beider Basel. Er hat sich in den seither vergangenen Jahrzehnten erfolgreich entwickelt. Heute weist das Detailhandelsunternehmen einen Jahresumsatz von über 800 Millionen Franken aus und ist in einem Wirtschaftsgebiet tätig, das sich über eine Region mit 400 000 Einwohnern erstreckt. Die Genossenschaft ist nicht nur ein leistungsfähiger Warenverteiler – sie ist auch ein fortschrittlicher Arbeitgeber für rund 3500 Mitarbeiterinnen und Mitarbeiter.

Was aber ist der ACV beider Basel, der ‹Konsi› der älteren Generation, früher gewesen? Einsamer Preisbrecher mit Läden an jeder zweiten Ecke, Riese im sozialen Wohnungsbau, Kernpunkt vieler gesellschaftlicher und menschlicher Beziehungen, was auch mit Schutz und Zusammenhalt zu tun hatte. Man plauderte mit der Verkäuferin, die einem das Mehl in die ‹Gugge› abfüllte, man zahlte mit Konsumgeld und liess sich das ‹Konsumbiechli› mit violetter Tinte vollschreiben. Man kannte den Milchmann und sein Ross. Letzteres erfreute sich einer grossen Popularität. Viele Geschichten kursierten über Pferde, die zum Beispiel ihre Milchrouten auswendig kannten. Wenn ein Milchführer des Hauszustelldienstes plötzlich ausfiel, mussten deswegen weder die Hausfrauen noch die Leitung des Milchgeschäftes in Verzweiflung geraten. Das Pferd kannte seinen Weg, hielt vor den Häusern mit Milchkunden an, und der Ersatzmann hatte nichts anderes zu tun, als in seinem Kundenbüchlein nachzusehen, wieviel Milch er der ‹Frau Meier› zumessen musste.

Ebenso legendär reiht sich das in vielen Anekdoten zitierte Konsum-Einkaufsbüchlein und die bunten Konsummärkli in die nostalgischen Erinnerungen.

Coop Basel ACV heute

Der Pioniergeist der Gründungszeit hat bis in die heutigen Tage überlebt und mit den

Das Basler Konsumgeld wurde in einer Messing-Kupfer-Legierung geprägt und blieb über 60 Jahre lang populär.
◁

Laden in Rodersdorf, 1961. ▷

Zu Dutzenden standen sie in den Stallungen des ACV, die vielgerühmten Konsumrösser. ▷

wirtschaftlichen Entwicklungen der Neuzeit Schritt gehalten. Das äussere Bild hat sich zwar gewandelt, aber der Zweck ist derselbe geblieben. Auf den Statuten baut das moderne Leitbild von Coop Basel ACV auf, dessen Kernsatz besagt:

«Wir, Coop Basel, sind ein selbständiges Unternehmen der schweizerischen Coop-Gruppe und haben zum Ziel, den Bedarf des Alltags und jenen zur Förderung der Lebensqualität der Bevölkerung zu decken.»

Von Grossunternehmen, erst recht von Genossenschaften, darf mehr erwartet werden als die Produktion und Vermittlung von Waren. Sie nehmen den Rang von Institutionen, von gesellschaftlichen Strukturelementen ein und haben soziale und kulturelle Verpflichtungen zu übernehmen. Das Coop Freizeit-Center kommt dieser Verpflichtung seit 1964 nach. Gegen 20000 Kursteilnehmerinnen und -teilnehmer profitieren jährlich von einem vielseitigen Programm.

Die Mitgliedschaft bei Coop Basel

Aus den 226 Mitgliedern der Gründungszeit hat sich eine Genossenschafts-Familie mit über 100000 Personen entwickelt. Jedes Mitglied trägt dazu bei, dass Coop Basel bei Verhandlungen mit Behörden in Konsumentenfragen mehr Gewicht erhält. Ein Gewicht, das mit jedem neuen Mitglied grösser wird und diesem beim Einkauf zugute kommt. So ist auch der Satz aus dem Leitbild zu verstehen:

«Wir pflegen und fördern unsere Mitglieder durch Einräumung besonderer Vorteile.»

Zu diesen Vorteilen gehören die informative Coop-Zeitung, aber auch die vielfältigen Leistungen auf kulturellem Gebiet. Jährlich offeriert Coop Basel speziell zusammengestellte Abonnemente für das Theater, die Komödie und für Konzerte.

Blick in die Zukunft

Eine erfolgreiche Firmengeschichte verlangt auch nach einer erfolgreichen Fortsetzung. Die Auseinandersetzung mit der Zukunft weist aber eine grundsätzliche Dimension auf. Es stellt sich die Frage, ob die Ideale, die zur Gründung und Entwicklung der Genossenschaft geführt haben, auch morgen noch Gültigkeit haben.

△ Das sind sie, die heutigen zuverlässigen Überbringer von Food- und Nonfood-Produkten in die Verkaufsstellen von Coop Basel ACV.

Es gibt Aufgaben, die dem Genossenschafts-Unternehmen gestellt sind, wie irgend einem andern auch. Es muss Leistungen erbringen, die den Bedürfnissen der Kunden entsprechen. Die Entwicklung hängt wesentlich vom rechtzeitigen Erkennen neuer Trends ab. Dabei ist Coop Basel verantwortlich für die Arbeitsplätze von 3500 Mitarbeiterinnen und Mitarbeitern. Der Genossenschaft ist sehr viel Geld anvertraut worden, mit dem sie ihre vielfältigen Tätigkeiten finanziert. Das setzt die Fähigkeit voraus, investieren zu können – in ihrem Falle heisst das in erster Linie, neue, den sich wandelnden Konsumentenbedürfnissen angepasste Läden zu errichten, bestehende zu renovieren und die für die Versorgung der Läden notwendige Infrastruktur auf modernem technischem Stand zu halten.

Die wirtschaftliche Tätigkeit von Coop Basel war bisher ausschliesslich auf die Region Basel beschränkt. Landesgrenzen trennen drei Wirtschaftsräume, die in Zukunft näher zusammenrücken werden. Der Integrationsprozess im Zusammenhang mit der Vollendung des Europäischen Binnenmarktes 1992 und die Frage des Einbezugs der EFTA-Staaten in den Europäischen Wirtschaftsraum stellen eine grosse Herausforderung auch für den bisher überwiegend inlandorientierten Detailhandel dar. Auch Coop Basel hat sich dieser Herausforderung zu stellen.

Hans-Peter Ryhiner

100 Jahre Verkehrsverein Basel

Vom Wandel der Zeiten

1990 konnte der Verkehrsverein Basel (VVB) auf sein hundertjähriges Bestehen zurückblicken. Der Anlass wurde würdig gefeiert mit einem dreitägigen Volksfest auf dem ‹Seibi› (offiziell: Barfüsserplatz), das fast die ganze Stadt auf die Beine brachte. Die hundertste Jahresversammlung des Verkehrsvereins am 18. Mai 1990 auf dem Münsterplatz wird als vermutlich einzige Basler ‹Landsgemeinde› in die Geschichte der Stadt eingehen – sie war im Ablauf dem Glarner Vorbild nachempfunden. Den rüstigen Jubilar haben die hundert Jahre nicht etwa älter gemacht, sondern dynamisch verjüngt. In Anbetracht der Klippen, die er seit seiner Konstituierung umschifft hat, ein kleines Wunder. Werfen wir einen Blick in die alten Jahresberichte – Dokumente, in denen sich Triviales und Kurioses widerspiegelt, aber ebenso Ereignisse von weltweiter Bedeutung.

Am Anfang stand die Kommission – die Verkehrskommission, notabene. «Die Herren Adolf Ballié Klainguti, Prof. Dr. Alb. Burckhardt-Finsler, Emil Müry-Oppliger und Heinrich Pfister Stockmeyer hatten auf den 11. Juni 1890 eine grössere Versammlung von Bürgern und Einwohnern Basels einberufen, um über die Gründung eines Verkehrsvereins zu beraten. Diese Versammlung wurde von 35 Teilnehmern besucht, und es wurde einstimmig die Gründung eines Verkehrsvereins Basel beschlossen.» (Jahresbericht 1891)

Der erste Tätigkeitsbericht umfasst den Zeitraum von der Gründung bis zum 30. September 1891. Erster Präsident war Professor Albert Burckhardt, der schon im Januar 1891 von Rudolf Hotz-Linder abgelöst wurde. Die Büroräumlichkeiten befanden sich an der Schifflände 7 und waren bereits telefonisch erreichbar, unter der Nummer 1458. 572 Erstmitglieder zählte der Verein, zu den Subvenienten gehörten unter anderem der Kanton Basel-Stadt, die Schweizerische Centralbahn und verschiedene Zünfte.

Hauptzweck des VVB – heute hat sich die Gewichtung verschoben – war die «Hebung des Fremdenverkehrs und ... das Bestreben, im inneren Leben und der Entwicklung der Stadt alles zu tun, was ihren Einwohnern dienlich ist, und allem dem mit Nachdruck entgegenzutreten, was nicht zur Verschönerung, nicht zur Ehre und nicht zum allgemeinen Besten Basels dient.» (Jahresbericht 1891)

Bald erfreute sich das Büro an der Schifflände ausserordentlicher Beliebtheit und des Vertrauens des Publikums, dem kein Problem zu gross, zu klein oder zu ausgefallen war, es den freundlichen Seelen am Schalter zu unterbreiten. Eine kleine Auslese aus den Jahren 1894 bis 1906:
- Wo gibt es gute Biergärten für Konzerte?
- Gewünscht werden die Adressen aller Kaminfeger in der Schweiz.

Die 100. Jahresversammlung des VVB auf dem Münsterplatz.
▽

- Was kostet der Transport eines Papageis nach Luzern?
- Gibt es eine Pension für schwächliche Mädchen?
- Jemand führt eine Riesenschlange mit sich und wünscht zu wissen, wer wohl die Boa Constrictor im Sack kaufen würde.

Manchmal musste sich der Verkehrsverein jedoch auch um echte Probleme kümmern. So ist im Jahresbericht 1898 nachzulesen, dass Nachforschungen über den Verbleib Verschollener von Erfolg gekrönt gewesen seien: «in zwei Fällen konnte die Entlassung von Schweizern aus der französischen Fremdenlegion vermittelt werden.» Eine wahrhaft humanitäre Aufgabe, die weit über den eigentlichen Auftrag der Freunde und Helfer an der Schifflände hinausging.

Zu Beginn des zweiten Jahrzehnts seines Bestehens war die Mitgliederzahl des VVB auf 1421 angewachsen. 100 Besucher täglich – gegenüber 599 im ganzen ersten Berichtsjahr – liessen die Raumverhältnisse prekär werden. Das hatte den vorübergehenden Umzug an die Falknerstrasse 2 zur Folge. Die vielfältigen Aktivitäten des Verkehrsvereins erstreckten sich mittlerweile z. B. auf Mitgestaltung günstiger Fahrpläne für alle Verkehrsmittel, Hilfeleistung bei komplizierten Buchungen, Anbringen von Wegweisern in der Stadt, Auflegen von Hunderten von Fahrplänen, Prospekten und Fremdenführern.

Ein gutes Jahrzehnt später, im 23. Jahresbericht von anno 1913, war noch nichts von den Ereignissen zu spüren, die ein Jahr darauf die Welt erschüttern sollten. Der neue Badische Bahnhof war eröffnet, die neue Gotthardvereinigung gegründet worden, und der VVB beteiligte sich an der Organisation von Schauflügen auf der Schützenmatte mit Ein- und Doppeldeckern.

Ein Jahr später jedoch warfen die europäischen Ereignisse ihre Schatten auch auf Basel: Es brach «der Krieg aus und bereitete allen Hoffnungen und Träumen der Menschen ein jähes Ende. Einige Tage rauschte der Fremdenstrom durch die Schweiz, aber nicht von der Grenze nach dem Innern, sondern in umgekehrter Richtung.» (Jahresbericht 1914) Sperrungen von Bahnhöfen und Verkehrsstrecken führten zu Massenlagern von Ausreisewilligen

UN PEU D'HISTOIRE

am Bundesbahnhof. Der VVB vermittelte Briefwechsel zwischen getrennten Familienmitgliedern in den verfeindeten Staaten.

Der Erste Weltkrieg brachte dem VVB auch viele Zwangsaustritte auswärtiger Hoteliers, die an den Kriegsfolgen litten. Zum Glück bewirkte 1916 die erste Schweizer Mustermesse trotz allem eine Belebung des Fremdenverkehrs in der Stadt.

1918, nach Kriegsende, wurde der Blick wieder nach vorn gerichtet: Der VVB trat dem Postcheck- und Giroverkehr bei, übernahm den Billetverkauf für das Monstre-Trommelkonzert und leitete eine Sammlung in die Wege, um dem Zolli den Erwerb eines jungen Elefanten zu ermöglichen. Ein Geschäft, das leider nicht zustande kam.

"Wir helfen jedem Gast «sein» Basel zu entdecken."

"Unsere Arbeit kennt keine Grenzen."

(Illustrationen von Marc Uebelmann)

Der Wall-Street-Crash wurde nicht in den 80er Jahren erfunden: Die grosse Wirtschaftsdepression der 20er und 30er Jahre schlug sich bereits im Jahresbericht 1930 nieder. Und kaum hatte sich die Fremdenverkehrsbilanz 1937 wieder etwas gebessert, zeichneten sich neue Wolken am politischen Horizont ab.

Der Ausbruch des Zweiten Weltkriegs 1939 brachte wiederum eine Umfunktionierung des Verkehrsbüros: Es übernahm die Aufgabe eines Heimschaffungsbüros für im Ausland weilende Schweizer. Militärbehörden beschlagnahmten sämtliche Reiseführer, Stadtpläne, Prospekte etc., so dass kaum mehr ein normaler Betrieb mit normalen Werbemassnahmen möglich war. Die Auslastung der Basler Hotelbetten betrug gerade noch 14 Prozent. Das änderte sich jedoch schnell im Friedensjahr 1945, wo vor allem US-Urlauber die Betten zu fast 50 Prozent wieder füllten. Das führte zu Nachkriegsproblemen besonderer Art unter der Basler Jugend, indem sich die Schulkinder durch die reichen Onkels aus Amerika zu übermässiger Kaugummibettelei animiert fühlten.

In den Nachkriegsjahren war dann der Aufschwung der Stadt Basel zum modernen Fremdenverkehrszentrum nicht mehr aufzuhalten. Moderne Marketingmethoden hielten beim VVB Einzug; Projekte und Aktionen wie der Regio-Gedanke, ‹Basel blyb suuber› (1967), das Picasso-Fest (1967) und die ‹Grün 80› brachten neue Impulse für Einwohner und Auswärtige. Die radikale Wandlung des Reisemarktes in den letzten 10 bis 15 Jahren stellte auch den Ver-

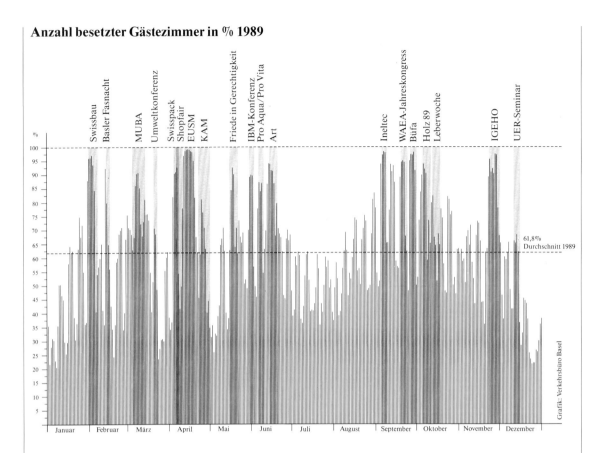

kehrsverein vor völlig neue Probleme. Tourismus entwickelte sich zu einer Massenindustrie mit harten Kämpfen der Anbieter um Marktanteile. Städte von der Grössenordnung Basels, die sich nicht mit den Weltmetropolen messen können, müssen ihren diskreten Charme heute hartnäckiger hervorheben.

Als Antwort auf diese Anforderungen hat der Verkehrsverein in den letzten 10 Jahren eine ganz neue Arbeitsstruktur entwickelt und bietet die Reize am Rheinknie offensiver an als früher. Keine leichte Aufgabe, denn die Mentalität der Basler neigt bekanntlich eher zu kritischer Zurückhaltung als zu Forschheit. Trotzdem ist die Institution an der Schifflände in der Bevölkerung fest verankert und nach wie vor gewillt, sich den Herausforderungen ihres vor hundert Jahren formulierten Auftrages zu stellen.

Signet 1890 (Staatsarchiv Basel, Vereine und Gesellschaften J 2).

Signet 1990, von J. J. Schaffner + S. Conzelmann.

Werner Buess

100 Jahre Turnverein St. Johann

Am 3. Mai 1890 fanden sich im Restaurant Albrecht im St. Johann 26 Turnbegeisterte zusammen, um im Westen der Stadt Basel einen Turnverein zu gründn.

Hauptgrund für dieses Unterfangen waren die wenig erfreulichen Resultate der sanitarischen Rekrutenprüfungen, die man durch körperliche Ertüchtigung zu verbessern trachtete. Gleichzeitig wollte man aber auch – wie dies in Kleinhüningen oder im Kleinbasel geschehen war – den jungen Menschen im St. Johann-Quartier ermöglichen, ihre Freizeit sinnvoll mit Gleichgesinnten zu bestreiten. Die Resonanz auf die Vereinsgründung war ausserordentlich gross; innert kürzester Zeit registrierte der junge Verein siebzig Aktive.

Das stellte die Verantwortlichen gleich zu Beginn vor die ersten Probleme mit den Trainingsmöglichkeiten. Zuerst musste mit dem Deutschen Turnverein, der bis zu diesem Zeitpunkt die St. Johann-Turnhalle am Freitag belegt hatte, über einen Abtausch verhandelt werden. Nachdem man sich gütlich einigen konnte, stand dann dem erfolgreichen Start nichts mehr im Wege.

Die Kapazität dieser kleinen Halle reichte aber nicht aus, und so wurde beschlossen, einen Turnplatz zu erstellen. Das Erziehungsdepartement half mit, und auch ein Aufruf an die Quartierbewohner und dort lebende Turnfreunde blieb nicht ungehört, so dass innert kürzester Zeit beim ehemaligen Werkhof beim

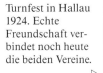

Turnfest in Hallau 1924. Echte Freundschaft verbindet noch heute die beiden Vereine. ▷

St. Johann-Schulhaus mit der Realisierung des Vorhabens begonnen werden konnte. Bereits im folgenden Jahr – anno 1891 – fand die Einweihung des Turnplatzes statt. Es nahmen daran die Turnvereine Riehen, St. Jakob, Kleinhüningen, Kleinbasel und Grütli teil. Mit Musik und Fahnen wurde der Festakt begangen, wobei Kollege A. Kupferschmid in seiner Grussadresse festhielt, dass selten ein Verein unter solch günstigen Verhältnissen gegründet worden sei.

Vereinsaktivitäten und Mitgliederboom

Es wurde beschlossen, im ersten Jahr am Kantonal-Turnfest nicht an den obligatorischen Übungen teilzunehmen. Die Leistungen der einzelnen Aktiven am freiwilligen Sektionswettkampf waren aber so stark, dass es dem jungen Verein zur Ehre gereichte.

Im September 1890 zählte der Verein schon 150 Aktive, Passivmitglieder und Mitturner. In dieser Kategorie mussten sich die Turner zuerst bewähren und beweisen, dass sie weder disziplinlos noch trainingsfaul waren, sondern gewillt, aktiv am Vereinsgeschehen teilzunehmen. Wer nicht während drei Monaten fleissig das Training besuchte, hatte keine Chance, Aktivmitglied zu werden.

Der Beitrag für Aktive war auf 80 Rappen im Monat festgesetzt, ein für die damalige Zeit hoher Betrag. Die Passiven zahlten im Jahr 8 Franken.

Aus den Protokollen ist ersichtlich, dass sich die Vereinsleitung schon damals nicht nur mit der Organisation des Turnbetriebs befasste. Turnfahrten, verbunden mit ordentlich langen Fussmärschen, gehörten ebenso zum Inhalt des Vereinslebens. Aus jener Zeit resultiert auch die heute noch bestehende Freundschaft zum Turnverein Hallau.

Vom Turnverein zum Sportverein

Wie die meisten anderen Vereine veränderte auch der TV St. Johann im Laufe der Jahre seine Strukturen: Es war belebend, als in den 30er Jahren eine Frauenriege dazu kam. Die älteren Herren gründeten ihre Männerriege, die heute noch sehr aktiv ist. Dazu kam im Verlaufe der Zeit Korbball, Handball und vieles andere mehr.

Freundschaften über die Stadtgrenzen hinaus werden gepflegt, jährliche Treffen mit Hallau, Jahresfeiern und weitere Aktivitäten stehen auf dem Programm, wobei die Teilnahme an den Schweizerischen Turnfesten ebenso obligatorisch ist wie an den Kantonalen Turntagen.

Jetzt steigt der Turnverein St. Johann ins zweite Jahrhundert. Aktiv, verbunden mit den Traditionen eines echten Quartiervereins, der aus dem Bild der Stadt Basel nicht wegzudenken ist.

△ △ Disziplin der 20er Jahre.

△ Stuhlpyramide. Demonstration des Könnens vor dem Pestalozzi-Schulhaus in den 30er Jahren.

Felix Rudolf von Rohr

Fasnacht 1990

Beginnen wir wieder einmal mit einem Aspekt der ewigen Basler Nabelschau-Frage «Was ist denn an unserer Fasnacht so anders und aussergewöhnlich?»: mit der Behauptung nämlich, dass unsere Fasnacht ein Ventil sei, um auf heilsame und läuternde Weise Dampf abzulassen. Politischen Dampf. Lässt man die letzten Jahre oder gar Jahrzehnte Revue passieren, so muss man konstatieren, dass das Ausspielen lokaler politischer Sujets bestimmt nachgelassen hat. Diese Feststellung hat nicht nur mit dem nostalgischen Zurückwünschen alter Zeiten zu tun. Es gibt ganz handfeste Gründe dafür. Da ist vor allem die Tatsache, dass heute jedermann dank Radio, Fernsehen, Teletext, und was der Mediensegnungen der postmodernen Zeit noch mehr sind, pausenlos überflutet wird mit Informationen, welche die lokalen Geschehnisse weit in den Schatten stellen. Dies führt nicht nur dazu, dass mehr und mehr internationale Sujets ausgespielt werden. Vielmehr fehlt ganz einfach die Kenntnis der Zusammenhänge, aber auch der ‹Personen und ihrer Darsteller› in der lokalen Szene. Da helfen die so beliebten Klatschspalten, in denen allwöchentlich dieselben Namen – quasi als persönliche Adressenbüchlein der Kolumnisten – aufgelistet werden, auch nicht weiter. Man kennt sich nicht mehr. Deshalb sind die grossen Zeiten des Intrigierens in den Wirtschaften vorbei. Und allzu häufig erschöpfen sich die fasnächtlichen Verse und Witze in – wenn auch oft berechtigten – pauschalen Angriffen auf Ämter, Behörden und Institutionen. Die gezielten ironischen Giftpfeile sind rarer geworden und des öftern allgemeinen Rundumschlägen gewichen. Im weiteren wird aber auch übers Jahr genüsslich die polarisierende härtere politische Gangart nach ausländischen Mustern übernommen, weshalb für das erwähnte scharfe, aber doch

versöhnlich läuternde ‹Dampf-Ablassen› weniger übrig zu bleiben scheint. Diese Feststellung hängt auch recht direkt mit dem Motto der 1990er Fasnacht zusammen: ‹Lampe statt Lämpe›. Zugegeben – das Comité hat hier nicht gerade die feinsten Daig-Baseldytsch-Ausdrücke verwendet. Wenn man aber ‹Lämpe› als alltägliche Redewendung für Differenzen, Krach und Gehässigkeiten kennt, und wenn ‹d Lampe› seit langem schon im Fasnachts-Jargon für die Fasnachts-Laterne steht – und somit auch als Inbegriff für den fasnächtlichen Geist in Basel überhaupt –, dann macht das Motto einen guten und tiefen Sinn, den wir unserer Fasnacht wieder ein wenig mehr zurückgeben sollten.

Der Apéro

Die gekrönten Hartplastikhäupter in den Dreikönigskuchen fanden im letzten Jahr kein allzu grosses Interesse, konzentrierte sich doch jedermann am 6. Januar auf die neue Plakette. Unter dem bereits genannten Motto zeigte sie nach 44 Jahren endlich wieder einmal eine Laterne; diesmal gleich mit dem Laternenmaler, wie er zum letzten Pinselstrich ansetzt. Natürlich war das Thema auch in anderen Jahren schon unter den über 50 jährlich eingereichten Vorschlägen in anderer Form zu finden. Aber eben: Den besseren Gründen müssen jeweils gute weichen – und erst diesmal hat es der Entwurf des Grafikers Peter Zepf (seine siebente Plakette, übrigens) geschafft. Mit der Plakette am Revers konnten sich die Baslerinnen und Basler getrost ins Getümmel der obligaten Vorfasnachts-Veranstaltungen stürzen, die sich nun Schlag auf Schlag folgten. Mit einer Ausnahme: Infolge überwältigender Nostalgie-Erfolge des legendären ‹HD-Soldat Läppli› verzichtete das Theater Fauteuil auf die Durchführung des bereits traditionellen ‹Pfyfferli›. Anderseits brillierte das Kleinbasler ‹Charivari› einmal mehr mit virtuosen musikalischen Darbietungen, allen voran einem Trommel-Feuerwerk mit professioneller holländischer (!) Handschrift und einem Gross-Einsatz der Basler Knabenkantorei. Auf der Grossbasler Seite verzeichneten die Monstre-Trommelkonzerte wie üblich übervolle Vorstellungen, und zwar nach wie vor im Küchlin-Theater, dessen bauliches Todesurteil dank denkmalschützerischer Vorstösse von Jahr zu Jahr hinausgeschoben wird. Während das ‹Charivari› mehr und mehr zur professionellen Schau mit propagandistischer Namensnennung der Akteure (demnächst auch der Sponsoren?) gerät, beschränkt sich das gute, alte ‹Drummeli› immer noch auf die herkömmliche Anonymität, die lediglich in den fasnächtlichen Insider-Kreisen aufgehoben ist.

Das Pièce de Résistance

Zum jeweils zentralen Thema zuerst: Die Fasnacht erstrahlte vom 5. bis 7. März 1990 in einem sagenhaften Wetter, von dem man kaum zu träumen gewagt hatte. Dies kam ganz besonders der Laternenausstellung zugute, die nun

Offizielles Preistrommeln und -pfeifen. ◁

Drummeli. ▷

ihren festen Standort in der einmaligen Kulisse des Münsterplatzes behalten dürfte – in diesem Jahr allerdings ohne Schlechtwetter-Alternative in der Mustermesse. Und wenn nun doch die ganz wüsten Donnerstürme dahergebraust wären? Was nicht einmal die meisten Fasnächtler wussten: Auch für diesen schlechtesten Fall hatte das Fasnachts-Comité – gerade unter dem Motto ‹Lampe statt Lämpe› – mit einem aufwendigen Ausstellungs-Notprogramm für die über 200 Kunstwerke vorgesorgt.

Wenn wir schon Zahlen nennen: Nur schon ein Blick auf die letzten drei Jahre der sehr detaillierten Statistik zeigt, dass die Zahl der aktiven Teilnehmer, die ‹offiziell› angemeldet am Montag- und Mittwochnachmittag das Comité mit ihrem Vorbeimarsch beehren, nach wie vor stetig wächst. Waren es 1988 noch 10 801 Masken, so konnten 1990 bereits 11 659 gezählt werden – rund 8 % mehr in drei Jahren! Da aber der Verkauf der Fasnachtsplaketten nicht im gleichen Umfang zunimmt, flossen die Subventionen, welche das Comité jeweils in einer zweitägigen Klausur, nach sorgfältigem Abwägen und der Durchsicht von rund 2000 Lichtbildern, möglichst gerecht zu verteilen versucht, etwas weniger reichlich.

Das Schnitzelbangg-Comité entschloss sich, 1990 nur noch im Foyer des Stadttheaters ein Jurylokal einzurichten und auf die gewohnten Auftritte im Küchlin-Theater zu verzichten. Hingegen wurde der Vorjahres-Versuch einer Open-Air-Schnitzelbänggler-Bühne für die Gruppen aller drei Schnitzelbank-Gesellschaften auf dem Barfüsserplatz mit Erfolg wiederholt, diesmal begünstigt durch die bereits erwähnte fantastische Grosswetterlage.

Schliesslich darf auch wieder einmal erwähnt werden, dass unzählige Mitarbeiterinnen und Mitarbeiter der öffentlichen Verwaltung ganz diskret im Hintergrund mithelfen, die einmali-

Charivari. ▷

gen drei Tage so reibungslos über die Bühne der Basler Innenstadt rollen zu lassen; allen voran die Polizei, welche zum Erstaunen der unzähligen Touristen kaum in Erscheinung tritt und welche in diesem Jahr besonders positiv vermerken konnte, wie wenig Einsätze an dieser traditionellen ‹friedlichen Demonstration› zu verzeichnen waren.

Die Digestifs

Zur Verdauung der Fasnacht gehört zuerst einmal der Schlussabend, der Kehrus am Samstagabend. Was sich niemand so richtig vorstellen konnte, trat diesmal ein. Der letzte Maskenball, oder besser gesagt: das grosse Stelldichein der unentwegten Fasnächtler in Kostümen und Larven, und die letzten Auftritte der Schnitzelbänggler fielen mit dem Eröffnungstag der Schweizer Mustermesse zusammen. Wohl recht viele Aussteller und Messebesucher aus dem In- und Ausland dürften beim grossen Aufmarsch des ganzen bunten Fasnachts-Querschnitts im Kongresszentrum den Augen nicht getraut und die Welt nicht mehr verstanden haben. Aber, wer soll in dieser Zeit in Basel die Welt überhaupt verstehen?

Zur Verdauung der Fasnacht gehörte im vergangenen Jahr auch eine konzertierte Aktion zur Anwerbung von Nachwuchs in die Trommel- und Piccolo-Schulen der Fasnachtscliquen. An einer öffentlichen Zeltaktion auf dem Barfüsserplatz unter dem Motto ‹Die erschti Lektion› demonstrierten die Instruktoren der Stammvereine den interessierten Mädchen und Buben die ersten Griffe am Piccolo und die ersten Schläge aufs Übungs-‹Beggli›. Der Erfolg gab dem Versuch recht. Über hundert Einschreibungen konnten am Anlass selber registriert werden – ganz abgesehen von den Anmeldungen, die wie üblich direkt bei den Cliquen eingehen. Frau Fasnacht hat jedenfalls wenig Nachwuchsprobleme.

Zur Verdauung gehört schliesslich der nochmalige Genuss der Schnitzelbänggler an ihren Schlussabenden und die Durchsicht der rund 300 Zeedel, mit welchen der Nachwelt als Zeitdokument auch die Sujets erhalten bleiben. 1990 war wieder einmal eine erfreuliche Vielfalt an Themen festzustellen, von denen hier nur eine kleine Auswahl in Stichworten erwähnt sei: Die Goodwill-Aktion der Staatsverwaltung ‹Jä, ych schaff fir d Stadt›, die seltsamen Bemühungen der vereinigten Werbewirtschaft, Basel ‹zu verkaufen›, das bevorstehende Vermummungsverbot, Sorgen mit den Jugendbanden in der Steinenvorstadt, die grossen Erfolge des ‹HD-Soldat Läppli›, anhaltende Diskussionen um eine neue Wettsteinbrücke, der Rollbrettfahrer-, aber auch der befürchtete (jedoch ausgebliebene) Computer-Virus, die neue Rheinfähre ‹Ueli›, die Monumental-Skulptur ‹Hammering Man› des Bankvereins am Aeschenplatz und das grosse kleine Gipfeltreffen der Dreiländer-Staatschefs in Basel. Die Fichen-Affäre warf ihre ersten Schatten voraus,

△ Letzte Stärkung vor dem Morgestraich.

und die Frage nach einer Schweiz ohne Armee zeitigte noch Nachbeben.

Zum Schluss, wie immer, einige Kostproben aus Zeedel, Schnitzelbängg und Ladärne-Värsli (im Original zitiert):

Machen wir den Anfang gerade mit schwerem politischem Geschütz, denn was unter «s herbschtelet» zu verstehen ist, ist alles andere als ein gemütlicher Altweibersommer:

Und s Schwyzergryz griegt Pfyl an Egge –
s Bruun muess sich langsaam nimm verstegge:
‹Haaruus› isch wider Trumpf im Land
und salonfähig der bruun Stand!
Und bisch scho lang gnueg uff der Wält,
heersch, ass wytwägg der Werwolf bällt,
merggsch baff, s schloot langsam wider Zwelfi –
und vo Wytem winggt der Delfi!

Zeedel Märtplatz-Clique

E wysses Kryz im bruune Fäld
Doch, daas het is graad no gfäält!

Laternenvers Märtplatz-Clique

Weiter geht's mit grosser Politik in Basel. Zum kleinen ‹Staats-Gipfeli› vom 15. Dezember 1989 wird notiert:

Druff dien no wytri Prominänze
mit alte Sprich und Floskle glänze.
Der ieblig Riseschuum wird gschlage,
si schwätze, doch hänn wenig z sage.
S schloot vor dr Schwyzer Bundesroot
s ney Banner Schwarz-bleu-blanc-gold-rot.
S empfihlt druff s As teutonicum
e gränzclos Kohlloquium,
und dä vo Frankrych pryst als Clou
e Dreier-Mitterendez-vous.

Zeedel Alti Schnooggekerzli

Dr Mitterrand, der Kohl und der Delamuraz
hän am Bahnhof e groosse Bahnhof ghaa.
Der Mitterrand und der Delamuraz hän
gschwätzt iber d Traggdande,
und der Kohl het numme Bahnhof verstande.

Schnitzelbank Betty & Bossi

Dr Kohl, dä bruucht fir jede Bsuech
e lycht begryfflig Weerterbuech.

Laternenvers Alti Schnooggekerzli

Wie stehen wir Schweizer in der Landschaft der grossen Weltpolitik?

Uns gohts wie de Russe, denn als Bolschewik
hesch hitt lieber ‹Bic Macs› anstatt Politik!
Und mir in dr Schwyz hogge schliesslig im Schärme,
drum hämmer kai Mainig und mache kai Lärme.
Mir sin die grau Masse und wisse vo nyt
und basse so beschtens in unseri Zyt!

Zeedel Junteressli

Unter dem Sujet ‹Hesch Fraid am Freud?› wird die Regierung einer Psycho-Analyse unterzogen:

Es wärde-n-au d Kompläx kompläxer
By der Regierig, de Relaxer.
Em Käller laschtet uff dr Bruscht
Dr Brugge-n-und Platane-Fruscht.
Dr Striebel – findsch kai Medizin –
Verwäggslet ständig Stress mit Spleen.
E gspalteni Perseenligkait –
Wäär het doo Remo Gysi gsait?
Dr Facklam, sälte-n-unabhängig
Verdrängt sy aigeni Verdrängig.
Dr Jenny, gaischtig rych statt ermer
Isch au nit grad e Seelewermer.
Und dänggsch an Schnyder, scharfe Häch
Und an sy Ego, wird s der schlächt.
Dr Feldges wirggt doo im Kanton
Als Inbegriff vo Depression.

Zeedel Pfluderi-Clique

Zwei ganz verschiedene Basler Probleme im Gesundheitswesen – der umstrittene Standort des Kinderspitals und die Trinkwasser-Fluoridierung – werden auf den Hut genommen:

Der Zug ist formiert, es klappert die Krucke.
Man schleppt sich über die Wettsteinbrücke.
Das Baby erbebt, es zittert die Nurse
Vor dem faustdicken Trug des Kantonsingenieurs.
Und der Kinderzug mit Gestöhn und Geschrei
Wälzt sich weinend nun am Rathaus vorbei.
Exgysi, Herr Gysi
S Spital ghert an Rhy.
Nur aine vo Spinnige
Maint s gher no Binnige
Und das sin grad Si.

Zeedel Alti Richtig

Vo miir uus kaa me z Baasel in aller Rue
Wääge däm Karies no mee Fluoor ins Dringgwasser due.
Myyne Zeen macht das nyt, und s duet mer nit gruuse
Y nimm vor em Dringge s Gebiss aifach uuse.

Schnitzelbank Hanslimaa

Vier Zeilen zu Demonstrationen und Vermummung:

's wird im Friehlig, Winter, Summer
Statt verninftyg dyschpediert;
Vo de ‹Profi-Gsichtsvermummer›
Geege n *alles* demonschtriert.

Zeedel VKB

Die Werbekampagne für den Staatsdienst auf einen kurzen Nenner gebracht:

Hesch s Schaffe emol satt
Denn schaffsch fir Basel-Stadt.

Laternenvers Basler Bebbi

Zur Werbekampagne, wie Basel ‹verkauft› werden sollte:

Do kemmen alli Wärbefritze
und mechten ire Gaischt lo blitze.
Si zaichne, hirne, glopfe Sprich.
In mänggem Hirni gits e Stich,
dass d mainsch de sigsch im Irehuus.
So gseet die Wärbig denn au uus.

Zeedel Die versoffene Deecht

Die 400-Jahr-Jubiläumsfeiern des ‹Gymnasiums auf Burg› (als HG auch mit ‹Hoch-Gstoche› tituliert) boten ein dankbares Sujet:

Die ganzi Propagandawälle
Wuurd inszeniert vo lingge Zälle
Die wellen alli Kaschte mische.
Jetz miess der Bebbeli Meriaa
Der Schtäächeli Balz vo nääbedraa
Und au der Haiggi Vischer
– Hailloos neurotysch isch er –
Mit Plebs us Rhy- und Wääbergass
Tatsächlich in die glyychy Klass …

Zeedel Biirewegge

Der ‹HD-Soldat Läppli› kann natürlich auch in grösseren Dimensionen gesehen werden:

Der Villiger, die scharf Milidäärgranaate,
griesst in Moskau: «Grüezi Soldaate!»
Do sait e russischi Panzerfrau: «Gefällt mir, Mann mit Käppli.
Dies scheene Schweizermann muss sein: Genosse HD Läppli!»

Schnitzelbank Stächmugge

Ungeahnte Einsatzmöglichkeiten für internationales Kunstschaffen:

Der ‹Hammering Man› am Aescheblatz
Hämmeret vo mir uus gseh fir d Katz.
I ha mym Metzger gsait, das wär doch s Wunder
Legg em dyni zääche Byfdegg drunder!

Schnitzelbank d Stachelbeeri

Nach dem reichen Bundes-Subventionsregen infolge des zu schönen Winters:

Jeede Schylehrer, jeede Lawynehund
bikunnt, wenns kai Schnee het, e Zuestupf vom Bund.
Sotte mer s näggscht Johr kai Grippewälle haa,
kemme sicher au no d Deggter draa.

Schnitzelbank Betty & Bossi

Was wäre eine Fasnacht ohne mindestens einen rechten FCB-Vers?

Bim FCB setz y e Froogezaiche,
dert fählts im Kopf und in de Schaiche.
Wenn dääne zueluegsch – denne waisch,
worum däm Stadion ‹Joggeli› saisch!

Schnitzelbank d Filzluus

Und schliesslich ein letzter Laternenvers; gleichzeitig ein erster Vorgeschmack auf die endlose Geschichte der Fichen-Karteien:

Jetz heer y uff mit Lampe-Moole –
Y muess nach Bärn go d Fiche hole.

Laternenvers Gniesser

Hansueli Etter

Der äussere St. Johann-Gottesacker in Basel: ein Spitalfriedhof des 19. Jahrhunderts

Einleitung

Auf dem Areal der ehemaligen Stadtgärtnerei richtete die Stadt 1845 den ‹äusseren St. Johann-Gottesacker› als Spitalfriedhof ein. Nachdem der Friedhof schon nach 23 Jahren voll belegt war, benutzte das Baudepartement ab 1868 das Gelände für die städtische Pflanzschule, die 1886 in die Stadtgärtnerei überging. Der Schlachthofbau von 1868 sowie ein Strassen- und Brückenprojekt quer durch den Friedhof zum Rhein hinunter führten schon damals – in den achtziger Jahren des 19. Jahrhunderts – zu massiven Eingriffen in den Boden.

Die Matte zwischen der Ausfallstrasse ins Elsass und dem linken Rheinufer, die früher dem Johanniterorden gehört hatte, lag unmittelbar ausserhalb der Stadtmauer beim St. Johanns-Tor und wurde in den früheren Jahrhunderten landwirtschaftlich genutzt. Stiche aus dem 17. und 18. Jahrhundert zeigen dort einen Rebacker (Abb. 1). Er liegt auf einer Schotterterrasse über dem Rhein.

Einschneidende topographische Veränderungen im Zusammenhang mit der neuen Anlage des Grünparkes St. Johann machten eine vorausgehende flächendeckende Ausgrabung notwendig. Im Sommer 1988 und im Frühjahr 1989 führte die Archäologische Bodenforschung der Stadt Basel während fünf Monaten eine anthropologische Ausgrabung durch, bei

Abb. 1. Federzeichnung von Emanuel Büchel, vor 1747. Sie zeigt das Grabungsgelände ausserhalb der Stadtmauer als Rebacker entlang dem Rheinufer.

Abb. 2. Die Gräber sind zuerst maschinell, dann mit Schaufel und Pickel und schliesslich von Hand freipräpariert worden. Die freigelegten menschlichen Skelette wurden mit Blachen und Zelten überdeckt.

Abb. 3. Geschützt vor der Witterung wurden die Feinarbeiten abgeschlossen, die menschlichen Skelette fotografiert, eingemessen und anthropologisch dokumentiert.

1

der zeitweilig über zehn Ausgräber unter der örtlichen Leitung von stud. phil. Gerhard Hotz die Bodenfunde freilegten, sie fotografierten, einmassen, zeichneten, wuschen, rekonstruierten sowie metrisch und morphologisch dokumentierten.

Einen Spitalfriedhof aus dem 19. Jahrhundert archäologisch und anthropologisch zu untersuchen, ist für Europa bislang einmalig. Es bot sich hier nämlich die Gelegenheit, die knöchernen Reste von Menschen aus der Zeit der industriellen Revolution zu bearbeiten, von denen angenommen werden konnte, im Spitalarchiv von damals noch individuelle und medizinische Daten zu finden. Dazu kam der wichtige Umstand, dass die Belegungszeit nur etwa eine Generation betrug, womit eine anthropologische Momentaufnahme möglich werden sollte. Normalerweise erstrecken sich Belegungszeiten von älteren Friedhöfen über viele Jahrhunderte. Nur ausnahmsweise lassen sie sich archäologisch gut in kürzere Belegungsphasen unterteilen. Sollte gar die Identifizierung einzelner Individuen gelingen, ergäbe sich die langgesuchte Möglichkeit, die grundlegenden anthropologischen Methoden zur Bestimmung von Sterbealter und Geschlecht zu überprüfen und neu zu eichen. Nicht zuletzt diente die Grabung auch dem pietätvollen Umgang mit den menschlichen Überresten unserer Basler Vorfahren aus dem letzten Jahrhundert. Die Alternative zur Grabung hätte im maschinellen Aushub und dem Wegführen des Materials auf eine Schuttdeponie bestanden, wofür sich niemand einsetzen mochte.

Die Grabung

Zuerst wurden die Humusdecke und die obere Schotterlage maschinell so weit abgetragen, dass die einzelnen Grabgruben sichtbar wurden. Bis auf das Niveau der Grabsohlen wurde von Hand gearbeitet (Abb. 2). Die zu ergrabende Fläche erstreckte sich vom Rheinufer bis gegen die Elsässerstrasse hin, so dass damit gerechnet werden konnte, mehrere hundert Gräber aufzudecken, die mit der nötigen wissenschaftlichen Verantwortung zu bergen waren. Diese hohe Zahl forderte ein rationelles Arbeiten, eine frühzeitige Auswahl der zu erhebenden Daten sowie der zu protokollierenden Funde und Befunde, vor allem aber klare Fragestellungen. Rund zwei Drittel des Spitalfriedhofes konnten in Zusammenarbeit zwischen der Archäologischen Bodenforschung von Basel-Stadt und der Anthropologischen Abteilung des Seminars für Ur- und Frühgeschichte an der Universität Basel untersucht werden. Über 1000 Bestattungen wurden freigelegt, dokumentiert und eingemessen (Abb. 3). Nach der fotografischen Dokumentation, den sorgfältigen anthropologischen Beobachtungen und den Vermessungen im Feld sind rund drei Viertel der Skelette auf dem Friedhof Hörnli in einem Massengrab wieder beigesetzt worden. Der Rest – gegen 250 gut erhaltene und weitgehend vollständige Skelette, dazu weitere 150 Schädel und ca. 400 Einzelfunde mit besonderen Krankheitsbildern – wird im Labor anthropologisch ausgewertet. Das verbleibende Drittel des Areals blieb unberührt.

Alle Verstorbenen waren in gleich grossen, einfachen, rechteckigen Särgen aus Tannenholz beigesetzt worden, die mit von Hand geschmiedeten Eisennägeln zusammengefügt waren. Einem Mann, für den die Kiste zu klein war, sind die Beine unterhalb der Kniegelenke kurzerhand abgesägt worden! Von den Totenhemden sind kleine Knöpfe aus Knochen, Perlmutter und Glas sowie Gewandhäftchen aus Eisen gefunden worden. Diese Befunde, wie auch der Umstand, dass das Spital für die Beisetzungen aufkam, weisen auf die sozial mindere Herkunft der hier Bestatteten hin. An Begleitfunden gab es etliche einfache Rosenkränze mit Holzperlen, einzelne Gnadenpfennige und Wallfahrtskreuzchen, die man den Toten in die gefalteten Hände gelegt hatte, sowie Haarnadeln.

Die Bestatteten lagen streng geordnet in Grabreihen, mit dem Kopfende im Westen und dem Fussende im Osten. Nur wenige lagen umgekehrt, einige gar auf dem Bauch. Die Erklärung dafür ist im Umstand zu finden, dass die Särge rechteckig und ohne jeden zusätzlichen Schmuck waren, mithin eine Verwechslung von hinten und vorne, selbst oben und unten, auf dem Transport leicht erfolgen konnte. An einer Stelle ist eine lange Grube für ca. 50 Särge ausgehoben worden, die eng neben- und übereinander lagen: ausgegrabene und umgebettete Bestattungen, die beim Bau des Schlachthofes angeschnitten worden waren.

An den Individuen sind Sterbealter, Geschlecht und Körpergrösse sowie andere Beobachtungen festgehalten worden. Die gehobenen Skelette wurden gereinigt, rekonstruiert und fotografisch dokumentiert. Sie stehen für weitere anthropologische Untersuchungen bereit. Kinder fehlten im Friedhof. Damals war es in Basel noch nicht üblich, auch Kinder im Spital medizinisch zu betreuen. Nur wenige Individuen waren weniger als 20 Jahre alt, die jüngsten – vor allem Mädchen – aber über 16jährig. Im heiratsfähigen Alter sind mehr Frauen gestorben als Männer – im Zusammenhang mit Schwangerschaft, Geburt und Kindbett. Einige junge Frauen sind mit einem Neugeborenen beigesetzt worden: wohl Mutter und Kind, an der Geburt gestorben! Bei den über 40jährigen nimmt die Zahl der verstorbenen Frauen und Männer rasch zu. Das häufigste Sterbealter ist das siebte Dezennium. Die Körpergrösse schwankt bei Frauen zwischen 140 cm bei – krankhaft – Kleinwüchsigen und gegen 170 cm. Auch bei Männern gibt es einzelne besonders kleine (rund 150 cm), aber auch grosse, kräftige Gestalten von gegen 180 cm.

An krankhaften Veränderungen sind teilweise extrem starke Arthrosen an Händen und Füssen, aber auch an Schulter- und Hüftgelenken zu beobachten. Besonders oft weist die Wirbelsäule Schäden degenerativer Abnützungsprozesse auf, bis hin zu Einbrüchen einzelner Wirbel, sowie Verletzungen und Verkrümmungen von Teilbereichen. Die meisten spontan verheilten Knochenbrüche gehen auf Stauchungsfrakturen an Unterarmen und Unterschenkeln zurück. Stark gebogene Langknochen weisen in mehreren Fällen auf Vitamin-D_3-Mangel im Kindesalter hin (Rachitis).

Ungenügende Schmelzbildungen an den Zahnkronen entstanden als Folge von Mangelernährung im frühen Kindesalter. Die Zähne sind im allgemeinen stark von Karies befallen. Mit fortschreitendem Alter gehören Spuren von Parodontitis und Zahnsteinbefall zum Normalbild eines Gebisses. Im Alter fehlen vor allem Backenzähne, die durch Karies oder Parodontitis ausgebrochen waren. An einigen weitgehend intakten, aber stark abgeschliffenen Gebissen älterer Männer sind dunkelbraune Auflagerungen an den Zahnkronen festzustellen. Wir vermuten hier die Folgen von langem

Tabakkauen, das offenbar karieshemmend wirkte. Zudem lassen sich an mehreren Gebissen die typischen Abnutzungsspuren nachweisen, die durch das Halten einer Tabakspfeife zwischen den Zähnen entstehen. Die Gebisse werden am Zahnärztlichen Institut der Universität Basel im Rahmen von zwei Dissertationen nach modernen Gesichtspunkten untersucht. Diese epidemiologischen Untersuchungen sind deshalb wertvoll, weil sie den Zerfall von Zähnen und von Gebissen zeigen bei einer Bevölkerung, die zwar bereits erheblich Zucker konsumierte, aber noch keine moderne Zahnhygiene kannte.

An wenigen Gebissen sind erste Prothesen eingebaut worden. Eine künstliche Zahnkrone steckt mit einem Platinstift in der Wurzelhöhle eines oberen Schneidezahns. An einer Metallplatte, die an zwei Vorbackenzähnen verankert ist, ist an der Frontseite die Krone eines künstlichen Schneidezahns befestigt. Nur Frauen trugen solche Prothesen, denn die Funktion war auf optische Wirkung beschränkt. Vor kurzem kamen auch in Zürich erstmals solche Stiftzähne in einem neuzeitlichen Friedhof zum Vorschein. Es handelt sich in beiden Fällen um künstliche Zähne, wie sie der Italiener Giuseppe Fonzi (1768–1840) 1808 von der Medizinischen Akademie in Paris auf ihre Haltbarkeit prüfen liess. Er nannte sie ‹Dents artificielles terro-métalliques›. Die Kronen sind aus Koalin und Metalloxiden hergestellt, in die in einer Rille auf der Rückseite je ein Platinstift eingegossen ist. Dieser Stift wurde in der Wurzelhöhle des Zahnstumpfes verankert. Der Münchner Hofzahnarzt G. A. Blume veröffentlichte 1850 in der ersten zahnärztlichen Zeitschrift ‹Zahnarzt› eine Arbeit ‹Über das Einsetzen von Stiftzähnen›. Die von uns gefundenen Stiftzähne sind wohl aufgrund dieser Anleitung angebracht worden.

In einem Grab lagen im Brust- und Bauchraum eines Individuums mehrere Milliliter Quecksilber: Um die Blutgefässe besser sichtbar zu machen für die Präparation, wurden diese nach dem Tod des Patienten mit Quecksilber gefüllt. Nach der Auflösung der Weichteile im Grab ist nur das Quecksilber übriggeblieben.

An zahlreichen Skeletten war der Hirnschädel mit einem Kreisschnitt aufgesägt worden. Andere zeigen Schnittspuren an den Knie-, Hüft- und Schultergelenken. In vielen Fällen hatte man die Schlüsselbeine und Rippen durchsägt, um den Brustraum zu öffnen. Ganze Wirbelsäulen sind vom Rücken her aufgesägt worden, damit man den Verlauf des Rückenmarks mit den abgehenden Nerven beobachten konnte. Diese Funde belegen, dass an den Leichen aus dem Spital, das ab 1864 auch Universitätsspital war, wissenschaftliche Untersuchungen durchgeführt worden sind. An anderen Körpern ist zu erkennen, dass sie im Unterricht seziert worden sind. Solche Skelette sind – vielfach aufgesägt und in einzelne Abschnitte zerlegt – später in einem Sarg beigesetzt worden. Oft fehlen aber auch bestimmte Skelett-Teile, die man wohl als besonders lehrreiche Objekte zurückbehielt.

Historische Befunde

1842 wurde der Markgräfler Hof an der Hebelstrasse, ausserhalb der Stadtmauer von Basel, zum neuen, grösseren Spital (Abb. 4). Zu diesem gehörte ab 1845 der äussere St. Johann-Gottesacker, unser Grabungsgelände. Bereits ab 1832 hatte Carl Gustav Jung (1794–1864) den ersten Vorstoss für ein neues Krankenhaus unternommen. 1835 hatte der Kuratelpräsident den Wunsch nach einem Sektionszimmer daselbst angemeldet. Carl Gustav Jung war 1822 als Professor für Chirurgie, Anatomie und Entbindungskunst nach Basel berufen worden. Die Stadt verdankt ihm die Schaffung einer anatomischen Anstalt und damit die Rettung der Basler medizinischen Fakultät vor ihrem Untergang. Als besonders notwendig erachtete

Abb. 4. Das neue Bürgerspital wurde ab 1842 im Markgräfler Hof an der Hebelstrasse untergebracht.

Abb. 5. Carl Gustav Jung (1794–1864), von 1822 bis 1850 Professor für Anatomie an der Universität Basel, Begründer der modernen anatomischen Sammlung, der er bis 1864 vorstand. (Nach einem Gemälde von Heinrich Beltz, 1848)

Jung die Einrichtung einer anatomischen Sammlung. Dazu brauchte er genügend Leichen, die er sezieren konnte, an denen er demonstrieren konnte und die ihm die notwendigen Objekte für seine Sammlung lieferten. Seine Vorlesungen und seine wissenschaftlichen Arbeiten belegen unter anderem sein besonderes Interesse an der Anatomie des menschlichen Gehirns. 1850 trat Jung endgültig von der Professur für Anatomie zurück, behielt aber die Aufsicht über die Sammlung bis zu seinem Tod. Er starb am 12. Juni 1864 als einer der geachtetsten und populärsten Männer Basels (Abb. 5).

Unter Jung wurde am Spital ein Sterberegister geführt, dank dem wir heute neben Namen, Sterbealter, Geschlecht, Herkunft und anderem mehr meistens auch den Beruf und die Todesursache der Beigesetzten kennen. Aus diesem Register ist zu entnehmen, dass die auf dem St. Johann-Gottesacker beigesetzten Männer und Frauen in der Mehrzahl aus der Nord- und Ostschweiz sowie aus dem angrenzenden Ausland stammen. Die jüngsten sind – wie bereits erwähnt – knapp 20jährig, die ältesten über 90jährig. Aus den Berufsangaben geht hervor, dass die meisten Verstorbenen aus unteren Sozialschichten kamen: Fabrikarbeiter, Dienstmägde, Kutscher, Handwerker, Hilfsarbeiter, Köchinnen, aber auch viele alte und offenbar mittellose Menschen.

Schon auf der Grabung stellte man sich die Aufgabe, die Grabungsbefunde mit dem Sterberegister des Spitals in Übereinstimmung zu bringen. Der im Verlauf der Ausgrabungen entstandene Belegungsplan des Friedhofes liess erkennen, dass die Gräber zuerst in engen Grabreihen entlang dem Rheinufer angelegt worden sind. In diesem Bereich lag auch die grosse Störung im Zusammenhang mit dem erwähnten Strassenprojekt. In einer späteren Phase ordnete man die Grabreihen parallel zur Elsässerstrasse an. Zwei sich rechtwinklig kreuzende Wege teilten das ganze Gräberfeld in vier Sektoren auf (Abb. 6). Es konnte davon ausgegangen werden, dass die Bestattungen systematisch eine neben der anderen erfolgt waren.

Es wurden besonders auffallende Befunde herausgesucht: eine junge Mutter mit einem Neugeborenen, Leichen, die vor der Beisetzung seziert worden waren, besonders alte Menschen oder solche, deren Krankheiten an den Kno-

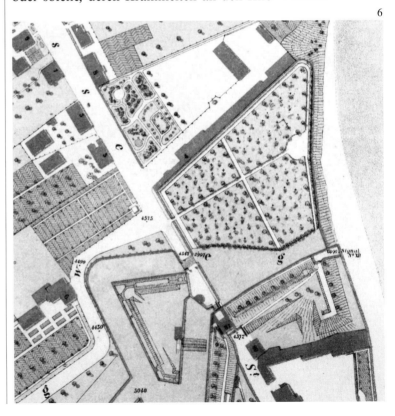

Abb. 6. Ausschnitt aus dem Plan von L. H. Löffel, aufgenommen zwischen 1857 und 1859. Er zeigt das Friedhofsgelände ohne Gräber.

chen sichtbare Spuren hinterlassen haben. Zudem war das anthropologisch ermittelte Geschlecht und das Sterbealter auch der benachbart bestatteten Individuen bekannt. Solche auffallenden Grabgruppen wurden im Sterberegister gesucht. Tatsächlich gelang es, einige dieser Gruppen eindeutig zu identifizieren. Mittels der Bestattungsdaten konnte der chronologische Verlauf der Beisetzungen rekonstruiert werden. Daraus ergab sich schliesslich die zwingende Folgerung, dass das erste Grab 1845 in der Nordostecke, am Rheinufer, ausgehoben und dass die Grabreihen von Norden nach Süden dem Rhein entlang angelegt worden sind. Die folgenden Grabreihen schlossen sich gegen die Elsässerstrasse daran an. Zuerst füllte man das Südostviertel mit Gräbern auf, dann das Nordostviertel, später das Südwestviertel – beim St. Johanns-Tor – und schliesslich das Nordwestviertel. Der eine Weg, der parallel zur Elsässerstrasse verlief, diente 1868 für die gedrängte Sekundärbestattung von schlecht erhaltenen Gräbern, der andere Weg von der Elsässerstrasse zum Rheinufer wurde als Bestattungsort von gut erhaltenen – noch mit Grabkreuzen versehenen – Gräbern benutzt, die beim Bau des Schlachthofes angeschnitten worden waren (Abb. 7). Die durch das Strassen-

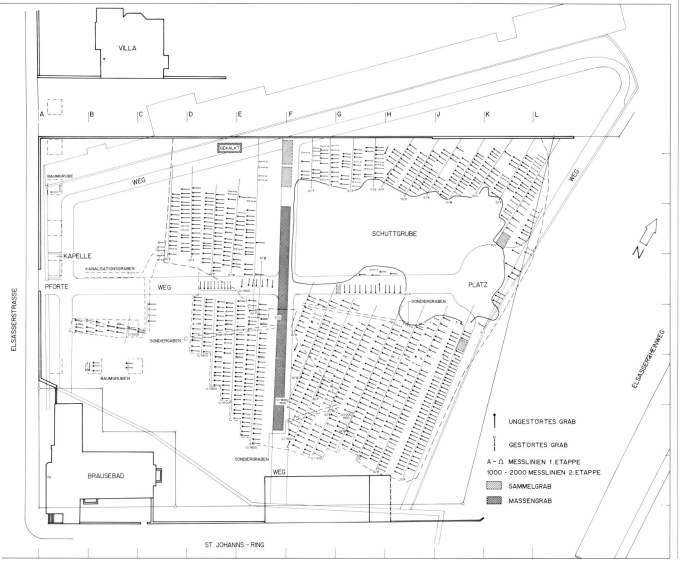

Abb. 7. Unser Grabungsplan konnte auf den Löffel-Plan gelegt werden. Damit liess sich die Organisation des Friedhofs weitgehend rekonstruieren.

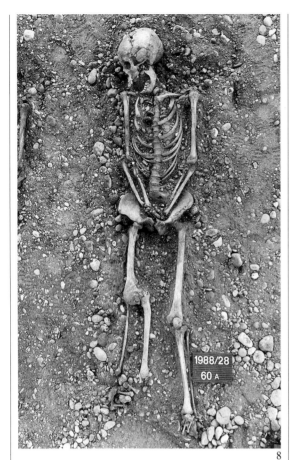 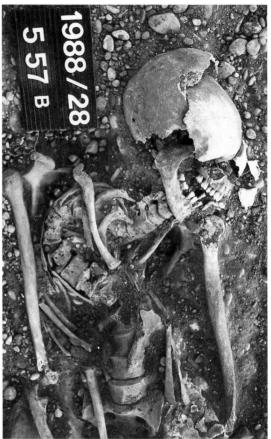

Abb. 8. Maria Magdalena H. aus Pratteln, BL, ist 1846, erst 31jährig, an Wassersucht gestorben. Sie war unverheiratet und arbeitete als Schneiderin. Der Befund an ihrem Knie stellt eine verheilte Trümmerfraktur mit Verschiebungen der einzelnen Teile fest, die untereinander vollständig verwachsen sind. Die Folge davon war ein im Kniegelenk steifes und verkürztes Bein.

Abb. 9. Caroline A.-S. aus Bretzwil, BL, arbeitete trotz ihrer schwer gekrümmten Wirbelsäule (Skoliose) als Fabrikarbeiterin. Sie war klein und bucklig und ist 48jährig an einem Herzleiden gestorben.

bauprojekt erfolgte Störung im Friedhof brachte damals bereits eine grosse Zahl von menschlichen Skelett-Teilen zum Vorschein. Der Rat erlaubte dem Anatomen Julius Kollmann, diese nach seinem Dafürhalten für die Anatomische Sammlung zu verwenden. Ein Teil dieser Sammlung kam später in das Naturhistorische Museum in Basel. Aufgrund der Übereinstimmung zwischen den Befunden und dem Sterberegister des Spitals konnten über 90% aller Bestattungen sicher identifiziert werden (Abb. 8, 9, 10 und 11). Unsicherheiten blieben im Bereich von Störungszonen und Grabungsgrenzen, unmöglich war die Identifizierung der sekundär Bestatteten im Bereich der Friedhofswege.

Mauerreste älterer Gebäude

Unterhalb der Bestattungen kamen die Fundamentreste zweier Steinhäuser zum Vorschein. Das nördlicher gelegene Gebäude datiert aus der Neuzeit und stand wohl mit dem ausserhalb der Stadtmauer (Abb. 1) betriebenen Feldbau in Zusammenhang (Abb. 12). Die sauber gemauerten Fundamente der südlicher gelegenen Ruine stammen von einem turmartigen ‹festen Haus›, das, wie aus den im Bauschutt eingelagerten Keramikfunden zu ermitteln ist, bereits

10

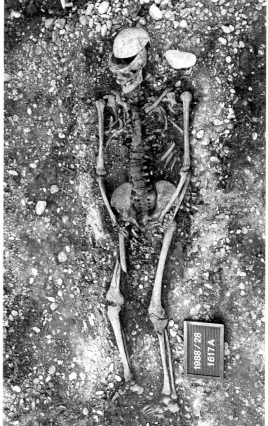

11

Abb. 10. Johann Heinrich M. von Basel ist im blühenden Alter von 25 Jahren an Schwindsucht (Tuberkulose) gestorben. Er arbeitete als Feilenbauer und litt an einer stark gekrümmten Wirbelsäule mit Buckel.

Abb. 11. Johann Georg Sch. von Rickenbach, BL, starb als 59jähriger an den Folgen eines Unfalls. Er arbeitete als Ausläufer. Im Sterberegister ist eine schwere Hirnerschütterung als Todesursache angeführt. Unsere Befunde zeigen zudem einen wahrscheinlich offenen Oberschenkelschaftbruch.

Abb. 12. Fundamente des Wirtschaftsgebäudes mit den jüngeren Bestattungen.

Abb. 13. Mauerreste des turmartigen ‹festen Hauses›, das im 13. Jahrhundert zerstört wurde.

12

13

im 13. Jahrhundert zerstört wurde (Abb. 13). Historischen Berichten zufolge hat Rudolf von Habsburg in der Nacht vom 24./25. August 1272, also kurz vor seiner Krönung zum König, die Vorstadt ‹ze Crüze› (St. Johanns-Vorstadt) überfallen. Es besteht Grund zur Annahme, dass das schutzlos vor der Stadtmauer gelegene Wohngebäude diesem Angriff zum Opfer gefallen ist. Damals bestand der Äussere Mauerring mit dem St. Johanns-Tor noch nicht, die Stadtbefestigung verlief noch entlang der inneren Gräben, vom Petersgraben über den Leonhardsgraben via Kohlenberg, Steinenberg zum St. Alban-Graben.

Die Fundamentreste wurden im Park konserviert (Abb. 14 und 15) und erinnern an das vor der künstlichen Absenkung sowohl in topographischer als auch in stadtplanerisch-kultureller Hinsicht beträchtlich höher gelegene Niveau der Alten Stadtgärtnerei.

Abb. 14. Die Fundamente der Steinbauten nach der Bergung der Skelette.

Abb. 15. Die konservierten Ruinen im heutigen St. Johanns-Park.

Barbara Wyss

Der umgebaute Engelhof: Seminargebäude nach Mass

Im Sommer 1990 sind das Deutsche, das Nordische und das Slavische Seminar der Universität im neu umgebauten Engelhof an der Ecke Nadelberg/Stiftsgasse eingezogen.

Das historisch bedeutende Gebäude, das bereits 1284 erstmals urkundlich erwähnt ist, war ursprünglich ein Privathaus, dem im Lauf der Jahrhunderte viele verschiedene prominente Besitzer ihren Stempel aufdrückten, zum Beispiel der kunstliebende Ratsherr Mathias Eberler, der den Engelhof um 1477 vom Baumeister Ruman Faesch grossartig umbauen und die Engelsstatue mit dem Eberkopf-Wappen anbringen liess. Oder Marco Peres, ein vor der Inquisition geflüchteter niederländischer Bankier und Grosshändler, dank dem der bis hinunter zum ‹Sessel› am Totengässlein reichende Garten durch einen unterirdischen Gang mit dem Engelhof verbunden wurde und der im glücklicherweise bis heute erhaltenen Condé-Zimmer mit seinem geschnitzten spätgotischen Täfer 1570 einen prächtigen Kachelofen aufstellen liess, der ebenfalls noch an seinem Platz steht. 1875 wurde der Engelhof von einer Gruppe von Basler Philanthropen erworben und diente nach einem umfassenden Umbau bis zum 1. Weltkrieg als Wohn- und Ausbildungsstätte für wandernde Handwerksburschen. Später wurde die ‹Herberge zur Heimat› zu einem alkoholfreien Restaurant und Gasthaus für Studenten und Reisende. 1980 bekam die GGG den Engelhof geschenkt und führte den Hotelbetrieb bis 1985 weiter. Als sie das renovationsbedürftige Gebäude wegen mangelnder Rentabilität verkaufen wollte, war man beim Hochbauamt hocherfreut, denn es bestanden bereits Pläne für eine Zusammenfassung der sprachwissenschaftlichen Institute der Universität am Nadelberg. 1984 stimmte der Regierungsrat dem Kauf zu, 1986 bewilligte der Grosse Rat

Bibliothek des Deutschen Seminars im Dachstock.
◁

den Umbau, mit dem die Architektengemeinschaft Silvia Gmür und Vischer Architekten beauftragt wurde.

Ihnen und allen Beteiligten lag daran, keinen Neubau hinter alten Fassaden zu schaffen, sondern nach Möglichkeit die alte Substanz zu erhalten und die vorhandene Raumeinteilung zu respektieren, sofern das mit den funktionellen, bautechnischen und gestalterischen Anforderungen zu vereinbaren war. Das war zeitaufwendig und teurer als vorgesehen (statt 7,6 kostete der Bau 11,8 Mio. Franken, wovon der Bund 35 Prozent bezahlt), aber das Resultat ist überzeugend und erfreulich, vom stillen Hof über den Eingang mit Cafeteria bis hinauf zu den Bibliotheken unterm Dach. Hier wurden Räume geschaffen, in denen Vergangenheit lebendig ist, aber auch die Gegenwart zu ihrem Recht kommt, Räume voll Licht und Luft, in denen man sich wohlfühlt und zweifellos gerne arbeitet.

Parabol-Antenne des Slavischen Seminars für den Empfang osteuropäischer Fernsehprogramme.
◁

Alfred Wyss

Denkmalpflege

Warum pflegen und erhalten wir Kulturgüter? So lautete das Thema, um das die gemeinsame Tagung der Vereinigungen der Kunsthistoriker und der Denkmalpfleger 1990 in Weinfelden kreiste. Keine Angst, es folgt keine Abhandlung über die Notwendigkeit der Erfahrung und des Gedächtnisses für unser Denken und Handeln auch im Zeitalter der Moderne und Postmoderne. Wir bleiben viel pragmatischer. Soweit uns Denkmäler als materielle Zeugen der Vergangenheit überhaupt interessieren, sind sie aus ihrem geschichtlichen Schicksal zu verstehen und zu bewerten. Sie sprechen zu uns selten in der Gestalt, in der sie geschaffen wurden, sondern als gebrauchte Güter, die wir weiter gebrauchen. Dies unterscheidet sie vom Museumsgut. Wie sie aber zu uns reden, dies gilt es herauszuhören. Sie tun es mit ihrem ganzen überlieferten materiellen Bestand, mit Struktur, Form und Farbe, die wir als Botschaft aus vergangener Zeit erkennen und verstehen. Und sie tun es auch dann noch, wenn wir diese Substanz beim Weiterbenutzen, bei der Restaurierung, bei der Erneuerung und beim Anpassen an unsere Zeit respektieren. Das beschränkt sich aber nicht nur auf den äussern Aspekt, auf Dekor, Bemalung und auf die Fassade, die im Ortsbild so viel Gewicht hat. Selbst das bescheidene Bauernhaus ist, wenn es als Denkmal erkannt wird, ein Ganzes, dessen innere Strukturen sich am Äussern abbilden. Davon müssen wir bei den Umnutzungen und Umbauten ausgehen. Leere Fassaden als historische Relikte sind taube Nüsse. Ihr Erinnerungswert ist gering, und ihre Existenz ist Schein. Wer das nicht begreift, hat nichts vom Sinn der Denkmalpflege, wie sie im öffentlichen Interesse arbeitet, verstanden. Verstanden haben es aber jene, welche die Denkmäler betreuen, über die wir hier kurz in chronologischer Reihenfolge berichten.

Zu beginnen ist mit zwei sakralen Denkmälern.

Peterskirche und Kleines Klingental

Seit 1529 ist die *Peterskirche* Zentrum einer der vier ehemaligen protestantischen Kirchgemeinden unserer Stadt. Im 9. Jahrhundert gegründet, war sie schon 1035 Pfarrkirche in jenem spätestens seit Bischof Burkhard ummauerten Stadtteil, in welchem reiche Bürger und Adlige siedelten. Diese haben nach Ausweis der Wappen an den Schiffspfeilern und der Urkunden grosszügige Vergabungen an das Chorherrenstift (seit 1233) gemacht, das mit der Universität verbunden war. Die Peterskirche ist vom Äussern her gesehen der eigenwilligste Bau unserer an mittelalterlichen Kirchen reichen Stadt: unter hohem Dach ein Quader, der an den Nadelberg anstösst – nichts von der Feingliedrigkeit der ehemaligen Klosterkirche der Barfüsser. Sie wurde in vielen Etappen bis ins 19. Jahrhundert zu einem Gefüge, dessen Qualität in der Summe historischer und künstlerischer Elemente liegt. Es ging jetzt nur um die Auffrischung des Vorhandenen. Die auffälligste Veränderung ist der neue hellgestrichene Verputz, welcher über die harte, aber gut erhaltene dunkle Mörtelhaut von 1930 gezogen wurde; und neu ist das herrliche, mit zartem Pinsel und erzählerischem Hang gemalte Wandbild der Verkündigung an Maria, das in einer Grabnische der Münch in der Keppenbachkapelle gefunden wurde (Abb. 1). Gestiftet ist es von der Familie des Achtburgers Burkart Sintz (1366–1425), der in zweiter Ehe mit Belina Münch von Münchenstein verheiratet war. Es wird um 1400 entstanden sein. Damit besitzt die Peterskirche jetzt gleich drei hervorragende Zeugen der Basler Malerei aus dieser Zeit: die Grablegung und Misshandlung Christi von etwa 1360/80 unter der Südempore des Schiffes und die Kreuzannagelung und den Ölberg von etwa 1400 in der Eberlerkapelle.

Für die an der Restaurierung Beteiligten gab es aber noch viele andere Themen zu behandeln: baugeschichtliche Fragen, die Sicherung des Quaderwerks am Turm mit ‹Vierungen› und kunstvoll appliziertem mineralischem Mörtel; die Inventarisierung und Plazierung der fein skulptierten Epitaphe, die von früheren Renovationen her in der Keppenbachkapelle gelagert waren und von denen der grössere Teil an der Obergadenmauer unter dem Seitenschiffsdach so untergebracht wurde, dass sie Interessierten zugänglich sind; die Konservierung des monumentalen Glasfensters mit der Kreuzigung von 1901 (A. Merzweiler und K. Jennes, Freiburg i. Br.) in der alten Verbleiung, das jetzt durch eine Schutzverglasung gegen die Unbilden der Westexposition gesichert ist, und vieles andere. Hier aber darf ich einflechten, dass in Basel ein reicher Schatz an Glasmalereien des 19. und des beginnenden 20. Jahrhunderts vorhanden ist. Durch Vergabungen der Freiwilligen Akademischen Gesellschaft und der Christoph Merian Stiftung konnte mit der wissenschaftlichen Inventarisation (durch Dr. Hortensia von Roda) begonnen werden.

Zu knapp ist der Raum, um bei der Peterskirche so zu verweilen, wie es ihr gebührt. Zum *Kleinen Klingental* berichte ich lediglich über einen Ausschnitt aus der baugeschichtlichen Untersuchung, welche die Aussenerneuerung dieses Gründungsbaues der ehemaligen Dominikanerinnen, in dem die Basler Denkmalpflege und das Stadt- und Münstermuseum ihren Sitz haben, Schritt für Schritt begleitete. 1274 lies-

1 Peterskirche, Keppenbachkapelle, Verkündigung an Maria, um 1400.

2 Kleines Klingental, Nordwand des ersten Klostergebäudes gegen die Kaserne gelegen. Im unteren Teil sieht man deutlich die Stadtmauer mit dem Zinnenkranz, auf die das Klostergebäude aufgesetzt wurde.
Zum Plan: dunkelgrau = Stadtmauer um 1200; hellgrau = Dormitorium von 1273/74 mit den schartenartigen Fenstern und der Dachtraufe; weiss = jüngere Bauetappen. (Baugeschichtliche Untersuchung der Basler Denkmalpflege, Zeichnung: Stefan Tramèr).

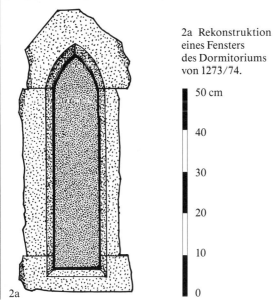

2a Rekonstruktion eines Fensters des Dormitoriums von 1273/74.

sen sich die Klingentalerinnen in Basel nieder und bauten bei der Kleinbasler Stadtmauer am Rheinbord ihr erstes Klostergebäude. Dessen Dachstuhl hat sich bis heute erhalten. An der Nordfassade konnten die ehemalige Stadtmauer, die Befensterung des einstigen Schlafsaals im ersten Geschoss und die steinernen Dachrinnen auf der Mauerkrone nachgewiesen werden (Abb. 2 und 2a). Diese Erkenntnis ist ein wichtiger Beitrag zur Geschichte der klösterlichen Architektur in Basel.

Spalenhof und Engelhof

Diese zwei mittelalterlichen Profanbauten sind beide nicht mehr in ihrer ursprünglichen Nutzung erhalten, aber in ihrer geschichtlichen Bedeutung unverkennbar. Sie sind bis heute im Äussern wie im Innern Denkmäler geblieben, deren Aussagewert durch das Restaurieren und Umbauen neu herausgearbeitet worden ist – auf zwei ganz verschiedene Weisen, die in den Unterschieden der Denkmäler selbst gründen.
Der *Spalenhof* ist aus einem mächtigen romanischen Bau des 13. Jahrhunderts entstanden, zu dem die kleinen Rundbogenfenster beim Abgang zum Theater Fauteuil und an der Bühnenwand des ‹Tabourettli› gehören. Um 1420

3 Spalenhof, grosser Saal von 1420 mit den Dekorationen von 1566.

erfolgte der Ausbau des heutigen steinernen Hinterhauses mit dem inneren Holzskelett, mit der grosszügigen, gerade angelegten Treppe, dem grossen Saal und den gotischen Stuben. Der Eisenhändler und Bürgermeister Caspar Krug liess 1565/66 das Innere mit völlig neuen Dekorationen ausstatten (Abb. 3). Später wurden die Räume unterteilt und Decken und Wände vergipst. Jetzt ist wieder das Ensemble aus der Zeit der Familie Krug mit dem barocken Vorderhaus von 1678, der dazugehörigen zweigeschossigen Laube im Hof und dem palazzoartigen Hinterhaus mit der Justitia – dem Fragment einer fassadenüberspannenden Malerei – der Öffentlichkeit zurückgegeben. Richtschnur der Restaurierung war die Herausarbeitung der ursprünglichen Hausanlage und der Räume mit ihrer Dekoration aus der Zeit Krugs, soweit sie noch erhalten war. Nur dort, wo frühere Eingriffe die alten Strukturen bereits zerstört hatten, wurde das von Santiago Calatrava gestaltete ‹Tabourettli›-Theater eingebaut, zusammen mit einer statischen Umlenkung der Kräfte, die über den die alten Holzstrukturen durchdringenden Treppenbock abgeleitet werden; sie erst ermöglichte zusammen mit der Theaternutzung das hier erreichte Mass an Substanzerhaltung. Die Wohnungen wurden in das oberste Geschoss verbannt und durch eine metallene Aussentreppe direkt zugänglich gemacht.

Anders ist der *Engelhof* behandelt, der nun dem Deutschen und dem Slavischen Seminar der Universität dient (Abb. 4). Die Renovation geschah mit derselben Sorgfalt im Umgang mit den alten Teilen und mit derselben Absicht des Herausarbeitens der historischen Erlebniswerte, wie sie im Spalenhof bestimmend waren. Beim Engelhof durchdringt aber die fein gestaltete Moderne das historische Gefüge an al-

4 Engelhof, Ansicht von der Petersgasse her.

len Orten. Auch er ist ein gewachsenes Ganzes mit einem Haupthaus und Nebenbauten aus verschiedenen Zeiten. Nach dem Erdbeben muss das grosse Haus an der Ecke vom Nadelberg zur Stiftsgasse entstanden sein, das etwa um 1480 von Ruman Faesch für den Junker Mathias Eberler – derselbe, der die nach ihm benannte Marienkapelle in der Peterskirche ausstatten liess – umgebaut wurde.

Wie beim Spalenhof bestand das Innere aus einem von Stützen getragenen Holzskelettbau, der 1577 durch Fachwerke ergänzt wurde – dann nämlich, als man den ganzen Bau mit einem zweigeschossigen Keller untergrub und den mächtigen Dachstuhl errichtete. In diesem Bau wurde 1875 eine Herberge für Handwerksburschen eingerichtet, welche mehr Veränderungen am Baubestand brachte als die Umbauten im Spalenhof. Die Anlage mit den Mittelgängen in den oberen Geschossen und mit der etwas spröden regelmässigen Fassade wurde beim jetzigen Umbau beibehalten. Wiederhergestellt wurde der Dachstuhl, der durch den Einbau eines Saales sehr gelitten hatte und in

5 Engelhof, Fragmente der Bemalung über dem Condé-Zimmer mit Masswerklanzetten, Ende 14. Jh.

welchem jetzt eine Bibliothek wie auf einem Tisch, statisch unabhängig, eingefügt ist. Unter dem Verputz ist manches verborgen geblieben: die alte, tragende Mittelachse, die im Erdgeschoss an einzelnen Stützen sichtbar ist; die Malereien des ausgehenden 14. Jahrhunderts über dem Condé-Zimmer (Abb. 5), die unter einer Bodenerhebung in der Bibliothek geschützt sind: Spitzbogenlanzetten mit einfachem Masswerk, bemalte Fragmente von Deckenbalken mit Blumenranken. Zwischen ihnen waren flache Mörtelfelder eingespannt, die einen Bollenfries trugen; sie waren auf die Decke des später eingebauten Condé-Zimmers abgestürzt. Überall erscheint die Handschrift der mit der Renovation beauftragten Architektin als harmonische Zwiesprache zwischen alt und neu: an der neuen Treppe, den Kastenfenstern, den Abteilungen mit Oberlicht im Erdgeschoss, in der gesamten Lichtführung, in der Bibliothekseinrichtung usf. Hier ist die Atmosphäre völlig anders als im Spalenhof – an beiden Orten aber sind Heute und Gestern in angemessener und angenehmer Weise vereinigt. Ist es die Art der Nutzung, die Qualität der beteiligten Architekten – und was noch –, was diese, wie ich meine, guten Lösungen ermöglichte?

Sevogelbrunnen

Sozusagen wie eine Angel in der zeitlichen Abfolge dieses Denkmalpflege-Berichts schiebe ich hier die Konservierung und Restaurierung des Sevogelbrunnens ein (Abb. 6). Er zeigt den letzten noch erhaltenen originalen Brunnenstock aus dem Übergang zur Neuzeit. Zermürbt und aufgespalten war der Stein des Standbildes, das einen Krieger darstellt. Es wurde 1546/47 von Hans Tobeller mitsamt dem Brunnenstock für den Kornmarktbrunnen (Marktplatz) geschaffen und 1899 beim Bau des Staatsarchivs bei der Martinskirche neu aufgestellt. 1968 laugte man mit viel Sorgfalt die Ölfarben ab, weil man damals ganz allgemein daran glaubte, dass die in Basel so verbreitete Ölmalerei den Sandstein ‹ersticken› lasse. Die Mineralfarben, die man für ein besonders geeignetes Ersatzmittel hielt, boten dem Bildwerk aber keinen Schutz. Dies mag die Hauptursache der starken Zerstörung gewesen sein. Erwogen wurde zunächst die Herstellung einer Kopie; das Original wäre in die Sammlung des

6 Sevogelbrunnen, Brunnenstock mit Krieger von Hans Tobeller, 1546/47.

Historischen Museums gewandert. Durch Verklebungen mit einem Acrylgiessharz, Verschliessen der Risse und Aufmodellierung mit Kalkmörtel wurde das Steinwerk gefestigt und dann der ganze Brunnenstock mit einer Ölfarbe über einer Bleiweissgrundierung neu bemalt. Spuren der alten Fassung und eine aquarellierte Farbaufnahme von 1968 dienten als Grundlage. Hans Behret, der im November 1989 gestorben ist, hätte das Werk, das er so sorgfältig vorbereitet hatte, ausführen sollen – Katrin Durheim und Andreas Walser, welche im Vorjahr die Galluspforte restaurierten, haben die Arbeit in Erinnerung an Hans Behret vollendet.

Stadthaus und Dannacherhaus

Jetzt wollen wir zwei Beispiele aus dem 18. Jahrhundert betrachten: das Stadthaus und das Dannacherhaus (die ‹Waage›) in Riehen. Die mit Pilastern gegliederte Sandsteinfassade des *Stadthauses,* 1771–75 von Samuel Werenfels als Directoriums- und Postgebäude der Basler Kaufmannschaft erbaut – heute Sitz der Verwaltung der Bürgergemeinde –, war bei der letzten Restaurierung von allen Farben befreit worden und zerfiel unter dem Einfluss der Witterung und unserer schlechten Luft. Sie wurde auf ähnliche Weise wie der Sevogelbrunnen gesichert. Auf eine Bemalung wurde verzichtet – es ist kein Irrtum! Auch das Stadthaus war einst völlig bemalt wie das Blaue Haus und andere Bürgerhäuser in Basel aus jener Zeit. Man sieht es an den Steinquadern, die nicht auf Sicht geschnitten sind, und an den nachgewiesenen roten Farbresten. Das Gewohnheitsbild, das sich seit 1968 eingestellt hat, wollte man bewahren, solange es zu verantworten ist; im übrigen haben sich aber in den letzten Jahren Salze im Stein abgelagert, welche das Ausführen eines Anstriches erschweren würden.

Von diesem Repräsentationsbau springe ich nun zum *Dannacherhaus,* dem Bauernhaus in Riehen (Baselstrasse 12), das seit dem 18. Jahrhundert in der heutigen Gestalt nachzuweisen ist. Dazu gehört auch ein dahinter liegendes Gebäude, eine ursprünglich im Erdgeschoss offene Halle mit Eichenstützen, die im Verlauf der Zeit durch Stalleinbauten und mit einer späten Bruchsteinmauer im Süden zum Schopf umgemodelt wurde. Zuerst Bauernhaus, später Wirtsstube mit öffentlicher Waage, dann Tankstelle und jetzt eine gemischte Nutzung mit Wohnung, Ludothek, Bibliothek und Pfadilokal im Schopf – wo bleibt das Bauernhaus? Lesbar und abschreitbar sind der alte Wohnteil, der Ökonomieteil mit der alten Fachwerk-Trennwand und der grossen Tenndurchfahrt und darüber der alte Dachstuhl, im Schopf die alte Konstruktion, die mit dendrochronologischer Methode auf 1765 datiert wurde. Es ist also mehr als nur Kulisse. Die noch bestehenden Strukturen und Bauteile sind sprechende Erinnerungen an ehemalige Funktionen, die heute überall noch im Dorf spürbar sind. Bauernhäuser gehören zu Riehen, und wenn heute wegen der städtischen Lebensweise die Bauern verdrängt sind, so ist eine Umnutzung so lange zu verantworten, als die Bauten nicht nur Fassaden sind, sondern auch im Innern als alte Strukturen erkannt werden können. Auch hier gilt wie beim Spalenhof und beim Engelhof: sorgfältiger Umgang mit den alten Teilen und Herausarbeitung der Erlebniswerte, soweit es die Nutzung zulässt – das heisst allerdings, dass die Nutzung nicht frei wählbar ist.

Lesegesellschaft, Domhof und Café Spitz

Für das 19. Jahrhundert stehen drei gewichtige Werke: die Lesegesellschaft, der Domhof und das Café Spitz.

Die 1787 gegründete *Allgemeine Lesegesellschaft* erwarb 1830 das als Fruchtschütte dienende Haus des ehemaligen Domstiftes am Münsterplatz 8. Deputat Johann Friedrich Huber zeichnete die Umbaupläne und leitete den Bau. Achilles Huber war der ausführende Unternehmer. Christoph Riggenbach, dem man die frühe, zurückhaltend neugotische Gestaltung zuschreiben wollte, war damals – allerdings ein am Bau und am Detailentwurf beteiligter – Lehrling bei Achilles Huber, wie die Kunsthistorikerin Doris Huggel herausgefunden hat. Der durch die Aufstockung überhohe Bau war an der dem Münster zugewendeten Fassade mit Terrakotten-Masswerk unter den Zinnen des Giebels, einem Baldachin mit Terrasse als Gegenstück zum Erker (der den alten Wendel zum ehemaligen Saal des Domkapitels enthält) und einer fialenbekrönten, stets leergebliebenen Figurennische an der dominierenden Hausecke verfeinert. Bei der jetzigen Aus-

7 Allgemeine Lesegesellschaft, Dekoration des Dachhimmels von 1832.

8 Domhof, Figurennische mit der Madonna von 1577 in der Architektur von Christoph Riggenbach, 1841.

senrenovierung hat man sich entschlossen, die quellenmässig und in Sondierschnitten genau zu belegende Sandsteinfarbe wieder zu streichen und den Blumenfries am Dachhimmel zu erneuern (Abb. 7). Es ist die Konkurrenz des hellen, mächtigen Baukörpers zum Münster damit auf angenehmste Weise gedämpft. Dem Bau, in dessen Innern sich wertvolle Ausstattungsstücke wie die feingliedrige Treppenanlage finden, ist die einstige Würde damit zurückgegeben worden.

Christoph Riggenbach war der Architekt des ‹Domhofs›, eines Privathauses, das seit 1841 aus dem Umbau des Schaffneihauses des Domstiftes (Münsterplatz 12) von 1577 entstanden ist. Es fehlt heute der 1907 abgebrochene Hofflügel mit den polygonalen zinnenbewehrten Türmen, welche einen laubenartigen Zwischentrakt mit an venezianische Paläste erinnernder aufgelöster Befensterung flankierten. Das hohe Gebäude mit den feinen Renaissanceornamenten, die der gelernte Steinbildhauer Christoph Riggenbach um die Figurennische mit der Muttergottes von 1577 (Abb. 8) anbringen liess, wurde auf Grund von Befunden elfenbeinfarben Ton in Ton gestrichen.

Das *Café Spitz* (Greifengasse 2), dessen Ungemach bis zu seiner Rettung wir hier nicht nachzeichnen müssen, hat mit der Schliessung der Arkade endlich wieder die Form gefunden, wie sie der dreissigjährige Amadeus Merian (damals Bauinspektor) 1841 konzipiert hatte: ein graziler Saalbau am Brückenkopf, Sitz der Drei Ehrengesellschaften (Abb. 9). Ein Neuanstrich war notwendig, weil die Farben von 1972 sich unter den Umwelteinflüssen verändert hatten und arg verschmutzt waren. Die heutige Farbigkeit ist nicht ganz die ursprüngliche: Allen Indizien nach zu schliessen war auch das Café Spitz dem Geschmack der Zeit entsprechend einfarbig wie der Domhof. Dem Haus fehlen die glasierten Dachziegel und die Reihe der palmettenbesetzten Stirnziegel (Reste davon sitzen über den Risaliten); die Fenster sind seit langem schon weiss gestrichen statt Eiche natur. Man wählte deshalb die zweite Bemalung, die dem jetzigen Zustand und der neuen Umgebung angemessen ist.

9 Café Spitz, von Amadeus Merian 1841, mit dem nun wieder geschlossenen Erdgeschoss.

CHRONIK 1990 zusammengestellt von Hans Peter Muster

Januar	1.	Neues Konsulat	Direktor *Peter Buchmüller* wird vom Bundesrat zum Honorarkonsul der Westafrikanischen Republik ernannt. Seine Amtsbefugnis erstreckt sich auf die deutschsprachigen Kantone und den Kanton Tessin, der Amtssitz befindet sich an der Leonhardstrasse 53.
	2.	Sondermüllofen	Obwohl Ciba-Geigy alle Auflagen für den erstinstanzlich bewilligten Bau ihres Sondermüllofens akzeptiert hat, werden erneut 57 Rekurse gegen das Bauvorhaben eingereicht.
		EuroAirport	Mit 407 000 beförderten Fluggästen auf der Strecke Basel–Paris verzeichnet die französische Fluggesellschaft Air Inter für das Jahr 1989 eine Zunahme von 21 % und einen neuen Inlandrekord.
	3.	Polizeiwesen	Als Folge des Berichtes der eidgenössischen Parlamentarischen Untersuchungskommission (PUK) i. S. Bundesanwaltschaft gibt *Polizeidirektor Karl Schnyder* das Bestehen einer im Auftrag von Bern geführten baselstädtischen Staatsschutzkartei mit rund 34 500 Karten bekannt, von denen ca. 70 % als veraltet oder belanglos bezeichnet werden können.
		Neues Wahlgesetz	Der Regierungsrat verabschiedet zu Handen des Grossen Rates ein neues Wahlgesetz mit einer 5 %-Sperrklausel für Kleinparteien und Splittergruppierungen, verschärften Bestimmungen zur Einreichung von Wahlvorschlägen, Erleichterungen zur brieflichen Stimmabgabe und einem Verbot von Unterverbindungen von Wahllisten.
		Wahlen	Der Regierungsrat wählt *Dr. iur. Markus Grolimund* zum Ressortleiter Universität beim Erziehungsdepartement und *lic. iur. Barbara Fischer* zur Adjunktin und Leiterin der Abteilung Personal und Recht der ÖKK beim Wirtschafts- und Sozialdepartement.
		100. Geburtstag	Im Felix Platter-Spital überbringen *Regierungspräsident Peter Facklam, Bürgerratspräsident Walter Zeugin* und *Bürgerratsschreiber Rudolf Grüninger* Frau *Anna Abel-Thommen* zu ihrem 100. Geburtstag die Glückwünsche der Regierung und der Bürgerschaft.
	6.	†	† *Prof. Dr. med. Hans Ulrich Zollinger* (78), emerit. Ordinarius für pathologische Anatomie an der Universität Basel, international angesehener, mehrfach ausgezeichneter Fachmann auf dem Gebiet der Nierenpathologie, Förderer der Basler Senioren-Universiät, mehrere Jahre Mitglied des Rektorates, 1974–1976 Rektor der Universität Basel.
	7.	Burgergmaind Zytig	Im 115. Jahr ihres Bestehens erhält die Bürgergemeinde mit der ‹Burgergmaind Zytig› ein eigenes Mitteilungs- und Orientierungsorgan.

Januar

8. 100. Geburtstag — *Regierungspräsident Peter Facklam* und *Bürgerratspräsident Walter Zeugin* gratulieren *Frau Clara Alder* im Altersheim Adullam im Namen von Regierung und Bürgerschaft zu ihrem 100. Geburtstag.

† — † *Jean-Paul Haas* (80), Jesuitenpater, während eines Vierteljahrhunderts Betreuer der Mission Catholique Française de Bâle, Pfarrverweser der Pfarrei Allerheiligen, früherer Delegierter der Caritas Internationalis bei der UNO und Berater der Menschenrechtskommission.

9. Regierungsrat — Einem Initiativbegehren vom 6. Dezember 1987 folgend, beantragt der Regierungsrat dem Grossen Rat, ein Gesetz gegen den Bau von weiteren Grossparkings in der Innerstadt zu erlassen.

Neujahrsempfang — Das gastgebende Historische Museum präsentiert dem Grossen Rat am traditionellen Neujahrsempfang im Kirschgarten seine Ankäufe, die Geschenke und Legate.

100. Geburtstag — Anlässlich ihres 100. Geburtstages freut sich *Frau Ida Graf-Suter* im Gustav Benz-Haus über die Glückwünsche von *Regierungspräsident Peter Facklam*.

10. Grosser Rat — Der Grosse Rat bewilligt einen Kredit von 1,08 Mio. Franken zur Ausarbeitung eines Gesamtverkehrsmodells für die Region und weitere 2,85 Mio. Franken zur Verschlüsselung des Polizeifunks. Die von rund 30 Grossräten verlangte Sondersitzung zu Fragen des Staatsschutzes wird auf Februar anberaumt.

11. Masterplan Bahnhof SBB — *Regierungsrat Eugen Keller* orientiert die Öffentlichkeit über den Projektierungsstand des rund 1,5 Mrd. Franken teuren ‹Masterplan Bahnhof Basel SBB› und das als Teilbereich zum Wettbewerb ausgeschriebene ‹Elsässertor› vis-à-vis der Markthalle.

Gentechnologie — Der Verein ‹Basler Appell gegen Gentechnologie› unternimmt juristische Schritte gegen das von der Ciba-Geigy im Klybeckquartier geplante 120-Millionen-Franken-Projekt eines Biotechnikums.

Kantonsspital — *Regierungsrat Remo Gysin* und leitende Funktionäre des Spitalwesens orientieren über die Anschaffung eines 8,6 Mio. Franken teuren, vernetzten EDV-Informationssystems für das Kantonsspital.

12. Chemie — Bei Umsatz-Zuwachsraten von 17 % bei Ciba-Geigy, 21 % bei Roche und 23 % bei Sandoz sowie einem weltweiten Gesamtumsatz von 41 Mrd. Franken verzeichnen die drei grossen Basler Chemiekonzerne neue Rekordgewinne.

Kommunikationsgemeinde Basel — Mit sieben rund 40 Mio. Franken teuren Einzelprojekten werden in Basel im Rahmen eines Grossversuches neuartige, für die ganze Schweiz modellhafte Einrichtungen im Bereich der Telekommunikation installiert.

Sondermüllofen — Die Städte Weil am Rhein, Grenzach-Wyhlen und die Gemeinden des vorderen Kandertals rekurrieren gemeinsam gegen den in Basel-Kleinhüningen geplanten Sondermüllofen der Firma Ciba-Geigy.

13. Vogel Gryff — Der heuer unter dem Vorsitz E. E. Gesellschaft zum Rebhaus abgehaltene Vogel Gryff profitiert von strahlendem Sonnenschein und erträglichen Temperaturen um den Gefrierpunkt.

† — † *Theodor Breitenstein-Hoffmann* (91), Lehrer an der Mädchen-Realschule.

Corps diplomatique — Das Ministerium für Auswärtige Beziehungen Brasiliens ernennt *Erich Wyss, Generaldirektor* der Bank CIAL, zum Honorarkonsul für die beiden Basel mit Amtssitz an der Freien Strasse 1.

Januar	**16.**	Regierungsrat	Der Regierungsrat wählt *Dipl. Ing. Gerd Tymm* zu einem akademischen Mitarbeiter beim Maschinen- und Heizungsamt des Baudepartementes.
		Submissionen	Der Regierungsrat des Kantons Basel-Landschaft fasst den an die Adresse des Stadtkantons gerichteten Beschluss, dass ausserkantonale Unternehmen bei der Vergabe von Staatsaufträgen nur noch dann berücksichtigt werden, wenn der Standortkanton Gegenrecht hält.
		Grippewelle	Eine derzeit in Basel grassierende Grippewelle der Influenza A, Stamm Shanghai, führt zu prekären Verhältnissen in der Notfallstation des Kantonsspitals und zur Einführung dringlicher Entlastungsmassnahmen. Ihr Ausmass zeigt sich darin, dass mit der Spitzenzahl von 365 Sterbefällen beinahe die Mortalität während der Epidemie von 1918 mit 398 Toten erreicht wird.
	17.	Grosser Rat	Der Grosse Rat überweist mit nur einer Gegenstimme den Entwurf für ein revidiertes Pensionskassengesetz des Staatspersonals an eine Kommission.
		EuroAirport	In einer zu Handen des eidgenössischen Parlaments verabschiedeten Botschaft ersucht der Bundesrat um die Bewilligung eines Darlehens in der Höhe von 78,78 Mio. Franken zur Deckung des Nachholbedarfes und zur Anpassung der Infrastruktur des Flughafens Basel-Mulhouse. Gleichentags wird auf dem Flughafen der neue, auf 4000 Mahlzeiten pro Tag ausgelegte Flugküchen-Betrieb der Swissair offiziell eingeweiht.
		Corps diplomatique	Anstelle des zurückgetretenen, mit dem Orden ‹Chevalier de l'Ordre de la Couronne› ausgezeichneten *Alexis von Goldschmidt-Rothschild* wird *Daniel S. Hemmeler* zum neuen belgischen Honorarkonsul gewählt. Seine Amtsbefugnis umfasst die beiden Basler Halbkantone und den Kanton Solothurn, der Amtssitz befindet sich an der Gerbergasse 1.
	18.	†	† *Ernst Schulthess-Waeffler* (91), 1927–1938 Pfarrer der Petersgemeinde, seit 1972 Initiator und Leiter des Künstlersekretariates ‹Pro Musicis›, Förderstätte einheimischer Musiker.
	19.	Regionale Regierungssitzung	Die Kantonsregierungen von Aargau, Bern, Solothurn und der beiden Basel befassen sich an ihrer ordentlichen Wintersitzung in Basel mit anstehenden gemeinsamen Problemen.
	20.	Platanenallee	Die vom Baudepartement vorgesehene Fällaktion der Platanenallee am Schützengraben wird durch rund 30 an die Bäume gekettete Aktivisten und Grossräte verhindert.
	22.	Neues Konsulat	Der Bundesrat erteilt *Dr. iur. Hans-Ulrich Stauffer* das Exequatur als Honorarkonsul der Republik Kap Verde mit Amtsbefugnis über die deutschsprachigen Kantone und Amtssitz am Rümelinsplatz 14.
	23.	Regierungsrat	Der Regierungsrat erachtet den Bau einer Gondelbahn als Alternative zur Kabinenbahn-Ringlinie nicht als sinnvoll, da sie den betrieblichen Anforderungen und den Ansprüchen der Passagiere nicht gerecht wird.
		Wahlen	Der Regierungsrat wählt *Prof. Dr. phil. Thomas A. Bickle* zu einem Ordinarius ad personam für Mikrobiologie und zum Forschungsgruppenleiter an der Abteilung Mikrobiologie des Biozentrums und *Dr. rer. nat. dipl. Biol. Claudia Maria Reinke* zur wissenschaftlichen Mitarbeiterin am Pharmazeutischen Institut, beide an der Philosophisch-Naturwissenschaftlichen Fakultät der Universität Basel.

Januar	24.	Grosser Rat		Der Grosse Rat überweist die ‹Initiative für den Abbau extremer Steuerunterschiede› an die Steuerkommission und widersetzt sich der Abschreibung eines Anzuges zur Wiederherstellung der Einwohnergemeinde Basel.
	25.	Basler Literaturpreis		In der Safranzunft überreicht *Regierungsrat Hans-Rudolf Striebel* den Literaturpreis 1989 der Stadt Basel an den Schriftsteller *Urs Widmer*.
	26.	Europa-Münzenmesse		130 Numismatikerfirmen aus 17 Ländern und 5 Kontinenten beschicken die diesjährige, in Europa führende 19. Münzenmesse (vormals Intern. Münzenbörse) in der Mustermesse.
	27.	Platanenallee		Mit einem ‹Bürgerzmorge› unter den Schützengrabenplatanen setzen sich rund 300 Sympathisanten gegen deren Fällung ein.
	29.	Bevölkerung		Ende 1989 zählte die Einwohnerschaft des Kantons Basel-Stadt noch 190320 Personen, d.h. 0,5% weniger als im Vorjahr. Auf das vergangene Jahrzehnt bezogen, hat die Einwohnerschaft um rund 12600 Personen oder 6,2% abgenommen.
	30.	Regierungsrat		Der Regierungsrat stellt dem Grossen Rat ein Kreditbegehren in der Höhe von 1,141 Mio. Franken für den ‹Poolbeitrag› des Kantons Basel-Stadt zur sogenannten Grundausrüstung für den ‹Weg der Schweiz› und die Gestaltung des stadtbaslerischen Teilstückes.
		Wahl		Der Regierungsrat wählt *Peter Pardey* zu einem Direktor der Allgemeinen Gewerbeschule/Gewerblich-Industriellen Berufsschule.
	31.	Platanenallee		Die kantonale Baumschutzkommission spricht sich für eine schrittweise Erneuerung der Platanenallee am Schützengraben aus.
		Zollfreistrasse		Mit 70% Ja-Stimmen beschliesst der Gemeinderat der Stadt Weil am Rhein, beim Regierungspräsidium Südbaden einen sofortigen Baustopp für die Zollfreistrasse zu verlangen.
Februar	1.	†		† *Dr. phil. Agnes Maria Müller* (85), während 33 Jahren, von 1937 bis zur Schliessung, Lehrerin an der Realschule der Theresienschule.
		†		† *Roman Brodmann* (70), Journalist und Fernsehschaffender, Buchautor und Produzent zahlreicher kritisch-provokanter Dokumentarfilme für das Schweizer Fernsehen und die deutschen Fernsehanstalten ARD und ZDF.
	2.	†		† *Gustav Leber-Riederer* (84), seit 1945 Basler Allmendverwalter, OK-Mitglied der Feldhandball-WM 1963, der Gymnaestrada 1969 und des Eidgenössischen Schwingerfestes 1977, Präsident und Ehrenmitglied der Familiengärtner-Vereinigung Dreispitz.
	6.	Regierungsrat		Der Regierungsrat genehmigt das neue Reglement für die Ausbildung von Primarlehrerinnen und -lehrern und gibt im Anschluss an seine Sitzung im Rathaus den traditionellen Empfang für die Heereseinheitskommandanten des Feld-Armeekorps 2.
		Wahlen		Der Regierungsrat wählt *Dr. Peter Jung* zum Direktor des Naturhistorischen Museums, *Dorothea Zeltner Kamber* zu einer akademischen Mitarbeiterin beim Sozialpädagogischen Dienst und *Arthur Eberhard* zu einem Sachbearbeiter Arbeitsplatzbewertung beim Personalamt.

Februar

	Gemeinschaftssitzung der Regierungen beider Basel	An einer Gemeinschaftssitzung bereinigen die Regierungen beider Basel den Luftreinhalteplan und erörtern die Marschrichtung zu einer gemeinsamen Trägerschaft für eine Universität beider Basel.
	Wasserversorgung	An einem Workshop der ‹International Water Supply Association› (IWSA) im Kongresszentrum der Mustermesse bemühen sich über 220 Fachleute aus 14 europäischen Ländern um eine Verbesserung der Trinkwasserbewirtschaftung.
	Biotechnikum	Gegen das von der Ciba-Geigy geplante Biotechnikum sind beim Baudepartement bisher 621 Einsprachen aus der ganzen Region eingegangen.
8.	Chemiestandort Basel	Die vom Basler Gewerbeverband in Auftrag gegebene Studie ‹Chemie und Gewerbe in der Nordwestschweiz› kommt zum Schluss, «dass rund 20 % des regionalen Volkseinkommens in der Chemiebranche erarbeitet wird und jeder zweite in der Region von der Chemie abhängig ist».
	†	† *Hans Gilomen-Gerber* (85), 1955–1970 Inspektor der Bahnhöfe Basel SBB, 1962–1966 freisinniger Basler Grossrat.
	†	† *Fritz Hunziker-Fasler* (65), Wirt der letzten traditionellen Kleinbasler Beiz ‹Schafeck›, Mitinitiator und Defizitgarant des Kleinbasler ‹Charivari›.
9.	1. Revolutions-Brysdrummle	Für alle ‹wilden›, d. h. keiner Comité-Clique zugehörigen Tambouren und Pfeifer wird im Hotel Hilton Basels erstes unreglementiertes ‹Revolutions-Brysdrummle› durchgeführt. Der erste Preis, ein veritabler Muni, geht an *Thomas Baranzelli*.
	Mondfinsternis	In der Beobachtungsstation des Astronomischen Vereins und der Sternwarte an der Venusstrasse verfolgen Hunderte von Besuchern das seltene Naturschauspiel einer totalen Mondfinsternis.
10.	Brysdrummlen und -pfyffe	Am offiziellen Brysdrummlen und -pfyffe gehen die Titel an *Dänny Laufer* bei den alten und an *Andy Hofstetter* bei den jungen Tambouren. Pfeiferkönig bei den alten Pfeifern wird *Stephan T. Münch,* Pfeiferkönigin bei den jungen wird *Melanie Burkiewitz*.
13.	Bürgergemeinderat	Der Bürgergemeinderat bewilligt einen Kredit von 396 000 Franken für Renovationsarbeiten am Stadthaus und einen Projektierungskredit von 36 500 Franken für eine Grünschnitzelfeuerungsanlage im Restaurant Waldhaus. Er bewilligt ein Darlehen von 70 000 Franken aus dem Anteil der Bürgergemeinde am Ertrag der Christoph Merian Stiftung als Betriebskostenbeitrag an die Holzwerkstatt des Vereins ‹Steppenblüte› und überweist die vorgesehene Änderung der Geschäftsordnung an eine beratende Kommission.
	Regierungsrat	Der Regierungsrat bewilligt einen Nachtragskredit von 800 000 Franken für die geothermischen Probebohrungen in der Gemeinde Riehen, erhöht den Gutschriftenzinssatz für Steuervorauszahlungen auf 6 % und ermächtigt den Rektor der Universität und den Vorsteher des Departementes Forschung am Kantonsspital zur Unterzeichnung eines Sponsorenvertrages mit den drei grossen Basler Chemiekonzernen.
	Wahlen	Der Regierungsrat wählt *Dr. Ireneusz Piotr Maly* zu einem wissenschaftlichen Adjunkten am Anatomischen Institut, *lic. iur. Peter Moser* zu einem stellvertretenden Abteilungsleiter bei der Vormundschaftsbehörde und *Barbara Rehm* zur stellvertretenden Leiterin des Logopädischen Dienstes beim Erziehungsdepartement.

Februar

	Maintenance '90	Als jüngste Basler Messeveranstaltung erwartet in der Mustermesse ab heute die ‹Maintenance '90›, Internationale Fachmesse und Kongress für Unterhalt und Instandhaltung, ein interessiertes Fachpublikum.
14.	Grosser Rat	An einer Sondersitzung spricht sich der Grosse Rat in namentlicher Abstimmung für die Untersuchung der baselstädtischen Staatsschutzaktivitäten durch eine Prüfungskommission aus.
	†	† *Otto Vogt-Maier* (75), Beamter, schweizerischer Radsportförderer, Organisator grosser Radsportveranstaltungen, Mitgründer der zweiten Basler Winterbahn, Ehrenmitglied des SRB, Präsident des Radsportverbandes beider Basel.
15.	Basler Solarmobil-Salon	Im Mustermesse-Kongresszentrum wird die weltweit umfassendste modernster Verkehrstechnologie gewidmete Schau von Solar- und Elektromobilen eröffnet.
	Wahl	Der Regierungsrat wählt *Dr. med. Christian Herzog* zum neuen Kantonsarzt und zum Leiter des Gesundheitsamtes.
	†	† *Prof. Dr. rer. pol. Dr. rer. pol. h. c. Max Gürtler-Schindler* (91), Direktionspräsident und Verwaltungsrat der Schweizerischen National-Versicherungsgesellschaft, als Versicherungsmathematiker seit 1951 a. o. Professor für die Betriebslehre der Versicherung an der Unversität Basel, Ehrendoktor der Universität Köln.
	†	† *Dr. iur. Paul Scherrer-Walt* (91), Advokat und Notar, Verwaltungsratspräsident der Emil Haefely & Cie. AG, Präsident der Aufsichtskommission der Friedmatt (PUK), Präsident der Max Geldner-Stiftung, Mitglied der Stiftungskommission der Christoph Merian Stiftung.
20.	Regierungsrat	Der Regierungsrat beschliesst, der regierungsrätlichen Delegation für Umweltschutz eine elfköpfige, verwaltungsexterne Kommission für Risikobeurteilung beizuordnen.
	Wahlen	Der Regierungsrat wählt *lic. iur. Verena Schmid* zu einer akademischen Mitarbeiterin bei der Staatsanwaltschaft und *Reinhard P. Möcklin* zu einem Steuerkontrolleur beim Finanzdepartement.
21.	Grosser Rat	Nach fünfstündiger Debatte spricht sich der Grosse Rat mit 63 zu 54 Stimmen für das Wettsteinbrückeprojekt von Bischoff + Rüegg und den erforderlichen Kredit von 44,4 Mio. Franken aus. Dieser Beschluss wird dem obligatorischen Referendum unterstellt.
22.	Grosser Rat	Der Grosse Rat weist die beiden Vorlagen für ein zeitgemässes Filmförderungsgesetz und für eine Revision des Ruhetagsgesetzes an die Regierung zurück und beginnt mit einer Debatte über die Nützlichkeit eines neuen Drogengesetzes.
	Luftreinhalteplan	Die beiden Baudirektoren *Eduard Belser,* BL, und *Eugen Keller,* BS, stellen der Öffentlichkeit den 73 Massnahmen umfassenden Luftreinhalteplan beider Kantone vor.
	EuroAirport	Die Direktion des Flughafens Basel-Mulhouse präsentiert der Öffentlichkeit ihren bis zum Jahre 2010 vorausschauenden ‹Entwicklungs-Leitplan›. Dieser sieht u. a. eine neue Parallelpiste vor.
23.	†	† *Rösli Schneider-Haldemann* (80), Hôtelière. Als stadtbekannte Wirtin des Hotels ‹Merkur› während über 50 Jahren geschätzte Gastgeberin der Basler Theaterwelt, der Stammclique und der Alten Garde der Alten Steinlemer.

Februar	**24.**	Kubismus-Ausstellung	Im Kunstmuseum wird die aus dem New Yorker ‹Museum of Modern Art› kommende, in Amerika als ‹Ausstellung des Jahrzehnts› bewertete und in Basel um zusätzliche Werke bereicherte Ausstellung ‹Picasso und Braque: Die Geburt des Kubismus› mit einer Vernissage eröffnet.
		Wahlen in Riehen	Bei deutlich erhöhter Stimmbeteiligung gewinnt *Gerhard Kaufmann, bisheriger Gemeindepräsident,* gegen einen seit 20 Jahren erstmals wieder aufgestellten Gegenkandidaten. Die Wahlen in den 40köpfigen Einwohnerrat ergeben folgende Sitzverteilung: FDP 7 (wie bisher), LDP 7 (wie bisher), VEW 8 (−1), SP 7 (+2), CVP 3 (−2), POB/Grüne 3 (wie bisher), DSP 3 (wie bisher), Grüne Mitte/Grüne Partei 2 (+2). Der LdU-Kandidat wird auf der VEW-Liste wiedergewählt.
	25.	Wetter	Mit 22,4 °C registrieren Basels Meteorologen die bisher höchste Februartemperatur.
	27.	Regierungsrat	Damit die seit dem Heimfall des Rheinkraftwerkes Augst im Jahre 1988 eingetretenen Lieferverluste an elektrischer Energie ausgeglichen werden können, setzt sich der Regierungsrat für den Bau einer grösseren Wärme-Kraft-Koppelungsanlage an der Voltastrasse ein.
		Neue Dozenten	Der Regierungsrat wählt die neuen Extraordinarien *Prof. Dr. med. Peter van Brummelen, PD Dr. med. Werner Müller, PD Dr. med. Catherine Nissen-Druey* und *PD Dr. med. André Perruchoud* an der Medizinischen, *PD Dr. rer. pol. Klaus M. Leisinger* an der Philosophisch-Historischen und *PD Dr. phil. Urs Séquin* an der Philosophisch-Naturwissenschaftlichen Fakultät der Universität Basel.
		Wahlen	Der Regierungsrat wählt *Susanne Altermatt* zu einer akademischen Mitarbeiterin beim Sozialpädagogischen Dienst, *Federico Emilio Pellicioli* zum Finanzchef beim Erziehungsdepartement und *lic. iur. Martha Poldes* zu einer Staatsanwältin.
		Sturmschäden	Orkanartige Winde richten in der Region Millionenschäden an, entwurzeln allein in den Langen Erlen mehr als 300 Bäume und erfordern mit 1525 Notrufen den pausenlosen Einsatz der Polizei und der Berufs-, Bezirks- und Werkfeuerwehren.
	28.	Arbeitszeiten der Spitalärzte	Eine im Auftrag der Spitaldirektion erarbeitete, fundierte Studie weist für Basler Oberärzte eine durchschnittliche Arbeitszeit von 60, für Assistenzärzte eine solche von 57 Wochenstunden aus, die *Sanitätsdirektor Remo Gysin* durch organisatorische Massnahmen und die Schaffung neuer Stellen auf 50 Wochenstunden zu senken beabsichtigt.
		108. Geburtstag	Basels älteste Einwohnerin, *Frau Rosa Rosenberg-Ginsberg,* wird im Riehener Altersheim ‹La Charmille› von *Regierungsrat Karl Schnyder* besucht und zu ihrem 108. Geburtstag beglückwünscht.
März	**1.**	Witterung	Bei völliger Schneefreiheit und hoher Sonnenscheindauer ist der vergangene Februar der wärmste in der seit 1755 urkundlich belegten Basler Wettergeschichte.
	2.	Rheuma-Kongress	Zwei Tage lang orientieren sich im Kongresszentrum der Muba über 600 Forscher und Ärzte aus 26 Ländern über den letzten Wissensstand auf dem Gebiet der Rheumaforschung.
	5.	Morgestraich	Mit einem von rund 100 000 Besuchern gesäumten Morgestraich unter Sternenhimmel und bei Frühlingstemperatur beginnt die Fasnacht 1990.

März

6. Hotel Le Plaza — Die von Nestlé/Swissair geführte Hotelgruppe Swissôtel will ihren 55%-Anteil am Basler Kongresshotel ‹Le Plaza› an ein japanisches Unternehmen verkaufen.

† *† Dr. med. Maximilian Zaslawski-Villa* (72), Arzt, seit 1951 ärztlicher Leiter des Basler Kurheimes Grimmialp, erster Schweizer Streptomycin-Therapeut, ab 1956 Amtsarzt, seit 1968 stellvertretender Direktor des Gesundheitsamtes, 1989/90 interimistischer Kantonsarzt.

7. † *† Friedrich (Friedel) von Bidder-Witschi* (72), Lehrer an der DMS, 1976–1983 Präsident des Schweizerischen Lehrervereins, Präsident der Schulsynode und der Pestalozzi-Weltstiftung.

8. 150 Jahre Pilgermission St. Chrischona — Die vor 150 Jahren von Christian Friedrich Spittler gegründete Pilgermission St. Chrischona eröffnet mit einem Festakt in ihrer Eben-Ezer-Halle das Jubiläumsjahr.

10. 74. Schweizer Mustermesse — Auf einer Ausstellfläche von 63 800 m² präsentieren 1849 Aussteller und 13 Handelspartnerländer an der von 5 Sonderschauen und der ‹Natura› flankierten 74. Schweizer Mustermesse ihre Produkte und Dienstleistungen.

12. Schalmei-Musikverein Baselstadt — Aus Mangel an Nachwuchs beschliesst der 1926 als ‹A.R.B. Schallmeikapelle Horburg-Kleinhüningen› gegründete, aus der Arbeiterbewegung hervorgegangene Schalmei-Musikverein Baselstadt seine Auflösung und die Übergabe seines skurrilen Instrumentariums an das Historische Museum.

100. Geburtstag — *Regierungspräsident Peter Facklam* und *Bürgerratspräsident Walter Zeugin* überbringen *Frau Luise Keller* im Kantonsspital zu ihrem 100. Geburtstag die Glückwünsche der Regierung und der Bürgerschaft.

13. Offizieller Tag — Nach dem obligaten Messerundgang mit kurzen Besuchen bei allen Ostblockständen bietet Ehrengast *Bundesrat Kaspar Villiger* im Kongresszentrum eine mit Beifall aufgenommene innen- und aussenpolitische Tour d'horizon von den schweizerischen ‹Staatsschützern› bis zur Bildung des Europäischen Wirtschaftsraumes.

† *† Prof. Dr. iur. et Dr. theol. h. c. Johannes Georg Heinrich Fuchs* (65), seit 1956 Ordinarius für Römisches Recht, Privatrecht und Kirchenrecht an der Universität Basel, mehrmaliger Dekan der Juristischen Fakultät, Verfassungsrat, 1966–1969 Präsident der Evangelisch-reformierten Kirchensynode, 1972–1984 LDP-Grossrat, 1983 grossherziger Donator des Schlossgutes Wartenfels an den Kanton Solothurn, engagierter Förderer des interkonfessionellen Dialoges und der Ökumene.

14. Grosser Rat — Der Grosse Rat beschliesst mit 50 gegen 45 Stimmen die Überweisung des neuen Wahlgesetzes mit seiner umstrittenen 5%-Sperrklausel an eine 15köpfige Spezialkommission.

Tag der Frau — Am heuer unter das Thema ‹Die Frau als Kulturschaffende› gestellten 16. Muba-Tag der Frau äussern sich im Kongresszentrum vier Künstlerinnen vor mehreren hundert Zuhörerinnen über ihre Zielsetzungen und Tätigkeiten.

16. Railtech-Symposium — Im Rahmen des Muba-Railtech-Symposiums nimmt *Bundesrat Adolf Ogi* Stellung zu den Zukunftsperspektiven des schweizerischen Schienen- und Strassennetzes in einem Europa der Zukunft.

März

	Basler Kinderwald	Aus Anlass ihres 75-Jahr-Jubiläums spendet die ÖKK für die rund 1800 alljährlich zur Welt kommenden Basler Buschi im Hardwald einen ebensoviele Eichenbäumchen umfassenden ‹Basler Kinderwald – Jahrgang 1990›.
19.	Zollfreistrasse	Eine baselstädtische Standesinitiative mit der Forderung nach Verhandlungen mit der BRD für einen Verzicht auf die Zollfreistrasse Lörrach–Weil am Rhein wird vom Nationalrat mit 92 gegen 59 Stimmen abgelehnt. Zwei Postulate, in denen die Basler Regierung zu direkten Verhandlungen mit der BRD über eine umweltgerechtere Trasseeführung aufgefordert wird, finden dagegen hohe Zustimmung.
	Masterplan Bahnhof SBB	Mit der Ausstellung eines Modells in der Hauptpost-Schalterhalle, einem Videofilm und einer Broschüre orientiert die Projektleitung über die anstehende Einzonung und die Überbauung des Areals Bahnhof-Ost entlang der Nauenstrasse.
	Internationale Konferenz	Anlässlich einer vom Europäischen Unternehmerzentrum organisierten Konferenz äussern sich im Kongresszentrum die *DDR-Wirtschaftsministerin Christa Luft*, der frühere US-Sicherheitsberater *Prof. Zbigniew Brzezinski* und weitere internationale Prominenz zu den wirtschaftlichen Problemen in einem sich rasch wandelnden Osteuropa.
20.	Finanzrechnung	Bei Ausgaben von 2,668 Mrd. Franken und Einnahmen von 2,621 Mrd. Franken weist die baselstädtische Staatsrechnung ein vor allem auf die aufgelaufenen ÖKK-Fehlbeträge zurückzuführendes Defizit von 47,25 Mio. Franken auf. Die Gesamtrechnung des Kantons verzeichnet dagegen einen von 29,3 auf 60,9 Mio. Franken angestiegenen Überschuss.
	Wahlen	Der Regierungsrat wählt *lic. oec. HSG Alexander Bruhin* zum Chef der Finanzverwaltung, *lic. iur. Mario Da Rugna* zum Personalchef des Kantonsspitals, *Dr. Eva Krebs-Roubicek* zur Leiterin der Gerontopsychiatrie an der Psychiatrischen Universitätsklinik und *Dr. iur. Hans-Jörg Kundert* zu einem akademischen Mitarbeiter bei der Staatsanwaltschaft.
21.	Grosser Rat	Der Grosse Rat verweigert dem regierungsrätlichen Bericht zur Sportförderung die Annahme und verlangt die Erstellung eines eigentlichen Sportkonzeptes. Er bewilligt einen Pool-Beitrag von 1,141 Mio. Franken als baselstädtischen Anteil an die Grundausstattung des ‹Weg der Schweiz› im Rahmen des 700-Jahr-Jubiläums der Schweizerischen Eidgenossenschaft im kommenden Jahr.
	Betagtenzentrum	*Regierungsrat Remo Gysin* eröffnet offiziell das unlängst fertiggestellte Betagtenzentrum und Pflegeheim ‹Zum Wasserturm› auf dem Bruderholz.
22.	100 Jahre Karger-Verlag	Im Beisein prominenter Vertreter der Wissenschaft, Wirtschaft und Politik begeht der jubilierende Karger-Verlag seine Zentenarfeier im Wildtschen Haus. Gleichzeitig kann *Prof. Dr. Carl Rudolf Pfaltz*, derzeitiger *Rektor der Universität* Basel, aus den Händen von *Dr. h. c. Thomas Karger* eine Karger-Stiftung zur Nachwuchsförderung forschender Ärzte entgegennehmen.
	Wetter	Mit 25,7 °C registrieren Basels Meteorologen den absolut frühesten Sommertag, den unsere Stadt je erlebte.
23.	Neues Denkmal	Zum 400-Jahr-Jubiläum erhält der Pausenhof des Humanistischen Gymnasiums eine Thomas Platter, seinerzeitiger Leiter der Lateinschule, gewidmete Wandnischenskulptur des Bildhauers *Manfred Cuny*.

März	25.	150 Jahre Pilgermission St. Chrischona		Mit einer von Volkstänzen begleiteten Jugendparty auf dem Marktplatz und einem sonntäglichen Festgottesdienst im Münster finden die Feiern zum Chrischona-Jubiläum ihren Abschluss.
	27.	Wahlen		Der Regierungsrat wählt *Dr. med. Paul Jacob Vogt* zu einem Mitglied der Kommission für Alkohol- und Drogenfragen, *lic. rer. pol. Stephan Fricker* zu einem Mitglied im Vorstand der Diabetes-Gesellschaft Basel und *lic. oec. publ. Hugo Jäggi* zum Mitglied in der Kommission des Fürsorgeamtes der Stadt Basel.
		Höflichkeitsbesuch		*S. E. Claude Heller Rouassant, Botschafter* von Mexico in der Schweiz, und *Botschaftsrätin Luz Estela Santos de Bruck* werden vom Regierungsrat im Rathaus zu einem Höflichkeitsbesuch empfangen.
	28.	Freundschaftsbesuch		Angeführt von *Regierungsrat Marius Cottier* stattet der Regierungsrat des Standes Fribourg der Basler Regierung seit 40 Jahren zum ersten Mal wieder einen freundeidgenössischen Besuch ab.
	29.	Wahl		Der Regierungsrat wählt *Prof. Dr. phil. Willi Elmer* zu einem Ordinarius für ältere englische Philologie und zum Vorsteher des Englischen Seminars der Philosophisch-Historischen Fakultät der Universität Basel.
	31.	KAM '90		Im Kongresszentrum der Mustermesse präsentieren 55 einheimische Kunsthändler im Rahmen der 31. Schweizerischen Kunst- und Antiquitätenmesse, ‹KAM '90›, ihre Objekte. Diese letzte nationale Kunst- und Antiquitätenmesse wird im kommenden Jahr als ‹KAM-International› weitergeführt.
		Länderspiel		Das Fussball-Länderspiel Schweiz – Italien endet im Stadion St. Jakob mit einem 0:1-Sieg des WM-Favoriten.
April	1.	Abstimmungen		Der Basler Souverän lehnt die eidgenössischen Vorlagen ‹Rebbaubeschluss› mit 66,3 %, die Initiative ‹Stop dem Beton – für eine Begrenzung des Strassenbaus› mit 54,6 %, die drei ‹Kleeblatt›-Initiativen mit 51,5 %, 52,5 % und 50,9 % und die Änderung des Organisationsgesetzes über die Bundesstrafrechtspflege mit 57,4 % Nein-Stimmen ab. Das pionierhafte kantonale Krankenversicherungsgesetz wird mit einer Ja-Mehrheit von 56,5 % angenommen und gibt nun der ÖKK die Chance zu einer kontinuierlichen Gesundung. Neue Richterin am Zivilgericht wird die FDP-Kandidatin *Annetta Grisard*.
		1. Basler Froschmuseum		Am Claramattweg sind im ‹1. Basler Froschmuseum› ab heute rund 4000 ‹Frosch-Objekte› ausgestellt.
	2.	†		† *Dr. med. E. Andreas Vischer-Schiess* (84), seit 1945 Chefarzt für Innere Medizin am Diakonissenspital/Gemeindespital Riehen, mehrmals IKRK-Delegierter für humanitäre Missionen in Ungarn 1956 und in Afrika 1960–1978.
	5.	Vollkanton Basel		Eine Gruppierung von 45 Persönlichkeiten aus Kultur, Politik, Wirtschaft und Wissenschaft stellt in einem ‹Manifest für einen Kanton Basel› den Anschluss des Stadtkantons an Basel-Landschaft zur Diskussion.
		Platanenallee		Einem Gutachten der ETH zufolge ist eine Gesamterneuerung der Platanenallee am Schützengraben unumgänglich.
		Schulreform		Die Querelen um die Basler Schulreform veranlassen den bisherigen *Projektleiter Frank Deppeler* zur Aufkündigung seines Dienstverhältnisses.

April	6.	Frauen und Zünfte	Als Resultat einer Totalrevision der mehrheitlich aus dem letzten Jahrhundert stammenden Organisationsvorschriften für die Basler Zünfte, Gesellschaften und Korporationen durch den Bürgerrat erhalten die Zünfte (und nur diese) das Recht, auch Frauen aufzunehmen. Weitere Modernisierungen sind die Herabsetzung des Aufnahmealters auf 18 Jahre, eine Neuregelung der Wohnsitzvorschriften und das Recht der Zünfte, die Zahl ihrer Zunftbrüder zu begrenzen.
	7.	75 Jahre Stadtjodler	Mit einem Festakt in der Mustermesse feiern die Basler Stadtjodler das 75jährige Bestehen ihres Vereins.
	9.	Wahl	Der Regierungsrat wählt *PD Dr. sc. nat. Andreas Pfaltz* zu einem vollamtlichen Dozenten für organische Chemie, unter gleichzeitiger Ernennung zum Extraordinarius.
	10.	Regierungsrat	Der Regierungsrat verlängert die Planungszeit für die Schulreform bis zum vorgesehenen Inkrafttreten im Jahre 1994. Er beantragt dem Grossen Rat, auf die Lancierung einer Standesinitiative gegen den Sommersmog zu verzichten und erklärt sich gegen die Einführung der Fünftagewoche an den Basler Schulen.
	16.	Ostermarsch	Am neunten, unter das Motto ‹Für einen radikalen Abbau aller Rüstungen› gestellten Ostermarsch durchs Dreyeckland wandern über 2000 Regiobewohner von Lörrach zur Schlusskundgebung mit Volksfest nach Basel. Im Kasernenareal hören sie Vorträge des *Friedensforschers Robert Jungk*, des *BRD-Bundestagsabgeordneten Alfred Mechtersheimer*, des *DDR-Politologen Wolfgang Schwarz* und von *Michail Oserow, Redaktor* der Moskauer Zeitschrift ‹International Life›.
	17.	Regierungsbesuch	Unter der Führung von *Regierungspräsident Peter Facklam* begibt sich die fast vollzählige Basler Regierung zum ersten offiziellen Besuch in die Nachbarstadt Mulhouse, 1515–1798 Zugewandter Ort der Eidgenossenschaft.
		Wahl	Der Regierungsrat wählt *Prof. Dr. med. Erich Grädel* zu einem Ordinarius ad personam an der Medizinischen Fakultät der Universität Basel.
	18.	Grosser Rat	Für das Amtsjahr 1990/91 wählt der Grosse Rat *Monika Schib Stirnimann* (SP) zu seiner Präsidentin, *Hugo Wick* (SVP) zu seinem Statthalter, *Finanzdirektor Kurt Jenny* (FDP) zum Präsidenten, *Polizeidirektor Karl Schnyder* (DSP) zum Vizepräsidenten des Regierungsrates. Der Rat bewilligt ausserdem mehrere Kredite in der Höhe von fast 7 Mio. Franken an das Alterszentrum St. Alban-Breite und beschliesst für den 5. Mai eine Sondersitzung über den Zustand der Basler Bäume.
		Neue Dozenten	Der Regierungsrat wählt *PD Dr. med. Wolfgang Steinbrich* zu einem Ordinarius für Medizinische Radiologie, die Herren *PD Dr. phil. Hans Rudolf Brenner, PD Dr. med. Alois Gratwohl, Prof. Dr. med. Karl G. Hofbauer, PD Dr. med. Matthias Pfisterer* und *PD Dr. phil. nat. Jakob Roth* zu Extraordinarien, alle an der Medizinischen Fakultät der Universität Basel.
	19.	‹Tod zu Basel›	Im Rahmen einer Ausstellung im Historischen Museum kann das Publikum Fragmente des mittelalterlichen Totentanzes des Predigerklosters mit einer modernen, aus 40 Teilen bestehenden Fassung des Wiener Malers *Herwig Zens* vergleichen.
		‹Basel 90›	In der Mustermesse wird auf über 50 000 m² Ausstellfläche die von fast 2000 Ausstellern aus 17 Ländern mit Schmuck und Uhren im Wert von mehr als 4 Mrd.

April			Franken beschickte, zum weltweit bedeutendsten Anlass gewordene 18. Europäische Uhren- und Schmuckmesse eröffnet.
		Grosser Rat	Der Grosse Rat bewilligt dem Basler Frauenverein für 1990 bis 1994 einstimmig jährliche Subventionen von 18,05 Mio. Franken.
	20.	EuroAirport	In einem Leitbild stellen sich die Basler Umweltschutzorganisationen gegen einen weiteren Ausbau des Flughafens und fordern von der Regierung ein diesbezügliches Umdenken.
		Platanenallee	In einer ersten Etappe werden am Schützengraben die drei am stärksten umweltgeschädigten und deshalb ein Sicherheitsrisiko bildenden Platanen gefällt.
	21.	100 Jahre Frauen an der Uni	Aus Anlass der ersten Immatrikulation einer Frau an der Universität Basel vor genau 100 Jahren verkaufen Frauenorganisationen ab heute eine Postkartenserie.
		9. ‹Quer durch Basel›	Von sonnigem Wetter begünstigt, begeben sich auch heuer wieder 120 Teams auf die 9. Austragung des Staffellaufs ‹Quer durch Basel›.
	24.	Regierungsrat	Zur Ausrichtung von Beiträgen an Private für Energiesparinvestitionen beantragt der Regierungsrat für die Jahre 1990–1994 einen Rahmenkredit von 21 Mio. Franken.
	25.	Besuchsprofessur	Im Rahmen einer von der Freiwilligen Akademischen Gesellschaft gestifteten Besuchsprofessur hält der Tübinger Volkskundler *Prof. Dr. Hermann Bausinger* im kommenden Semester Vorlesungen zum Thema ‹Kommunikation im Alltag – Formen, Rituale, Strategien›.
	27.	Spalenhof	Der Spalenhof mit seinem aus dem 16. Jahrhundert stammenden sogenannten ‹Kaisersaal› präsentiert sich nach jahrelanger, aufwendiger Renovation in neuem Glanz.
		Experta-Neubau	Am Steinengraben wird der neue Basler Sitz der Experta-Treuhand AG offiziell eingeweiht. In seiner Tiefgarage wurde ein beachtliches Stück der äusseren, nach dem Erdbeben von 1356 erstellten Stadtmauer sichtbar und zugänglich gemacht.
	29.	11. Basler Geländelauf	Bei besten äusseren Bedingungen absolvieren rund 860 Läuferinnen und Läufer den 11. Basler Geländelauf.
Mai	1.	Maifeier	Anlässlich des 100-Jahr-Jubiläums der 1. Mai-Feiern fordert Hauptredner *Hans Schäppi, Zentralpräsident* der Gewerkschaft Textil Chemie Papier, in seiner Ansprache vor mehreren tausend Baslern auf dem Marktplatz eine verstärkte internationale Solidarität ohne Grenzen und eine Öffnung aller Fichen-Dossiers beim Bund und den Kantonen.
	2.	Regierungsrat	Die Basler Regierung stellt an *Bundesrat Adolf Ogi* das Begehren, sich bei seinem französischen Amtskollegen für einen bilateralen Schienenanschluss des Basler Flughafens einzusetzen. Gleichzeitig bewilligt er für eine Anzahl Entwicklungshilfeprojekte im In- und Ausland eine Gesamtsumme von 694 500 Franken und beantragt dem Grossen Rat, die Löhne des Staatspersonals im Sinne einer Sofortmassnahme per 1. Juli um 0,5 bis 3,3 % anzuheben.
		Wahlen	Der Regierungsrat wählt *Prof. Dr. rer. pol. Henner Schierenbeck* an das neugeschaffene Ordinariat für Betriebswirtschaftslehre und *Prof. Dr. rer. pol. Werner R. Müller* zum Ordinarius ad personam am Institut für Betriebswirtschaft der Universität (IBW).

Mai

	Renovations-Beratungsstelle	Ab heute bietet die zur Förderung der Renovationstätigkeit in Basel-Stadt neugeschaffene Beratungsstelle allen interessierten Bauherren ihre Dienste an.
4.	Kubisten-Ausstellung	*Premierminister Michel Rocard* und der französische *Kulturminister Jack Lang* werden nach einem Empfang durch *Regierungspräsident Peter Facklam* von Kunstmuseumsdirektor *Christian Geelhaar* durch die derzeit laufende Kubisten-Ausstellung geführt.
	†	† *Ernst Schmidt, Dipl. Ing. ETH* (77), als Bau-Ingenieur Pionier der Vorspanntechnik, Erbauer der Marschalken- und der Johanniterbrücke in Basel, der Köln-Deutzbrücke und mehrerer Bogenbrücken in Italien.
5.	Grosser Rat	Im Verlaufe einer zum Thema ‹Alarmierende Situation des Basler Baumbestandes› anberaumten Sondersitzung lässt sich der Grosse Rat von vier Baumexperten über den derzeitigen, generell schlechten Zustand der Stadtbäume informieren.
7.	Staatsschutzakten	Die Prüfungskommission des Grossen Rates versiegelt die 53 913 Personen umfassende Staatsschutz-Fichenkartei des Polizeidepartementes.
	Atomenergie	Nach Grussbotschaften der *Regierungsräte Eduard Belser,* BL, und *Remo Gysin,* BS, hält das 20 Jahre alt gewordene Nordwestschweizerische Aktionskomitee gegen Atomkraftwerke (NWA) im Rathaussaal seine Jubiläumsgeneralversammlung ab.
8.	32. Basler Geranienmarkt	Wiederum decken sich Basels Blumenfreunde auf dem Barfüsserplatz mit Tausenden von qualitätskontrollierten Sommerblühern ein.
9.	Grosser Rat	Der Grosse Rat beginnt das 3. Amtsjahr der 36. Legislaturperiode mit einer gehaltvollen Antrittsrede der neuen *Ratspräsidentin Monika Schib Stirnimann* und dem Beschluss, das Initiativbegehren für eine wirksame Erhaltung schützenswerter Bauten dem Volk zur Ablehnung zu empfehlen. Er übernimmt einstimmig die Kosten von 1,6 Mio. Franken für den ausserordentlichen Unterhalt der Musikakademie-Gebäude und weitere 750 000 Franken zur Beseitigung von Hausschwammschäden am Zoologischen Institut der Universität am Rheinsprung.
	Gastprofessur	Der Regierungsrat des Kantons Basel-Landschaft bewilligt 40 000 Franken zur Installation einer Gastprofessur für Frauen an der Universität Basel.
11.	Jäggi-Preis	*Hans Magnus Enzensberger,* Autor, Buchkünstler und Verleger, nimmt als bisher fünfter Preisträger den Jäggi-Preis für Literatur entgegen.
	175 Jahre Danzas	Im Beisein von *Bundesrat Jean-Pascal Delamuraz* feiert Danzas, der Schweiz grösste Speditionsgruppe, im Kongresszentrum der Mustermesse ihr 175jähriges Bestehen.
12.	250 Jahre Herrnhuter	Der seit 250 Jahren in Basel niedergelassene Zweig der Herrnhuter Brüdergemeine des Grafen Zinzendorf feiert während zwei Tagen mit Rundgespräch, Konzert und Festgottesdienst das ehrwürdige Alter dieser Glaubensgemeinschaft.
14.	Gemeinschaftssitzung der Regierungen beider Basel	An einer Gemeinschaftssitzung beschliessen die Regierungen der beiden Basel die Durchführung einer umfassenden, neutralen Analyse universitärer Strukturen im Hinblick auf eine erweiterte Trägerschaft für die Universität Basel.

Mai	**15.**	Regierungsrat	Der Regierungsrat stimmt der Integration der Flughafenbuslinie in den Tarifverbund Nordwestschweiz zu, beteiligt sich mit 2,4 Mio. Franken an der Kapitalerhöhung der Swissair und beantragt Kredite zum Ausbau des Instituts für Rechtswissenschaft und zum Umbau des ‹Sternenhofes›, Sternengasse 27, zu einem Alters- und Pflegeheim.
		Bürgergemeinderat	Der Bürgergemeinderat stimmt dem Verkauf eines Teils einer im Elsass liegenden Landparzelle des Bürgerspitals an die Gemeinde St-Louis und dem Bau eines Sportplatzes auf dem restlichen Gelände zu und bewilligt 1,933 Mio. Franken für die Innenrenovation der Kartäuserkirche (Waisenhauskirche).
		Worlddidac Expo 90	Die von 530 Ausstellern aus 30 Ländern beschickte Worlddidac Expo 90, internationale Fachmesse für Lehrmittel und Bildung, wird in der Mustermesse mit einer Ansprache von *Federico Mayor, Generalsekretär der UNESCO,* eröffnet und zeigt einen umfassenden Überblick über das weite Spektrum internationaler Lehrmittel von der Fibel bis zum Computer.
		Basler Kongress	Parallel zur Worlddidac referieren im Kongresszentrum während der ganzen Ausstellungsdauer international prominente Fachleute zum grundsätzlichen, von beiden Geschlechtern gleichberechtigt erarbeiteten Themenkreis ‹Frauen und Männer im Aufbruch ins dritte Jahrtausend›.
	16.	Grosser Rat	In einer halbtägigen Sitzung bekennt sich der Grosse Rat klar zu einer Förderung der Alternativenergien und lässt, entgegen dem Willen der Exekutive, einen Vorstoss zur Produktionsförderung regenerierbarer Energien ohne Gegenstimme stehen.
	17.	Rheinüberwachung	Im Grossratssaal wird ein internationales Abkommen zwischen Baden-Württemberg und der Schweiz über den Bau und den von Basel übernommenen Betrieb einer gemeinsamen Kontroll- und Messstation für die Rheinwasserqualität unterhalb Weil unterzeichnet.
	18.	‹Verpflichtung von Basel›	Basierend auf dem Schlussdokument der Europäischen Kirchenversammlung von 1989 ‹Frieden in Gerechtigkeit›, wirbt eine breitgefächerte Vereinigung von kirchlichen, politischen und sozialen Organisationen um die Unterzeichnung der ‹Verpflichtung von Basel›, eines persönlichen Bekenntnisses zu einer umweltgerechten Grundhaltung im Alltag.
		100 Jahre Verkehrsverein	Der jubilierende Basler Verkehrsverein hält seine 100. Mitgliederversammlung in Form einer der Glarner Landsgemeinde nachempfundenen Veranstaltung auf dem Münsterplatz ab. Das anschliessende, unter das Motto ‹Jo gärn› gestellte Geburtstagsfest auf dem Barfüsserplatz lockt an drei Tagen Tausende von Festfreudigen in die Innerstadt.
		75 Jahre Schulhaus Thierstein	Lehrer- und Schülerschaft, Eltern und Gäste feiern das Jubiläum des Thiersteiner-Schulhauses mit einem zweitägigen Quartierfest.
	19.	Kanton Basel	Laut einer Repräsentativumfrage der Basler Zeitung stehen 53 % der Baselbieter einem Beitritt der Stadt positiv gegenüber.
		100. Geburtstag	In ihrer Wohnung an der Bruderholzstrasse nimmt *Frau Margaretha Grossmann-Margoninsky* die Glückwünsche von *Regierungsrat Kurt Jenny* zu ihrem 100. Geburtstag entgegen.
	20.	Abstimmungen	Bei einer Stimmbeteiligung von nur 36 % entscheiden sich Basels Stimmbürger mit 24 659 Ja- gegen 22 028 Nein-Stimmen für das Wettsteinbrückeprojekt von Bischoff + Rüegg und verzichten damit auf das Projekt von Santiago Calatrava.

Mai

		Das Vermummungsverbot bei Demonstrationen wird mit 33 528 Ja- gegen 13 368 Nein-Stimmen überraschend klar – und in der Schweiz erstmalig – angenommen.
	Bannumgang Kleinhüningen	Am 350. Jahrestag seiner Zugehörigkeit zur Stadt Basel lädt das Hafenquartier erstmals zu einem Umgang seiner Banngrenzen ein.
	Solar-Anlage	Die Tituskirchgemeinde feiert die Eröffnung der auf dem Kirchendach montierten, ersten Basler Gemeinschafts-Solaranlage mit einem grossen Einweihungsfest.
21.	Zivilschutz	In einer Konsultativabstimmung lehnen die Hölsteiner Stimmbürger das auf ihrem Boden geplante Zivilschutzzentrum des Kantons Basel-Stadt ab.
22.	Regierungsrat	Der Regierungsrat schliesst mit der in Gründung befindlichen Stiftung ‹Alters- und Pflegeheim Eglisee› einen Subventionsvertrag ab und beantragt für die Jahre 1991–1998 einen Kredit von 307 000 Franken p. a. zur Inventarisierung der Basler Kunstdenkmäler im Rahmen der Buchreihe ‹Kunstdenkmäler der Schweiz›.
	Chrischonaklinik	Nach einer 14-Mio.-Franken-Sanierung nimmt Basels höchstgelegene, auf Rehabilitation und Geriatrie spezialisierte Klinik mit Alpenpanorama ihren Betrieb wieder auf.
23.	Welttierschutz-Kongress	An ihrem biennalen, vier Tage dauernden Weltkongress äussern sich im Kongresszentrum namhafte Referenten vor über 200 Vertretern des Tierschutzes aus Europa und Übersee vornehmlich zu den Themen Gentechnologie, Biotechnologie und Tierschutz.
24.	Baselstädtischer Schwingertag	Am Baselstädtischen Schwingertag auf der Sandgrubenmatte siegt *Christian von Weissenfluh* im Schlussgang über den einheimischen Vorjahressieger *Rolf Klarer.*
25.	†	† *Prof. Dr. med. Dr. med. h. c. Paul Kielholz-Häusermann* (74), emerit. Universitätsdozent, 1959–1985 Ordinarius für Psychiatrie und Direktor der Psychiatrischen Universitätsklinik (PUK), 1966/67 Dekan der Medizinischen Fakultät, 1981/82 Rektor designatus, 1983/84 Rektor der Universität Basel. Als international führender Fachmann auf den Gebieten Depressions- und Suchtkrankheiten Träger höchster medizinischer Auszeichnungen, Ehrendoktor der Universität Santo Domingo, Berater der Weltgesundheitsorganisation WHO mit Einsätzen in fast allen Ostblockländern, in Afrika, China und Indien, Stiftungsratspräsident der Sandozstiftung für Altersforschung.
29.	EuroAirport	Im Beisein der *Verkehrsminister Michel Delebarre* (F) und *Adolf Ogi, von Regierungspräsident Peter Facklam* und weiterer Prominenz werden die neuen Flughoferweiterungen öffentlich eingeweiht. Gleichzeitig erfolgt die offizielle Umbenennung von ‹Flughafen Basel-Mulhouse› in ‹EuroAirport Basel-Mulhouse-Freiburg›.
30.	Münsterscheiben	Die Synode der Evangelisch-reformierten Kirche lehnt den Antrag des Kirchenrates, einen Wettbewerb für neue Glasfenster im Chor des Münsters auszuschreiben, ab und beschliesst den definitiven Einbau der provisorisch eingesetzten Buntglasfenster aus dem 19. Jahrhundert.
	Rheinwasserqualität	An einer Forumsveranstaltung machen eine Reihe von Fachleuten die erfreuliche Feststellung, dass sich im Rhein wieder Kleinlebewesen und mehrere, zeitweilig verschwundene Fischarten erneut angesiedelt haben.

Mai			Abstimmung	Vom Polizeidepartement fehlerhaft formulierte Stimmzettel machen die Verschiebung der Abstimmung über eine SP-Initiative vom 24. Juni auf die Zeit nach den Sommerferien nötig.
Juni	1.		Leerwohnungen	Mit einem Leerwohnungsbestand von 176 Wohnungen, bzw. 0,2%, erreicht das Wohnungsangebot einen bedenklichen Tiefstand.
	6.		Grosser Rat	Nach längerer Debatte erklärt der Grosse Rat das Initiativbegehren ‹Rettet die Luft: Moratorium für Autobahnen› für ungültig, heisst den 21-Mio.-Franken-Beitrag an Energiesparinvestitionen Privater gut und eröffnet die Diskussion über die Verschiebung des Beginns der Basler Schulreform.
			Schlotterbeck-Garage	Mit einer öffentlichen Versteigerung des Inventars wird die aus den automobilistischen Pionierzeiten stammende Schlotterbeck-Garage aufgelöst; sie soll nun vorübergehend in ein neues, multikulturelles Kulturzentrum, den ‹Werkraum Schlotterbeck› umgewandelt werden.
			Hilfe für Rumänien	Kantonsspital und Universität entsenden einen medizinischen Hilfskonvoi an die Universität Temesvar in Rumänien.
	7.		Bevölkerung	Mit 41 259 Ausländern bei einer Gesamtzahl von 191 753 Kantonsbewohnern registrieren Basels Statistiker einen Ausländeranteil von 21,5%. Die Kantonsbevölkerung hat um 939 Personen oder 0,5% weiterhin leicht abgenommen.
			Basler Theater	Die Theaterdirektion gibt die Verpflichtung des derzeitigen Leiters der Bonner Compagnie, *Youri Vámos,* als *Ballettdirektor* und Nachfolger des scheidenden *Heinz Spoerli* bekannt.
	8.		Dinosaurier-Ausstellung	In einer in wochenlanger Arbeit von chinesischen Technikern aufgestellten Schau vermittelt das Naturhistorische Museum interessante Einblicke in die Formenvielfalt der chinesischen Spezies der ‹schrecklichen Echsen›.
			Betagtenhilfe	Mit der Eröffnung einer Geriatrischen Aufnahme- und Abklärungsstation (GAASt) bietet Basel seinen Senioren erstmals eine umfassende diagnostische, therapeutische und soziale Betreuung.
			Regierungs-konferenz	An ihrer Regionalkonferenz befassen sich die Regierungen des Aargaus, von Solothurn und der beiden Basel mit den Themen ‹Lötschbergbahn 2000›, Arbeitsbedingungen der Assistenzärzte und kantonale Zuständigkeit beim Staatsschutz des Bundes.
			†	† *Hans Bregenzer-Stohler* (90), kaufm. Angestellter, Gründer und Ehrenpräsident des Schweizerischen Firmensportverbandes.
	9.		Jugendfest Spalen	Die historisch kostümierten Kinder des Spalenquartiers lassen sich ihre Festfreude durch Wetterpech nicht verderben und verlegen den Festbetrieb ins Wasgenringschulhaus.
	11.		100 Jahre Frauen an der Uni	Mit der thematischen Woche ‹Frauen in Bildung und Wissenschaft› erinnern Frauengruppen an die vor genau 100 Jahren erfolgte Immatrikulation von Emilie Frey, der ersten Studentin an der Universität Basel. Aus gleichem Anlass erfolgt die Gründung einer Dozentinnenvereinigung.
	12.		ART 21'90	In der Muba wird die internationale Kunstmesse ART 21'90 eröffnet. Ihr zugunsten qualitativer Substanz erneut verschärftes Anforderungsprofil und die

Juni

		erstmals angegliederte ‹Edition 1/90 Basel›, Internationale Messe für zeitgenössische Originalgrafik, stellen Basel bis zum 18. Juni in den Mittelpunkt der internationalen Kunstwelt.
	Wahlen	Der Regierungsrat wählt *Prof. Dr. phil. Fritz Norbert Rösel* zum Leiter des Universitätsrechenzentrums und des Instituts für Informatik, *Jürg Scherer* zum akademischen Adjunkten beim Baudepartement und *Erhard Rhyn* zu einem Konrektor am Kohlenberggymnasium.
	Ornis	Mit dem Tod des letzten Haubenlerchen-Exemplars im Gellertquartier ist diese Vogelart in der Schweiz ausgestorben.
	Neue Professur	Aus Anlass ihres 175jährigen Bestehens stiftet die Basler Mission eine Professur im Fachgebiet ‹Ökumene und Mission sowie interkulturelle Gegenwartsfragen› an der Theologischen Fakultät der Universität Basel.
13.	Grosser Rat	Ohne Gegenstimme heisst der Grosse Rat eine sofortige Lohnerhöhung für das Basler Staatspersonal gut und setzt den Schulreform-Beginn auf den Anfang des Schuljahres 1994/95 fest.
	Zolli	Die Zahl der Besucher des Zollis überschreitet mit 1 018 796 seit vielen Jahren erstmals wieder die Millionengrenze.
14.	Grosser Rat	Nach Debatten um die Platanenallee am Schützengraben, um verkehrsbeschränkende Massnahmen und um die Aktivitäten des Staatsschutzes gegenüber AKW-Gegnern sinkt die Parlamentarierpräsenz auf unter 30 Räte, weshalb die Nachtsitzung wegen Beschlussunfähigkeit abgebrochen werden muss.
	175 Jahre Basler Mission	Mit einer liturgischen Eröffnungsfeier im Münster, einem Empfang der Delegierten durch den Regierungsrat und Kirchenvertreter im Bischofshof und weiteren Festanlässen auf dem Münsterplatz gedenkt die Basler Mission bis zum 17. Juni ihrer Gründung vor 175 Jahren.
	Psychiatrie-Konzept	*Regierungsrat Remo Gysin* stellt der Öffentlichkeit das in sechsjähriger Planung erarbeitete Psychiatrie-Konzept vor, welches zahlreiche Neuerungen und vernetzte Dienste vorsieht.
	Handelskammer	An der Generalversammlung der Basler Handelskammer erläutert *Bundesrat René Felber,* Vorsteher des Eidgenössischen Departementes für Auswärtige Angelegenheiten (EDA), seinen Standpunkt zu strittigen schweizerischen Vorbehalten im Rahmen der kommenden EG-Verhandlungen um einen Europäischen Wirtschaftsraum (EWR).
15.	†	† *Prof. Dr. med. Gundo Ewald Boehm* (86), Honorarprofessor an der Universität Tübingen, Gastdozent für Struktur und Feinstruktur von Zellen und Geweben an der Universität Basel.
16.	Basler Jungbürgerfeier	Unter erstmaliger Teilnahme auch der 19jährigen wählen rund 500 Teilnehmerinnen und Teilnehmer ihren bevorzugten Rundgang aus 14 Besichtigungsangeboten, bevor sie sich zum Festakt in der Martinskirche und zur Jungbürgerfeier in der BVB-Rankgarage wieder vereinigen.
	Rock-Konzerte	Vor je 50 000 Fans gibt die amerikanische Sängerin *Tina Turner* im Stadion St. Jakob an zwei Tagen ausverkaufte Rock-Konzerte.
	†	† *Ruedi Walter-Liechti* (73), Kabarettist, der Schweiz beliebtester, wandlungsfähiger Volksschauspieler, Mitwirkender in Alfred Rassers Cabaret ‹Kaktus›, später im ‹Cornichon›, Hauptdarsteller in 150 Radiosendungen ‹Spalebärg 77a› und in der ‹Kleinen Niederdorf-Oper›, Träger des Hans Reinhart-Ringes.

Juni

	†	† *Eric Müller-Corsini* (57), Architekt, weltweit bekannter Kunstflieger, Mitgründer und Trainer der schweizerischen Kunstflugstaffel, mehrfacher Schweizermeister, Europameister und Weltmeister 1988, international anerkannter Kunstflugexperte.
17.	Festwochenende	Die Tierverlosung in den Langen Erlen, das Volks- und Kunstfest ‹10 Jahre Museum für Gegenwartskunst› und ein grosser Benefizanlass zu Gunsten des Pflegeheimes ‹St. Elisabethen› im Hirzbrunnen stellen Basels Festfreudige vor die Qual der Wahl.
	Jugendfest Kleinbasel	Angeführt vom Kleinen Vogel-Gryff-Spiel ziehen über 300 Kinder in farbenfrohem Umzug von der Kaserne zum Horburgpark und feiern dort das Jugendfest des Minderen Basels.
19.	Bürgergemeinderat	Das Parlament der Basler Bürgergemeinde wählt *Dr. med. Eva Lichtenberg* (FDP) zu seiner Präsidentin, *lic. iur. Karl Sartorius* (LDP) zu seinem Statthalter. Zum Präsidenten des Bürgerrates wird *Dr. iur. Dietrich Staehelin* (FDP) gewählt, Statthalter wird *Erwin Bezler* (SP).
20.	Kunstkredit 1990	Im Kongresszentrum der Mustermesse stellt der Basler Kunstkredit die Ergebnisse seiner Aufträge und Wettbewerbe, die Ankäufe sowie die Arbeiten der Basler Künstlerstipendiaten und der Atelierkünstler der Pariser Cité Internationale des Arts zur Schau.
	Grünpark St. Johann	Mit Festansprachen und einer Besichtigung wird, auf den Tag genau zwei Jahre nach der polizeilichen Räumung der ‹Alten Stadtgärtnerei›, die erste Hälfte des Grünparks St. Johann eröffnet. Gleichzeitig wird die benachbarte Abfertigungsanlage für Personenschiffe offiziell dem Betrieb übergeben.
	Riehener Kulturpreis	Der *Kunstmaler Gustav Stettler*, Mitgründer der Künstlergruppe 48, wird mit dem Kulturpreis 1989 der Gemeinde Riehen ausgezeichnet.
21.	Schlachthof	Mit 241 852 geschlachteten Tieren und 24 552 Tonnen gewonnenen Fleisches verzeichnet der modernisierte Schlachthof Basel ein Rekordergebnis.
22.	†	† *Margarethe Louise Hedwig (Hedy) Weber-Dühring* (90), Schriftstellerin, Feuilletonistin der ‹Weltwoche›, Autorin von Erzählungen, Novellen und baselbezogenen Druckwerken, Preisträgerin des Basler Literaturkredits, des ‹Schweizer Spiegel›, des Lyceum-Clubs und des Expo-Wettbewerbes des Schweizerischen Landessenders, Vorstandsmitglied des Basler Schriftstellervereins, Mitglied des Lyceum-Clubs und des PEN.
23.	100 Jahre Coop Schweiz	Im Beisein einer grossen Zahl prominenter in- und ausländischer Gäste, mit einem Festakt und einer Rede von *Bundesrat Otto Stich* feiert Coop Schweiz in der Stadt ihrer Gründung das 100-Jahr-Jubiläum.
24.	Abstimmungen	Basels Stimmberechtigte befürworten mit 62,5 % Ja-Stimmen einen 1,144-Mio.-Franken-Beitrag an den ‹Weg der Schweiz› und lehnen mit 57,7 % den Bau weiterer öffentlicher Innerstadt-Parkings in allen Stimmlokalen deutlich ab.
26.	Regierungsrat	Der Regierungsrat ersucht den Grossen Rat um Kredite von rund 2,8 Mio. Franken für den Bau des Schutzraumes Davidsboden, von 2,5 Mio. Franken für den Umbau des Instituts für Organische Chemie und um einen 64-Mio.-Rahmenkredit für Apparate-Anschaffungen der Universität Basel im Zeitraum 1991–1995.

Juni		Bürgergemeinderat	Der Bürgergemeinderat bewilligt einen Kredit von 532000 Franken zum Einbau einer Grünschnitzel-Feuerungsanlage im Restaurant ‹Waldhaus› und 245000 Franken für die Paul-Speiser-Werkstatt (PSW) des Werkstätten- und Wohnzentrums Basel ‹Milchsuppe› (WWB).
		Wahlen	Der Regierungsrat wählt *Dr. iur. Georg R. Vischer* zum Departementssekretär des Baudepartementes, *lic. iur. Liselotte Gujer* zur Personalchefin beim Sanitätsdepartement, *lic. rer. pol. Daniel Biedermann* zum Verwaltungsdirektor des Kantonsspitals und *Dr. phil. Brian Fowler* zum Leiter der Laboratorien der Universitäts-Kinderklinik des Kinderspitals.
	27.	Grosser Rat	Nach der Bewilligung zahlreicher Kredite beginnt der Grosse Rat in zweiter Lesung mit der Debatte über die Sanierung und die umstrittene Errichtung einer unterirdischen Schiessanlage im Schiessstand Allschwilerweiher.
		Rock-Konzert	Trotz strömendem Gewitterregen verfolgt eine 50000köpfige Fan-Gemeinde im ausverkauften Stadion St. Jakob ein aufwendig inszeniertes Rock-Konzert der ‹Rolling Stones›, derzeit älteste Rockband der Welt.
	28.	Grosser Rat	Nach einer langen, kontrovers geführten Debatte bewilligt der Grosse Rat in seiner Bündelitagssitzung mit 54 gegen 39 Stimmen 22,8 Mio. Franken für die Sanierung und den Neubau einer unterirdischen Schiessanlage beim Allschwilerweiher, die in der beschlossenen Dimension einem gesamtschweizerischen Pilotprojekt gleichkommt. Gleichzeitig wird die Einzonung des Areals Ost im Rahmen des Masterplans Bahnhof SBB vom Rat gutgeheissen.
		Rheinwasserqualität	Im neuesten Bulletin des Kantonalen Laboratoriums Basel-Stadt wird mit den Qualifikationen ‹akzeptabel› bzw. ‹schlecht› eine gesundheitliche Beeinträchtigung durch das Baden im Rhein an gewissen Messpunkten nicht ausgeschlossen.
		Staatsschutz	Die Prüfungskommission des Grossen Rates kommt in ihrem Zwischenbericht zu den Staatsschutzaktivitäten zur vorläufigen Erkenntnis, dass die Art und Weise des behördlichen Vorgehens «liberales Gedankengut in hohem Masse verletzt hat».
	29.	Trinkwasser	Die von einem Basler Ehepaar angefochtene Fluoridierung stadtbaslerischen Trinkwassers wird in einem Entscheid des Bundesgerichtes als rechtens qualifiziert.
	30.	Jugend Circus Basilisk	Mit der Eröffnungsgala im Chapiteau auf der Rosentalanlage begibt sich der Jugend Circus Basilisk auf seine 21. Tournee.
Juli	**3.**	Regierungsrat	Der Regierungsrat bewilligt Staatsbeiträge an das Basler Musik Forum, an den Betriebsverein Spielturm und an das Kinderheim Lindenberg, ersucht den Grossen Rat um einen Beitrag von 208000 Franken für die Neuausrüstung des Elektronischen Studios der Musik-Akademie sowie um einen Kredit von 410000 Franken für die Fertigstellung eines Gesamtkataloges der Altmeister des Kupferstichkabinetts.
		BL-Kulturbeiträge	Der Regierungsrat des Kantons Basel-Landschaft ersucht den Landrat um die Ausrichtung eines Kulturbeitrages von 1 Mio. Franken an die Stiftung Basler Orchester und eines weiteren von 500000 Franken an die Theatergenossenschaft Basel.
		Universität	Die Firma Hayek Engineering AG wird vom Regierungsrat mit der Untersuchung der Basler Universitätsstrukturen beauftragt. Die Finanzierung wird hälftig von den beiden Basler Halbkantonen getragen.

Juli

4. Basler Mietvertrag — Der 1935 auf paritätischer Basis zwischen Mietern und Vermietern zustande gekommene Basler Mietvertrag wird den Bestimmungen des am 1. Juni 1990 in Kraft getretenen Mietrechts im Obligationenrecht angepasst.

5. Zollfreistrasse — Die deutsche Delegation der gemischten Kommission BRD/Schweiz weigert sich, auf die von der Gemeinde Riehen vorgeschlagene Tunnelvariante einzutreten, und hält an dem über Schweizergebiet führenden Strassenprojekt fest.

Solarenergie — Auf dem Dach des Felix-Platter-Spitals wird Basels derzeit grösste, 10 Kilowatt leistende Photovoltaik-Anlage in Betrieb genommen.

6. Wetter — Seit dem Beginn meteorologischer Messungen im Jahre 1755 erwiesen sich die Frühlingsmonate vom 1. März bis zum 31. Mai noch nie als so warm, so trocken, so sonnen- und so gewitterreich.

† — † *Hans Schneiderhan-Oberle* (80), Bäcker- und Konditormeister, Präsident des Neutralen Quartiervereins Gundeldingen, als Gründungsmitglied und erster Verwaltungsratspräsident der Gundeldinger-Casino Basel AG treibende Kraft für die Erhaltung dieses kulturellen Quartierzentrums.

7. Arbeitslosigkeit — Mit 1142 Personen oder 1,1 % erreicht der Stadtkanton die tiefste Arbeitslosenquote seit 8 Jahren.

10. Regierungsrat — Der Regierungsrat ersucht den Grossen Rat um einen Kredit von 46,4 Mio. Franken für die Verstärkung der Fernwärmeversorgung und um Staatsbeiträge für die IG Kasernenareal und für die Basler Kulturgemeinschaft. In einem Schreiben an *Bundesrat Adolf Ogi,* Vorsteher des Eidgenössischen Verkehrs- und Energiewirtschaftsdepartementes (EVED), setzt sich die Basler Exekutive dafür ein, dass der französische Hochgeschwindigkeitszug TGV-Rhin-Rhône von Strassburg nach Lyon und Barcelona über Basel geführt werden soll.

Vermummungsverbot — Die Sozialdemokratische Partei Basel-Stadt reicht gegen das vom Souverän unlängst angenommene Vermummungsverbot eine Beschwerde beim Bundesgericht ein.

11. Fusion — Die beiden Basler Druckereiunternehmen Birkhäuser AG/Basler Zeitung und Graphische Betriebe Coop (GBC) beschliessen auf 1. September die Fusion unter dem neuen Signum ‹Birkhäuser GBC AG›.

100. Geburtstag — *Karl Schnyder, Vizepräsident des Regierungsrates, Dr. Dietrich Staehelin, Statthalter des Bürgerrates,* und *Bürgerratsschreiber Dr. Rudolf Grüninger* beglückwünschen *Frau Anna Omlin-Christen* zu ihrem 100. Wiegenfest.

13. Ornis — Nach fast zwei Jahrzehnten völliger Absenz hat sich seit 1977 wieder eine Weissstorchpopulation von rund zwei Dutzend Alt- und mehr als 30 Jungvögeln auf Kantonsgebiet angesiedelt.

15. Pop-Konzert — Am heuer letzten Open-Air-Konzert im Stadion St. Jakob verfolgen rund 45 000 Personen die Show des Pop-Stars Prince.

16. Kurhaus Grimmialp — Das seit 1946 im Besitz der Öffentlichen Krankenkasse (ÖKK) befindliche Kurhaus Grimmialp im bernischen Diemtigtal wird wegen ständig abnehmender Gästezahlen verkauft.

† — † *Prof. Dr. med. Yves Bounameaux-Cantineau* (62), wissenschaftlicher Experte in Firma F. Hoffmann-La Roche, seit 1977 Extraordinarius für Tropenmedizin an der Universität Basel, Experte für Blutgerinnung und -stillung.

Juli	**21.**	†		† *Prof. Dr. iur. Ernst Fischli-Demagistri* (78), Advokat, Staatsanwalt, langjähriger Präsident des Verwaltungsgerichts/Versicherungsgerichts Basel, Ersatzrichter am Eidgenössischen Versicherungsgericht, Mitglied des Verfassungsrates, Mitglied mehrerer kantonaler und eidgenössischer Expertenkommissionen, Extraordinarius für Strafprozess- und Verwaltungsrecht an der Universität Basel, 1983 Träger des Wissenschaftspreises der Stadt Basel. Während des Krieges als junger Jurist entscheidender Vorkämpfer für eine menschenwürdige Versorgung und materielle Sicherstellung der unglücklichen ‹Ölsoldaten›.
	22.	†		† *Andreas (Andres) Barth-Götzmann* (74), Kunstmaler, u. a. Schöpfer eines Wandbildes im Merian-Iselin-Spital.
		†		† *Lydia Brefin-Urban* (76), Lehrerin an der Frauen-Arbeitsschule Basel, nach ihrer Pensionierung Betreuerin des Albert Anker-Hauses in Ins.
	23.	Informationsbesuch		Angeführt von ihrer *Präsidentin, Dr. med. Sabine Bergmann-Pohl,* besucht eine von der Bundesversammlung eingeladene Delegation der DDR-Volkskammer die drei grossen Basler Chemiefirmen und das Kantonsspital.
		Ozonwerte		Heisses Sommerwetter hat zur Folge, dass der Stundengrenzwert von 120 Mikrogramm Ozon pro Kubikmeter Luft an mehreren Stellen der Region um das Doppelte überschritten wird.
	24.	Regierungsrat		Als Folge des neuen Reglementes über die Organisation der Zünfte stellt der Regierungsrat dem Grossen Rat das Gesuch um Aufhebung des fossilen Gesetzes über Organisation der Zunft der akademischen Bürger vom 6. April 1836. Ausserdem bewilligt der Regierungsrat einen Kredit von 4,4 Mio. Franken für die Sanierung der Liegenschaften Utengasse 41–47 und bekennt sich zu einer positiven Haltung gegenüber der Einführung eines gerechten Zivildienstes.
		Neue Dozenten		Der Regierungsrat ernennt die *Dres. Roland Buser, Frederick Meins* und *Klaus Müller* zu Extraordinarien an der Philosophisch-Naturwissenschaftlichen Fakultät der Universität Basel.
	25.	Universität		Das Deutsche und das Slavische Seminar der Universität werden aus dem Provisorium an der Clarastrasse in den stilvoll renovierten 600jährigen Engelhof verlegt.
	29.	Festwochenende		Die Zwillingsveranstaltung 6. Claramatte-Fest/Brantgassefest zur Wiedereröffnung des Gustav Benz-Hauses, das PUK-Fest im Park der Friedmatt und das erstmals als ‹Classic› ausgetragene 40. Einzel-Weidlings-Wettfahren des Fischer-Clubs Basel profitieren alle von einem lebhaften Publikumszustrom.
		Wetter		Mit der ungewöhnlich hohen Temperatur von 35,2 °C registrieren Basels Meteorologen ein eigentliches Hitzewochenende.
		†		† *Dr. rer. pol. Dr. h. c. mult. Arthur Huber-Morath* (90), früherer Inhaber der Huber AG, Basel, keramische Boden- und Wandbeläge, 1972 Ehrendoktor der Philosophisch-Naturwissenschaftlichen Fakultät der Universität Basel für seine Verdienste um die Erforschung der Flora Anatoliens, 1978 Ehrendoktor der Universität Istanbul.
	31.	Regierungsrat		Die Basler Regierung hält eine vorübergehende Öffnung eines 40-Tonnen-Schwerverkehrs-Korridors durch die Schweiz für unzumutbar und erklärt sich mit der ablehnenden Haltung der Stände Uri und Nidwalden solidarisch.

August

1. Nationalfeiertag — Auf dem Bruderholz, entlang der Basler Rheinpromenaden, beim Riehener Eisweiher und auf St. Chrischona feiert Basels Bevölkerung bei schönstem Wetter die 100. Bundesfeier seit deren Einführung im Jahre 1891.

2. Tschernobyl-Kinder — Vierzig strahlengeschädigte Kinder aus der Umgebung des geborstenen Atomreaktors von Tschernobyl treffen zu einem vierwöchigen Erholungsurlaub auf dem Passwang mit gleichzeitiger medizinischer Betreuung in Basel ein.

7. Regierungsrat — Zum Schutz des kantonalen Salzmonopols stimmt der Regierungsrat dem neuen Vertrag zwischen den Aktionärskantonen der Schweizerischen Rheinsalinen und dem Fürstentum Liechtenstein zu. Durch die Zeichnung von Aktien wird Liechtenstein zum gleichberechtigten Mitaktionär und verzichtet auf künftige Salzbezüge aus Österreich.

Wahlen — Der Regierungsrat wählt *Ambros Hänggi* zum Leiter der Zoologischen Abteilung im Naturhistorischen Museum, *Samuel Bill* zum Beauftragten für Museumspädagogik in der Abteilung Kultur des Erziehungsdepartementes, *Susanne Zeller* und *Bernhard Schönbucher* zu Untersuchungsbeamten bei der Staatsanwaltschaft und *Christoph Bürgi* zum Hochschulchemiker beim Kantonalen Laboratorium.

11. Festwochenende — Das ‹Spaichefescht› im Anschluss an die ‹GP Tell›-Ankunft, das Volksfest nach dem 13. BaZ-Grümpelturnier, das ‹Schlachthoffest› mit der Forderung nach einem bald zu vollendenden Volkspark St. Johann und das ‹Dälsbi-Fescht› in der umgestalteten Delsbergerallee zählen zum Festangebot bei Ferienende.

13. Schulwesen — Gleichzeitig mit dem Schulanfang für 1350 Erstklässler beginnt in 35 Schulklassen ein Versuch mit Blockzeiten, d. h. feststehenden Unterrichtszeiten von 8 bis 12 Uhr.

† — † *Pieter van de Cuylen-Köhli* (81), Kunstmaler, Schöpfer von der deutschen expressionistischen Tradition verbundenen Gemälden, Reliefs und Hinterglasmalereien religiösen Inhalts.

14. Familie Preiswerk — Im Gedenken an die am 14. August 1540 in Basel erfolgte Einbürgerung des Colmarer Tischmachers *Matthys Preiswerk* feiern am kommenden Wochenende 270 Nachfahren ihre 450jährige Zugehörigkeit zur Basler Bürgerschaft.

Lufthygiene — Mit der Inkraftsetzung neuer rechtlicher Grundlagen per 1. September verschärfen die Regierungen beider Basel die Emissions-Grenzwerte von stationären Feuerungsanlagen, Industriebetrieben und Tanklagern.

15. Café Spitz — Nach dreijährigen Umbauarbeiten wird der von der Christoph Merian Stiftung für 7,5 Mio. Franken stilvoll renovierte Merianflügel des Café Spitz mit nun wieder geschlossenen Arkaden, inklusive ‹Schwalbenäscht› redivivus, offiziell eröffnet.

16. Historisches Museum — Unter dem Titel ‹zahm und wild› wird im Historischen Museum eine aus der halben Welt zusammengetragene Ausstellung von Bildteppichen des 15. Jahrhunderts aus den Manufakturen von Basel und Strassburg eröffnet.

17. Classic Open Air Basel — Über das Wochenende geben auf sieben Plätzen in der Altstadt 95 Musiker und Solisten zahlreiche unentgeltliche Open-air-Kammerkonzerte.

Gustav Benz-Haus — Mit einer Feier im Häbse-Theater wird nach siebenjähriger Planungs- und Umbauzeit das auf 71 Pflegeplätze erweiterte Gustav Benz-Haus an der Brantgasse offiziell eröffnet.

August

	Em Bebbi sy Jazz	Ein enormer Publikumsandrang belegt die ungebrochene Beliebtheit der von über 200 Musikern bestrittenen Innerstadt-Jazz-Night ‹Em Bebbi sy Jazz›.
18.	Tag der Stadttore	Der traditionelle Besuchstag bei den drei noch verbliebenen Basler Stadttoren stösst bei Hunderten von Besuchern auf lebhaftes Interesse.
	Feste	Das Quartierfest Breite am Birskopf, das Jugendfest Steinen-Bachletten-Neubad und das zum 128. Mal abgehaltene, mit der 100-Jahr-Feier des Turnvereins zusammenfallende Jugendfest St. Johann profitieren von ausgesprochenem Festwetter.
	Drogenpolitik	Nach einer Unterschriftensammlung werfen die Kleinbasler Detailhandelsvereinigung IGK und gleichzeitig auch der ‹Fixerstübli›-Trägerverein der Basler Regierung eine konzeptlose, realitätsfremde Drogenpolitik vor.
	†	† *Heiner Kühner* (47), Organist der Paulus- und der Leonhardskirche.
	†	† Im Riehener Altersheim ‹La Charmille› verstirbt Basels älteste Einwohnerin, die über 108jährige *Rosa Rosenberg-Ginsberg*.
21.	Regierungsrat	Der Regierungsrat ersucht den Grossen Rat um Kredite von rund 5,5 Mio. Franken zur Verbesserung der Verkehrsführung im Gebiet Grosspeterstrasse/St. Jakobsdenkmal. Er beschliesst weiter den sofortigen versuchsweisen Einsatz einer mobilen Abgabestelle für Spritzen und Kondome an Süchtige in der Kleinbasler Altstadt-Drogenszene.
	Wahlen	Der Regierungsrat wählt *Paul Haffner* zu einem akademischen Mitarbeiter beim Vermessungsamt, *Rolf Zellweger* zum Verwaltungsdirektor des Kinderspitals, *Dr. Hans-Jörg Kundert* zu einem a.o. Staatsanwalt und *lic. iur. Dorothea Hengge* zu einer Staatsanwältin bei der Jugendanwaltschaft.
22.	Familie Burckhardt	Mit einer solennen Vernissage im Keller des vormals Burckhardtschen Hauses ‹zum Kirschgarten› gedenkt dieses renommierte Basler Geschlecht des 500. Geburtstages seines Stammvaters Stoffel und beschenkt sich gleichzeitig mit der Buchpublikation ‹ckdt. (Basel)›, einem 300seitigen Abriss der Familiengeschichte.
24.	100 Jahre SMUV	Im Beisein zahlreicher Arbeitgeber und des Festredners *Bundesrat Otto Stich* feiert die Sektion Basel des Schweizerischen Metall- und Uhrenarbeiterverbandes (SMUV) im Volkshaus das 100jährige Bestehen ihrer Gewerkschaft.
25.	Festwochenende	Zu einem fröhlichen Basel tragen das Wasserturm-Fest zu Gunsten des gleichnamigen Pflegeheimes, das Klosterbergfest für Kinder in Brasilien, die ‹Dörfli-Kilbi› bei der St. Josephskirche, das von linken und progressiven Organisationen zwischen der Mittleren Brücke und der Kaserne veranstaltete kulinarisch-kulturelle ‹Nostra Festa› und die in der Innerstadt von auswärtigen Blasmusiken abgehaltenen Platzkonzerte bei.
	Milchsuppe	Während eines Tages vermitteln die ‹Offenen Türen› der neuen Betriebsgebäude des Werkstätten- und Wohnzentrums Basel ‹Milchsuppe› der Bevölkerung Einblicke in die geschützten Arbeitsplätze für 260 behinderte Mitbürger.
	Basler Sporttag	Die IG der Basler Sportverbände organisiert aus Anlass ihres 50. Geburtstages einen an 31 Aktionsorten in der ganzen Stadt durchgeführten, den verschiedensten sportlichen Betätigungen gewidmeten Sporttag.
26.	†	† *Dr. h. c. Alfred Mutz-Schmiedlin* (87), Gewerbelehrer, Schöpfer von Nachbildungen für das Römerhaus Augst, fruchtbarer Publizist antiker Handwerkstechniken, seit 1972 Ehrendoktor der Universität Basel für sein Hauptwerk: ‹Die Kunst des Metalldrehens bei den Römern›.

August	**27.**	TGV-Anschluss Basel		Die für Verkehrsfragen zuständigen Regierungsvertreter der Stände Aargau, Bern, Solothurn, Zürich und der beiden Basel setzen sich beim Verkehrs- und Energiewirtschaftsdepartement in Bern gemeinsam für einen Anschluss der Nordwestschweiz an das französische TGV-Netz ein.
	28.	Regierungsrat		Der Regierungsrat ersucht um einen Kredit von 2,5 Mio. Franken für den Bau eines Blockheizkraftwerkes bzw. die Einrichtung der Quartierwärmeversorgungs-Anlage ‹Wasserstelzen› in Riehen.
		Fabricat 90		In den Hallen der Mustermesse findet bis zum 31. August die ‹Fabricat 90›, Fachmesse für Design, Fabrikation und Qualitätssicherung in der Elektronik, statt.
	30.	Demonstration		Auf dem Marktplatz demonstrieren mehrere hundert von über 25 Umweltschutzorganisationen aufgerufene Manifestanten gegen die besonders in den letzten Wochen registrierte zu hohe Ozonbelastung der Basler Luft.
		Antikenmuseum und Sammlung Ludwig		Mit der Übergabe von Katalog-Band 3 an das Aachener Ehepaar *Peter und Irene Ludwig* ist der Vertrag für diese grossherzige Schenkung antiker Kunstwerke erfüllt.
	31.	100 Jahre Basler Gärtnermeisterverband		Zum 100. Geburtstag ihres Berufsverbandes verwandeln Basels Gärtner den Barfüsserplatz über Nacht und für zwei Tage in eine zauberhafte Insel aus Sommerflor, Büschen und Bäumchen.
		100. Geburtstag		Im Felix Platter-Spital wird die *Basler Tanzpädagogin Katia Wulff* von *Regierungspräsident Dr. Kurt Jenny, Bürgerratspräsident Dr. Walter Zeugin* und von *Bürgerratsschreiber Dr. Rudolf Grüninger* zu ihrem 100. Geburtstag beglückwünscht.
		Finanzwesen		Ein von der grossrätlichen Finanzkommission entdeckter, seit 1959 in der Finanzrechnung nicht ausgewiesener 100-Mio.-Franken-‹Geheimfonds› erweist sich im nachhinein als Manipulierreserve zwischen Vorauszahlungen und effektiver Steuerschuld.
		†		† *Clara Wälti* (81), Gewerbelehrerin.
September	**1.**	Wesley-Haus		Das während zwei Jahren sanierte Alters- und Pflegeheim ‹Wesley-Haus› an der Hammerstrasse wird mit einem Tag der Offenen Tür wieder eröffnet.
		75 Jahre Kath. Turnverein Basel		Mit einem kurzen Festakt und einem längeren Sommernachtsfest erinnert der KTB an seine Gründung vor 75 Jahren.
		Drogenpolitik		An der Ecke Schafgässlein/Utengasse verhindert eine Hundertschaft aufgebrachter Anwohner das Aufstellen des Spritzenmobils für Drogenabhängige.
		125 Jahre Coop Basel ACV		In der Sporthalle St. Jakob feiern 2500 Angestellte dieses Grossverteilers mit einem attraktiven Fest das Firmenjubiläum.
	2.	Festwochenende		Die Pfarreifeste St. Marien, St. Markus und St. Clara, das Stephanusfest, die Feste der Rudolf Steiner-Schule und des türkischen Arbeiterinnen- und Arbeitervereins sowie der ‹Bachlätte-Feschtmärt› verwandeln Basel über das Wochenende in eine weiträumige Festhütte.
	4.	Swissdata 90		In der Mustermesse wird die um fast 30% Standfläche vergrösserte ‹Swissdata 90›, Schweizer Fachmesse für Informationsverarbeitung, eröffnet.
	5.	Elisabethenkirche		Mit einem Kostenaufwand von rund 9,3 Mio. Franken wird mit der etwa vier Jahre dauernden Aussenrenovation der Elisabethenkirche, u. a. auch Grabstätte des Stifterpaares *Christoph* und *Margaretha Merian,* begonnen.

September	7.	125 Jahre Coop Basel ACV	Im Beisein von Kunden, Lieferanten und prominenten Vertretern aus Wirtschaft, Politik und Konkurrenz erinnert nach dem Personal auch die Geschäftsleitung von Coop Basel ACV mit rund 900 Gästen in der Sporthalle St. Jakob an die Eröffnung des ersten Verkaufsgeschäftes des ‹Allgemeinen Consumvereins› am 9. September 1865 am Spalenberg.
		Neue Dozentin	*Dr. med. Katharina Spanel-Borowski* wird zur Prosektorin/Abteilungsleiterin Nierenmorphologie gewählt, unter gleichzeitiger Ernennung zur Extraordinaria an der Medizinischen Fakultät der Universität Basel.
	8.	Kleines Klingental	An einem Tag des ‹offenen Dachstuhls› kann im Kleinen Klingental Zimmermannskunst aus dem 13. Jahrhundert bewundert werden.
	9.	Gottesdienst für Mensch und Tier	Als schweizerisches Novum wird im Spittelmattgut in Riehen unter freiem Himmel erstmals ein überraschend gut besuchter Gottesdienst für Mensch und Tier abgehalten.
	10.	†	† *Dr. iur. Iris von Roten-Meyer* (73), Rechtsanwältin, als Autorin des Buches ‹Frauen im Laufgitter› (1958) und eines Frauenstimmrechtsbreviers (1959) engagierte Vorkämpferin für das Frauenstimmrecht in der Schweiz.
	11.	Regierungsrat	Der Regierungsrat verabschiedet das Budget 1991. Es sieht bei Einnahmen von 2,734 Mrd. Franken und Ausgaben von 2,904 Mrd. Franken ein Defizit von 169,9 Mio. Franken vor, das ohne die Auflösung des stark kritisierten Steuerreservekontos gar um 100 Mio. Franken höher ausgefallen wäre. Um die Verschleppung von Schmutz aus elsässischen Kiesgruben zu unterbinden, beabsichtigt die Regierung, ein Teilstück der Hegenheimer Rue de Bâle für 450 000 Franken asphaltieren zu lassen.
	13.	Chemiesicherheit	Zum Abschluss eines viertägigen Treffens von 120 Sicherheitsexperten aus 44 Ländern im Kongresszentrum verweist *Bundesrat Flavio Cotti* in seinem Schlussreferat auf ein Manko an Informationsbereitschaft und Risikoforschung im Bereich der Gentechnologie.
	14.	Bahnhof SBB	Die SBB eröffnen im Bundesbahnhof den ersten von 25 in der Schweiz geplanten auch am Abend geöffneten ‹Aperto›-Laden mit Bedarfsartikeln und Lebensmitteln für Anwohner und Bahnkunden.
	15.	100 Jahre Publicitas	Mit einem Festakt im Stadtcasino und einem Festkonzert des ‹Basler› *Opernstars Eva Lind* feiert das Werbeunternehmen Publicitas im Beisein von Mitgliedern des Regierungs-, National- und Ständerates sein Zentenarium.
	16.	Bettag	Kirchliche Gruppierungen und der ‹Arbeitskreis Luft› organisieren zum dritten Mal den besinnlich-heiteren Anlass ‹Autofreie Dufourstrasse› mit Zmorge, Gottesdienst und Unterhaltung.
	17.	Stadttauben	Die vor zwei Jahren vom Basler Tierschutzverein gestartete Kampagne gegen das Elend der Stadttauben brachte bisher eine Reduktion der Basler Taubenpopulation um 20 % im Grossbasel und um beachtliche 50 % im Kleinbasel.
	18.	Regierungsrat	Der Regierungsrat ersucht für die Jahre 1991–1995 um einen Staatsbeitrag von 100 000 Franken p.a. an die Stiftung ‹Basler Papiermühle, Schweizerisches Papiermuseum und Museum für Schrift und Druck›. Ein Kreditbegehren von 235 000 Franken wird für das Pflanzen einer Baumreihe auf dem rechten Trottoir

September

		der Steinentorstrasse gestellt. Das am 21. August beschlossene Experiment einer mobilen Spritzenabgabe im Kleinbasel für Drogenabhängige wird angesichts massiver Anwohnerproteste mit sofortiger Wirkung eingestellt.
	Nachbarschaftstreffen	Der Regierungsrat empfängt, als Gegenbesuch zu seiner Visite von 1985, in corpore eine von *Oberbürgermeister Rainer Offergeld* angeführte Delegation des Stadtrates von Lörrach.
	Bürgergemeinderat	Nach der Vornahme verschiedener Ersatzwahlen debattiert der Bürgergemeinderat über den Rückgang der Bürgerrechtsgesuche, lehnt jedoch eine Lockerung der Einbürgerungspraxis mit 21 gegen 9 Stimmen ab.
19.	Grosser Rat	Der Grosse Rat verabschiedet nach längerer Debatte die Staatsrechnung 1989 mit 67 gegen 11 Stimmen bei 26 Enthaltungen, nachdem praktisch quer durch alle Fraktionen kritische Töne zur Bildung von Finanzreserven geäussert worden sind.
20.	Zollfreistrasse	Nach dem Nationalrat lehnt auch der Ständerat eine baselstädtische Standesinitiative mit dem Ersuchen um direkte Verzichtsverhandlungen zwischen der BRD und dem Bundesrat ab.
21.	Visite officielle	Im Rahmen eines offiziellen Schweiz-Besuches besichtigt die englische *Premierministerin Margaret Thatcher* in Begleitung des *Bundespräsidenten Arnold Koller,* des *Bundesrates René Felber* und des Basler *Regierungspräsidenten Kurt Jenny* eine Forschungs- und eine Produktionsstätte des Chemiewerkes Ciba-Geigy.
	Regierungsrat	Der Regierungsrat ersucht den Grossen Rat um die Bewilligung eines Rahmenkredites von 62 Mio. Franken zur Erneuerung des medizinischen Apparateparkes im Kantonsspital in den Jahren 1991–1995.
22.	75 Jahre Pro Ticino Basel	Mit einem grossen, unter das Motto ‹Ticino in Festa› gestellten Volksfest in Brüglingen gedenkt die Sektion Basel der Heimwehtessiner der Vereinsgründung vor 75 Jahren.
	Swiss-Indoors 1990	Mit den Qualifikationsspielen beginnt heute die 20. Austragung des prominent besetzten Hallentennis-Turniers ‹Swiss-Indoors 1990›.
23.	Abstimmungen	Mit der eindrücklichen Mehrheit von 67 % Ja-Stimmen wird die kantonale ‹Antispekulations-Initiative› vom Basler Stimmvolk angenommen. Ebenfalls angenommen werden die eidgenössischen Vorlagen ‹Initiative für den Ausstieg aus der Atomenergie› (mit 63,4 %), die Initiative ‹Stopp dem Atomkraftwerkbau (Moratorium)› (mit 71,0 %) und der ‹Energieartikel› (mit 83 % Ja-Stimmen). Die ‹Änderung des Strassenverkehrsgesetzes› (Lastwagenbreite) wird dagegen mit 57,1 % Nein-Stimmen abgelehnt.
	Peterskirche	Nach zweieinhalbjährigen, 4,54 Mio. Franken teuren Arbeiten wird in der sorgfältig restaurierten Peterskirche wieder Gottesdienst gehalten.
24.	Partei	An einer Parteiversammlung beschliesst die POCH Basel (POB) einstimmig den Weiterbestand als letzte Sektion der Progressiven Organisationen der Schweiz (POCH).
25.	Regierungsrat	Der Regierungsrat ersucht den Grossen Rat um die Bewilligung eines einmaligen Beitrages von 1,75 Mio. Franken an die bauliche Sanierung der Evangelischen Heimstätte für die Nordwestschweiz ‹Leuenberg›, hälftig zahlbar in den Jahren 1991 und 1992.

September

	Wahl	Der Basler *Nationalrat Paul Wyss* wird in Innsbruck für die kommenden drei Jahre zum Präsidenten der Union Westeuropäischer Industrie- und Handelskammern des Rhein-, Rhône- und Donaugebietes gewählt.
	Umweltprojekt	Die Baselbieter Exekutive ersucht den Landrat um einen Kredit von 16 Mio. Franken zur Errichtung der Stiftung ‹Mensch, Gesellschaft, Umwelt› (MGU), einem interdisziplinären ökologischen Forschungsprojekt mit Lehrauftrag an der Universität Basel.
26.	Grosser Rat	Nach einer bemerkenswert sachlich und auf hohem Niveau geführten Debatte stellt sich der Grosse Rat mit 59 zu 43 Stimmen in einem Vorentscheid zum neuen Gesetz über die Reproduktionsmedizin gegen eine künstliche Befruchtung mit Spendersamen ausserhalb des Mutterleibes.
	Wahl	Der Regierungsrat wählt *Prof. Dr. phil. Martin Schaffner,* Extraordinarius für Geschichte, zum geschäftsführenden Vorsteher des Historischen Seminars der Universität Basel.
	Favem	In der Mustermesse öffnet die alle vier Jahre abgehaltene ‹Favem›, Fachausstellung für Werkzeugmaschinen und Werkzeuge, ihre Tore für Interessenten neuester Innovation im Bereich der Spitzentechnologie.
	Jäggi-Sonderpreis	Ein erstmals zugesprochener ‹Jäggi-Sonderpreis› wird an den Genfer *Geschichtsprofessor Alfred Berchtold,* Autor des in jahrzehntelanger Arbeit entstandenen Werkes ‹Bâle et l'Europe, une histoire culturelle›, verliehen.
27.	†	† *Prof. Dr. phil. Ernst Miescher* (84), Extraordinarius emeritus für Experimentalphysik an der Universität Basel, 1970 Träger des Basler Wissenschaftspreises für seine Verdienste um die Entwicklung der Spektroskopie.
28.	Regio	An ihrer ersten gemeinsamen Generalversammlung in Mulhouse bekunden die drei Regio-Gesellschaften Régio du Haut-Rhin, Freiburger Regio-Gesellschaft und Regio Basiliensis in einer gemeinsamen Erklärung den Willen zu einer Verbesserung der Kommunikations- und Transportmöglichkeiten, zu einer vermehrten Aktivitätenkoordination und zu einem intensiveren Zusammenwirken in Ausbildung, Forschung, Technologie, Kultur und Freizeit.
	Drogen	Neun ausgewählte Basler Apotheken erklären sich im Rahmen eines Pilotversuches zum unentgeltlichen Austausch gebrauchter Spritzen gegen neues Injektionsmaterial für Drogenabhängige bereit.
29.	350 Jahre Kleinhüningen	Mit einem zweitägigen Volksfest nimmt Kleinhüningen Besitz vom neugestalteten, mit einem Brunnen bereicherten Kronenplatz und erinnert gleichzeitig an den kaufweisen Übergang des Fischerdorfes an die Stadt Basel vor 350 Jahren.
30.	Wirtschaftshilfe	*Regierungsrat Hans-Rudolf Striebel* begrüsst im Rathaus 34 osteuropäische Ökonomiestudenten, die in den kommenden 14 Tagen an der Universität in Intensivkursen in westlicher Marktwirtschaft weitergebildet werden sollen.

Oktober

1.	Universität	Ab heute amtieren *Prof. Dr. phil. Karl Pestalozzi* als Rektor, *Prof. Dr. med. Carl Rudolf Pfaltz* als Konrektor der Universität Basel. Bis zur Wahl des Rector designatus verbleibt *Prof. Dr. ès sc. biol. Werner Arber* Rektoratsmitglied.
	Bevölkerung	In der Zeit von September 1989 bis August 1990 hat die Basler Bevölkerung um 775 Einwohner oder 0,4 % ab-, die Zahl der Ausländer um 145 auf total 22 % der Gesamtbevölkerung zugenommen.

Oktober	2.	Wahl	*Dr. Hans-Christoph Ackermann,* derzeit Direktor des Historischen Museums Basel, wird auf April 1991 zum Direktor der Abegg-Stiftung in Riggisberg (BE) gewählt.
	3.	EuroAirport	Der Nationalrat bewilligt 78,78 Mio. Franken zum Vorzugszinssatz von 2% an das bis 1995 vorgesehene Ausbauprogramm des Flughafens Basel-Mulhouse.
		Drogenpolitik/ Zivilschutz	Das Polizeidepartement legt ein Strategiepapier zu einer repressiven Drogenpolitik vor und veröffentlicht gleichzeitig ein das Vertrauen in den Zivilschutz betreffendes Umfrage-Ergebnis des Betriebswirtschaftlichen Instituts der Universität. Danach befürworten 70% der Befragten eine radikale Umwandlung des militärischen Zivilschutzes in einen mehrheitlich zivilen Katastrophenschutz.
		†	† *Georg Samuel Koechlin-Jermann* (72), Kaufmann, Vizedirektor der Ciba-Geigy AG, Präsident des Vereins für missionarischen und diakonischen Dienst im Kleinbasel, Förderer des Gustav Benz-Hauses, Meister E. E. Zunft zum Schlüssel, Tambourmajor der ‹Alte Schnooggekerzli›.
	9.	100. Geburtstag	*Regierungsrat Karl Schnyder* überbringt *Frau Else Koralek* in ihrem Heim an der Münchensteinerstrasse die Glückwünsche der Basler Regierung zu ihrem 100. Geburtstag.
	12.	125 Jahre Hotel Euler	Das Hotel Euler nimmt sein Jubiläum zum Anlass, seine Gäste während eines Monats von stilrein in Biedermeierkostüme gekleidetem Personal zu empfangen und zu bedienen.
	13.	Rumänienhilfe	Mit Bar- und Naturalspenden lässt der Verein ‹Basel hilft› der Bevölkerung von Gheorgheni in Siebenbürgen unbürokratische Lebensmittel- und Materialhilfe im Wert von rund 2 Mio. Franken zukommen.
		Wetter	Mit 25,1 °C am Samstag und 25,7 °C am Sonntag registrieren die Meteorologen die spätesten ‹Sommertage› seit 1949.
	16.	Regierungsrat	In zwei Kreditbegehren an den Grossen Rat ersucht die Regierung um insgesamt 2,9 Mio. Franken für mehrere Projekte im Zusammenhang mit der 700-Jahr-Feier der Eidgenossenschaft 1991. Gleichzeitig stellt sie dem Grossen Rat den Antrag, den Verein AIDS-Hilfe beider Basel (AHbB) für die Jahre 1991 und 1992 mit einer Subvention von max. 330000 Franken p. a. zu unterstützen, und gewährt der geschützten Werkstatt der Arbeitsgemeinschaft Steppenblüte für die Jahre 1991 bis 1993 eine Defizitgarantie von max. 50000 Franken p. a.
		Neue Dozenten	Der Regierungsrat ernennt zu Extraordinarien die *PD Dres. med. Dieter Conen, André Gächter, Ernst Gemsenjäger, Michael Kurt Hohl, Uwe H. Otten* und *Alphonse Probst* an der Medizinischen, *PD Dr. phil. Gerhard Baer* an der Philosophisch-Historischen und *PD Dr. iur. Herbert Lüthy* an der Philosophisch-Naturwissenschaftlichen Fakultät der Universität Basel.
	17.	Grosser Rat	In einer mehrstündigen Diskussion zum Bericht der Prüfungskommission über die staatlichen Tätigkeiten bekennt sich der Rat mehrheitlich zur liberalen Haltung von Regierung und Verwaltung im Bereich der Drogenpolitik und verabschiedet anschliessend die Berichte des Appellationsgerichtes, des Ombudsmanns, der Gebäudeversicherung und der Zentralwäscherei.
		TGV-Anschluss	In einer von Frankreich erbetenen Stellungnahme spricht sich *Bundesrat Adolf Ogi* für den Anschluss Basels an das Hochgeschwindigkeitsnetz des TGV Rhin-Rhône aus.

Oktober

	Freiräume	In einer breit abgestützten Freiraumanalyse kommt das Geographische Institut der Universität zum Schluss, dass Basels Grünflächen für Fussgänger besser und sicherer zu erschliessen und durch Lärmschutzwände vor Immissionen zu schützen seien.
18.	Grosser Rat	Mit 55 gegen 40 Stimmen verabschiedet der Grosse Rat das weitgehend restriktiv formulierte Gesetz über die Reproduktionsmedizin und unterstellt es dem obligatorischen Referendum. Gleichzeitig ersucht er in einer interfraktionellen Resolution die Kantonalbank, auf die bei Grossbanken bereits vollzogene Hypothekarzinserhöhung zu verzichten.
19.	5. Rheinknie Jazzsession	Während einer Woche geben hervorragende Vertreter des alten und des neuen Jazz, darunter der 72jährige *Dizzy Gillespie,* höchst erfolgreiche Gastkonzerte.
	Drogen-Hearing	Vertreter der betroffenen Anwohnerschaft und des Detailhandels treffen sich im Hotel Merian erstmals mit Regierungsmitgliedern zu einer Aussprache über das Drogenproblem in der Kleinbasler Altstadt.
	†	† *Gertrud Späth-Schweizer* (82), Hausfrau, am 29. September 1958 zur Bürgerrätin der Gemeinde Riehen gewählt und somit erste kommunale Parlamentarierin der Schweiz.
20.	100 Jahre Turnverein St. Clara	Mit einem Gottesdienst in der St. Clarakirche und einem festlichen Bankett mit Unterhaltung im Stadtcasino gedenkt der als Turnsektion des Katholischen Jünglingsvereins gegründete Turnverein St. Clara seiner Entstehung vor einem Jahrhundert.
	100 Jahre ‹Club zur Alten Klappe›	Der 1890 in der alten ‹Brodlaube› am Marktplatz als ‹Bruderschaft› nach Zunftvorbild gegründete ‹Club zur Alten Klappe›, Gesellschaft zur Bewahrung und Förderung altbaslerischen Brauchtums, begeht mit einer Fahnenweihe, einem Empfang im Rathaus und einem Umzug durch die Innerstadt seine Zentenarfeier.
	Ehrung	*Prof. Dr. oec. Dr. rer. pol. h. c. Wilhelm Hill,* Vorsteher des Instituts für Betriebswirtschaft an der Universität Basel, wird mit dem Regio-Wirtschaftspreis ausgezeichnet.
21.	18. Regio-Feuerwehrmarsch	Unter erstmaliger Teilnahme von Berufskollegen aus der ehemaligen DDR begeben sich weit über 2000 Feuerwehrleute aus halb Europa auf eine Wanderung durch die Dreiländerecke.
	†	† *Oskar Geisinger-Willmann* (81), Tapezierermeister/Dekorateur, CVP-Grossrat, Verfassungsrat, Präsident der Katholischen Mittelstandsvereinigung, Präsident des Tapezierermeister-Verbandes Basel.
22.	Nitoba-Preise 1990	Im Rahmen der 50. Preisverleihung werden *Ludwig Bernauer,* als Fotograf poetischer Chronist der Regio, und *Niggi Ulrich,* Kulturbeauftragter des Kantons Basel-Landschaft, durch die Vergabe von Preisen geehrt.
23.	Regierungsrat	Der Regierungsrat heisst den Antrag zur finanziellen Beteiligung an den Kosten des Projektes ‹Kommunikations-Modellgemeinde (KMG) Basel› im Rahmen von 2,4 Mio. Franken gut und erteilt dem Wirtschafts- und Sozialdepartement den Auftrag, einen entsprechenden Ratschlag an den Grossen Rat auszuarbeiten.

Oktober

	Wahlen	Der Regierungsrat wählt *Dr. med. vet. Max Becker* zu einem Tierarzt beim Sanitätsdepartement, *Dr. Ing. Reinhard Dölz* zu einem wissenschaftlichen Mitarbeiter (Biocomputing) beim Biozentrum, *Dorette Haltinner Girsberger* zu einer Museumspädagogin und *Jürgen Muser* zu einem Biochemiker und Leiter am klinisch-chemischen Laboratorium des Kantonsspitals.
24.	Chemieunfälle	Auslaufende Chlorsulfonsäure im Chemiewerk Sandoz Hüningen und bei einem Rangierunfall im Badischen Bahnhof ausgelaufene Polyacrylsäure können durch den Einsatz von mehr als 200 Feuerwehrleuten der Basler Berufsfeuerwehr und der Werkfeuerwehren gebunden und unschädlich gemacht werden.
	Kehrichtverbrennung	Die neue, als eine der modernsten der Welt geltende Rauchgasreinigungsanlage der Kehrichtverbrennungsanlage (KVA) und die neue Dampfleitungsverbindung KVA–Fernheizkraftwerk Voltastrasse (FKW) werden offiziell dem Betrieb übergeben und sind an zwei Tagen der Offenen Tür zu besichtigen.
26.	Parlamentarier-Treffen	Im Rathaus begrüsst *Grossratspräsidentin Monika Schib Stirnimann* die in der interparlamentarischen Konferenz zusammengeschlossenen Kolleginnen und Kollegen der nordwestschweizerischen Kantonsparlamente zu ihrer Jahresversammlung.
	Universität	Mit Ansprachen von *Rektor Prof. Dr. phil. Karl Pestalozzi, Grossratspräsidentin Monika Schib Stirnimann* und *Regierungsrat Peter Schmid,* BL, wird im Kollegiengebäude am Petersplatz die dem 100-Jahr-Jubiläum des Frauenstudiums an der Universität Basel gewidmete Ausstellung ‹d Studäntin kunnt› eröffnet.
	Kongress	Im Kollegiengebäude der Universität wird während vier Tagen der ‹Basler Kongress der Christen im Kampf gegen die Folter› mit Vorträgen, Gruppenarbeit und Seminaren abgehalten.
27.	Herbstmesse	Schlag 12 Uhr mittags läutet das Martinsglöcklein den grössten schweizerischen Jahrmarkt, die 520. Basler Herbstmesse, und die von mehreren Begleitveranstaltungen flankierte Basler Herbstwarenmesse ein.
	Dreiländer-Demonstration	Rund 2000 regionale Teilnehmer, darunter etliche elsässische Maires und Politiker, demonstrieren mit einem Vorbeimarsch am französischen Flughof des Euro-Airports Basel-Mulhouse-Freiburg gegen jeden weiteren Ausbau der Flughafen-Kapazität.
28.	Christophoruskirche	In der früheren Schifferkirche St. Christophorus in Kleinhüningen wird nach monatelanger, geschmackvoller Umgestaltung und Renovation erstmals wieder Gottesdienst gehalten.
30.	Regierungsrat	Mit einer Gesamtsumme von 588 000 Franken unterstützt der Regierungsrat 16 Entwicklungshilfeprojekte im In- und Ausland.
	Schweizer Mustermesse/ ‹Sevilla 92›	In einer Botschaft an das Eidgenössische Parlament beauftragt der Bundesrat die Schweizer Mustermesse mit der Realisierung des Papierturmprojektes ‹Ikarus› an der Weltausstellung 1992 in Sevilla.
31.	†	† *Dr. iur. Felix Eugen Wannier* (81), Advokat und Notar, 1949–1969 Verwaltungsratspräsident des Druckereiunternehmens der ‹Nordschweiz›, Appellationsrichter, vormaliger Präsident der Römisch-Katholischen Kirche Basel-Stadt.

November

1.

Staatsschutzakten — Die Prüfungskommission des Grossen Rates orientiert die Öffentlichkeit über die Tatsache, dass vom Polizeidepartement auch eine rein kantonale Staatsschutzkartei geführt wurde, in die ein Einsichtsrecht besteht.

30 Jahre CCBE — Zur Feier seines 30jährigen Bestehens führt der Conseil des Barreaux de la Communauté Européenne (CCBE) bis zum 4. November im Kongresszentrum der Mustermesse eine Tagung über aktuelle Fragen der Niederlassungsfreiheit für Anwälte im EG/EFTA-Raum durch.

† — † *Martin Heinrich Müller-Strehle* (85), Gründer, langjähriger Direktor und Verwaltungsratsmitglied des Instituts Athenaeum, Donator der Johanna und Martin H. Müller Stiftung.

3.

40 Jahre ‹Schränz-Grytte› — In der Mustermesse feiert die ‹Schränz-Grytte›, eine der ältesten Guggenmusiken, vier Jahrzehnte fasnächtliche Kakophonie.

4.

† — † *Dr. iur. Paul Bürgin-Kreis* (84), Advokat, Förderer der Bodenforschung in den Ruinen von Augst, Stiftungspräsident der Pro Augusta Raurica, Vorstandsmitglied der Gesellschaft für Ur- und Frühgeschichte und der Historischen und Antiquarischen Gesellschaft Basel.

5.

‹UFO› — Zahlreiche Beobachter aus der Region Basel bemerken gegen 19 Uhr ein hell leuchtendes, ‹nicht identifiziertes Flugobjekt›, das fünf Tage später als verglühende sowjetische Trägerrakete identifiziert wird.

6.

Regierungsrat — Der Regierungsrat ersucht den Grossen Rat um die Gewährung eines einmaligen Startbeitrages von 100000 Franken und jährliche Betriebskostenbeiträge von 170000 Franken für die Jahre 1991–1993 an die Koordinationsstelle des Vereins ‹Gsünder Basel›.

7.

Basler Kunstpreis 1990 — In der Aula des Naturhistorischen Museums überreicht *Regierungspräsident Kurt Jenny* dem international anerkannten Kunsttheoretiker und Kunstschaffenden *Rémy Zaugg* den Basler Kunstpreis 1990.

Gästehaus der Universität — Dank dem Entgegenkommen der Basler Familie *Koechlin* kommt die Universität mit dem günstigen Erwerb der hundertjährigen Liegenschaft Peter Merian-Strasse 40 zum lange gewünschten Gästehaus.

8.

Basler Psi-Tage — Im Kongresszentrum der Mustermesse wird bis zum 11. November die von öffentlichen Diskussionen, Workshops und einer Fachausstellung begleitete ‹Jahreskonferenz für interdisziplinäre Diskussion von Grenzfragen der Wissenschaft› abgehalten.

Kunstauktion — In der Kunsthalle werden zu Gunsten der Psychiatrischen Universitätsklinik (PUK) 45 Kunstwerke mit einem Gesamterlös von 165000 Franken versteigert.

† — † *Fritz Peter-von Fellenberg* (66), Dipl. Ing. ETH, Stadtplaner, 1960–1987 Vorsteher des baselstädtischen Amtes für Kantons- und Stadtplanung.

9.

Grenzblockade — Die Rückweisung von rund 800 Fahrenden aus Osteuropa durch die schweizerischen Grenzbehörden am Autobahnzollamt Weil führt zu einer vierundzwanzigstündigen Strassenblockade dieses internationalen Verkehrsweges.

12.

Ehrungen — Der erstmals verliehene Simon-Preis wird an die beiden Basler Botaniker *Dr. Ernst Morf-Keller,* Biologielehrer und Förderer des Botanischen Gartens Brüglingen, und *Dr. Christian E. Heitz-Weniger,* als Biologielehrer Herausgeber der ‹scientia amabilis›, vergeben.

November	13.	Regierungsrat	Der Regierungsrat stimmt der Inbetriebnahme der neuen BLT-Kleinbuslinie Allschwil–Luzernerring zur Erschliessung des Bachgrabenareals zu.
		Umweltschonpreis	*Regierungsrat Hans-Rudolf Striebel* übergibt je einen Umweltschonpreis an *Richard Koelner*, früherer Leiter des Basler Marionetten-Theaters, und an die *Basler Velokuriere*.
	14.	Grosser Rat	Wegen rückläufiger Patientenbelegung beschliesst der Grosse Rat den Austritt aus der Stiftung Bad Pfäfers, Trägerschaft der Rehabilitationsklinik Valens. Er beginnt mit einer Grundsatzdebatte über die Verfassungsrevision des Initiativ- und Referendumsrechts und bewilligt 2,8 Mio. Franken für Anlässe und eine Ausstellung im Rahmen der 700-Jahr-Feiern der Schweizerischen Eidgenossenschaft 1991.
	15.	Wissenschaftspreis der Stadt Basel	In Anwesenheit des vollzähligen Regierungsrates, des basellandschaftlichen *Regierungspräsidenten Hans Fünfschilling* und der Spitzen von Universität und Kantonsspital übergibt *Regierungspräsident Kurt Jenny* im Rathaus den Wissenschaftspreis 1990 der Stadt Basel an den Hämatologen *Prof. Dr. med. Bruno Speck*, Extraordinarius für Innere Medizin, für seine Verdienste um den Ausbau des Basler Kantonsspitals zum europäischen Zentrum für Knochenmarktransplantationen.
	16.	Rector designatus	Die Regenz wählt *Prof. Dr. iur. Luzius Wildhaber* zum Rector designatus der Universität Basel.
	17.	Sammlung Karikaturen & Cartoons	Die Basler Karikaturensammlung stellt anlässlich ihres 10-Jahr-Jubiläums rund 100 Gratulationsgeschenke aus und feiert während zwei Tagen mit 60 renommierten, von der Regierung begrüssten Karikaturistinnen und Karikaturisten aus aller Welt.
	18.	†	† *Dr. med. vet. Paul Rusterholz-Böni* (64), 1958–1968 Direktor und Veterinär einer Rinderfarm mit 18 000 Tieren in Belgisch-Kongo, anschliessend Leiter des Aussendienstes des Kantonalen Veterinäramtes Basel-Stadt, Ausbilder junger Veterinärmedizinerinnen und -mediziner.
	19.	Regio-S-Bahn	Das Comité Bipartite und das Comité Tripartite beschliessen die unverzügliche Förderung einer das Wiesental, Basel, Mulhouse und Freiburg verbindenden Regio-S-Bahn.
	20.	Staatsschutzakten	Um aus der gegenwärtig verfahrenen Situation einen Ausweg zu finden, spricht sich die Basler Exekutive in einem Schreiben an den Bundesrat dafür aus, dass in Staatsschutzakten unwichtigen Inhalts eine dezentrale Einsichtnahme ermöglicht wird.
		Innovationspreis beider Basel 1990	Die *Regierungsräte Werner Spitteler,* BL, und *Mathias Feldges,* BS, übergeben den Innovationspreis 1990 der in Münchenstein domizilierten Firma *van Baerle & Cie. AG* für ihr umweltschonendes Verfahren zur Papierleimung.
		Swisstech '90	In der Mustermesse macht die von 867 Ausstellern aus 11 Ländern beschickte Swisstech '90, Fachmesse der Zulieferindustrie und Fertigungstechnik, Basel für fünf Tage zum Technologiezentrum.
		Basler Kirchen	Ein Mitgliederschwund von 120 000 auf 60 000 (in drei Jahrzehnten) bei der Evangelisch-reformierten und ein erstmaliges Defizit in der Rechnung der

November

		Römisch-Katholischen Kirche veranlassen Kirchenvertreter beider Konfessionen, in einer gemeinsamen Pressekonferenz einen Abbau von Personal- und Pfarrstellen und eine durch Zusammenlegungen zu erzielende Reduktion der Kirchgemeinden bzw. Pfarreien bekanntzugeben.
21.	Grosser Rat	Der Grosse Rat heisst eine Gesetzesänderung gut, die dem Regierungsrat 20 statt wie bisher 10 Mio. Franken zum temporären Erwerb von Wohnliegenschaften zur Verfügung stellt. Die gleichzeitig verabschiedeten neuen Gesetze für Mietzinsbeiträge und zur Förderung des Wohnungsbaus zielen ebenfalls auf eine Verbesserung des derzeit prekären Basler Wohnungsangebots hin.
22.	Datenschutz	Die bisher von der Verwaltung geführten rund 500 Personendateien und -registraturen sind ab heute via Datenschutz-Zentralregister an der Martinsgasse 16 für jedermann zur Überprüfung der eigenen Einträge frei zugänglich.
	PUK-Bericht zu ‹Frieden in Gerechtigkeit›	Dem Bericht der Parlamentarischen Untersuchungskommission ist zu entnehmen, dass die letztjährige Versammlung ‹Frieden in Gerechtigkeit› vom Eidgenössischen Nachrichtendienst (UNA) überwacht wurde, weil sie «den mehrheitlich rot-grün-alternativen Besuchern Gelegenheit zur ideologischen Aufdatierung» (sic!) geboten habe.
	†	† *Dr. iur. Emanuel Diez-Vogel* (71), Botschafter, bis 1984 Leiter der Völkerrechts-Direktion des Eidg. Departementes für Auswärtige Angelegenheiten (EDA), seit 1974 Ehrendozent für Völkerrecht an der Universität Basel.
24.	8. Basler Stadtlauf	Die achte, von rund 2900 Läuferinnen und Läufern bestrittene Austragung des Basler Stadtlaufes gewinnt die Tschechin *Jana Kucerikova* bei den Frauen, *Pierre Délèze* bei den Herren.
27.	Universität	In unserer «Zeit des Auf- und Umbruchs» betrachtet *Rektor Prof. Dr. Karl Pestalozzi* den Vollzug eines über die Reform der Universitätsstrukturen angestrebten Integrationsprozesses in ein Europa der Zukunft als unerlässlich. Gleichzeitig bekennt er sich zu einer verstärkten Hilfeleistung an osteuropäische Hochschulen und zu einer Intensivierung der Beziehungen zu Nicht-Hochschulkantonen.
28.	Schweizerische ‹Geheim-Organisationen›	Das Eidgenössische Militärdepartement (EMD) bestätigt, dass die inzwischen aufgelöste schweizerische Untergrundarmee P-26 seit 1979 von einem früheren Instruktionsoffizier mit ‹Geschäftsdomizil› an der Bäumleingasse 2 geleitet wurde.
	Finanzen	Die Finanzkommission des Grossen Rates reduziert das für 1991 budgetierte Haushaltdefizit um 92 Mio. auf 78 Mio. Franken und verlangt von den Departementsvorstehern und Sachbearbeitern ein kostenbewussteres Denken.
	Stachelschützenhaus	Das 400jährige Stachelschützenhaus am Petersplatz, seit 1898 Sitz des Kantonschemikers bzw. der Hygienischen Anstalt, wird nach 5,2 Mio. Franken teurem Umbau und Sanierung vom Institut für Medizinische Mikrobiologie offiziell wieder in Betrieb genommen.
	Sportler-Ehrungen	65 Vertreterinnen und Vertreter des baselstädtischen Spitzensports werden in der Aula des Völkerkundemuseums von *Regierungspräsident Kurt Jenny* und *Regierungsrat Hans-Rudolf Striebel* mit einem Anerkennungspräsent geehrt.
29.	Schülerprotest	Mit einem Schülerprotest reagieren rund 300 Schülerinnen und Schüler des Humanistischen Gymnasiums (HG) auf die von der Rektorenkonferenz empfohlene Schliessung dieser ehrwürdigen Lehrstätte.

November 30.

Dies academicus — Anlässlich des 530. Stiftungsfestes der Alma mater Basiliensis in der Martinskirche beleuchtet *Rektor Prof. Dr. Karl Pestalozzi* in seinem Vortrag ‹Sprachkritik und deutsche Literatur im 20. Jahrhundert› ein aktuelles Thema seines Fachgebietes.

Ehrendoktorate — Mit der Verleihung von Ehrendoktoraten werden ausgezeichnet: von der Philosophisch-Historischen Fakultät *Inge Rippmann-Köhnlein,* Editorin der Schriften Ludwig Börnes; von der Naturwissenschaftlichen Fakultät *Georg H. Endress,* innovativer Gründer der Firma Endress und Hauser in Reinach, BL; von der Medizinischen Fakultät der Neurobiologe *Sir John Eccles,* australischer Nobelpreisträger, und *Albrecht Fleckenstein,* Förderer der interuniversitären Zusammenarbeit und des Regio-Gedankens; von der Philosophisch-Naturwissenschaftlichen Fakultät *Luc Hoffmann,* Gründer eines privaten Biologie-Instituts und engagierter Schützer von Feuchtgebieten und bedrohten Tier- und Pflanzenarten; von der Theologischen Fakultät *Hans Ludwig Reichrath,* als Staatsanwalt und Autor unermüdlich engagiert, das Verständnis zwischen Christentum und Judentum zu fördern.

Ciba-Geigy — Im Interesse eines dynamischeren Wettbewerbsverhaltens und einer Verbesserung der Ertragslage beabsichtigt die Ciba-Geigy in den kommenden zwei Jahren einen Personalabbau von bis zu 10% der Belegschaft.

† — † *Prof. Dr. med. Dr. med. h. c. Otto Gsell* (80), emerit. Ordinarius für Innere Medizin an der Universität Basel, 1954–1971 Leiter der Medizinischen Poliklinik, als Präsident der Kommission der Schweizerischen Akademie der Wissenschaften massgeblich beteiligt an der Erarbeitung von Richtlinien für Forschungsuntersuchungen und Sterbehilfe.

Dezember 1.

Weihnachtsbeleuchtung — Heute wird erstmals die von der Mittleren Brücke bis zur Mustermesse verlängerte Weihnachtsbeleuchtung mit ihren 11 000 Glühbirnen an die 9522 Lämpchen der Grossbasler Seite angeschlossen.

† — † *Fritz Ryser-Kappeler* (81), Kunstmaler, hervorragender Porträtist und Landschaftsmaler, dessen Werke von öffentlichen und privaten Sammlungen angekauft wurden.

3.

Geschäftsübernahme — Die seit 62 Jahren bestehende Kleinbasler Weinkellerei H. Hahn-Rickli AG wird an den Branchenleader Coop Basel verkauft.

Knabenmusik — Nach einem Beschluss der Generalversammlung der bald 150jährigen Basler Knabenmusik steht der Beitritt nun auch den Mädchen offen.

† — † *Theophil Kachel-Buxtorf* (88), Pfarrer, langjähriger Seelsorger der Reformierten Kirchgemeinden St. Elisabethen-Gundeldingen, Titus und später am damaligen Bürgerspital.

4.

Regierungsrat — Als Sofortmassnahme für die notleidende Bevölkerung in der Sowjetunion beschliesst der Regierungsrat die Zurverfügungstellung eines Hilfsbeitrages von 200 000 Franken. Gleichzeitig prüft er die Entsendung von beim Zivilschutz eingelagerter Überlebensnahrung in die UdSSR.

Wahlen — Der Regierungsrat wählt *PD Dr. rer. pol. Erwin Heri, PD Dr. phil. Peter Ochsenbein* und *PD Dr. oec. HSG Jürg H. Sommer* zu Extraordinarien an der Philosophisch-Historischen, *PD Dr. med. Konrad Hell* an der Medizinischen Fakultät der Universität Basel. *Hans-Dieter Amstutz* wird zu einem Beauftragten für Information und Koordination der Basler Museen gewählt.

Wissenschaftspreise — Die am Wirtschaftswissenschaftlichen Zentrum der Universität wirkenden Mitarbeiter *Jürgen Dennert, Ph. D., Thomas Gehring, Ph. D., lic. rer. pol. Roger M. Kunz* und *lic. rer. pol. Patrick Wettstein* werden mit dem Wissenschaftspreis des Schweizerischen Bankvereins ausgezeichnet.

Dezember

5.

Spatenstich — Auf dem früheren Gaswerk-Areal in Kleinhüningen vollzieht *Baudirektor Eugen Keller* den ersten Spatenstich zum Bau des Labors für den Gewässerschutz und die Trinkwassergewinnung.

Universität — Im Auditorium maximum des Anatomischen Instituts hält der ‹Verein der Freunde des Anatomischen Museums Basel›, in Gegenwart des Urenkels des Institutsgründers C. G. Jung, seine Gründungsversammlung ab.

Feuerwehr — An der Mutationsfeier im Holsteinerhof brevetiert *Regierungsrat Karl Schnyder* mit *Béatrice Lanz* erstmals seit der vor 145 Jahren erfolgten Gründung des Pompier-Corps eine Frau zum Feuerwehr-Leutnant.

† — † *Albert J. Adler* (77), Betriebspsychologe, Journalist, 1939 Sekretär und Pressebetreuer der ‹Landi›, während des Krieges Pressesprecher des Eidgenössischen Kriegsernährungsamtes mit samstäglichen Radiobulletins zur Ernährungslage der Schweiz, Betreuer der internierten amerikanischen Bomber-Besatzungen in der Schweiz.

6.

Russlandhilfe — Im Rahmen der seit dem 1. Dezember laufenden, von den regionalen Medien initiierten Sammlung ‹Weihnachtspäckli für die Sowjetunion› spendet Ciba-Geigy Medikamente im Wert von rund 3 Mio. Franken.

Kabinen-Ringbahn — Die Basler Verkehrs-Betriebe veröffentlichen eine Studie zum Bau einer 12,2 km langen, kreuzungsfreien Kabinen-Ringbahn, die noch vor dem Jahr 2000 realisiert werden und die Innerstadt vom Verkehr entlasten soll.

Ehrung — Der in Basel hochgeschätzte Photograph *Ludwig Bernauer* wird mit dem Naturschutzpreis 1990 des Bundes für Naturschutz Baselland, einem in seiner Wohngemeinde Bottmingen gepflanzten Baum, ausgezeichnet.

Entlassung aus der Wehrpflicht — In Anwesenheit von *Grossratspräsidentin Monika Schib Stirnimann, Regierungspräsident Kurt Jenny, Regierungsrat Peter Facklam* und *Ständerat Carl Miville* entlässt *Polizei- und Militärdirektor Karl Schnyder* in der Mustermesse 556 Wehrmänner des Jahrgangs 1940 und 33 Offiziere des Jahrgangs 1935 aus der Wehrpflicht.

10.

Basler Museen in New York — In der New Yorker ‹IBM-Gallery of Science and Art› präsentieren acht Basler Museen mit erlesenen Exponaten eine eindrückliche kulturelle Visitenkarte unserer Stadt.

Staatsschutzakten — An einer Medienkonferenz distanzieren sich die beiden *SP-Regierungsräte Mathias Feldges* und *Remo Gysin* von der regierungsrätlichen Politik zur Bewältigung der Fichen-Affäre und verlangen in einem ‹Appell an alle Demokraten› eine vollumfängliche Fichen-Einsicht für jedermann und die Abschaffung der politischen Polizei in Basel.

11.

Regierungsrat — Der Regierungsrat schliesst nach intensiven Verhandlungen mit den Basler Vertragsspitälern und den im Kantonsgebiet tätigen Krankenkassen einen neuen Vertrag, den sogenannten Basler Spitalvertrag 91/93, ab.

Wahlen — Der Regierungsrat wählt *PD Dr. med. Georg Feichter* zu einem Leitenden Arzt für Gynäkologische Zytologie am Institut für Pathologie, *Dr. phil. Hans W. Roser* zum stellvertretenden Leiter der Abteilung Radiologische Physik am Kantonsspital, *Markus Melzl* und *Peter Buschauer* zu Kriminalkommissären bei der Staatsanwaltschaft.

Bürgergemeinderat — Der Bürgergemeinderat genehmigt einstimmig die Budgets 1991 der Verwaltungen der Bürgergemeinde und der Christoph Merian Stiftung. Angesichts steigen-

Dezember

der Defizite in Teilbereichen der Verwaltung sieht er sich gezwungen, bei der Forstverwaltung das Revier Birstal aufzulösen und einen Personalabbau vorzunehmen.

Entlassung aus der Wehrpflicht — Im Beisein der Militärdirektoren von Baselland, Basel-Stadt und Solothurn wird im Holsteinerhof Basels höchster Militär, *Brigadier Gerhard Wetzel,* nach 40 Dienstjahren in den Ruhestand verabschiedet.

12.

Grosser Rat — Nach der Gewährung mehrerer Kredite, Staats- und Betriebskostenbeiträge befasst sich der Rat in einer hart geführten Debatte mit der Fichen-Affäre. Obwohl sich die Sprecher fast aller Parteien in ihrer Forderung nach einer möglichst raschen Offenlegung der Staatsschutzakten einig sind, verzichtet der Rat in seiner Nachtsitzung, nach Kenntnisnahme des zweiten Zwischenberichts seiner Prüfungskommission, auf die Annahme einer dahin lautenden Resolution.

Staatsschutzakten

13.

‹Frieden in Gerechtigkeit› — Die Konferenz Europäischer Kirchen (KEK) in Frankfurt bezeichnet die Bespitzelung der Basler Ökumenischen Versammlung 1989 durch den schweizerischen Geheimdienst (UNA) als einen «makabren Rückfall in die Methoden des totalitären Kommunismus».

Universität — Der Landrat des Kantons Basel-Landschaft billigt mit klarer Mehrheit das Dotationskapital von 16 Mio. Franken an die interdisziplinäre Stiftung ‹Mensch, Gesellschaft, Umwelt› (MGU) für die Universität Basel.

14.

Russlandhilfe — Ein erster Lastwagenkonvoi mit 19 500 von mehr als 24 000 in der Region gespendeten ‹Weihnachtspäckli für die Sowjetunion› verlässt Basel, um sie am 17. Dezember im Kloster Sagorsk bei Moskau zur Verteilung an Heime, Spitäler, alte und bedürftige Leute und Familien abzuliefern.

Prix de Bâle — Der Beitrag ‹Porträt einer gehörlosen Dichterin› aus der DRS-Senderreihe ‹Sehen statt hören› wird mit dem internationalen ‹Prix de la Ville de Bâle› ausgezeichnet.

18.

Regierungsrat — Der Regierungsrat beantragt einen Kredit von 950 000 Franken für den Ausbau des Fernheizkraftwerkes Voltastrasse und Staatsbeiträge von 954 840 Franken p.a. an die Stiftung für Sucht- und Jugendprobleme ‹Haus Gilgamesch› im Neubadquartier und legt den Subventionsbeitrag an die Allgemeinen Bibliotheken der GGG neu auf 3,494 Mio. Franken fest. In einer Vernehmlassung an das Eidgenössische Justiz- und Polizeidepartement erklärt er es für unumgänglich, die Tätigkeit der Staatsschutzorgane bis zum Vorliegen eines Staatsschutzgesetzes in verbindlicher Weise zu regeln. Er ist der dezidierten Ansicht, dass der vorliegende Verordnungstext in seiner derzeitigen Form nicht zu überzeugen vermag, weil den Kritikpunkten der Parlamentarischen Untersuchungskommission (PUK 1) zu wenig Beachtung geschenkt wurde.

19.

Grosser Rat — Nach ungewöhnlich scharf geführter Debatte, harscher Kritik und entgegen mehreren Rückweisungsanträgen folgt der Rat dem Antrag der Finanzkommission und beschliesst mit 67 zu 48 Stimmen Eintreten auf das Kantonsbudget 1991 mit seinem Rekorddefizit von 170 Mio. Franken.

† — † *Luise Wolfer-Motz* (89), Schriftstellerin, Gattin des früheren Münsterpfarrers Albert Wolfer, Verfasserin mehrerer Romane, Novellen, Erzählungen und Kurzgeschichten, die seinerzeit von der National-Zeitung publiziert wurden, Mitglied des PEN-Clubs und der Schweizer Literaturfreunde.

Dezember	**20.**	Grosser Rat	Nach sechsstündiger Detailberatung zum Voranschlag folgt der Rat mehrheitlich den Anträgen seiner Finanzkommission und genehmigt mit nur acht Gegenstimmen das Budget 1991, dessen Defizit um 92 Mio. auf 78 Mio. Franken reduziert wurde.
	25.	Kundenweihnacht	Umrahmt von Vorträgen des CVJM-Posaunenchors Riehen begehen im ‹Wettsteinhof› zahlreiche Alleinstehende, Einsame und Obdachlose die traditionelle Feier der Kundenweihnacht.
	27.	100. Geburtstag	*Regierungsvizepräsident Karl Schnyder, Bürgerratspräsident Dietrich Staehelin* und *Bürgerratsschreiber Rudolf Grüninger* überbringen *Frau Katharina Stump-Herzmann* im Merian-Iselin-Spital die Glückwünsche der Regierung und der Bürgerschaft zu ihrem 100. Geburtstag.
	29.	†	† *Jacques Spahn-Meyer* (80), als vielseitiger Journalist Berichterstatter in den verschiedensten Sparten für die Basler Nachrichten, später für die Basler Zeitung, 1947 Mitgründer, später Präsident der Vereinigung basellandschaftlicher Sportjournalisten, Spitzenfunktionär und Ehrenmitglied zahlreicher Verbände und Vereine.
	31.	Jahreswechsel auf dem Münsterplatz	In der mit 14 Grad mildesten Dezembernacht dieses Jahrhunderts versammeln sich vor dem Münster wiederum einige tausend Baslerinnen und Basler zu einem fröhlichen Jahreswechsel und zur anschliessenden Kurzandacht in der völlig überfüllten Kathedrale.
		Wetter	Ein Wärmeeinbruch zwischen Weihnachten und Neujahr hebt die mittlere Jahrestemperatur auf 10,8 °Celsius, einen Extremwert, der seit dem Beginn meteorologischer Messungen im Jahre 1755 noch nie registriert wurde.
		†	† *Armand Hiebner-Möbius* (93), Basler Komponist und Kirchenmusiker, Musikschriftsteller, Konzertkritiker und Autor musikhistorischer Werke.

Premieren am Theater Basel im Kalenderjahr 1990

GB = Stadttheater Grosse Bühne	U = Uraufführung	I = Inszenierung
K = Komödie	SE = Schweizer Erstaufführung	BB = Bühnenbild
KB = Stadttheater Kleine Bühne	DEA = Deutschsprachige Erstaufführung	K = Kostüme
A = Andere Spielorte	ML = Musikalische Leitung	Ch = Choreographie
		Chor = Chorleitung

26. 1.	K	*Im weissen Rössl* von Ralph Benatzky Bearbeitung von Herbert Wernicke ML: Daniel Fueter/Peter Solomon, I, BB und K: Herbert Wernicke
28. 1.	GB	*Tristan und Isolde* von Richard Wagner ML: Michael Boder, I: Hans Hollmann, BB: Hans Hoffer, K: Anuschka Meyer-Riehl, Chor: Werner Nitzer
24. 2.	GB	*Ein Sommernachtstraum* von William Shakespeare I: Jossi Wieler, BB und K: Anna Viebrok, Musik: Biber Gullatz
2. 3.	K	*Warten auf Godot* von Samuel Beckett I: Werner Düggelin, BB und K: Wolfgang Mai
15. 03.	GB	*Strawinsky-Ballette* Musik: Igor Strawinsky, Ch und I: Heinz Spoerli ‹Dead End›, ML: Michael Boder, BB und K: Jean-Paul Vroom ‹Miniaturen›, ML: Michael Boder, K: Katrin Scholz ‹Les Noces›, ML: Jürg Henneberger, BB: Heinz Spoerli, K: Katrin Scholz, Chor: Werner Nitzer
30. 3.	A	*Mein Gott, mein Gott, was hast du getan, so in letzter Zeit?* Eine Auswahl aus Woody Allens Prosa-Texten (in der Galerie Littmann) I: Franz Kasperski, Raum und K: Lucia Becker, Musik: Deviana Daudsjah
31. 3.	GB	*Loops* (Ballettabend) ‹Loops›, Musik: John Adams, Ch: Heinz Spoerli, K: Heinz Berner ‹Bluelight›, Musik: Arvo Pärt, Ch und BB: Heinz Spoerli ‹Jardi Tancat›, Musik: Maria del Mar Bonet, Ch und BB: Nacho Duato ‹Patently unclear›, Musik: Philip Glass, Ch und BB: Heinz Spoerli
31. 3.	K	*Ein Irrenhaus in Goa* von Martin Sherman (DEA) I: Hans Hollmann, BB: Wolfgang Mai, K: Beatrice von Bomhard
30. 4.	GB	*Wozzeck* von Alban Berg ML: Michael Boder/Jürg Henneberger, I: Christof Nel, BB: Michael Simon, K: Benedikt Ramm, Chor: Werner Nitzer
19. 5.	K	*Die See* von Edward Bond I: Barbara Bilabel, BB: Hartmut Meyer, K: Bettina Walter, Musik: Ernst Bechert
1. 6.	KB	*Little Shop of Horrors* von Howard Ashman, Musik von Alan Menken ML: Franz Wittenbrink, I: Hartmut Wickert, Ch: Puck Oosthoek, BB und K: Peter Brower

10. 6.	GB	*L'Orontea* von Pietro Antonio Cesti ML: René Jacobs, I: Renate Ackermann, BB und K: Anna Viebrock In Zusammenarbeit mit der Schola Cantorum Basiliensis
13. 9.	GB	*Coriolanus* von William Shakespeare I: Christof Nel, BB: Christof Nel/Kay Anthony, K: Ilse Welter, Musik: Christoph Marthaler/Christian von Richthofen
14. 9.	K	*Worte sind Worte, Küsse sind Küsse nach Marivaux/Musset* I: Elke Lang, BB und K: nach Entwürfen von Carlo Tommasi, Musik: Stroër Bros
23. 9.	GB	*Romeo und Julia,* Ballett von Heinz Spoerli, Musik von Sergej Prokofjew ML: Torsten Buldmann, I: Heinz Spoerli, BB: Tony Westwood, K: Tony Westwood/ Alide Büld
29. 9.	K	*Korbes* von Tankred Dorst I: Harald Clemen, BB: Siegfried E. Mayer, K: Bettina Walter, Musik: Susanne Hinkelbein
11. 10.	K	*Turandot* von Carlo Gozzi I: Jossi Wieler, BB und K: Anna Viebrock, Musik: Wolfgang Heiniger
14. 10.	GB	*Boris Godunow* von Modest Mussorgsky ML: Michael Boder/Harri Rodmann, I: Hans Hollmann, BB: Hans Hoffer, K: Anette Schröder, Chor: Werner Nitzer
17. 10.	KB	*Schauspieler Tänzer Sängerin* von Gisela von Wysocki (SE) I: Barbara Mundel/Veit Volkert, BB: Andreas Tschui, K: Heinz Berner, Video-Installation: Nives Widauer
9. 11.	K Foyer	*Monolog einer Frau,* nach einem Interview mit Veronika M. von Karlheinz Knuth und Maria Reinhard Produktionsleitung: Eva Roselt, BB: Andreas Tschui, K: Bettina Walter
23. 11.	KB	*Der bunte Hund, das schwarze Schaf und der Angsthase* von Susanne Hinkelbein (U) ML: Susanne Hinkelbein, I: Wolfgang Kolneder, BB und K: Matthias Karch, Mimographie: Anna Vilim
26. 11.	GB	*Così fan tutte* von Wolfgang Amadeus Mozart ML: Michael Boder, I, BB und K: Herbert Wernicke, Chor: Werner Nitzer
14. 12.	K	*Was ihr wollt* von William Shakespeare I: Stephan Müller, BB: Marc Deggeler, K: Bettina Walter, Musik: Daniel Weissberg
19. 12.	GB	*Heinrich der Vierte/Enrico IV* von Luigi Pirandello I: Werner Düggelin, BB und K: Ezio Toffolutti
31. 12.	A	*Stägeli uf, Stägeli ab, juhee!* von Christoph Marthaler (Schweizer Buffet im Badischen Bahnhof) I: Christoph Marthaler, K: Franziska Bieli

Ausstellungen in Basler Museen

Anatomische Sammlung	Knochen, eine besondere Substanz
Antikenmuseum und Sammlung Ludwig	Schutz und Zier Maske, Ziegenbock und Satyr Orient und frühes Griechenland. Leihgaben aus Basel
Architekturmuseum	Die Wohnung im Fenster. Dokumentation des Entwurfkurses Gilles Barbey und Roger Diener Dicker und Singer: 2×Bauhaus in Wien Otto Senn – Raum als Form Innenräume – Architekturfotografien von Christian Vogt Das aktuelle Ereignis. Bedroht: Das Haus für alleinstehende Frauen von Paul Artaria und Hans Schmidt, 1929 Hannes Meyer: ‹zurück in Basel› Architektur für die Nacht – Kinoarchitektur
Barfüsserkirche/ Historisches Museum	Herwig Zens – Projekt Basler Totentanz Der aktuelle Fund: Mittelalterliche Stadtmauern im Teufelhof – eine archäologische Informationsstelle am Leonhardsgraben 47 zahm und wild. Basler und Strassburger Bildteppiche des 15. Jahrhunderts
Berowergut, Riehen	Von der Mücke zum Elefanten: Die Tierdarstellung im Kinderbuch Retrospektive Willi Wenk Kunststoff/Stoffkunst – Zehn Künstler aus der Regio De Coloribus: Mireille Gros, Arno Helbling, Ueli Michel
Botanischer Garten	Mittagsblumengewächse, Aasblumen, Insektenfressende Pflanzen Tropische Orchideen
Museum für Gegenwartskunst	Walter Dahn: Fotoarbeiten Präsentation der neuerworbenen Zeichnungen und druckgraphischen Werke Neuerwerbungen der Emanuel Hoffmann-Stiftung Tim Rollins+K.O.S.: Temptation of Saint Antony 1987–1990 Martin Disler (I): Neue Monotypien und Lithographien Martin Disler (II): Linol- und Holzschnitte (Kabinettausstellung) Bruce Nauman: Human Nature/Animal Nature. Skulpturen und Installationen 1985–1990
Museum für Gestaltung	Le Musée sentimental de Bâle ‹Wo ist der Ausgang?› Wenn Bilder Auskunft geben: Piktogramme Und nun das Wetter Erster August Das Museum für Gestaltung im Museum für Gestaltung. Ein Wettbewerb zu einem Erscheinungsbild Licht
Sammlung Karikaturen & Cartoons	Griechenland Dubout – ffolkes – Searle Jubiläum ‹10 Jahre› Sammlung Karikaturen & Cartoons Basel

Ausstellungsraum Klingental (Kaserne)	Jahresausstellung der Basler Künstlerinnen und Künstler 1989 Martin Cleis, Bruno Meyer, Therese Weber Nikunja Ebner mit seinem Meister Chinmoy Kumar Ghose Nr. 138: Marcel Früh, Muda Mathis, Stefan à Wengen, Dieter Wymann, Renatus Zürcher Andreas Hausendorf/Daniel Diggelmann Marlis Nussbaumer. Textil Originalwerke unter 1001. Gruppenausstellung Thomas Ritz. Einzelausstellung 10 Fotografinnen und Fotografen. Gruppenausstellung Jahresausstellung der Basler Künstlerinnen und Künstler 1990
Haus zum Kirschgarten	Seidenband Basel/Japan (Kabinettausstellung) Gläsersammlung (Gartenpavillon) Schuhe aus der Sammlung des Historischen Museums (Kostümzimmer)
Kunsthalle	Jahresausstellung der Basler Künstlerinnen und Künstler 1989 Ian Hamilton Finlay. Herbert Egl. Yves Klein. (Drei Einzelausstellungen) Frans Post (1612–1680) – Brasilianische Landschaft Künstler aus der ganzen Welt: Rogelio Lopez Cuenca (Sevilla), Tom Phillips (London) Peti Brunner, Wilfried Riess, Peter Tschan. Drei Maler aus Basel Tigerteppiche aus Tibet Jahresausstellung der Basler Künstlerinnen und Künstler 1990
Kunstmuseum	Graphik des Manierismus Picasso und Braque: Die Geburt des Kubismus Kabinett-Ausstellung: Kubismus. Werke auf Papier aus dem Basler Kupferstichkabinett Wunschbilder: 100 Jahre Gottfried Keller-Stiftung Die Zeichnungen von Jasper Johns Kabinett-Ausstellung: Blumen und Gärten Kabinett-Ausstellung: Graphik des deutschen Impressionismus Frank Buchser. Der Nachlass: Ölskizzen, Zeichnungen, Skizzenbücher Jahrgang 1890: El Lissitzky/Mark Tobey
Naturhistorisches Museum	Achtung, die Milben! Dinosaurier aus China
Basler Papiermühle	10 Jahre Basler Papiermühle
Spielzeug- und Dorfmuseum Riehen	Modelleisenbahnen von 1900 bis heute Teddybären (neue permanente Ausstellung)
Schweizerisches Sportmuseum	Tischtennis und Federball Vom Laufrad zum modernen Rennvelo Nationale Spiele der Schweiz: Hornussen und Schwingen Geschichte des Schwimmsports und der Badmode Vasarely: Sportbilder Jüngere Erwerbungen Graphik Neuerwerbungen 1989/90 Der Ski in Finnland
Stadt- und Münstermuseum	Die Münsterbauhütte Basel 1985–1990

Stückfärberei Kleinhüningen	Réduit Basel 1939/1945. Eine Sonderausstellung des Historischen Museums
Museum für Völkerkunde	Kleidung und Schmuck: Zeichen – Hüllen – Moden Reis ist Leben. Agrarkultur und Landwirtschaft in Indonesien Prähistorische ‹Architektur› – Felsgravierungen aus dem Val Camonica Menschen in Bewegung: Reise – Migration – Flucht Ein Blick in die iranische Sammlung
Schweizerisches Museum für Volkskunde	Freischütz und Schneewittchen: Papiertheaterfreuden für gross und klein Pietra Ollare: Specksteinverarbeitung im Tessin Hochzeitsandenken ‹Typisch...?› Objekte als regionale und nationale Zeichen
Universität	«D'Studäntin kunnt»: 100 Jahre Frauen an der Uni Basel
Universitäts-bibliothek	Lachende Kinder. Kinderbücher

Besucherzahlen der Basler Museen

	1990	(1989)
Anatomische Sammlung (A)	18 448	19 075
Antikenmuseum und Sammlung Ludwig	41 585	39 508
Architekturmuseum	5 976	6 700
Barfüsserkirche/Historisches Museum	69 919	69 174
Ausstellung der Basler Mission (D)	4 423	4 243
Berowergut Riehen (C)	4 828	20 500
Botanischer Garten	keine Angaben möglich	
Feuerwehrmuseum (A)	3 448	3 835
Museum für Gegenwartskunst	42 738	40 113
Museum für Gestaltung	18 814	21 101
Jüdisches Museum der Schweiz (B)	3 983	3 892
Sammlung Karikaturen & Cartoons (C)	5 586	4 002
Katzenmuseum, Riehen (A)	keine Angaben	8 263
Haus zum Kirschgarten	19 457	19 033
Ausstellungsraum Klingental (Kaserne)	6 456	7 414
Kunsthalle	35 000	32 000
Kunstmuseum	361 590	295 622
Kupferstichkabinett	10 204	9 990
Kutschen- und Schlittensammlung (C)	26 101	25 354
Sammlung alter Musikinstrumente	3 281	2 989
Naturhistorisches Museum / Museum für Völkerkunde / Schweizerisches Museum für Volkskunde	230 894	129 990
Basler Papiermühle	32 559	29 532
Schweizer Pharmazie-Historisches Museum (D)	9 000	4 350
Römermuseum, Augst	67 876	71 746
Schweizerisches Schiffahrtsmuseum (D)	13 200	14 654
Skulpturhalle	11 383	11 510
Spielzeug- und Dorfmuseum Riehen (C)	23 599	21 376
Schweizerisches Sportmuseum	7 774	9 036
Stadt- und Münstermuseum (1989 April–Oktober geschlossen)	9 304	4 540
Stückfärberei (Sonderausstellung 1989 des Historischen Museums)	3 299	3 189
Total	1 090 725	932 731
Zahl der Schulklassen	8 280	8 071
Sonstige Gruppenbesuche	4 213	2 616
Führungen durch museumseigene Mitarbeiter	3 790	4 445
Wechselausstellungen	97	62
Sonstige Veranstaltungen (Vorträge, Konzerte etc.)	633	331

Museen mit begrenzter Öffnungszeit: (A) nur Sonntag, (B) Montag/Mittwoch/Sonntag, (C) Mittwoch/Samstag/Sonntag, (D) Dienstag/Samstag/Sonntag.

Monats- und Jahresmittelwerte der meteorologischen Elemente im Jahre 1990

	Januar	Februar	März	April	Mai	Juni	Juli
Temperatur in °C	+ 1,9	+ 7,7	+ 8,3	+ 8,2	15,6	16,3	19,0
Monatsminimum	− 7,3	− 2,1	− 4,2	− 0,7	+ 3,8	7,2	7,2
Monatsmaximum	14,7	21,7	25,3	22,3	26,9	31,2	35,0
Anzahl Frosttage	19	2	4	1	0		
Anzahl Eistage	0	0	0				
Anzahl Sommertage			1	0	9	9	19
Anzahl Hitzetage					0	2	5
Luftdruck hPa	986,6	980,1	990,1	976,9	981,4	978,5	982,2
Luftdruck, tiefster	963,9	956,5	971,5	966,5	974,0	969,5	969,1
Luftdruck, höchster	998,8	1000,1	1005,4	988,7	990,6	988,0	990,9
Niederschlag in mm	24,2	69,0	32,2	74,1	35,6	165,6	95,7
Anzahl Tage mind. 0,1 mm	11	14	11	18	13	20	10
Anzahl Tage mind. 0,3 mm	10	14	9	18	12	20	8
Anzahl Tage mind. 1,0 mm	6	12	5	12	10	15	7
Maximale Tagesmenge in mm	7,2	12,8	14,6	12,6	5,8	26,7	31,6
Tage mit Schneefall	0	3	4	2	0		
Tage mit Schneedecke	0	0	0	0			
Tage mit Reif	17	3	8	1	1		
Tage mit Hagel	1	1	0	0	1	1	0
Tage mit Nahgewitter	0	1	0	1	2	4	2
Tage mit Gewitter, alle	1	2	0	4	12	8	3
Bewölkung in %	55	61	57	79	56	74	46
Helle Tage	5	6	7	2	4	1	11
Trübe Tage	8	11	13	19	8	16	6
Tage mit Nebel	4	1	1	0	1	0	0
Sonnenscheindauer in Std.	125,1	122,2	177,0	115,3	268,1	166,7	285,9
Zirkumglobalstrahlung cal/cm²	82	107	149	139	226	190	230
Maximum Tag	145	177	243	285	305	303	298
Relative Feuchte %	83	76	74	76	69	76	68
Dampfdruck hPa	4,4	6,1	5,9	6,2	9,1	10,6	11,3
Schwüle Tage					1	6	10
Windgeschwindigkeit m/sec, mittl.	3,4	4,6	2,8	2,4	2,0	2,3	2,4
Windmaximum	29,4	36,2	27,0	16,5	17,1	22,0	19,7
Aus Richtung	WSW	WSW	W	W	WNW	W	W

August	September	Oktober	November	Dezember	Summe	Mittelwert	Extremwert	Abw. v. Norm	Norm
19,6	14,2	12,2	5,4	+ 1,3		+10,81		+ 1,36	+ 9,45
7,8	4,2	+ 0,3	− 2,4	− 6,7			− 7,3	+ 7,1	− 14,4
33,8	25,2	26,0	16,8	16,4			35,0	0	35,0
			7	22	55			− 27	82
			0	4	4			− 13	17
19	1	4			62			+ 12	50
9	0				16			+ 5	11
982,5	981,3	976,9	977,8	980,8		981,3		+ 1,9	979,4
977,0	968,6	951,7	952,4	954,0			951,7		
988,6	991,1	989,4	991,9	993,0			1005,4		
62,4	71,3	74,1	116,6	55,3	876,1			+ 91,1	785
9	11	13	21	16	167			+ 5	162
8	11	13	20	14	157			+ 11	146
7	8	10	18	11	121			+ 4	117
22,0	30,2	22,1	18,6	14,9			31,6		
		0	3	7	19			− 5	24
		0	1	14	15			− 15	30
	0	3	4	6	43			+ 8	35
1	0	0	0	0	5			+ 3	2
3	1	0	0	0	14			− 4	18
8	3	2	1	0	44			+ 14	30
44	61	66	81	78		63		− 2	65
10	2	2	1	1	52			+ 3	49
8	6	10	20	20	145			− 10	155
1	0	5	5	3	21			− 20	41
273,7	186,1	127,8	57,9	53,5	1959,3			+282,3	1677
207	168	109	55	48		142		+ 1	141
285	252	191	138	121			305		
68	77	84	87	85		77		− 1	78
11,8	9,3	9,1	5,9	4,4		7,8		− 2,2	10,0
11	0				28			+ 3	25
2,1	2,5	2,3	2,6	2,3		2,64		(+ 0,65)	(1,99)
21,6	21,3	25,0	20,3	18,0			36,2		
WNW	W	WNW	W	W			WSW		

Überblick Wohnbevölkerung

	Kantons-bürger	Übrige Schweizer	Ausländer	Stadt Basel	Riehen	Bettingen	Männlich	Weiblich	Zu-sammen
Mittlere Wohnbevölkerung									
1982	85 300	79 951	35 909	179 520	20 516	1124	93 820	107 340	201 160
1983	84 310	79 244	35 871	177 928	20 376	1121	92 882	106 543	199 425
1984	83 422	78 679	36 445	177 267	20 161	1118	92 692	105 854	198 546
1985	82 410	78 140	37 383	176 656	20 182	1095	92 902	105 031	197 933
1986	81 352	77 596	37 736	175 360	20 205	1119	92 249	104 435	196 684
1987	79 991	76 884	37 911	173 647	20 011	1128	91 208	103 578	194 786
1988	78 831	75 798	38 970	172 638	19 850	1111	90 710	102 889	193 599
1989	78 041	74 628	40 065	171 802	19 855	1077	90 163	102 571	192 734
1990*	76 963	73 661	41 463	171 224	19 792	1071	89 895	102 192	192 087
Wohnbevölkerung am Jahresende									
1982	84 874	79 580	34 225	177 157	20 399	1123	91 824	106 855	198 679
1983	83 852	78 996	35 116	176 563	20 269	1132	91 736	106 228	197 964
1984	83 001	78 280	35 867	175 893	20 149	1106	91 800	105 348	197 148
1985	81 883	77 899	36 981	175 480	20 192	1091	92 109	104 654	196 763
1986	80 704	77 243	36 461	173 175	20 108	1125	90 427	103 981	194 408
1987	79 189	76 539	37 336	172 033	19 904	1127	89 921	103 143	193 064
1988	78 443	74 933	37 889	170 423	19 747	1095	88 728	102 537	191 265
1989	77 592	74 048	39 079	169 869	19 786	1064	88 456	102 263	190 719
1990*	76 449	73 464	41 330	170 402	19 763	1078	88 873	102 370	191 243

* provisorische Zahlen

EuroAirport Basel-Mulhouse-Freiburg

Das Jahr 1990 hat deutlich gezeigt, dass der Euro-Airport Basel-Mulhouse-Freiburg der Flughafen unserer tri-nationalen Region ist und ein wichtiges Instrument für die Erhaltung der Prosperität im Dreiländereck. Die Zuwachsraten bestätigen eindrücklich, dass das Flugplan- und Ferienflug-Angebot den Bedürfnissen der Einwohner, der Wirtschaft und des Tourismus dieser Region entspricht. Knapp 1,9 Mio. Fluggäste benutzten den erweiterten Passagierterminal, was einem Wachstum von 15 % entspricht. Davon waren 1,3 Mio. Linienpassagiere (+9,5 %) und 537 000 Charterpassagiere (+35 %). Fast alle Fluggäste (96,8 %) waren Lokalpassagiere. Dank besserer Auslastung der Flüge und dem Einsatz grösserer Fluggeräte bedeutet das markante Wachstum im Passagierverkehr jedoch keineswegs eine entsprechende Zunahme der Flugbewegungen, welche insgesamt nur um 1 % auf 94 830 zugenommen haben.

Im direkten Linienverkehr wurden im Berichtsjahr 39 Destinationen bedient, wobei Bordeaux, Köln, Strassburg, Toulouse und Santo Domingo neu dazukamen. Erwähnenswert ist das starke Engagement von Lufthansa, welche ab Oktober mit insgesamt 8 täglichen Flügen Verbindungen nach Berlin, Köln, Düsseldorf, Hamburg und München aufnahm.

Im direkten Charterverkehr wurden 1990 von über 80 Reiseveranstaltern aus der Region mehr als 40 Destinationen angeboten. Die rege Nachfrage nach Ferienflügen widerspiegelt nicht nur das Bedürfnis der Regiobevölkerung, sondern bestätigt auch die Qualität des Angebotes.

Im Frachtverkehr hat sich das Wachstum gegenüber dem Vorjahr etwas abgeschwächt (+5,2 %) auf 57 720 Tonnen, wobei die geflogene Luftfracht um 10,8 % zunahm, während der LKW-Ersatzverkehr deutlich stagnierte (+1,0 %). Auch die Express- und Kurierdienste wiesen mit gut einem Drittel Zuwachs eine beachtliche Entwicklung auf.

Durch den zunehmenden Einsatz leiserer Flugzeuge hat sich die Fluglärmsituation um den Flughafen insgesamt verbessert. Der Anteil der leisen und schadstoffarmen ICAO-Kategorie-III-Flugzeuge sowie der neuesten Turboprop-Generation beträgt bereits über 80 % des Verkehrsaufkommens, ein wesentlich besseres Verhältnis als auf den meisten europäischen Flughäfen.

Am 29. Mai wurde in Anwesenheit des französischen und des schweizerischen Verkehrsministers der erweiterte Flughof feierlich eingeweiht. Am 23. Juli konnte eine Delegation der Volkskammer der DDR empfangen werden. Am 27. Oktober fand auf dem EuroAirport eine friedliche Dreiländer-Demonstration gegen den Ausbau des Flughafens statt.

Nachdem Bundesrat Adolf Ogi im Mai und im Juli mit den Verkehrskommissionen des Ständerates resp. des Nationalrates auf dem EuroAirport getagt hatte, wurde in der Herbstsession die Botschaft über die Bundesdarlehen an die Bauprogramme 1988–1995 der Flughäfen Basel-Mulhouse und Genf verabschiedet. Zur Klärung der zukünftigen Finanzierung des Ausbaus sowie der Möglichkeiten des Bahnanschlusses wurden durch die Verkehrsminister von Frankreich und der Schweiz zwei binationale Arbeitsgruppen eingesetzt.

Zur Sicherstellung des für die langfristige Entwicklung notwendigen Geländes reichte die Flughafendirektion auf der Basis des Entwicklungsleitplanes bei der Präfektur in Colmar das Dossier PIG (Projet d'Intérêt Général) ein. Die administrative Behandlung dieses Dossiers ist auf gutem Wege: Das mögliche zukünftige Flughafengelände ist in seiner Gesamtheit provisorisch sichergestellt, ein endgültiger Entscheid konnte jedoch im vergangenen Jahr noch nicht herbeigeführt werden.

Die rege Bautätigkeit setzte sich auch im Berichtsjahr fort: Am 17. Januar 1990 fand die Einweihung des Catering-Betriebes der International Catering Services (ICS) statt. Die Flughoferweiterung konnte nach über zweieinhalbjähriger Bauzeit Ende April 1990 abgeschlossen werden. Im Herbst wurde der Belag des Rollweges ‹Bravo› auf einer Länge von 2160 m und einer Breite von 22 m erneuert. Und schliesslich konnte am 7. Dezember 1990 die modernisierte und erweiterte Heizzentrale eingeweiht werden.

Rheinhafen-Umschlag

Im Jahr 1990 sind in den Rheinhäfen beider Basel insgesamt 9 194 538 Tonnen Güter umgeschlagen worden. Dabei handelt es sich um das zweithöchste Resultat nach dem Rekordjahr 1974. Gegenüber dem Vorjahr ist eine Zunahme von 349 376 Tonnen oder 3,95 % zu verzeichnen. An diesem Ergebnis partizipierten die baselstädtischen Hafenanlagen mit 3 712 507 Tonnen = 40,38 % (Vorjahr 40,88 %).

Basler Börse

Die anhaltend hohen Zinssätze und die im August 1990 beginnende Golfkrise führten an den schweizerischen und internationalen Börsen zu markanten Umsatzeinbussen. Dies hatte zur Folge, dass die Basler Börse mit 71,67 Milliarden Schweizer Franken Umsatz das Rekordergebnis von 100,23 Milliarden Schweizer Franken von 1989 um 28,49 % verfehlte. Trotzdem dürfte die Basler Börse ihren Rang unter den grössten Wertschriftenbörsen der Welt halten.

Ende 1990 waren 527 (Vorjahr 503) Beteiligungspapiere (Namenaktien, Inhaberaktien, Partizipationsscheine, Genussscheine), 2259 (Vorjahr 2198) Obligationen sowie 25 Anlagefonds und 143 Optionen kotiert.

1990 setzte sich die Diskussion um eine grundlegende Reform des Wertschriftenhandels in der Schweiz intensiv fort, in der zweiten Jahreshälfte zunehmend auch im Schatten eines schrumpfenden Umsatzes rückläufiger Kurse und von Rentabilitätsüberlegungen. Ob dieser Entwicklung gerät leicht in Vergessenheit, dass der Ringhandel an der Basler Börse im ersten Halbjahr von einigen Neuerungen geprägt war. Bereits im Januar wurde die Eröffnung der deutschen Titel, welche permanent in Basel gehandelt werden, auf 09.15 Uhr vorverlegt. Damit schuf die Basler Börse als einzige Schweizer Börse Arbitrage-Möglichkeiten zum deutschen vorbörslichen Handel. Vor allem an handelsintensiven Börsentagen wurde davon rege Gebrauch gemacht.

Im März führte die Basler Börse neue Schlusseinheiten ein. Dieser Entscheid war bahnbrechend für die im Oktober vollzogene Harmonisierung der Schlusseinheiten zwischen den grösseren Schweizer Börsen. Zudem konnte die Basler Börse 1990 ihre Vorreiterrolle im Gebiet des Terminhandels weiter ausbauen. Die Möglichkeit, Terminabschlüsse auf sechs und neun Monate hinaus zu handeln, wird besonders nach einer Entspannung an der Zinsfront wesentlich an Bedeutung gewinnen.

Auch im Bereich der Transparenz war die Basler Börse im 1990 zusammen mit den anderen Börsen der Association Tripartite Bourses (ATB) aktiv. Seit April werden die Umsätze sämtlicher schweizerischer Beteiligungspapiere und Optionen täglich erfasst und auf den elektronischen Informationssystemen, aber auch in der Presse, veröffentlicht.

Die Basler Börse ist auch wesentlich an der Entwicklung der Elektronischen Börse Schweiz (EBS) beteiligt, die im Verlaufe des Jahres 1992 den Betrieb aufnehmen soll. In einer ersten Phase soll der Obligationenhandel über diese neue Börse abgewickelt werden. Die am EBS beteiligten kantonalen Börsen haben zum Ziel, so die Schwächen des schweizerischen Börsenplatzes zu beheben, ohne die regionalen Stärken zu verlieren.

Die Basler Börse steht jedem Besucher offen. Einzelbesucher können sie unangemeldet während der Handelszeiten (ab 09.30 Uhr) besuchen. Für Gruppen ist eine Anmeldung bei der Börsenkammer des Kantons Basel-Stadt, Telefon-Nummer: 23 05 55 (ab April 1991: 272 05 55), vorgeschrieben. Auf Voranmeldung kann sich der Besucher die lehrreiche Tonbildschau der Basler Börse unentgeltlich vorführen lassen.

Index der Konsumentenpreise

Der vom Statistischen Amt des Kantons Basel-Stadt ermittelte Basler Index der Konsumentenpreise hat sich innerhalb des Jahres 1990 um 5,0 Prozent auf 125,0 Punkte (Dezember 1982 = 100) erhöht.

Abbildungsnachweis

Seite 32, 63, 65, 66, 67, 68, 69, 102, 103, 104/105, 104 (unten), 106, 121, 122, 123, 128, 151, 175, 209, 210 Kurt Wyss, Basel. 41 Hannes-Dirk Flury, Basel. 130, 131, 133, 135, 136 Museum für Völkerkunde Basel (Fotos: Peter Horner). 49 Jörg Hess, Basel. 50 (oben) Mineralquelle Eptingen AG, Sissach. 50 (unten) Bernhard Batschelet, Basel. 51 Büro BC, Basel. 52 Provisual AG, Basel. 54 Prognos AG (Kartographie: R. Fürst). 55, 56 Amt für Kantons- und Stadtplanung Basel-Stadt (nach Jahresbericht 1988). 57 Christoph Zuber, Basel. 58 (oben), 59 Stadtgärtnerei Basel. 58 (unten), 71 (unten), 165 Niggi Bräuning, Basel. 71 (oben) Vermessungsamt des Kantons Basel-Stadt. 72 Hochbauamt Kanton Basel-Stadt. 73 (oben) Suter+Suter, Basel. 73 (unten) Zwimpfer und Partner, Basel. 77 Intern. Koordinationsstelle der Regio Basiliensis. 78 Arbeitsgruppe DB/SBB/SNCF. 79 Christian J. Haefliger. 86 Stadler Medien-Design, Basel. 87 Wiedemann & Co AG, Basel. 89 Archiv Coop Schweiz. 90, 91 (Dialog AG) Gewerbeverband Basel-Stadt. 93 Beat von Wartburg, Basel. 95 Niklaus Stauss, Zürich. 96 Archiv César Keiser, Zürich. 98 Theater Spilkischte, Basel. 99 (links) Claude Giger, Basel. 99 (rechts), 100 Peter Schnetz, Basel. 108, 109 Klara Kläusler+Thomas Nussbaumer, Basel. 111, 112, 113, 114, 115 Bildmaterial durch Öffentliche Kunstsammlung Basel zur Verfügung gestellt. 116/117, 117 (oben), 118, 119 (rechts) Historisches Museum Basel (Fotos: Maurice Babey). 119 (links) Schweizerisches Landesmuseum, Zürich. 120 Nationalmuseum Kopenhagen. 125, 126, 127, 157 (links) Universitätsbibliothek Basel. 132 Ulf Bankmann, Berlin (Foto: Hugo Brehm, Mexiko). 138, 139 J. Ahrens, Singapore. 140 B. Palm, Bali. 142/143, 200, 204 Staatsarchiv Basel-Stadt. 146 Privat. 149 Historisches Seminar der Universität Basel. 150 Sabina Merkel, Basel. 153 Thomas Jermann, Basel. 156 Archiv Herrnhuter Brüdergemeine. 157 (rechts), 159 KEM-Fotodienst, Basel. 158 Archiv Pilgermission St. Chrischona, Bettingen. 161 Foto Rolf Jeck, Basel (Foto: Lothar Jeck). 162 Kantonsmuseum Baselland, Liestal. 177 (links) Peter von Arx, Basel. 178 Verlag Paul Haupt, Bern. 184, 185 (oben), 185 (unten [Foto: Foto Zimmer, Basel]) Coop Basel ACV. 186 Photostudio Pierre Hadorn, Basel. 187, 193, 194, 195, 196, 198 Peter Armbruster, Basel. 190 (oben) Offzielles Verkehrsbüro Basel. 191, 192 Archiv Turnverein St. Johann, Basel. 201, 203, 205, 206, 207, 208 Archäologische Bodenforschung Basel-Stadt. 214 Erik Schmidt, Basel. 215 (oben) Christian Lichtenberg, Basel. 215 (unten), 216, 218, 219 Foto Teuwen, Basel.

Autoren in diesem Buch

Stefan Abrecht	geboren 1958, aufgewachsen in Basel. Matura am Holbeingymnasium, anschliessend juristisches Studium an der Universität Basel. Lizentiat 1984. Danach juristische, redaktionelle und verlegerische Tätigkeiten bei einem Berufsverband in Bern. Seit 1988 juristischer Mitarbeiter des Basler Volkswirtschaftsbundes.
Peter Bachmann	1938 als Fussgänger in Basel geboren. Seit 1948 Velofahrer. 1962–1968 als Bauingenieur ETH im Wallis, in Israel und in Basel tätig. 1968–1986 Beamter des Baudepartements und ‹mitschuldig› für die Basler Verkehrsplanung. Seit 1986 eigenes Büro und Vorstandsmitglied des VCS Sektion beider Basel. Seit 1988 Grossrat.
Gerhard Baer	1934 geboren. Bürger von Basel und Winterthur. 1953 Matura am Humanistischen Gymnasium in Basel. 1955 sechs Monate Aufenthalt in Brasilien. 1960 Promotion an der Universität Basel in Ethnologie (Hauptfach), Vergleichender Religionsgeschichte und Soziologie (Nebenfächer). 1960–61 Mitarbeit am Musée d'Ethnographie de Genève. 1962–63 Mitarbeit im Pressedienst des IKRK, Genf. 1963–67 Assistent und Konservator am Museum für Völkerkunde Basel, seit 1967 Direktor des genannten Museums. 1968–69 Forschungsreise in Ost-Peru; 1976 und 1978 weitere, kürzere Aufenthalte in Ost-Peru. 1983 Habilitation im Fach Ethnologie, 1987 und 1989/90 nebenamtliche Lehrstuhlvertretungen (Fach Ethnologie) in Bonn und Tübingen (in Blockveranstaltungen). 1987–90 Kürzere Aufenthalte im Hochland von Peru (Forschungsprojekt), mehrheitlich zulasten Ferien. 1990 Ernennung zum a. o. Professor an der Universität Basel.
Ulf Bankmann	1936 in Berlin geboren, dort auch ständiger Wohnsitz. Studium der Altamerikanistik an der Freien Universität Berlin und in Tübingen. Mitarbeit an archäologischen Untersuchungen im Kanton Schaffhausen. Beteiligt an Ausstellungsprojekten präkolumbischer Kunst (Hildesheim 1986, Leverkusen 1991). Zahlreiche Publikationen zur Archäologie Perus und Mexikos sowie zu indianischen Bilddokumenten und zur Geschichte altamerikanischer Sammlungen.
Jean-Marc Barrelet	né à Neuchâtel en 1941, originaire de Boveresse (NE). Gymnase à Neuchâtel, études de lettres à Genève et Paris. Licencié ès lettres, enseigne l'histoire et la philosophie au Gymnase de La Chaux-de-Fonds 1968–1988. Archiviste adjoint aux archives de l'Etat de Neuchâtel depuis 1988. Participe au comité scientifique de l'Institut l'homme et le temps de La Chaux-de-Fonds, s'est spécialisé en histoire de l'horlogerie.
Hermann Bauer	in St. Gallen 1922 geboren. Nach humanistischem Gymnasium Germanistik- und Kunstgeschichtestudium in Zürich und Fribourg, Abschluss mit Doktorat. Tätigkeit im Bereich Buchhandel und Verlag in Luzern, dort Wechsel zum Journalismus. 1957–1987 Leiter des Stadt- und Kulturressorts der Tageszeitung ‹Die Ostschweiz› in St. Gallen; während dreier Jahre deren Chefredaktor.
Annemarie Bilgeri	Primar- und Realschule in Amriswil (TG), kaufmännische Ausbildung, Studium der Sozialarbeit in Luzern, Tätigkeit bei der Amtsvormundschaft Basel und während einiger Jahre als Sozialberaterin bei Coop Basel ACV. Seit 1980 im gleichen Betrieb Leiterin der Abteilung Public Relations. Grossrätin 1972–1984 und wiederum seit 1988.
Giovanni Bonalumi	nato a Muralto nel 1920. Ha insegnato per circa venti anni alla Scuola Magistrale Cantonale di Locarno. Nel 1957 libero docente di lettere italiane all'Università di Basilea, nel 1967 docente straordinario e dal 1973 ordinario di storia delle letteratura italiana. Emerito dal settembre 1990. Ha scritto sei libri di saggi su autori italiani (dal Tasso al Parini, dal Manzoni al Verga, da Campana a Montale, ecc.) e su scrittori della

	Svizzera Italiana. Autore di due romanzi («Gli Ostaggi», 1954, e «Per Luisa», 1972) e di una raccolta di prose («Coincidenze», 1986). Con Vincenzo Snider ha curato l'antologia scolastica «Situazioni e testimonianze», apparsa nel 1976. È codirettore della rivista culturale ticinese «L'Almanacco», giunta l'anno scorso al suo decimo numero.
Werner Buess	geboren 4. September 1927 im Glaibasel, aufgewachsen mit acht Geschwistern. Primarschule im Rosental-, Realschule im Wettstein-Schulhaus. Möbelschreiner-Lehre bei Lachenmeier, recht erfolgreich bestanden. Dann mehr als ein Jahr in Dänemark und Norwegen. Da der Beruf damals brotlose Kunst war, Wechsel zu Geigy, dann zu Thomi + Franck in den Empfang. Freiwillige Umschulung in den kaufmännischen Sektor. Jetzt bei Burckhardt Partner als Einkäufer tätig. 1951 Gründung einer Familie, fünf Kinder aus drei Ehen. Hobbys: Politik, zwölf Jahre Grossrat, seit 1987 Bürgergemeinderat. Sammler von Kurantmünzen, Fasnachtsplaketten, Briefmarken, Kaffeemühlen, alten Bügeleisen, Mörsern etc. Seit vielen Jahren Sportjournalist: Pressechef beim «Quer durch Basel», freier Mitarbeiter für Fussball und Eishockey bei Radio Basilisk und Nordschweiz. Früher dreissig Jahre aktiver Handballer beim ASV Kleinbasel (SATUS), Torhüter der SATUS-Nationalmannschaft und Schiedsrichter. Seit 1977 Mitglied E. E. Gesellschaft zur Hären.
Hansruedi Bühler	geboren 1929 in Aarburg. Primar- und Bezirksschule in Aarburg. Gärtnerlehre in Beinwil am See. Gewerbliche Berufsschule in Aarau. Abschluss der Eidg. Meisterprüfung 1954 auf dem Sektor Gartengestaltung und Landschaftsgärtnerei. 1955–1980 Meisterprüfungsexperte. Mitglied des Bundes Schweiz. Landschaftsarchitekten BSLA. Seit 1970 Stadtgärtner von Basel.
Brigitte Degler-Spengler	1941 in Deutschland geboren. Studium der Geschichte, Germanistik und Philosophie an den Universitäten Freiburg i. Br., Mainz und Basel. 1967 Promotion mit einer Dissertation über das Thema «Das Klarissenkloster Gnadental in Basel, 1289–1529». Seither Tätigkeit an dem historischen Handbuch «Helvetia Sacra», seit 1973 als dessen leitende Redaktorin.
Julian Dillier	1922 in Sursee (LU) geboren, jedoch Bürger von Sarnen und Kerns (OW). Ging nach Beendigung der Schulzeit in den Staatsdienst (1943). Seit 1949 ständiger Mitarbeiter der SRG; seit 1969 (–1987) Programm-Redaktor bei «Radio der Deutschen und Rätoromanischen Schweiz» (Radio DRS) in Basel. Rundfunkregisseur, Dramaturg, Moderator, Mit-Erneuerer des schweizerischen Dialekttheaters; Lyriker, Dramatiker, Aphoristiker, Erzähler. Förderung der Mundartdichtung des gesamten deutschen Sprachraumes. Mehrere Jahre Präsident der Gesellschaft für das Schweizerische Volkstheater, des Innerschweizer Schriftstellervereins und zur Zeit auch Präsident des Internationalen Dialektinstitutes. Auszeichnungen: Heinrich Federer-Preis, Anerkennungspreis der Stadt Sursee, Werkpreis des Kantons Luzern, Obwaldner Kulturpreis 1990.
Cornelia Eggmann	geboren 1959 in Basel; seit 1985 Studentin der Ethnologie, Geschichte und Soziologie an der Universität Basel.
Pierre Escalin	als Franzose 1933 in St-Louis/Elsass geboren. Primarschule und Humanistisches Gymnasium (teilweise während der Besetzungszeit 1940–1944) in St-Louis und Zillisheim. Kaufmann. Als Grenzgänger seit 1957 in Basel beschäftigt; seit 1974 Mitarbeiter des Betrieblichen Rechnungswesens der Sandoz International AG (verantwortlich für das Personal- und Gemeinkostenbudget). Vorsitzender der «Vereinigung Elsässischer Grenzgänger SANDOZ».
Hansueli Fritz Etter	geboren 1945, Bürger von Zürich und Bürglen (TG). Schulen in Zürich, mit Matur am Mathematisch-Naturwissenschaftlichen Gymnasium 1965. 1971 Abschluss des Studiums in Anthropologie mit Doktorat und den Nebenfächern Organische Chemie,

	Mathematik, Paläontologie und Zoologie. Sechs Jahre Assistent am Anthropologischen Institut an der Universität Zürich. Ab 1977 selbständig als anthropologischer Gutachter auf archäologischen Grabungen und gleichzeitig Ausbildung am C. G. Jung Institut in Küsnacht (ZH) zum diplomierten analytischen Psychologen. Seit 1982 eigene psychotherapeutische Praxis und Dozent am C. G. Jung Institut in Zürich. Seit 1988 Lehrbeauftragter an der Universität Basel für Physische Anthropologie am Seminar für Ur- und Frühgeschichte, seit 1990 als Privatdozent. Präsident der Roland Bay-Stiftung, Basel, und Mitglied des Stiftungsrates der Stiftung für Jungsche Psychologie in Küsnacht. Mitherausgeber der Zeitschrift ‹Jungiana›.
Jürg Ewald	als Bürger von Basel und Känerkinden (BL) 1938 geboren. Primar- und Realschule in Liestal, anschliessend letzte 3 Klassen am Realgymnasium Basel. Studium in Latein, Geschichte und Germanistik in Basel, Mittellehrerexamen 1961. 1968 Promotion in Ur- und Frühgeschichte, Provinzialrömischer Archäologie, Latein und Germanistik mit einer Dissertation über die römischen Inschriften der Schweiz. 1964 Gründer der Sektion Baselland der Europa Union Schweiz. 1971–1974 Gemeinderat in Arboldswil (BL). Amateur-Cellist in einem Salonorchester. 1968 wissenschaftlicher Mitarbeiter am Kantonsmuseum Liestal, seit 1970 Kantonsarchäologe und seit 1976 Leiter des Amtes für Museen und Archäologie des Kantons Basel-Landschaft.
Christoph Eymann	geboren 1951 in Basel; Bürger von Basel. Besuch der Primarschule, des Realgymnasiums und Studium der Jurisprudenz in Basel; Doktorat 1980 ‹Das Criminalgesetzbuch für den Canton Basel von 1821›. 1980–1984 juristischer Mitarbeiter beim Basler Volkswirtschaftsbund; seit September 1984 Direktor des Gewerbeverbandes Basel-Stadt. 1981 Wahl in den Weiteren Bürgerrat (Bürgergemeinderat); 1984 Wahl in den Grossen Rat des Kantons Basel-Stadt.
Carl Fingerhuth	geboren 1936 in Zürich. Architekturstudium an der Eidg. Technischen Hochschule in Zürich. 1960/61 beim Schweizerischen Institut für ägyptische Bauforschung in Kairo. 1961–1963 als Architekt in Zürich. 1963/64 Aufbau eines kantonalen Raumplanungsamtes für den Kanton Wallis. 1964–1979 eigenes Büro für Raumplanung in Zürich. Seit 1979 Kantonsbaumeister Basel-Stadt.
Walter Fricker	1928 im Heimatort Oberhof (AG) geboren; Primarschule in Oberhof und Bezirksschule in Frick, Matura A Kollegium Schwyz. Studium der Naturwissenschaft, Lehrtätigkeit auf verschiedenen Stufen. 1965–1969 Grossrat, seit 1970 Informationschef des Kantons Aargau. Wohnt in Erlinsbach.
Fritz Friedmann	geboren 1914, von Basel und Landschlacht (TG). Journalist BR, dipl. Kaufmann des Detailhandels. Zahlreiche Publikationen in Büchern, Zeitschriften und Zeitungen zu Problemen der Wirtschaft, insbesondere des Handels.
Werner A. Gallusser	geboren 1929 in Basel. 1949 Maturität, Geographiestudium an den Universitäten Basel und Bonn. 1954–1972 Lehrer an Basler Mittelschulen (1958–1972 am MNG). 1960 Promotion. 1969 Habilitation. 1972–1974 Professor für Wirtschaftsgeographie und Raumplanung an der Hochschule St. Gallen. Seit 1974 Ordinarius für Humangeographie an der Universität Basel. Forschungsaufenthalte in den USA (University of Wisconsin, Madison) und in Australien (University of Adelaide). Seit 1981 Bürgergemeinderat.
Christian Geelhaar	geboren 1939 in Bern. Besuch der dortigen Primarschule, des Progymnasiums und des Städtischen Gymnasiums. Nach dem Abitur als Designer tätig, 1961–1964 in London. 1964 Rückkehr nach Bern: Studium der Kunstgeschichte, der Musikwissenschaft und der Neueren Anglistik. 1972 Promotion zum Dr. phil. mit einer Arbeit über ‹Paul Klee und das Bauhaus›. 1976 wissenschaftlicher Mitarbeiter an der Staatlichen Graphischen Sammlung in München. 1977–1980 Konservator der Modernen

	Abteilung der Gemäldegalerie am Kunstmuseum Basel. Seit 1981 Direktor der Öffentlichen Kunstsammlung Basel.
Brigitta K. Gerber	geboren 1964. Nach dem Besuch der Primarschule in den USA und Baselland, Gymnasium in Basel-Stadt (Matur 1984), anschliessend Studium der Ethnologie und der Geschichte an der Universität Basel. Die Interessenschwerpunkte liegen bei Sozialgeschichte (spez. Frauengeschichte) der Neuzeit, in der Ethnologie vor allem in den Gebieten der Entwicklungspolitik und der Urbanethnologie.
Rolf Gisler	als Urner am 25. November 1956 in Altdorf geboren. Primarschule und Gymnasium in Altdorf. Studium der Rechte in Zürich. 1983 juristisches Lizentiat. Studium der Geschichte. 1989 Lizentiat an der Philosophischen Fakultät I der Universität Zürich. Seit Januar 1990 beim ‹Urner Wochenblatt› und im Staatsarchiv Uri tätig.
Christian Greif	geboren 1931. Verheiratet, ein Sohn, eine Tochter, beide erwachsen. Schulen und Banklehre in Basel. 1957–1979 Mitverleger des ‹doppelstab›; Aufbau und verlegerische Führung seines redaktionellen Teils. 1981–1984 als Herausgeber an der Rettungsaktion der ‹Hamburger Morgenpost› (politische Boulevard-Zeitung) beteiligt, 1985 Gründung der ‹Institut für Öffentlichkeitsarbeit, IFO AG›. Seit 1987 PR-Berater BR und Publizist. Seit 1988 Basler Grossrat, Mitglied der Gesamtverkehrs-Kommission und der Prüfungskommission. Hobby: Reisen.
Michel Guisolan	als Freiburger 1948 in Bern geboren. Primarschule und Gymnasium in Bern und Winterthur; Studium der Geschichte in Zürich. 1978 Lizentiat in Geschichte; 1980 Doktorat mit einer Dissertation über ‹Aspekte des Aussterbens in politischen Führungsschichten im 14. bis 18. Jahrhundert›. 1980–1986 Adjunkt am Staatsarchiv des Kantons Thurgau. Seit 1. Oktober 1986 Staatsarchivar.
Christian J. Haefliger	1940 in Wien geboren, Bürger von Seeberg (BE). 11 Jahre Rudolf Steiner-Schule Basel. 1958 heilpädagogisches Praktikum in England. Lehrabschluss als Bauzeichner, Kunstgeschichte bei Georg Schmidt, später als Werkbund-Architekt (SWB) in Basel und Zürich tätig. Seit 1970 stellvertretender Geschäftsleiter der Regio Basiliensis. Seit 1980 Mitglied des Grossen Rates (SP) und seit 1985 Präsident der grossrätlichen Gesamtverkehrskommission. 1983–1987 Präsident der IG Öffentlicher Verkehr Basel. Verwaltungsrat BVB, Pro Rheno, Basler Theater.
Felix Hafner-Eigenmann	1956 als Basler Bürger in Basel geboren. Nach Besuch der Primarschule und des Humanistischen Gymnasiums Beginn eines Phil. I- und Theologiestudiums. Anschliessend juristisches Studium. 1981–1984 Assistent für Römisches Recht und Kirchenrecht bei Professor Johannes Georg Fuchs. Gleichzeitig Dissertation mit dem Thema ‹Die Beteiligung der Kirchen an der politischen Gestaltung des pluralistischen Gemeinwesens›. 1985 Gerichts- und Anwaltspraktika. Seit 1986 akademischer Mitarbeiter und seit 1988 akademischer Adjunkt beim Justizdepartement.
Peter Hagmann	1950 in Basel geboren. Maturität am Humanistischen Gymnasium. Studium an der Universität Basel in den Fächern Musikwissenschaft, Germanistik und Romanistik; Promotion 1982. Ausbildung zum Organisten; Lehrdiplom 1978. 1982–1988 als wissenschaftlicher Bibliothekar Leiter der Musiksammlung an der Universitätsbibliothek Basel. 1972–1987 nebenamtlich Musikkritiker an der National-Zeitung und später der Basler Zeitung; ab 1986 in gleicher Funktion bei der Neuen Zürcher Zeitung. Seit 1989 vollamtlich als Musikkritiker in der Redaktion der Neuen Zürcher Zeitung.
Susanne Hammacher	geboren 1959 in Düsseldorf, BRD; seit 1969 im Raum Basel wohnhaft. 1978–1984 Studium der Ethnologie, Wirtschaftswissenschaften und Kunstgeschichte an der Universität Basel (Lizentiatsarbeit über indianische Handels- und Marktsysteme in Mexiko und Guatemala; Hilfsassistentin in der Bibliothek des Museums für Völker-

	kunde). 1984–1989 Mitarbeiterin beim Stab Beziehungen zur Dritten Welt der Ciba-Geigy AG sowie insgesamt zweieinhalb Jahre Feldforschung in Mexiko zum Frauenhandwerk in der Mixteca Alta (Stipendium DEH); ferner Mitarbeit an regionalen Entwicklungsprojekten als Stipendiatin von CONACYT. Seit Februar 1989 (stellvertretende) Beauftragte für Museumspädagogik und Öffentlichkeitsarbeit am Museum für Völkerkunde und Schweizerischen Museum für Volkskunde Basel.
Peter Hefti-Spoerry	von und in Schwanden. Dr. iur., Rechtsanwalt und Urkundsperson (Notar) in Glarus, Mitglied des Ständerates 1968–1990 (1980/81 Präsident), zweisemestriges Studium an der Juristischen Fakultät der Universität Basel 1944/45.
Katharina Huber	geboren 1961 in Basel. Schulen in Bettingen und Riehen. 1980 Maturität am Gymnasium Bäumlihof. Studium der Geschichte und der englischen Sprach- und Literaturwissenschaft an der Universität Basel; 1989 lic. phil. I. 1990 Koordination und Organisation Frauenstadtrundgang.
Ulrich Im Hof	als Basler Bürger 1917 in St. Gallen geboren. Primarschule und Gymnasium in St. Gallen. Studium der Geschichte und der deutschen Literatur in Basel. 1944 Dr. phil. mit einer Dissertation über den jungen Isaak Iselin (bei Werner Kaegi). 1945 Oberlehrerpatent. 1968 a. o., 1971–1985 o. Prof. der Schweizergeschichte an der Universität Bern. Arbeiten über Sozial-, Kultur- und Mentalitätsgeschichte der Aufklärung, über schweizerische Hochschulgeschichte, die schweizerische Sprachenfrage und die historische Dimension der schweizerischen Identität. Lehrstuhlvertretungen in Freiburg und Lausanne. Forschungsaufenthalte in Canberra, Wolfenbüttel und Göttingen.
Andreas Iten	1936 in Zug geboren. Schulen in Unterägeri. Lehrerseminar Rickenbach (SZ). Studien in Basel und Berlin. Seminarlehrer für Psychologie und Pädagogik am Lehrerinnenseminar Menzingen. 1970 Wahl als Gemeindepräsident von Unterägeri und Kantonsrat. Seit 1974 Regierungsrat, 1986 Ständerat. Verfasser verschiedener Bücher.
Kurt Jenny	geboren 1931 in Basel, Schulen in Basel, mit Maturität am Humanistischen Gymnasium 1950. Studium der Jurisprudenz an den Universitäten Basel und Lausanne sowie an der Académie de Droit International Den Haag. 1956 Doktor-, 1958 Advokaturexamen. Redaktor einer neuen Gesamtausgabe der Basler Gesetzessammlung; 1961–1972 als Jurist und ab 1969 als Direktor bei der Schweizerischen Treuhandgesellschaft. 1957 Eintritt in die Basler Politik, zunächst als Bürgerrat und Verfassungsrat, ab 1972 Regierungsrat, bis 1980 Vorsteher des Justiz-, seither des Finanzdepartementes. Ehrendozent für öffentliches Recht an der Juristischen Fakultät der Universität Basel.
Peter Jung	geboren 1937 in Schwanden (GL); Bürger von La Chaux-de-Fonds (NE). Untere Schulen in Schwanden und Glarus, oberes Gymnasium in Biel (BE). Studium der Geologie und Paläontologie an der Universität Basel. Promotion 1964. Auslandaufenthalte an der Smithsonian Institution, Washington, D.C. (1966/67) und an der University of the West Indies in Jamaika (1968/69). Seit 1973 Vorsteher der geologischen Abteilung, seit 1990 Direktor des Naturhistorischen Museums Basel.
Gilbert Kaenel	né en 1949 à Payerne dans le canton de Vaud, bernois d'origine. Ecoles primaires et secondaires à Payerne, gymnase à Fribourg. Etudes universitaires à Lausanne: licence en lettres, archéologie, en 1972; doctorat en 1990 avec une thèse sur les sépultures de la période de La Tène en Suisse occidentale. Chargé de cours au Département d'Anthropologie et d'Ecologie de l'Université de Genève depuis 1982. Directeur du Musée cantonal d'Archéologie et d'Histoire de Lausanne depuis 1985.

César Keiser	1925 als ‹Hanspeter› in Basel geboren. Realgymnasium, Matura, Kunstgewerbeschule und Lehrerseminar, mit Abschluss 1950 als Zeichenlehrer. Neben der Ausbildung Leiter und Drummer des eigenen Orchesters CESAR ROY sowie, als César Keiser, Texter und Darsteller im Basler CABARET KIKERIKI, daneben Radioauftritte, Schaufensterdekorationen, Fasnachtslaternen, -zeedel und Schnitzelbängg, dann Mitautor beim neuen helvetischen Berufscabaret FEDERAL. Dort ab 1951 auch Darsteller, daher Umzug nach Zürich. 1956 Heirat mit der Ballettänzerin und Kollegin Margrit Läubli, ab 1962 eigenes Theaterunternehmen von OPUS 1 bis 13. Verschiedene Literaturpreise von Stadt und Kanton Zürich; 1983 werden Läubli und Cés ‹Ehrespalebärglemer›, 1984 erhalten sie von der Stadt Zürich die ‹Auszeichnung für Kulturelle Verdienste›. Cés lebt, mit Gattin und 2 Söhnen, als Exilbasler (gern) in Zürich.
Eduard Kellenberger	bis zum 30. September 1990 Professor für Mikrobiologie am Biozentrum der Universität, hat in Bern die Schulen besucht und an der ETH ein Studium der Physik begonnen, dieses aber dann in Genf abgeschlossen. Er hat dort die Biophysik aufgebaut und später auch die Molekularbiologie. Er wurde bekannt durch seine Arbeiten über das Nukleoid der Bakterien und die Morphogenese des Bakteriophagen. Er war Mitinitiant der ‹International Union of pure and applied Physics (IUPAP)› und Gründungsmitglied der ‹European molecular biology organisation (EMBO)›.
Georg Kreis	als Basler in Basel geboren. Schulen in Basel und Schiers (GR), Studium in Basel, Paris und Cambridge. 1972 Doktorat, 1981 Habilitation an der Universität Basel für Neuere Allgemeine Geschichte und Schweizergeschichte, seit 1987 a. o. Professor, seit 1985 Leiter des Nationalen Forschungsprogrammes 21 ‹Kulturelle Vielfalt und nationale Identität›. Wichtigste Publikationen zur Basler Geschichte: Basel in den Jahren 1945–1970 (in: Das politische System Basel-Stadt, 1984), Die Universität Basel 1960–1985 (1985), ‹Entartete› Kunst für Basel (1990).
Markus Kutter	geboren 1925, seit 1940 in Basel. Humanistisches Gymnasium, nachher Studium der Geschichte in Paris, Genf, Rom und Basel. Abschluss in Basel mit einer Dissertation über einen italienischen Refugianten des 16. Jahrhunderts. Redaktor in der Chemischen Industrie, 1959 Gründung der Werbeagentur GGK. Seit 1975 als Publizist, Schriftsteller und Medienberater tätig. Verschiedene literarische, historische und fachspezifische Publikationen. Inhaber der Alphaville AG, Agentur für neue Medien in Basel.
Martin Leuenberger	geboren 1954; Historiker, Dr. phil. Seit 1989 Leiter der Forschungsstelle Baselbieter Geschichte in Liestal.
Hans Peter Muster	geboren 1927 in Basel als Bürger von Basel und Lützelflüh. Nach dem Realschulbesuch 1943–1949 Laborant bei Roche, anschliessend Angehöriger des Basler Polizeikorps, zuletzt als Unteroffizier und Leiter der Radarkontrolle der Verkehrsaufsicht. Ab 1961 Fondé de pouvoir des ersten Duty Free Shops auf dem Flughafen Basel-Mulhouse, seit 1965 selbständiger Antiquitätenhändler in Riehen. Verschiedene eigene Sachbuch-Veröffentlichungen und Mitarbeit an lexikographischen Werken.
François Noirjean	né en 1948, à Saint-Brais (JU). Maturité classique au Collège St-Michel à Fribourg. Diplôme de maître de gymnase à l'Université de Fribourg, travail de diplôme intitulé ‹Les Bourgeoisies jurassiennes au XIXe siècle›. Dès 1973, collaborateur scientifique aux Archives de l'ancien Evêché de Bâle. A partir de 1979, archiviste cantonal à l'Office du patrimoine historique de la République et Canton du Jura.
Othmar Noser	geboren 1939, von Oberurnen (GL). Matura Typ A 1959 in Appenzell. Seit 1963 am Staatsarchiv Solothurn tätig. 1978 Lizentiat an der Universität Basel. Wissenschaftlicher Assistent am Staatsarchiv Solothurn 1978–1987, seit 1987 Staatsarchivar.

Gerhard Oswald	geboren 1936, Bürger von Sommeri (TG), wohnhaft in Schwyz. Lehrerseminar in Rickenbach (SZ), Studium Heilpädagogik Universität Zürich, nebenberufliches Studium Kirchenmusik. Journalist seit 1971, Vizepräsident Erziehungsrat des Kantons Schwyz, Präsident Innerschweizerische Radio- und Fernsehgesellschaft IRG, Mitbegründer Stiftung Regionalfernsehen Zentralschweiz, Präsident Kirchenmusikverband Bistum Chur, Verfasser verschiedener Sachbücher.
Richard Peter-Probst	1938 im Kleinbasel geboren, diesem bis heute die Treue gehalten. Primarschule, Gymnasium und Studium der Chemie in Basel, Dissertation und Doktorat am Farbeninstitut der Universität 1964. Bis 1974 in der Farbenforschung der Ciba-Geigy AG, dazwischen 1969 Studienaufenthalt an der Universität Birmingham. 1975–1987 Mitglied der Geschäftsleitung der Rohner AG, Pratteln. Seit 1. Januar 1988 Delegierter der Wirtschafts- und Innovationsberatung Basel-Stadt. Verheiratet, zwei erwachsene Kinder.
Alex Erik Pfingsttag	als Basler 1944 in Fribourg geboren und dort aufgewachsen. A-Matur, Lizentiat in Romanistik und Studium am Institut für Journalistik (spez. optische Medien) an der Universität Fribourg. 1974–1989 als Medienpädagoge im Fribourger Medienzentrum tätig; seit 1989 ‹Conservateur du patrimoine audiovisuel du canton de Fribourg›. Daneben freizeitmässig rege Tätigkeit im kulturellen Bereich: Ballettphotograph, Dolmetscher an Filmfestspielen, Präsident der Alliance française, Gründungsmitglied des Studententheaters, des Bollwerk-Festivals usw.
François Picot	né en 1920 à Genève, genevois. Ecoles primaires et collège de Calvin à Genève. 1944 Licence en Théologie à Genève. 1948 Doctorat en droit de l'Université de Bâle, 1950 Brevet d'avocat genevois. 1967–1969 conseiller administratif de la Ville de Genève chargé des finances. 1969–1973 Conseiller d'Etat chargé des travaux publics, depuis lors avocat au barreau de Genève.
Urs Ramseyer	als Basler 1938 in seiner Heimatstadt geboren. Schulen in Basel. Studium der Ethnologie, Soziologie und Musikwissenschaft in Basel und Paris. Seit 1969 Konservator am Museum für Völkerkunde Basel. Mehrere Feldforschungen in Indonesien. Zahlreiche Ausstellungen, Konzertveranstaltungen (‹Musik im Museum›), Publikationen und Filmveröffentlichungen mit Spezialgebiet ‹Bali›. Mitbegründer und Präsident der Stiftung ‹Basel dankt Bali›.
Anna Rapp Buri	geboren 1942 in Basel. Kunsthistorikerin. Promovierte mit einer ikonographischen Studie über die mittelalterlichen Darstellungen des Jungbrunnens und war langjährige Konservatorin der Textilabteilung des Schweizerischen Landesmuseums in Zürich.
Armin Rempfler	1959 in Appenzell geboren; Primarschule und Gymnasium in Appenzell. 1981 Zürcher Primarlehrerpatent und Bergführerausbildung im Wallis; 1982 Skilehrerausbildung in Graubünden. Bis 1983 hauptberuflich als Bergführer und Skilehrer tätig. 1984–1988 Geographiestudium in Basel; Diplomarbeit im arktischen Spitzbergen. Seit 1989 wissenschaftlicher Assistent am Geographischen Institut der Universität Basel, Abteilung Physiogeographie und Landschaftsökologie.
Felix Rudolf von Rohr	geboren 1944, Bürger von Basel und Egerkingen (SO), Schulen und kaufmännische Lehre in Basel. Beruflich in der Öffentlichkeitsarbeit im Bankwesen tätig. Mitglied des Grossen Rates seit 1980, 1986/87 als dessen Präsident. Vorgesetzter E. E. Zunft zum Schlüssel. Seit 1987 Mitglied des Fasnachts-Comités.
Hans-Peter Ryhiner	als Basler 1938 in Basel geboren; Primarschule und Realgymnasium in Basel. Architekturdiplom ETH 1965 an der ETH Zürich. Mitglied SIA. 1965–1976 im Architekturbüro Burckhardt + Partner tätig, mit Geschäfts- und Studienreisen nach Nord-,

	Mittel- und Südamerika in den Jahren 1966/67. 1972 Beförderung zum Vize-Direktor und Leiter der Abt. Bauforschung, ab 1973 Leiter der Filiale Lörrach (BRD). Ab 1976 Geschäftsleiter der Grün 80; 1978 Wahl zum Direktor der Grün 80. Seit 1982 Verkehrsdirektor der Stadt Basel. In der Verwaltung Radio- und Fernsehgenossenschaft Basel; Verwaltungsrat der Zoologischer Garten Basel AG. 1983–1988 Kdt Mobilmachungsplatz Basel. 1974–1983 Obmann einer Stammclique.
Jean-Pierre Salzmann	als Sohn elsässischer Eltern 1942 in Basel geboren. Aufgewachsen in Basel. Primarschule, Realschule und Maturabteilung der kantonalen Handelsschule in Basel. Nicht beendetes phil. I-Studium an den Universitäten von Basel und Lausanne. Statt – wie beabsichtigt – Lehrer, zufällig Werber geworden. Bis 1985 Inhaber einer Werbeagentur. Seither Partner in einem Unternehmen für kulturelle, öffentliche, wissenschaftliche und technische Kommunikation und Marketing. Pendelt mehr oder weniger regelmässig zwischen Basel und San Francisco.
Lukas Schmutz	als Basler 1957 geboren. Schulen in Riehen und Basel. 1978–1982 diverse Reisen, v. a. in den USA und Kanada. Studium der Philosophie, Geschichte und Germanistik in Basel. 1986 Lizentiat. Seit 1984 Mitarbeiter der ‹Basler Zeitung›. Seit 1988 Assistent im Fachbereich Geschichte an der Universität Basel.
Georg von Schönau	1945 geboren in Schwörstadt (Baden/Württemberg). Gymnasium in Säckingen. Studium der Volks- und Betriebswirtschaft in Freiburg i. Br., Tokio, Münster/Westfalen, Berkeley/Kalifornien und Basel. Lizentiat und Doktorat in Basel; Dissertation über ‹Umweltpolitik in den USA: Eine Analyse des National Environmental Policy Act von 1969› bei Prof. Dr. Gottfried Bombach. 1973 beschäftigt beim Erziehungsdepartement Basel-Stadt, 1974–1984 beim Schweizerischen Bankverein in Basel, seit 1985 bei der Bank Sarasin & Cie in Basel.
Paul Schorno	geboren 1930 in Seewen SZ. Schulen bis zum Primarlehrerpatent. Tätigkeit als Lehrer, Organist, Bibliothekar, Heimerzieher. Musikstudien an den Konservatorien von Zürich und Luzern. Seit 1959 Lehrer an den Sekundarschulen Basel-Stadt. Mitverfasser eines vierbändigen Lesewerks für Mittelstufen. Verfasser von Manuskripten für ‹Montagabende› der Basler Theater und Radio DRS. Buchrezensent und Theaterkritiker an der Nordschweiz. Mitglied der Baselbieter Literaturkreditkommission und der Kommission für ‹Musik und Theater›. Redaktionsmitglied des GS-Verlages. Mitredaktor des Basler Schulblattes. Herausgeber des Theaterhandbuches ‹Theaterwerkstatt für Jugendliche und Kinder› im Lenos Verlag. Eigene Texte in Anthologien und Zeitschriften.
André Schrade	als Waadtländer 1950 in Biel geboren. Primarschule und Literargymnasium in Bern. Studium der Rechte in Bern und Paris. 1977 Bernisches Staatsexamen als Fürsprecher (Rechtsanwalt). 1978–1987 Wissenschaftlicher Adjunkt im (damaligen) Bundesamt für Umweltschutz in Bern. Seit Januar 1988 Leiter der Koordinationsstelle für Umweltschutz Basel-Stadt. Mitverfasser des juristischen Kommentars zum Eidg. Umweltschutzgesetz und Mitredaktor der Zeitschrift ‹Umweltrecht in der Praxis›. Privat: Ehemann, Leser, Ausgleichs-Sportler, Amateur-Schachspieler und – horribile dictu – übermässiger TV-Konsument.
Johanna M. Schwarz	1954 in Locarno (TI) geboren. Schulen im Tessin und in Zürich. Dreijährige Waldorflehrerausbildung in Stuttgart, sechs Jahre Lehrtätigkeit in Berlin und Lugano. 1984 Rückzug ins Maggiatal, Beginn der Schreibarbeit (Lyrik) sowie Auseinandersetzung mit Bildender Kunst, Verfassen von Katalogs- und Ausstellungstexten. Seit 1988 in Basel tätig. 1990 Dokumentation zum Projekt IAAB, Intern. Austausch Ateliers Basel.

Claudia Spinelli	geboren 1964. Besuch der Basler Schulen, seit 1985 Studium der Kunstgeschichte, Ethnologie und Geschichte an der Universität Basel. Mitorganisatorin der Aktionswoche ‹100 Jahre Frauen an der Uni Basel› und Mitarbeit an der Ausstellung des Historischen Seminars zum gleichen Thema.
Emil Steinberger	geboren in Luzern. Bediente in seinem ersten Beruf Tausende von Kunden am Postschalter. Mit 27 Jahren ging er an die Schule für Gestaltung in Luzern und wurde Grafiker. Er gründete das Kleintheater Luzern, programmierte Kinos und steht seit seinem 20. Lebensjahr auf der Cabaretbühne. 1977 gastierte er neun Monate beim Circus Knie, spielte in den Filmen ‹Die Schweizermacher›, ‹Kassettenliebe› und ‹Kaiser und eine Nacht› Hauptrollen. 1971 erhielt er von der Stadt Luzern den Anerkennungspreis, 1979 den Deutschen Kleinkunstpreis und 1986 den Münchner ‹Karl-Valentins-Orden›. 1988 Auszeichnung mit dem ‹Hans Reinhart-Ring› der Schweiz. Gesellschaft für Theater-Kultur.
Peter Steiner	geboren 1951 in Stans, Mittelschule und Matura am dortigen Kollegium St. Fidelis, Studium beider Rechte 1971–1977 an der Universität Basel, wohnte damals im Herzen Basels (Gerbergässlein 14), 1984 Doktorat mit der rechtshistorischen Dissertation ‹Die Gemeinden, Räte und Gerichte im Nidwalden des 18. Jahrhunderts›. Heute in Stans als Hausmann, Jurist und Sekretär des ‹Demokratischen Nidwalden› (DN) tätig.
Monica Stucky-Schürer	geboren 1942 in Bern. Kunsthistorikerin. Promovierte 1969 mit einer Dissertation über die Passionsteppiche von San Marco in Venedig; befasste sich wiederholt mit franco-flandrischen Tapisserien des 14. und 15. Jahrhunderts, u. a. Publikation über die Apokalypse in Angers.
Claudia Studer	geboren 1964 in Basel; seit 1986 Studentin der Geschichte, deutschen Literatur und Kunstgeschichte an der Universität Basel.
René Teuteberg	1914 in der Heimatstadt Basel geboren, Primarschule in Basel, Gymnasium in Schiers (GR); Studium in Basel, Berlin und Dijon. 1945 Dr. phil., Hauptfach Geschichte. Lehrer an der Mädchenrealschule und der Mädchenoberschule in Basel. Autor des Geschichtslehrmittels ‹Stimmen aus der Vergangenheit›, der ‹Basler Geschichte›, Redaktor des Reformationsbuchs 1979. Nach der Pensionierung Dozent an den Volkshochschulen in Basel, Aarau und Zürich.
Michel Veuthey	né à Vernayaz (Valais) en 1931. Etudes secondaires au Collège de Saint Maurice. Etudes de lettres (licence en histoire de l'art) à l'Université de Lausanne. Etudes musicales (direction, branches théoriques) à Sion, Genève et Paris. Professeur à l'Ecole normale du Valais romand et au Conservatoire de Sion. Depuis 1980, conseiller culturel de l'Etat du Valais. Membre du Conseil de la Fondation Pro Helvetia.
Hannes Vogel	geboren 1938 in Chur, 1959–1966 in Basel, seither in Village-Neuf im Elsass. Wichtigste Arbeiten im öffentlichen Raum: 1989–1990...: Mitarbeit Neugestaltung Kasernenareal in Basel. Universitätsspital Zürich, DICK and DAVY, Cafeteria (P). 1989: Hochkamin Kehrichtverbrennungsanlage Basel. 1988–1989: Schulanlage und Aula CHER, Sarnen (P). 1985–1987: DER ROSSHOF-HOF, Basel (P). 1987: Kunstmuseum Bern, N-M-D-N-M-D- Neonobjekt (P). Kunstmuseum Chur, MUSE MUSEUM UND UM-BAU (P). 1986–1987: Vivarium Bern, aaruf aarab. 1985: Werkhof Lengnau AG, Ein altes Steinkreuz (P). 1983: Schulanlage Churwalden GR, Turmfragmente (P). Mehrzweckhalle Jenaz, Der Jenazer Steinkreis (P). 1982: Reka-Ferienzentrum Wildhaus SG, Steinmännchen (P). 1981: Hochkamin Fernheizkraftwerk Basel. (P = Publikation)

Hermann Wanner	geboren 1914 in Hallau als Bürger von Schleitheim. Besuch der Schulen in Hallau und der Kantonsschule Schaffhausen (1933 Maturität). Studium der Klassischen Philologie 1933–1939, Abschluss mit dem Diplom für das höhere Lehramt und dem Doktorexamen. Lehrtätigkeit 1940–1942 in Zürich und 1942–1960 an der Kantonsschule Schaffhausen (1958–1960 Rektor). 1953–1960 Mitglied des Grossen Rates, 1961–1970 des Regierungsrates Schaffhausen (Erziehungs-, Volkswirtschafts- und Militärdirektion), 1963–1970 des Nationalrates. 1970–1979 Direktor der Zentralstelle für Gesamtverteidigung und Vorsitzender des Stabes für Gesamtverteidigung in Bern.
Beat von Wartburg-Rouyet	1959 in Basel geboren. Studium der Geschichte und der deutschen Sprach- und Literaturwissenschaft in Basel und Paris. 1986 Lizentiat. 1986/87 bei der Bürgergemeinde der Stadt Basel, seit 1988 bei der Christoph Merian Stiftung tätig.
Sigmund Widmer	geboren 1919 in Zürich. Studium der Geschichte in Zürich, Genf und Paris. Assistent an der Brown-University in Providence RI (USA). Mittelschullehrer für Geschichte und Deutsch in Zürich. 1954–1966 Bauvorstand der Stadt Zürich. 1966–1982 Stadtpräsident. Nationalrat seit 1974. 1985–1989 Präsident der Pro Helvetia. Heute hauptsächlich publizistisch tätig.
Peter Witschi	geboren 1953 in Altstätten SG; Volksschule und Kantonsschule in Sargans. Studium der Allg. Geschichte an der Universität Zürich. 1984 Doktorat. Seit 1986 Staatsarchivar des Kantons Appenzell A.Rh.
Alfred Wyss	geboren 1929 in Basel. Besuch des Mathematisch-Naturwissenschaftlichen Gymnasiums in Basel, Studium der Kunstgeschichte in Basel und Paris. Dr. phil. 1960–1978 Denkmalpfleger des Kantons Graubünden, seit Mai 1978 Denkmalpfleger in Basel. Vizepräsident der Eidgenössischen Kommission für Denkmalpflege.
Barbara und Kurt Wyss-Suter	geboren 1943 und 1936 in Basel, sind nicht nur eine Lebens-, sondern auch eine Arbeitsgemeinschaft als Journalistin und Photograph.
Verena Zimmermann	Studium der Kunstgeschichte, Philosophie und Germanistik in Basel. Schreibt als freie Journalistin über Film, Literatur, Kunst.

Zur Gestaltung der Vorsatzblätter

Im letztjährigen Stadtbuch haben wir die Serie ‹Kunst der 90er Jahre in Basel› mit zwei Arbeiten von Stephan Spicher begonnen. Elisabeth Masé setzt nun die Reihe fort. Die beiden Vorsatzblätter sind wiederum als Originalgrafiken erhältlich, Format 60×80 cm. Pro Vorsatzblatt wird eine Editionsauflage von je 100 Exemplaren hergestellt: Nrn. 1–50, arabisch numeriert, zum sofortigen Verkauf an Interessenten; Nrn. I–L, römisch numeriert, für eine Editionsmappe, die im Jahre 2000 angeboten werden soll.

Technik: Siebdruck
Druck: Elisabeth Masé in Zusammenarbeit mit Pit Spengler, Fachklasse für Druckgrafik, Basel, Leitung: Charles Hug
Titel: Vorsatz-Blatt I und Vorsatz-Blatt II
Motiv: Ausgehend von städtischer moderner Basler Architektur (Ort: Kunstgewerbeschule Basel, Dach) ‹Vorsatz› in mehrdeutigem Sinn:
Vorsatz – Blatt
(unter Berücksichtigung des Falzes)
Vorsatz – inhaltlich
(im Sinne des Möglichen, zwischen Zustand und Vision, Vergangenheit und Zukunft, als Bewegungsmoment)
Vorsatz – architektonisch
(Vorsatz an der Fassade).

Elisabeth Masé

Geboren 1959 in Basel, lebt und arbeitet in Basel und Birsfelden. Freischaffend seit 1984: Malerei, Zeichnung, Raumgreifende Skulptur, Druckgrafik, Kunst am Bau. Konzeptuell orientierte Untersuchung von Wahrnehmungsphänomenen. Seit 1986 Lehrauftrag an der Schule für Gestaltung, Basel, Fachklasse für bildende Kunst.

Stipendien, Auszeichnungen
1985 Stipendium und Atelier der Stadt Basel an der Cité Internationale des Arts, Paris
1987 eidgenössisches Kunststipendium
1987/88/89 Kiefer-Hablützel-Stipendium
1990 Ausführung Kunst am Bau – Wettbewerb Aussenanlage der Sportanlage der gewerblichen Berufsschule Liestal, Künstlerische Gestaltung, Kunstkredit BL.

Einzelausstellungen
1985 Galerie Gisèle Linder, Basel
1986 Galerie Palazzo, Liestal
1988 Halle Sud, Genf
1989 Galerie 40, Rheinfelden
1990 Unité d'Art Contemporain, UNIL, Lausanne
      Galerie Palazzo, Liestal.

Gruppenausstellungen
in Basel, Bern, Zürich, Wien, Bologna, Paris, Frankfurt, Köln, Hamburg.

Gestaltung und Herausgabe von ‹Dr. Schnabel's Totentanz›, in Zusammenarbeit mit Basler Schriftstellern, Basler Künstlern, Basler Komponisten. Raum-Klang-Projekt mit dem Komponisten Hans Wüthrich.

«...Die Möglichkeiten sind jene des Trompe l'œil, der Täuschungen also und der Paradoxe, die ganz andere Wahrheiten erzählen als die Wirklichkeiten. Sie führen in die gleichermassen ausgewogene wie trickreiche Balance zwischen dem Spiel der Farbe und dem Rückspiel der Form. Der intensiv Betrachtende fällt, taucht ein, purzelt in das ‹Meer› der ‹reinen› Farbe, von der jede ihre ganz eigene Erlebens- und Gefühlswelt bereithält. Widerstand, Haltegriff, Rettungsring in dem Farbmeer sind die linearen Systemelemente, vergleichbar einem Kletterfelsen für den Intellekt. Sie bewahren vor dem Eingeschlossenwerden und dem Ausgeschlossensein in und von den kubischen Architekturen: Der Intellekt, in der Seelenlandschaft (der Farbe) fremd, braucht Systeme der Transzendenz, um sich nicht in der Materie zu verhaften...»

(Tadeus Pfeifer zu den ‹causa sui›-Bildern von Elisabeth Masé im Katalog zur Ausstellung ‹CAUSA SUI›, Palazzo Liestal, Mai 1990.)

Ebenfalls im Christoph Merian Verlag

Baseldeutsch-Wörterbuch
von Rudolf Suter
368 Seiten, gebunden. Fr. 39.–

Sammlung Karikaturen & Cartoons
von Jürg Spahr. 168 Seiten,
reich illustriert, geheftet. Fr. 25.–

Trommeln und Pfeifen in Basel
von Georg Duthaler
(mit Beitrag von Dr. Veronika Gutmann
über die Instrumente). 188 Seiten,
illustriert, gebunden. Fr. 37.–

Die Christoph Merian Stiftung 1886–1986
von Rudolf Suter. 224 Seiten,
reich illustriert, gebunden. Fr. 18.–

Basler Geschichte
von René Teuteberg, 2. Auflage. 452 Seiten,
illustriert, gebunden. Fr. 49.–

Maskenspiele aus Basler Tradition
von Karl Gotthilf Kachler.
224 Seiten, reich bebildert, gebunden. Fr. 49.–

Welche Zukunft wollen wir?
Drei Scenarien im Gespräch /
Ein Beitrag des ‹Basler Regio Forum›
von Hartmut E. Arras/Willy Bierter.
336 Seiten, kartoniert. Fr. 22.–

Wohnen in Basel
Ein Leitfaden für Stadtbewohner und
solche, die es werden wollen
von August Hager/Martin Knüsli/Peter Würmli.
196 Seiten, kartoniert. Fr. 18.–

Internationale Austausch Ateliers Basel (IAAB)
von Johanna M. Schwarz. 168 Seiten,
reich bebildert (sw), kartoniert. Fr. 15.–

Die Münsterbauhütte Basel 1985–1990
Hrsg. Basler Denkmalpflege,
Redaktion Brigitte Meles.
76 Seiten, bebildert, kartoniert. Fr. 25.–

Basler Stadtbuch, frühere Jahrgänge
Auskunft über Liefermöglichkeit
und Preise auf Anfrage

Baseldeutsch-Grammatik
von Rudolf Suter, 2. Auflage, ist vergriffen.
Eine überarbeitete Neuauflage ist in Vorbereitung
und erscheint 1992.

Demnächst erscheinen:

Der Kanton Basel-Stadt
Eine Einführung in Staat und Politik
von Pierre Felder (Hrsg. Regierungsrat des
Kantons Basel-Stadt).
Ca. 200 Seiten, kartoniert. Fr. 25.–

Parodies & Pastiches
Aus der ‹Sammlung Karikaturen & Cartoons›
Basel
von Jürg Spahr. 120 Seiten, reich bebildert,
kartoniert. Fr. 42.–

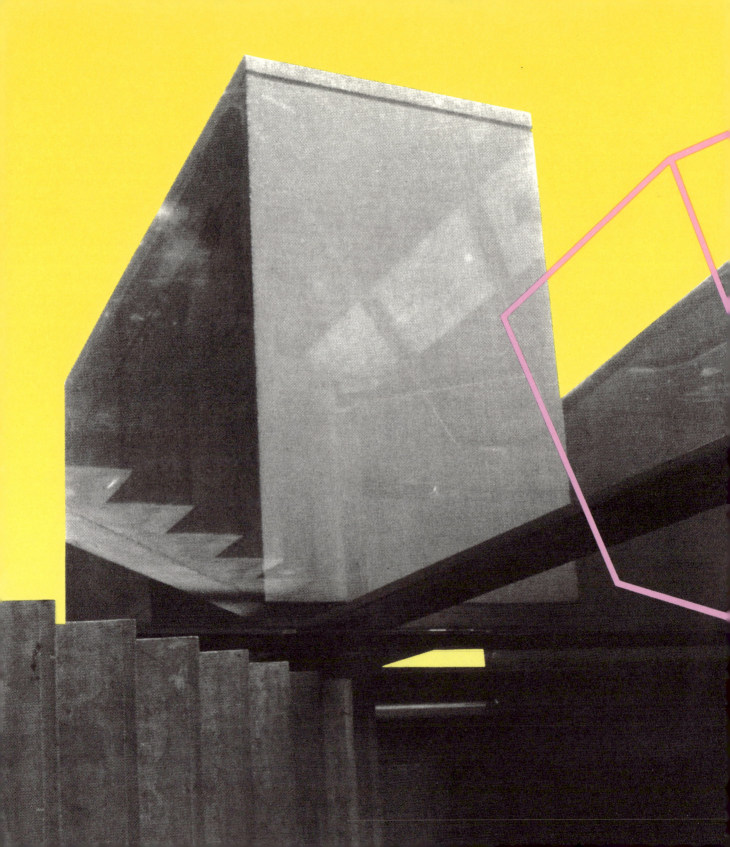